TÉCNICA LEGISLATIVA
(LEGÍSTICA FORMAL)

KILDARE GONÇALVES CARVALHO
Professor de Direito Constitucional na Faculdade de Direito Milton Campos.
Desembargador do Tribunal de Justiça de Minas Gerais.
Ex-Presidente do Tribunal Regional Eleitoral.

TÉCNICA LEGISLATIVA
(LEGÍSTICA FORMAL)
6ª edição
Revista, atualizada e ampliada

2ª tiragem

Belo Horizonte
2020

Copyright © 2014 Editora Del Rey Ltda.

Nenhuma parte deste livro poderá ser reproduzida, sejam quais forem os meios empregados, sem a permissão, por escrito, da Editora.
Impresso no Brasil | *Printed in Brazil*

EDITORA DEL REY LTDA.
www.livrariadelrey.com.br

Editor: Arnaldo Oliveira

Editor Adjunto: Ricardo A. Malheiros Fiuza

Editora Assistente: Waneska Diniz

Coordenação Editorial: Wendell Campos Borges

Diagramação: Lucila Pangracio Azevedo

Revisão: Alessandra Valadares

Capa: CYB Comunicação

Editora / MG
Rua dos Goitacazes, 71 – Sala 709-C – Centro
Belo Horizonte – MG – CEP 30190-050
Tel: (31) 3284-5845
editora@delreyonline.com.br

Conselho Editorial:
Alice de Souza Birchal
Antônio Augusto Cançado Trindade
Antonio Augusto Junho Anastasia
Antônio Pereira Gaio Júnior
Aroldo Plínio Gonçalves
Carlos Alberto Penna R. de Carvalho
Celso de Magalhães Pinto
Edelberto Augusto Gomes Lima
Edésio Fernandes
Fernando Gonzaga Jayme
Hermes Vilchez Guerrero
José Adércio Leite Sampaio
José Edgard Penna Amorim Pereira
Luiz Guilherme da Costa Wagner Junior
Misabel Abreu Machado Derzi
Plínio Salgado
Rénan Kfuri Lopes
Rodrigo da Cunha Pereira
Sérgio Lellis Santiago

C331

Carvalho, Kildare Gonçalves
    Técnica legislativa (LEGÍSTICA FORMAL) /Kildare Gonçalves Carvalho. – 6ª ed. rev. atual. e ampl. – Belo Horizonte: Del Rey, 2014.
  328p.
  ISBN 978-85-384-0356-2

  1. Técnica legislativa. I. Título.

                                              CDD: 340.328
                                              CDU: 340.134

À memória de meu pai.

SUMÁRIO

Nota à 6ª edição XIII

Apresentação...XV

Introdução 1

CAPÍTULO 1 – ESTADO DEMOCRÁTICO DE DIREITO E TÉCNICA LEGISLATIVA 7

1. Estado Democrático de Direito..7

2. Princípio Democrático e atributo das leis............................11

CAPÍTULO 2 – ÓRGÃOS E FUNÇÕES DO ESTADO.....................13

1. Órgãos do Estado – Conceito...13

2. Funções do Estado – Classificação 14

3. Funções do Estado e Princípio da Separação de Poderes 19

4. Funções Jurídicas e Não Jurídicas do Estado 20

5. A Separação de Poderes no Pensamento Político 21

6. Transformações do Princípio da Separação de Poderes 24

CAPÍTULO 3 – PODER LEGISLATIVO E FORMAÇÃO DAS LEIS...29

1. Introdução 29

2. Funções do Poder Legislativo 32

VII

3. Organização do Poder Legislativo 38

   3.1 Câmara dos Deputados...42

   3.2 Senado Federal..54

4. Sessões conjuntas do Congresso Nacional...60

5. Auto-organização e regimento interno 60

5.1 Direção e funcionamento dos trabalhos legislativos 60

   5.2 Abertura e término das sessões legislativas...................................65

   5.2.1 Legislatura...65

   5.2.2 Sessão legislativa ordinária e período legislativo 66

   5.2.3 Recesso parlamentar 68

   5.2.4 Sessão legislativa extraordinária..68

   5.2.5 Sessão ordinária e sessão extraordinária 69

   5.2.6 Sessões preparatórias 71

   5.3 Comissões parlamentares..71

   5.4 Comissões parlamentares e relatoria..93

   5.5 Bancadas, blocos parlamentares, frentes parlamentares, maioria
      e minoria 94

   5.6 Líder e colégio de líderes 97

   5.7 Obstrução parlamentar 97

   5.8 Poder de polícia 98

6. Atribuições do Congresso Nacional... 100

7. Considerações finais.. 104

CAPÍTULO 4 – O ATO LEGISLATIVO 107

1. O ato legislativo – considerações gerais... 107

2. Lei, regulamento e decreto... 112

3. Classificação do ato legislativo 116

4. Normas jurídicas como objeto do ato legislativo 118

   4.1 Requisitos das normas jurídicas... 118

VIII

4.2 Classificação das leis..120

5. A Crise da Lei..128

CAPÍTULO 5 – TÉCNICA LEGISLATIVA E LEGÍSTICA 131

1. Técnica legislativa – Conceito – Aspectos gerais 131

2. Redação da lei – forma, substância, qualidade e legitimidade.............. 134

3. Instrumentos de trabalho 141

4. As etapas da redação das leis...144

5. Estrutura da lei..145

6. Parte preliminar da lei...152

   6.1 Epígrafe 152

   6.2 Rubrica ou ementa da lei..153

   6.3 Preâmbulo (autoria ou fundamento legal da autoridade) 154

   6.3.1 Ordem de execução ou mandado de cumprimento 155

   6.4 Enunciado do objeto e indicação do âmbito de aplicação das disposições normativas 155

   6.5 Cláusulas justificativas do ato..156

7. Parte normativa (texto ou corpo da lei).....................................156

   7.1 Artigo...157

   7.2 Desdobramento dos artigos – Os parágrafos.....................162

   7.3 Incisos, itens e alíneas 163

   7.4 Agrupamento dos artigos 164

   7.5 Parte geral e parte especial...165

   7.6 Disposições preliminares 165

   7.7 Disposições gerais 166

   7.8 Anexos...167

   7.9 Remissões..167

8. Parte final da lei 168

   8.1 Disposições transitórias..168

8.2 Cláusula de vigência 169

8.3 Cláusula de revogação 170

9. Fecho da lei 172

10. Assinatura e referenda na lei 172

11. Alteração das leis 174

12. Consolidação das leis e outros atos normativos 175

13. Legística 177

CAPÍTULO **6** – PROCESSO LEGISLATIVO 181

1. Introdução 181

2. Noção de processo legislativo 184

2.1 Fases do processo legislativo 186

3. Atos do processo legislativo 187

3.1 Iniciativa 188

3.2 Emenda 195

3.3 Votação 199

3.4 Sanção 205

3.4.1 Sanção e vício de iniciativa 206

3.5 Veto 209

3.6 Promulgação 213

3.7 Publicação 218

4. Espécies normativas 222

4.1 Emendas à Constituição 222

4.2 Leis complementares 225

4.3 Leis ordinárias 229

4.4 Leis delegadas 229

4.5 Medidas provisórias – Emenda Constitucional n. 32, de 11 de setembro de 2001 232

X

4.5.1 Natureza jurídica das medidas provisórias 235

4.5.2 Efeitos das medidas provisórias 236

4.5.3 Regime jurídico-constitucional das medidas provisórias 237

4.6 Decretos legislativos 243

4.6.1 Tratados internacionais e decretos legislativos 245

4.7 Resoluções 246

5. Leis orçamentárias 248

6. Plebiscito e referendo 248

7. Processo legislativo nos estados e municípios 250

8. Devido processo legislativo e controle de constitucionalidade 252

8.1 Controle preventivo e comissões parlamentares 253

8.2 Súmulas da Comissão de Constituição e Justiça e de Cidadania 256

8.3 Controle jurisdicional preventivo, devido processo legislativo e
    vícios regimentais 256

8.4 Controle preventivo e lei delegada 262

8.5 Controle preventivo e veto presidencial 262

8.6 Observações gerais sobre o controle preventivo 263

9. Considerações finais 264

CAPÍTULO 7 – PROCEDIMENTO LEGISLATIVO 267

1. Noção de procedimento legislativo 267

2. Tipologia do procedimento legislativo 269

3. Procedimento legislativo normal ou comum 269

4. Procedimento legislativo abreviado 272

5. Procedimento legislativo sumário 272

6. Procedimento legislativo sumaríssimo 273

7. Procedimento legislativo concentrado 273

7.1 Leis orçamentárias 274

7.2 Leis delegadas 280

XI

8. Procedimento legislativo especial 281

    8.1 Emendas à Constituição 281

    8.2 Elaboração de códigos 283

    8.3 Medidas provisórias 283

BIBLIOGRAFIA 291

APÊNDICE

LEI COMPLEMENTAR N. 95, DE 26 DE FEVEREIRO DE 1998 301

DECRETO N. 4.176, DE 28 DE MARÇO DE 2002 309

ANEXO I

QUESTÕES QUE DEVEM SER ANALISADAS NA ELABORAÇÃO
DE ATOS NORMATIVOS NO ÂMBITO DO PODER EXECUTIVO 330

DECRETO N. 4.176, DE 28 DE MARÇO DE 2002 337

ANEXO II

ANEXO À EXPOSIÇÃO DE MOTIVOS DO (INDICAR NOME
DO MINISTÉRIO OU SECRETARIA DA PRESIDÊNCIA DA
REPÚBLICA) N.___, DE___DE 20___ 337

MANUAL DE REDAÇÃO DA CÂMARA DOS DEPUTADOS 339

LEI COMPLEMENTAR N. 78, DE 9 DE JULHO DE 2004 357

NOTA À 6ª EDIÇÃO

Esta 6ª edição do livro agora intitulado *Técnica Legislativa* (Legística Formal) atualiza e revê temas das edições anteriores.

A busca pela qualidade e efetividade da legislação, bem como a acessibilidade democrática dos textos legais são questões consideradas nesta edição.

Com efeito, apesar da razoável produção normativa em nosso País, verifica-se, nos dias de hoje, a necessidade de se criar instrumentos que possam contribuir para aproximar as leis dos cidadãos, bem como obstar ao enfraquecimento da legislação: é que a má qualidade das leis acaba por acarretar maior litigiosidade, dadas as múltiplas interpretações que possibilitam, frustrando ainda a realização de direitos humanos fundamentais, o que leva a um crescente ativismo judicial.

Nesse cenário é que consideramos a necessidade de se valorizar a técnica legislativa como conjunto de regras sobre a redação das leis, suas categorias, sistemática e linguagem, e que integra a denominada Legística, em sua dimensão formal, estudada no Capítulo 5 deste trabalho.

Nos Capítulos que tratam do Poder Legislativo e Formação das Leis, do Processo Legislativo, e do Procedimento Legislativo, há o registro da recente jurisprudência do Supremo Tribunal Federal, com destaque para a ADI n. 4029, em que se decidiu que as medidas provisórias que vierem, a partir de agora, a ser encaminhadas pelo Poder Executivo ao Congresso Nacional terão de observar, em sua tramitação, o rito previsto pela Constituição Federal em seu artigo 62, § 9º, isto é, deverão ser obrigatoriamente apreciadas por uma comissão integrada por Deputados e Senadores, não podendo mais ser apreciadas pelo Parlamento apenas com parecer do Relator, quando esgotado o prazo para sua apreciação pela comissão mista. É mencionado também o julgamento de Agravo Regimental contra decisão liminar proferida no MS 31816, entendendo o STF que se deve atribuir eficácia *ex nunc* (não retroativa) à liminar, excluindo dos seus efeitos as deliberações já tomadas e aquelas pendentes de apreciação, pelo Congresso Nacional, relativamente a vetos presidenciais.

No plano normativo, são anotadas, entre outros atos, a EC n. 76/2013, que altera o § 2º do art. 55 e o § 4º do art. 66 da Constituição Federal, para abolir a votação secreta nos casos de perda de mandato de Deputado ou Senador e de apreciação de veto, a Resolução n. 19/2012, que altera o Regimento Interno da Câmara dos Deputados, para estabelecer nova disciplina para as sessões ordinárias, que serão realizadas de terça a quinta-feira, e não mais de segunda a sexta-feira, bem como a Resolução n. 1, de 2013, do Congresso Nacional, que altera os arts. 104 a 106 do Regimento Comum do Congresso Nacional, relativamente à tramitação de vetos presidenciais.

Kildare Gonçalves Carvalho

APRESENTAÇÃO

Em boa hora, temos a 6ª edição da festejada obra do Desembargador e Professor Kildare Gonçalves Carvalho, intitulada "Técnica Legislativa: Legística Formal".

Este livro é referência na doutrina nacional sobre as questões procedimentais da atividade legiferante. Quando lançada, a obra já se tornara um importante marco do estudo brasileiro sobre o tema, na medida em que sistematizou e analisou os institutos essenciais do processo legislativo, cada dia mais valorizado no regime democrático. Em verdade, o correto cumprimento do processo legislativo, mediante as boas práticas de técnica legislativa e da legística formal, aqui bem descritas e avaliadas, é também uma importante forma de garantia do Estado Democrático de Direito em que vivemos.

Com sua costumeira proficiência, o autor, experiente professor universitário e culto magistrado do Tribunal de Justiça de Minas Gerais, oferece-nos ensinamentos superiores sobre o tema, de seu absoluto domínio, mercê, inclusive, de seu anterior exercício dos cargos de Secretário de Estado, de Procurador-Geral do Estado e de Chefe da Assessoria Técnico-Consultiva do Governador do Estado.

Nesta 6ª edição, a obra apresenta-se mais ampliada, com novos e relevantes capítulos. Ademais, o livro foi revisto e atualizado quanto às mais modernas tendências da técnica legislativa, mantendo sua linguagem didática e revelando um conteúdo doutrinário muito significativo. Cuida, ainda, esta edição, da Ciência da Legística e do Controle de Constitucionalidade das leis.

Deste modo, esta importante obra já se firmou como definitiva no panorama da doutrina nacional sobre o tema, servindo como instrumento imprescindível de estudo e de consulta para todos aqueles que militam na seara do processo legislativo, quer no plano dos estudos, quer na sua aplicação prática.

Antonio Augusto Junho Anastasia

INTRODUÇÃO

O primeiro trabalho sobre técnica legislativa, entre nós, foi de *Aurelino Leal,* uma conferência proferida no Instituto dos Advogados Brasileiros e publicada sob o título de *Técnica constitucional brasileira* (Rio de Janeiro: Tip. Jornal do Comércio, 1914). A ele se seguiram outros que compõem os estudos de técnica legislativa:

PINHEIRO, Hésio Fernandes. *Técnica legislativa e as Constituições e leis constitucionais do Brasil.* Rio de Janeiro: A Noite, 1945.

MORAIS, Antão de. A má redação de nossas leis. *Revista Forense,* v. 110, p. 529-533.

SILVA, Carlos Medeiros. Técnica legislativa. *Revista Forense,* v. 110, p. 529-533.

SILVA, Carlos Medeiros. Técnica legislativa. *Revista Forense,* v. 165, p. 397-399.

SILVA, Carlos Medeiros. Seis meses de aplicação do ato institucional. *Revista dos Tribunais,* v. 238, p. 375-376.

SILVA, Carlos Medeiros. O ato institucional e a elaboração legislativa. *Revista dos Tribunais,* v. 207, p. 510.

LEAL, Victor Nunes. Técnica legislativa. *In: Problemas de direito público.* Rio de Janeiro: Forense, 1960, p. 7-32.

CAMPOS, José de Queiroz. *A arte de elaborar a lei.* Rio de Janeiro: Verbete, 1972.

BARACHO, José Alfredo de Oliveira. Teoria geral dos atos parlamentares. *Revista de Informação Legislativa,* n. 81, p. 259-322.

PINTO FERREIRA, Luiz. Técnica legislativa como a arte de redigir leis. *Revista de Informação Legislativa,* n. 89, 1986.

FREIRE, Natália de Miranda. *Técnica legislativa*. Belo Horizonte: Assembleia, 1987.

FREIRE, Natália de Miranda. *Técnica legislativa*. Belo Horizonte: Del Rey, 2002.

SILVEIRA NETO. *Técnica legislativa*. Belo Horizonte, mimeo., 1987.

GODOY, Mayr. *Técnica constituinte e técnica legislativa*. São Paulo: Editora Universitária de Direito, 1987.

MENDES, Gilmar Ferreira. Questões Fundamentais de Técnica Legislativa. *Revista Ajuris*, v. 53, p. 116, nov. 1991.

COSTA, Jorge José da. *Técnica legislativa* (Procedimento e Normas). Rio de Janeiro: Destaque, 1994.

R. GALVÃO e outros. *Elementos de técnica legislativa:* teoria e prática. Porto Alegre: Sérgio Antônio Fabris, s/d.

CASTRO, Marcílio F. *A técnica legislativa além da regra. In*: Cadernos da Escola do Legislativo, n. 7 – jan./jun. 1998.

No Direito de outros países, mencionam-se as seguintes obras:

RIPERT, Georges. *Les forces créatrices du droit*. Paris: LGDJ, 1955.

COLMO, Alfredo. *Técnica legislativa del Código Civil argentino*. Buenos Aires: Abeledo Perrot, 1961.

DICKERSON, Reed. *Legislative drafting*. Boston: Little, Brown and Company, 1954.

MEEHAN, José Héctor. *Teoría y técnica legislativas*. Buenos Aires: Depalma, 1976.

MACHADO, Santiago Muñoz. *Cinco estudios sobre el poder y la técnica de legislar*. Madrid: Editorial Civitas, 1986.

BANKOWSKI, Z. *et al. La science de la legislation*. Paris: Presses Universitaires de France, 1988.

MIRANDA, Jorge; SOUSA, Marcelo Rebelo de. *A feitura das leis*. Oeiras: Instituto Nacional de Administração, 2 v., 1986.

GRUPO de Estudios de Técnica Legislativa. *La forma de las leyes*. Barcelona: Bosch, Casa Editorial, 1986.

FERRERO, Jesús M. Corona; VALL, Francesc Paul; ARANDA, José Tudela (Coords.). *La Técnica Legislativa em debate*. Madrid: Tecnos, 1994.

Anteriormente ao surgimento da Legística, de que tratamos no Cap. 5 deste texto, os trabalhos sobre técnica legislativa apresentavam-se fragmentários, esparsos e desorganizados, que se devia talvez ao fato de que a técnica legislativa

INTRODUÇÃO   3

envolve a necessidade do domínio de múltiplas áreas do conhecimento humano, sem prescindir da especialização no campo jurídico, o que lhe dificulta a sistematização.

De outra parte, o modelo tradicional de ensino das Faculdades de Direito se achava voltado para a formação do jurista-intérprete, cuja atividade básica consistia na exegese, interpretação e sistematização dos textos legais. Esse modelo se acha, hoje, no entanto, modificado pelo pós-positivismo e por um novo constitucionalismo, que se dedicam a alterar o conceito de "fontes do direito". No pós-positivismo, que leva ao neoconstitucionalismo, são identificados: a) o valor no lugar da norma; b) a ponderação em vez da subsunção; c) a onipresença da constituição em vez da independência do legislador ordinário, o que resulta na centralidade da Constituição, que irradia seus princípios e é invasivo de todo o direito infraconstitucional, cuja aplicação se dará segundo uma filtragem constitucional; d) a alteração da teoria da norma, com o aparecimento dos princípios jurídicos; e) o direito, que valorizava a concepção de norma/sanção, e que atingiu seu ápice com a teoria normativista de Kelsen, passa a dar ênfase no binômio norma/suporte administrativo, em que assume relevância a busca da eficácia normativa da norma constitucional; f) aproximação cada vez maior entre o direito e a moral; g) expansão da jurisdição constitucional, com a denominada judicialização da política e das relações sociais, deslocando-se o poder da esfera do Legislativo e do Executivo para o Poder Judiciário.

A técnica legislativa, entendida como o modo correto de elaborar as leis para que sejam eficazes e exequíveis, tem a legislação como atividade e instrumento de regulação coativa das relações sociais. Com a técnica legislativa não se objetiva examinar a interpretação ou a aplicação das leis, mas a sua elaboração: trata-se, pois, de engenharia social, arquitetura da lei e não dogmática jurídica; ou, como disse *Driedger*, referindo-se à técnica de legislar, a redação de projetos de lei deve ter a precisão da engenharia, a minudência e a coerência da arquitetura, pois é a arquitetura da lei (*A new approach to statutory construction*). "Redigir leis é a forma de expressão mais rigorosa depois da matemática", assinala *Reed Dickerson*.[1]

Os destinatários da atividade do redator das leis não são, por isso mesmo, seus intérpretes, mas os políticos e os legisladores, de fato ou de direito. De qualquer modo, o leitor, o destinatário da norma, ao atuar nessa condição, lá adiante, construindo o sentido da lei de acordo com suas convicções, formação e cultura, acaba por se incorporar no processo de elaboração das leis, pois como destinatário da norma, tem o poder de mudá-la.

---

[1]   DICKERSON. *A arte de redigir leis*. Trad. de Paulo de Castro Moreira da Silva, p. 27.

Advirta-se, por outro lado, que o excesso de atos normativos, notadamente em nosso país, tantos são, além das leis, os decretos, as portarias, os avisos, as instruções (como se os problemas nacionais pudessem ser resolvidos pela legislação), além de tornar ilusória a regra de que ninguém pode deixar de cumprir a lei alegando que não a conhece (art. 3° da Lei de Introdução às normas do Direito brasileiro), dificulta sobremaneira o seu cumprimento e a sua fiscalização.

Daí a necessidade do conhecimento da técnica legislativa como instrumento indispensável à redução e simplificação do excesso de normas jurídicas que ingressam no ordenamento jurídico do Estado.

O estudo da técnica legislativa poderá contribuir para que a concisão, a clareza, a simplicidade e a unidade de estilo prevaleçam sobre a prolixidade, a obscuridade, o pernosticismo e a falta de lógica, garantindo assim a certeza das relações jurídicas e a segurança social, fundamentos do próprio Estado Democrático de Direito.

Com efeito, a má qualidade das leis repercute no sistema constitucional de repartição de poderes, nas relações entre governantes/governados e dos indivíduos entre si, provocando a inefetividade do ordenamento jurídico, o aumento da litigiosidade e o enfraquecimento da tutela dos direitos fundamentais. São temas considerados pela Legística.

Segundo elucida Lucio Pegoraro, "a má qualidade das formulações legais repercute-se negativamente no princípio da certeza do direito e, por arrastamento, na capacidade de *indirizzo* do ordenamento jurídico no comportamento dos cidadãos; na repartição constitucional de poderes, porquanto a obscuridade da lei implica a extensão do papel do Juiz muito para além dos limites da função interpretativa, para a própria criação da norma, em violação do princípio da separação de poderes; no agravamento dos custos da justiça, na medida em que a incompreensibilidade das normas jurídicas comporta o aumento da litigiosidade face à pluralidade de interpretações possíveis; na observância e no respeito das leis, logo, na efetividade do ordenamento jurídico, porquanto mesmo o cidadão mais voluntarioso desconfia das batalhas travadas para tentar compreender as prescrições normativas perante situações concretas; nos direitos fundamentais frustrados pelas contradições normativas consequentes da sua falta de coordenação."[2]

---

[2]   PEGORARO. *Osservazione sul el progetto del governo portoghese per una migliore qualità degli atti normativi* (março 2004), não publicado, policopiado (aula de encerramento do 1° Curso de Legística e Ciência da Legislação, mar./jun. 2004), *apud* RAMOS. *A iniciativa legislativa parlamentar* (a decisão de legislar), p. 21.

INTRODUÇÃO 5

Assinale-se que, em cumprimento ao disposto no parágrafo único do art. 59 da Constituição da República, editou-se a Lei Complementar n. 95, de 26 de fevereiro de 1998, alterada pela Lei Complementar n. 107, de 26 de abril de 2001, que dispõe sobre a elaboração, a redação, a alteração e a consolidação das leis e estabelece normas para a consolidação de certos atos normativos por ela própria mencionados, havendo tal diploma normativo entrado em vigor 90 dias contados de sua publicação.

A referida Lei Complementar, que não versa sobre processo legislativo, mas se restringe a normas disciplinadoras da técnica legislativa, é dizer, as regras que deverão ser obedecidas para a formulação de atos normativos que poderão ser transformados em leis, estabelece ainda procedimentos para a consolidação das normas já positivadas no ordenamento jurídico brasileiro.

Portanto, além da formulação e sistematização de regras envolvendo técnica legislativa, o que por si só a valoriza, a Lei Complementar n. 95/98 concorre para o melhor conhecimento do ordenamento jurídico brasileiro, que se tem apresentado de forma não harmônica, repleto de incongruências e de comandos repetitivos, a necessitar, por isso, de consolidação capaz de torná-lo coerente e claro, o que certamente deverá ser alcançado com o implemento das determinações do legislador complementar.

Vale lembrar a observação de *Canotilho*, para quem o estudo da teoria da legislação, lidando com os dilemas da política de regulação, coloca-nos em pleno "centro do furacão" de toda uma literatura crítica sobre inflação legislativa, os custos burocráticos do Estado de Direito, o *déficit* de execução de normas, a desregulamentação, a crise do paradigma legalista, a linguagem e o estilo das leis, e as alternativas do direito, dentre outros dilemas.[3]

Muitos desses dilemas são analisados e discutidos ao longo deste trabalho, que tem como núcleo a Técnica Legislativa como integrante da Legística Formal, cujo objeto de estudo é a sistematização, composição e redação das leis, em ordem a contribuir para a qualidade da legislação, facilitando sua aplicação e o entendimento da lei por seus destinatários.

---

[3] CANOTILHO. Relatório sobre programa, conteúdos e métodos de um curso de teoria da legislação. *In: Boletim da Faculdade de Direito.* Coimbra, v. LXIII, 1987, p. 409.

1
CAPÍTULO

ESTADO DEMOCRÁTICO DE DIREITO E TÉCNICA LEGISLATIVA

Sumário: 1. Estado Democrático de Direito. 2. Princípio democrático e atributo das leis.

1. ESTADO DEMOCRÁTICO DE DIREITO

Há princípios constitucionais que informam a elaboração das leis. As normas jurídicas devem ser dotadas de certos atributos compatíveis com aqueles princípios, dentre os quais avulta o do Estado Democrático de Direito a que alude o art. 1º da Constituição da República.

Note-se inicialmente que o Estado de Direito só é de direito se for democrático.

O Estado de Direito é aquele que só pode ser visto à luz do princípio democrático, que legitima o domínio público e o exercício do poder. E a seu turno, o Estado Democrático de Direito também só pode ser entendido na perspectiva de Estado de Direito. Assim, tal como só existe um Estado de Direito Democrático também só existe um Estado Democrático de Direito, cujos elementos se articulam.

O Estado Democrático de Direito, em seu aspecto substancial, se acha vinculado a um determinado regime. Noutras palavras, o Estado Democrático de Direito é aquele democraticamente legítimo pela sua formação e pelo seu conteúdo.

A Constituição, portanto, quando menciona a expressão Estado Democrático de Direito, opta por conformar as estruturas do poder político segundo a medida do direito, isto é, regras e formas que excluem o arbítrio e a prepotência, o que venha a garantir a efetivação dos direitos fundamentais do homem, com a sua autonomia perante os Poderes Públicos. Reconhece o texto constitucional que o Estado de Direito só se realiza quando democraticamente legitimado, da mesma forma que o Estado Democrático tem a sua organização e o seu funcionamento assentados no direito e não na prepotência.

A propósito, observa *José Afonso da Silva* que o "democrático qualifica o Estado, o que irradia os valores da democracia sobre todos os elementos constitutivos do Estado, pois, sobre a ordem jurídica. A democracia que o Estado Democrático de Direito realiza há de ser um processo de convivência social numa sociedade livre, justa e solidária (art. 3°, III), em que o poder emana do povo, que deve ser exercido em proveito do povo, diretamente ou por seus representantes eleitos (art. 1°, parágrafo único); participativa, porque envolve a participação crescente do povo no processo decisório e na formação dos atos de governo; pluralista, porque respeita a pluralidade de idéias, culturais e étnicas, e pressupõe assim o diálogo entre opiniões e pensamentos divergentes e a possibilidade de convivência de formas de organização e interesses diferentes da sociedade; há de ser um processo de liberação da pessoa humana das formas de opressão que não depende apenas do reconhecimento formal de certos direitos individuais, políticos e sociais, mas especialmente da vigência de condições econômicas suscetíveis de favorecer o seu pleno exercício".[1]

Gomes Canotilho, a seu turno, opõe o Estado de não Direito ao Estado de Direito, fixando-lhes as características essenciais. Para ele, o primeiro "é um Estado que decreta leis arbitrárias, cruéis ou desumanas; é um Estado em que o Direito se identifica com a 'razão do Estado' imposta e iluminada por 'chefes'; é um Estado pautado por radical injustiça e desigualdade na aplicação do direito". Já o Estado de Direito, que se afigura como um Estado constitucional, um Estado democrático, um Estado ambiental, é dizer, comprometido com a sustentabilidade ambiental, "está sujeito ao direito; atua através do direito, positiva normas jurídicas informadas pela idéia de direito". Assinala ainda *Gomes Canotilho* que "o Estado de Direito transporta princípios e valores materiais para uma ordem humana de justiça e de paz. São eles: a liberdade do indivíduo, a segurança individual e coletiva, a responsabilização dos titulares do poder, a igualdade de todos os cidadãos e a proibição de discriminação de indivíduos e de grupos. Para tornar efetivos estes princípios e estes valores o Estado de Direito carece de instituições, de procedimentos de ação e de formas de revelação dos poderes e competências que permitam falar de um poder democrático, de uma soberania popular, de uma representação política, de uma separação de poderes, de fins e tarefas do Estado".[2]

São princípios do Estado Democrático de Direito:

---

[1]   SILVA. *Curso de direito constitucional positivo*, p. 105-106.

[2]   CANOTILHO. *Estado de direito*, p. 12-21.

ESTADO DEMOCRÁTICO DE DIREITO E TÉCNICA LEGISLATIVA   9

1. supremacia da Constituição;
2. legalidade;
3. direitos fundamentais;
4. separação de poderes;
5. publicidade;
6. sistema hierárquico de normas, que realiza a segurança jurídica, mediante categorias distintas de leis de diferentes níveis, como se extrai do art. 59 da Constituição, que trata do processo legislativo;
7. responsabilização da administração pública, dos detentores do poder e da legalidade da administração.

Afiguram-se como subprincípios do Estado Democrático de Direito:

1. garantia do acesso à Justiça e independência dos tribunais;
2. garantia das relações jurídicas (ato jurídico perfeito, direito adquirido e coisa julgada);
3. garantias processuais, especialmente de realização de um direito justo: ampla defesa e contraditório.

E na síntese de *Dalmo de Abreu Dallari*, constituem elementos do Estado Democrático de Direito:

a) a supremacia da vontade popular;
b) preservação da liberdade;
c) igualdade de direitos.

O Estado Democrático de Direito traduz, segundo Glauco Barreira Magalhães Filho, fórmula que estabelece a ideologia política que dá unidade à Constituição, e funciona como critério objetivo de harmonização dos princípios constitucionais, acentuando: "O Estado Democrático de Direito é aquele que se estrutura através de uma democracia representativa, participativa e pluralista, bem como o que garante a realização prática dos direitos fundamentais, inclusive dos direitos sociais, através de instrumentos apropriados conferidos aos cidadãos, sempre tendo em vista a dignidade humana.

As bases do Estado Democrático de Direito são a soberania do povo, expressa na manifestação da vontade popular, e a dignidade humana, consagrada na enunciação dos direitos fundamentais. Em razão desse segundo pilar, evidencia-se uma ampliação do conceito de democracia a qual terá que realizar-se não apenas no plano político, mas também nas dimensões econômica, social e cultural. Na esfera econômica, o trabalhador, parte mais fraca nas relações laborais, deve ser protegido juridicamente para que não seja explorado por aquele que dispõe de vantagem econômica, isto é, pelo empregador. Na perspectiva social, exige-se justiça social, sendo esta não apenas a justiça distributiva que estabelece que cada um deve receber de acordo com os seus méritos ou capacidades, mas também aquela que proclama que deve ser dado a cada um segundo as suas necessidades, ou seja, as necessidades humanas primordiais devem ser atendidas. Finalmente, no plano cultural, exige-se que a todos seja assegurada a educação. Assim, a estrutura democrática da sociedade consiste no clima socioeconômico favorável à vivência concreta dos direitos fundamentais."[3]

Anote-se que o Estado Democrático de Direito conformado pela Constituição de 1988 é um Estado de Justiça Social. Com efeito, constituem seus fundamentos a soberania, a cidadania, a dignidade da pessoa humana, os valores sociais do trabalho e da livre iniciativa, o pluralismo político. E, segundo o art. 3º do texto constitucional, são objetivos fundamentais da República Federativa do Brasil a construção de uma sociedade livre, justa e solidária, o desenvolvimento nacional, a redução das desigualdades sociais e regionais, a promoção do bem-estar comum sem preconceito de origem, raça, sexo, idade ou qualquer outra forma de discriminação. Desse modo, o simples enunciado dos fundamentos e dos objetivos é suficiente para se concluir que o constituinte colocou, nos três primeiros artigos da Constituição o seu projeto de sociedade, cuja construção se antevê.

Desse modo, no âmbito do Estado Democrático de Direito os paradigmas tradicionais são superados pelas novas exigências decorrentes das transformações sociais e pela necessidade de se concretizarem as premissas de justiça social.

O Estado Social e Democrático de Direito, nesse horizonte, acha-se a serviço do indivíduo e da sociedade. Na concepção de Carlos Ari Sundfeld, o Estado Social e Democrático de Direito "é a soma e o entrelaçamento de: constitucionalismo, república, participação popular direta, separação de Poderes, legalidade, direitos (individuais, políticos e sociais), desenvolvimento e justiça social."[4] Ainda segundo o autor, são elementos do Estado Social e Democrático de Direito: "*a)* criado e regulado por uma Constituição; *b)* os agentes públicos fundamentais são eleitos e renovados periodicamente pelo povo e respondem pelo cumprimento de seus deveres; *c)* o poder político é exercido, em parte diretamente pelo povo, em parte por órgãos estatais independentes e harmônicos, que controlam uns aos outros; *d)* a lei produzida pelo Legislativo é necessariamente observada pelos demais Poderes; *e)* os cidadãos, sendo titulares de direitos, inclusive políticos e

---

[3]   MAGALHÃES FILHO. *Hermenêutica e unidade axiológica da constituição*, p. 103-104.

[4]   SUNDFELD. *Fundamentos de direito público*, p. 56.

ESTADO DEMOCRÁTICO DE DIREITO E TÉCNICA LEGISLATIVA

sociais, podem opô-los ao próprio Estado; *f)* o Estado tem o dever de atuar positivamente para gerar desenvolvimento e justiça social."[5]

2. PRINCÍPIO DEMOCRÁTICO E ATRIBUTO DAS LEIS

No âmbito da elaboração das leis, há três regras de procedimento que concretizam os princípios que se extraem do Estado Democrático de Direito: 1) maioria; 2) participação; 3) publicidade. O princípio democrático impõe requisitos básicos para a elaboração das leis, quais sejam, que a lei seja manifestação da maioria do Parlamento, e sempre que durante sua formação se haja garantido a participação dos sujeitos interessados em um procedimento público. Há conexão, pois, entre o procedimento legislativo com o princípio democrático, já que indispensáveis as regras da maioria, da participação e da publicidade.[6]

Na concepção de *Rogério Soares*, "torna-se necessário, para canalizar todo o sistema de tensões que se descarregam sobre o órgão parlamentar e sobre a função legislativa, uma regulamentação da feitura das leis, pelo que é indispensável que o processo de criação das leis, ou seja, o procedimento legislativo, se vá dotar de meios que, em primeiro lugar, garantam uma larga recolha de informações materiais sobre a situação a dominar e sobre os resultados a obter, o que implica o recurso a um amplo quadro de técnicos, para fornecer, neste estádio, soluções não políticas; e, em segundo lugar, que garantam a captação de um leque de perspectivas tão variadas quão variado for o pluralismo da sociedade a que pretendem responder; que em terceiro lugar, fomentem ou mantenham a publicidade das deliberações, para facilitar o controle real pela opinião pública e para abrir a possibilidade de uma retroação sobre os outros elementos".[7]

As normas jurídicas, para que possam atender ao princípio democrático, deverão, como se afirmou, ser dotadas de determinados atributos, quais sejam, precisão ou determinabilidade, clareza e densidade, objetivando a definição de posições juridicamente protegidas – mesmo porque qualquer intervenção do Poder Político na esfera das liberdades humanas deve ser precedida de regras claras e definidas – e o controle da legalidade da ação administrativa, o que concorre para a maior segurança jurídica da vida coletiva.

A clareza das leis envolve a necessidade de se dosar a linguagem normativa de modo a propiciar o equilíbrio entre linguagem comum e técnica, o que se mostra fundamental para que a lei seja conhecida do povo a fim de que possa ser

---

[5]   SUNDFELD. *Fundamentos de direito público*, p. 56.

[6]   MORAES. *O controle jurisdicional da constitucionalidade do processo legislativo*, p. 59.

[7]   SOARES. Sentido e limites da função legislativa. *In*: *A feitura das leis*, 1986.

cumprida. Deve-se, contudo, levar em consideração a vantagem da utilização, em certos casos, de linguagem técnica, para que se permita ao especialista do direito raciocinar com mais facilidade, em razão da área de conhecimento que reclama uma adequada terminologia.

A precisão envolve a questão da generalidade das leis, é dizer, se por um lado as fórmulas legais muito genéricas são inconvenientes por criarem nos indivíduos a incerteza quanto aos seus direitos, por outro lado, as fórmulas rígidas podem cercear a atividade do aplicador da lei, impedindo-o de amparar circunstâncias não previstas pelo legislador. Considere-se ainda que os preceitos "de alcance perfeitamente definidos oferecem mais segurança ao fenômeno jurídico, mas ao mesmo tempo impedem a renovação que a jurisprudência realiza ao contactar com a múltipla realidade, dona de sutilezas que escapam à imaginação do legislador".[8]

A densidade da norma reside, pois, na sua maior generalidade e abstração, bem como se acha relacionada com a ideia de completude do ordenamento jurídico, a fim de que as leis possam oferecer ao juiz, em cada caso, uma solução sem ter de recorrer à equidade. Deve-se, contudo, ponderar ser impossível ao ordenamento jurídico prever e regular todas as situações e relações sociais do mundo contemporâneo (*Tércio Sampaio Ferraz Júnior*).

---

[8] *Elementos de técnica legislativa.* R. Galvão (Org.), p. 47.

2

CAPÍTULO

ÓRGÃOS E FUNÇÕES DO ESTADO

Sumário: 1. Órgãos do Estado – Conceito. 2. Funções do Estado – Classificação. 3. Funções do Estado e princípio da separação de poderes. 4. Funções jurídicas e não jurídicas do Estado. 5. A separação de poderes no pensamento político. 6. Transformações do princípio da separação de poderes.

1. ÓRGÃOS DO ESTADO – CONCEITO

O Estado como pessoa jurídica não dispõe de vontade, nem de ação no sentido psicológico e anímico. Nem por isso deixa o Estado de possuir vontade e ação no sentido jurídico, as quais se manifestam pelos seres físicos na qualidade de seus agentes.

De fato, na pessoa jurídica não há coincidência da personalidade jurídica (portadora de direitos e deveres) com a realidade material subjacente a ela. Há, sim, um conjunto de indivíduos que se aglutinam em torno dela para a realização de determinados fins.

Assim, a vontade da pessoa jurídica é expressa pelos órgãos que a compõem: trata-se, então, de uma vontade funcional, vale dizer, a vontade que, por ficção jurídica, se considera imputável à pessoa coletiva e que, como tal, a vincula.

Não há, por outro lado, que se confundir o órgão com o seu titular. O órgão "é distinto dos indivíduos que o servem: existe independentemente deles, deve durar para além da presença e até da vida do seu titular incidental, como uma chama que sucessivas energias hão de alimentar com o mesmo brilho e a mesma luz".[1]

---

[1]   CAETANO. *Direito constitucional*, v. 1, p. 222.

A vontade individual da pessoa física, quando age como titular do órgão, não exprime uma vontade individual, mas, como se mostrou, revela uma vontade funcional.

Pode-se então conceituar os órgãos como "unidades abstratas que sintetizam os vários círculos de atribuições do Estado. Nada mais significam que círculos de atribuições, os feixes individuais de poderes funcionais repartidos no interior da personalidade estatal e expressados através dos agentes neles providos".[2]

O mecanismo jurídico de atribuição da vontade do agente à dos órgãos do Estado, ou do próprio Estado, é chamado de imputação.

A relação entre o Estado e seus agentes é uma relação orgânica que se manifesta no interior de uma mesma pessoa jurídica, não sendo, pois, de se aceitar a teoria da representação para explicá-la. É que a representação pressupõe a existência de duas pessoas distintas, o representante e o representado, cujo vínculo é externo ao Estado, ou seja, a vontade do representante seria uma vontade distinta e estranha ao Estado.

2. FUNÇÕES DO ESTADO — CLASSIFICAÇÃO

Os fins do Estado, por sua vez, são alcançados mediante atividades que lhe são constitucionalmente atribuídas. Tais funções são desenvolvidas por órgãos estatais, segundo a competência de que dispõem.

Marcelo Rebelo de Sousa define a função do Estado "como a atividade desenvolvida, no todo ou em parte, por um ou vários órgãos do poder político, de modo duradouro, independente de outras atividades, em particular na sua forma, e que visa à prossecução dos fins do Estado".[3]

São dois os sentidos possíveis de função do Estado, segundo Jorge Miranda: como fim, tarefa ou incumbência, corresponde a certa necessidade coletiva ou a certa zona da vida social; como atividade com características próprias, traduz a ideia de passagem a ação, de modelo de comportamento. A função, no sentido de atividade, e que carece ser apreendida nas perspectivas material, formal e orgânica, oferece três características: 1) é específica ou diferenciada, pelos seus elementos materiais – as respectivas causas e os resultados que produz – formais – os trâmites e as formalidades que exige – e orgânicos – os órgãos ou agentes por onde corre; 2) é duradoura – no sentido de que se prolonga indefinidamente, ainda que se desdobre em atos localizados no tempo que envolvem pessoas e situações diversas (como a função legislativa ou a função jurisdicional que vêm

---

[2] BANDEIRA DE MELLO. *Apontamentos sobre os agentes e órgãos públicos*, p. 69.

[3] SOUSA. *Direito constitucional*, p. 236.

ÓRGÃOS E FUNÇÕES DO ESTADO

a durar sem limites no tempo); 3) é, consequentemente, globalizada – tem de ser encarada como um conjunto, e não como uma série de atos avulsos.[4]

Para *Marcelo Caetano*,[5] a determinação das funções do Estado resulta de três critérios: *material*, *formal* e *orgânico*.

O *critério material* parte da análise do conteúdo dos diversos tipos de atos ou dos resultados em que se traduz a atividade do Estado, para chegar ao conceito de função.

O *critério formal* atende às circunstâncias exteriores das atividades do Estado, distinguindo as funções segundo a forma externa revestida pelo exercício de cada uma delas.

O *critério orgânico* relaciona intimamente as funções com os órgãos que as exercitam, e das diversas características desses órgãos ou da sua posição na estrutura do poder político infere a especialidade das suas atividades.

O citado autor distingue ainda funções jurídicas de funções não jurídicas do Estado, dentro da concepção do que chama de teoria integral das funções do Estado.

As funções jurídicas são as de criação e execução do Direito e compreendem a função legislativa, cujo objeto direto e imediato é o de estatuir normas de caráter geral e impessoal inovadoras da ordem jurídica, e a executiva, exercitável por meio do processo jurisdicional, caracterizado pela imparcialidade e passividade, e pelo processo administrativo, com as características de parcialidade e iniciativa.

Já as funções não jurídicas compreendem:

a) a função política, cuja característica é a liberdade de opção entre várias soluções possíveis, com vistas à conservação da sociedade política e a definição e prossecução do interesse geral, por meio da livre escolha de rumos e soluções consideradas preferíveis;

b) a função técnica, "cujo objeto direto e imediato consiste na produção de bens ou na prestação de serviços destinados à satisfação de necessidades coletivas de caráter material ou cultural, de harmonia com preceitos práticos tendentes a obter a máxima eficiência dos meios empregados".

Jellinek, considerado um dos primeiros teorizadores das funções do Estado, definiu-as partindo dos dois objetivos prosseguidos pelo Estado: um de natureza jurídica, outro de natureza cultural.

O fim jurídico do Estado refere-se à criação e à execução do Direito.

---

[4]   MIRANDA. *Manual de direito constitucional*, t. V, p. 7-11.

[5]   CAETANO. *Op. cit.*, p. 187-218.

O fim cultural do Estado corresponde ao desenvolvimento das condições materiais de vida dos cidadãos, consoante a ideologia do Estado considerado.

Para atingir tais fins, o Estado atuaria mediante dois tipos de meios: a criação de normas jurídicas gerais e abstratas e a realização de atos concretos. No primeiro caso, a função do Estado seria legislativa e, no segundo, administrativa, quando visasse a um fim cultural, ou jurisdicional, ao objetivar um fim jurídico.

Além dessas funções, *Jellinek* criou a categoria das atividades extraordinárias do Estado: guerra ou atos de política externa, que se situam fora do elenco das duas funções anteriormente referidas.[6]

No estudo das funções do Estado, menciona-se ainda o constitucionalista *Duguit* que, ao invés de se utilizar dos fins do Estado, preferiu o conceito de ato jurídico para formular sua classificação.

Assim, o ato jurídico considerado como a manifestação de vontade dirigida à modificação da ordem jurídica, presente ou futura, toma uma das seguintes formas:

a) *ato-regra*, o que é realizado com a intenção de modificar as normas jurídicas abstratas constitutivas do Direito objetivo;

b) *ato-condição*, o que torna aplicáveis a um sujeito determinadas regras abstratas que, antes de sua prática, lhe eram inaplicáveis (por exemplo, a nomeação de um servidor público torna-lhe aplicáveis todas as regras gerais que regulam os direitos e deveres dos servidores);

c) *ato subjetivo*, o que cria para alguém uma obrigação especial, concreta, individual e momentânea, que nenhuma regra abstrata lhe impunha – um contrato, por exemplo.[7]

Definidos os atos jurídicos, passa *Duguit* à definição das funções do Estado.

A *função legislativa* consiste na prática de atos-regra.

A *função administrativa* consiste na prática de atos-condição, dos atos subjetivos e das denominadas operações materiais, sem caráter jurídico, realizadas pelos órgãos da Administração Pública e destinadas a assegurar o funcionamento dos seus serviços.

A *função jurisdicional* consiste na prática dos atos jurisdicionais, que tanto podem ser atos-condição como atos subjetivos. O que os define não é o conteúdo,

---

6   JELLINEK. *Teoría general del Estado*. Trad. Fernando de los Rios, p. 171-214.

7   DUGUIT. *Traité de droit constitutionnel*, v. I, p. 219.

ÓRGÃOS E FUNÇÕES DO ESTADO

mas a circunstância de provirem de um órgão dotado de imparcialidade e independência – tribunal ou juiz singular.[8]

Verifica-se que a teoria de *Duguit*, relativa às funções do Estado, não corresponde à sua classificação de ato jurídico, pois, para definir a função jurisdicional recorre ao conceito orgânico e não material. Além disso, a função administrativa realiza-se mediante atos de natureza essencial-material, e não apenas jurídicos.

As funções do Estado foram examinadas por outro grande jurista, o neokantiano *Hans Kelsen*.

Para *Kelsen*, o Estado se reduz à unidade personificada de uma ordem jurídica e se confunde, assim, com a própria ordem jurídica. As funções do Estado consistem, dessa forma, na criação e na aplicação do Direito.[9]

Georges Burdeau, ao seu turno, considera que as funções do Estado são definidas pela natureza e pelo objeto dos atos, falando em duas funções fundamentais, quais sejam, a governamental, que é incondicionada, criadora e a autônoma e a administrativa. A função governamental divide-se em legislativa e governamental e a função administrativa em administrativa propriamente dita, jurisdicional e regulamentar.[10]

Karl Loewenstein propõe uma classificação tripartite das funções do Estado: a) decisão política conformadora ou fundamental; b) execução da decisão política fundamental por meio de legislação, administração e jurisdição; c) fiscalização política, nas suas dimensões horizontal (fiscalização ou controles intra e interorgânicos), e vertical (federalismo, liberdades individuais, pluralismo social).[11]

A classificação das funções do Estado acarreta as seguintes ilações sumariadas por Jorge Miranda: a) aparecimento, em todas as classificações, de uma função legislativa, de uma função administrativa ou executiva *stricto sensu* e de uma função jurisdicional, ainda que com diferentes relacionamentos; b) correlação ou dependência das classificações das orientações teórica globais perfilhadas pelos autores; c) relatividade histórica ou dependência também da experiência histórica e da situação concreta do Estado; d) reconhecimento de que, a par das

---

[8] DUGUIT. *Op. cit.*, v. II, p. 132.

[9] KELSEN. *Teoría general del Estado*. Trad. Luiz Legaz Lacambra.

[10] BURDEAU. Remarques sur la classification des fonctions étatiques. *In: Revue du droit public*, 1945, p. 202 *et seq.*

[11] LOEWENSTEIN. *Teoría de la constitución*, p. 62 *et seq.*

classificações de funções, se procede a classificações de atos (ou de tipos de atos) jurídico-públicos.[12]

Às funções clássicas do Estado, quais sejam, legislativa, executiva e jurisdicional, deve-se acrescer outras necessárias para a garantia do processo democrático,[13] e que são:

a) *função de fiscalização ou de controle*, a cargo do Ministério Público e dos Tribunais de Contas, com a ressalva de que a instituição ministerial e os Tribunais de Contas não constituem um quarto ou quinto poder do Estado, mas têm, no texto constitucional brasileiro, asseguradas sua independência e autonomia, a fim de que possam exercer sua função fiscalizadora;

b) *função legislativa constitucional* de emendar e revisar a Constituição;

c) *função simbólica*, típica do chefe de Estado (não se confunde com a função política, de governo), voltada para a representação do Estado e dos valores nacionais.

O exame das funções do Estado revela os diversos critérios que tentam explicá-las e que podem ser reduzidos aos seguintes:

a) critério orgânico;

b) critério orgânico-procedimental;

c) critério substancial;

d) critério orgânico-procedimental-substancial.

Pelo critério *orgânico*, as funções do Estado distinguem-se em razão dos diversos órgãos que as exercem. Assim, a função legislativa é a que cabe ao Poder Legislativo; a função administrativa é a realizada pelo Poder Executivo; e a função jurisdicional é a que corresponde ao Poder Judiciário. Esse critério deixa à margem as diferenças substanciais que existem entre os atos editados por um Poder, bem como ignora o princípio da unidade do Poder.

O critério *orgânico-procedimental* diferencia as funções estatais, acrescentando ao elemento orgânico uma referência procedimental. Assim, no âmbito da função legislativa, esse critério acarreta distinção entre leis formais e leis materiais, sendo

---

[12]   MIRANDA. *Manual de direito constitucional*, t. 5, p. 17.

[13]   A Constituição da Venezuela menciona, em seu art. 136, cinco poderes do Estado, que são os Poderes Legislativo, Executivo, Judiciário, cidadão e eleitoral, cada um deles com função própria, sendo que os órgãos que as exercem colaboram entre si para a realização dos fins do Estado. A Defensoria Pública e o Ministério Público são transformados em órgãos do poder cidadão de fiscalização e garantia democrática, com vistas a proteger o respeito à Constituição e às leis (art. 273).

ÓRGÃOS E FUNÇÕES DO ESTADO

as primeiras as ditadas pelos órgãos legislativos segundo procedimento estabeleci-do (normalmente pela Constituição), e as outras são estabelecidas segundo critério substancial, que atende apenas à natureza do ato legislativo.

O critério *substancial*, também conhecido por *material* ou *objetivo*, desconsi-dera o órgão ou sujeito que emitiu a lei, bem como prescinde de qualquer referên-cia formal ou procedimental. O que caracteriza a função estatal é a natureza ou substância do ato que decorre do exercício da função do Estado.

Entende-se, nessa perspectiva, que a função legislativa se exterioriza mediante atos *gerais*, falando-se ainda em atos *gerais* que *inovam* o direito como essên-cia da lei, ou seja, que estabelecem para os cidadãos direitos e obrigações não contidos na ordem jurídica vigente. Considera-se ainda direito novo o criado em plano imediatamente inferior à Constituição, enquanto que a administração e a jurisdição se exercitam em um segundo plano que é mediato relativamente à Constituição. Daí a distinção entre *lei* e *regulamento*: a primeira *inova* e o outro não inova a ordem jurídica. Já as funções administrativas e jurisdicionais se manifestam por intermédio de atos de efeitos individuais e particulares (atos administrativos e sentenças).

O critério *orgânico, procedimental e substancial* é utilizado especialmente para individualizar a função legislativa, considerada como criadora de normas jurídicas gerais, de acordo com o procedimento previsto na Constituição, para a formação e sanção das leis.

3. FUNÇÕES DO ESTADO E PRINCÍPIO DA SEPARAÇÃO DE PODERES

Essas considerações revelam que a especialização de funções estatais, rela-cionada com o princípio da separação de Poderes, é relativa, pois, na realidade, consiste numa predominância e não exclusividade desta ou daquela função de-sempenhada por um órgão ou complexo de órgãos do Estado. Assim, os Poderes Legislativo, Executivo e Judiciário exercitam as funções legislativa, executiva ou administrativa e jurisdicional em caráter predominante e não exclusivo, já que, como se deduziu, cada um desses Poderes poderá desempenhar, excepcional-mente, uma função material de outro Poder.

Fala-se, por isso mesmo, em interpenetração ou interdependência de Poderes, ao invés de separação ou independência de Poderes, pois o princípio da separa-ção não nega a harmonia, coordenação e colaboração dos Poderes.

Quanto à crítica de que a separação e o controle recíprocos de poderes levaria ao enfraquecimento do Estado, que ficaria mais exposto às potências econômicas externas, pela possibilidade, em se tratando de divisão federativa, de explorar e controlar os entes federativos mais fracos, bem como os Poderes Legislativo e Executivo, em seu próprio interesse, é preciso ponderar que esse argumento não é de todo correto. De fato, é o contrário que ocorre, pois para que um grupo de pressão possa abusar do poder estatal, em seu próprio interesse, não basta que ele se volte para apenas uma autoridade, mas tenha que conquistar os diferentes poderes do Estado, o que dificulta a sua ação.

Mencione-se, no entanto, a existência, no âmbito da separação de poderes, do princípio da tipicidade de competências e do princípio da indisponibilidade de competências. O primeiro significa que as competências dos órgãos constitucionais são apenas aquelas expressamente enumeradas na Constituição, e o outro traduz a ideia de que as competências constitucionalmente fixadas não podem ser transferidas para órgãos diferentes daqueles a quem a Constituição as atribuiu.

Os Poderes do Estado não comportam hierarquia, é o que se depreende de *Montesquieu*. Para *Locke* e *Rousseau* haveria, contudo, supremacia do Poder Legislativo. Contemporaneamente, o Poder Executivo vem assumindo uma certa liderança entre os Poderes do Estado. Tal fenômeno decorre, sobretudo, de que, por ser um órgão minoritário em relação ao corpo legislativo, formado de numerosos membros, o Executivo dispõe de liderança, comando e condução da orientação política geral. Não se pode esquecer ainda de que a expansão do Judiciário, decorrente da superação de um modelo positivista de jurisdição constitucional, acompanhado de um ativismo judicial, são fatores que têm acarretado uma supremacia do Judiciário nas relações entre os poderes do Estado (ver adiante).

Observe-se finalmente que um controle dos Poderes do Estado, por um órgão distinto e autônomo de cada um deles, é exigência para a preservação da democracia e manutenção da própria liberdade individual. Por isso mesmo é que Loewenstein formulou uma divisão tripartite das funções do Estado, que denomina de *policy determination, policy execution* (correspondentes às funções de governo e administrativa) e *policy control*, que, para ele, constitui o ponto principal do regime constitucional.

4. FUNÇÕES JURÍDICAS E NÃO JURÍDICAS DO ESTADO

Há ainda a observação de que não existem apenas funções jurídicas do Estado: é que há o Estado cultural, o Estado do bem-estar, o Estado ético e ainda o Estado social. Assim, além da criação e execução do Direito, outras funções não jurídicas se processam mediante atos políticos e materiais, a despeito de serem cercados pela malha de uma regulamentação jurídica e influírem na esfera do Direito.

Sobre a função política é bom lembrar, no entanto, que a ideia de que seja juridicamente livre vem sendo questionada, em razão, sobretudo, de que o Estado contemporâneo se configura como Estado programador ou dirigen-

ÓRGÃOS E FUNÇÕES DO ESTADO   21

te. Define-se, então, a função política como uma conexão de funções legislativas, regulamentares, planificadoras e militares, de natureza econômica, social, financeira e cultural, dirigida à individualização e graduação de fins constitucionalmente estabelecidos.

Além disso, fica comprometida a ideia de ser a função política considerada juridicamente livre pelo fato de que todo o Poder estatal, no Estado de Direito, se acha juridicamente vinculado à Constituição.

Nada obstante, pondere-se que a função política pode movimentar-se com relativa autodeterminação naqueles espaços abertos pelo texto constitucional.

Assinale-se ainda que, embora sejam as funções do Estado abstratamente distintas umas das outras, os atos que manifestam podem ter caráter misto. Dessa forma, pode haver atos que, embora tidos como legislativos, simultaneamente são manifestações do Poder Executivo, e mesmo certos atos jurisdicionais que contêm elementos do Poder Legislativo.[14]

5. A SEPARAÇÃO DE PODERES NO PENSAMENTO POLÍTICO

Como princípio organizatório estrutural, uma constante do Estado de Direito, a separação de poderes de que cuidamos neste Capítulo tem em vista a denominada repartição horizontal (de órgãos e funções). Há ainda a denominada repartição vertical que visa delimitar as competências e as relações de controle segundo critérios fundamentais territoriais ou espaciais, envolvendo a competência, no Estado Federal, dos entes federados, e, no Estado Unitário e Autonômico, a competência das regiões e dos órgãos locais. Fala-se, finalmente, na repartição ou divisão social de funções, aludindo-se à distribuição de poder entre o Estado e outros titulares de poderes públicos não estatais, como os sindicatos.

Os "axiomas fundamentais da ideia ocidental de Estado" que se contrapõem ao despotismo oriental, e que se referem ao princípio da separação de poderes, são: "1º O poder político deve emanar de uma estrutura institucional objectiva e não imediatamente da vontade de homens. Entre estes e o poder deve interpor-se sempre a instituição. 2º Essa estrutura institucional deve ser diferenciada, compósita e não monolítica ou uniforme, tanto do ponto de vista orgânico como do ponto de vista funcional. 3º Essa estrutura institucional deve ser juridicamente conformada e a sua actuação deve fazer-se de acordo com a lei. 4º Essa estrutura institucional deve ser tanto quanto possível estável. Para isso tem que ser 'local de mistura' das várias classes sociais, portadoras de interesses conflituantes. Estas devem ter acesso equilibrado aos órgãos ou magistraturas de que aquela se compõe, de modo

---

[14]   ROMANO. *Princípios de direito constitucional geral.* Trad. Maria Helena Diniz, p. 226.

a poderem participar globalmente no exercício do poder político",[15] axioma esse que se insere na teoria da constituição mista ou do governo misto que adiante se examinará.

O princípio da separação de Poderes encontrou em Montesquieu seu expoente máximo. Antes, porém, Aristóteles, na Antiguidade grega, havia tratado do tema, ao distinguir a assembleia geral, o corpo de magistrados e o corpo judiciário (deliberação, mando e julgamento).

Aristóteles construiu sua teoria política a partir do exame de inúmeras Constituições concretas. Disso resultou a aceitação, por parte do filósofo grego, da ideia de Constituição mista, ou seja, aquela em que os vários grupos ou classes sociais participam do exercício do poder político, ou aquela em que o exercício do governo, em vez de estar nas mãos de uma única parte constitutiva da sociedade, é comum a todos. Assim, a melhor Constituição é a mista, porque só ela tem em conta, ao mesmo tempo, os ricos e os pobres.[16]

Locke e Bolingbroke formularam a teoria da separação de Poderes, em função da realidade constitucional inglesa. É de Locke a afirmação de que há três Poderes: Legislativo, Executivo e Federativo. O Poder Federativo se refere ao direito de fazer a paz e a guerra, de celebrar tratados e alianças e de conduzir os negócios com pessoas e comunidades estrangeiras, e corresponde a uma faculdade de cada homem no estado natural, antes, pois, de entrar em sociedade. Relativamente ao Poder Legislativo, a comunidade delega à maioria parlamentar o exercício do poder de fazer as leis. Há assim uma supremacia do Poder Legislativo dentro do Estado. Há necessidade, contudo, de uma exigência de separação de Poderes (orgânico-pessoal) entre o Poder Legislativo e Poder Executivo: para que a lei seja imparcialmente aplicada é necessário que não a apliquem os mesmos homens que a fazem, pois não há nenhum titular do Poder que dele não possa abusar.

Locke menciona ainda um quarto Poder, a Prerrogativa, que compete ao monarca, para a promoção do bem comum, onde houver omissão ou lacuna da lei (*the power of doing public good without a rule*).

Montesquieu trata do princípio da separação dos Poderes, no Capítulo VI do Livro XI de *O Espírito das leis*. Referido Capítulo tem por epígrafe: "Da Constituição de Inglaterra", parecendo então que o tema da separação de Poderes se reduzia ao Capítulo sobre a Constituição de Inglaterra.

---

[15] PIÇARRA. *A separação dos poderes como doutrina e princípio constitucional*, p. 31-32.

[16] Cf. ARISTÓTELES. *A política*, 1991.

ÓRGÃOS E FUNÇÕES DO ESTADO

Até Montesquieu falava-se em função legislativa e função executiva, às quais o autor de *O Espírito das leis* acrescenta a função judicial, embora não mencione o termo Poder Judiciário, como se verá.

Para Montesquieu, há três Poderes: o Poder Legislativo, que é o de fazer leis, por um certo tempo ou para sempre, de corrigir ou ab-rogar as existentes; o Poder Executivo das coisas que dependem do direito das gentes, isto é, de fazer a paz ou a guerra, de enviar ou receber as embaixadas, de manter a segurança e de prevenir as invasões; o poder de julgar ou o Poder Executivo das coisas que dependem do Direito Civil, que se traduz no poder de punir os crimes ou de julgar os litígios entre os particulares.

Acrescenta Montesquieu ser essencial garantir a edição das leis e sua execução, de modo que fiquem orgânica e pessoalmente separadas, pois só assim será preservada a supremacia da lei ou um regime de legalidade, como condição de liberdade e de segurança do cidadão. É que tudo estaria perdido se os três Poderes antes mencionados estivessem reunidos num só homem ou associação de homens.

Montesquieu formulou ainda a técnica do equilíbrio dos três Poderes, distinguindo a faculdade de estatuir da faculdade de impedir, em razão da dinâmica dos Poderes, antecipando assim a noção da técnica dos freios e contrapesos (*checks and balances*): o veto utilizado pelo Executivo é um exemplo da faculdade de impedir ou frear proposta legislativa.

Para Hegel, o Estado político divide-se nas seguintes diferenças substanciais: a) o poder de definir e estabelecer o universal – Poder Legislativo; b) a subsunção dos domínios particulares e dos casos individuais sob o universal – poder de governo; c) a subjetividade como decisão suprema da vontade – poder do príncipe. No poder do príncipe, que é a suma e a base do todo, os diferentes poderes são reunidos em uma unidade individual. O Estado político, que se constrói sobre a Constituição racional, determina e distribui sua atividade entre vários poderes, porém de modo que cada um deles seja, em si mesmo, a totalidade, um todo individual único. Esclarece Hegel que o "princípio da divisão dos poderes contém, com efeito, o momento essencial da diferença, da racionalidade real. Ora, o entendimento abstrato apreende-o de um modo que implica, por um lado, a determinação errônea da autonomia absoluta dos poderes uns com relação aos outros, e, por outro lado, um procedimento unilateral que consiste em tomar seu relacionamento mútuo como algo negativo, como uma restrição recíproca. Esse modo de ver encerra uma hostilidade, um temor, de cada qual em face do outro; cada um aparece como um mal para o outro e o determina a opor-se a ele, o que certamente leva a um equilíbrio geral de contrapesos, mas de modo algum a uma unidade viva. É assim, é verdade, que devem ser distinguidos os poderes do

Estado, mas cada um deles deve constituir um todo nele próprio, e conter nele os outros momentos. Quando se fala da diversidade de eficácia dos poderes, de sua ação e de sua eficiência, é necessário evitar incorrer no enorme erro de considerar as coisas como se cada poder estivesse supostamente lá abstratamente, por ele próprio, quando os diferentes poderes supostamente se diferenciam apenas enquanto momentos do conceito".[17]

Habermas concebe a divisão de poderes diferentemente da teoria clássica. As funções estatais são diferenciadas não com base numa separação estritamente funcional, mas na dimensão pragmática da argumentação. Com efeito, "na perspectiva da teoria do discurso, as funções da legislação, da justiça e da administração podem ser diferenciadas de acordo com as formas de comunicação e potenciais de argumentos correspondentes. Do ponto de vista da lógica da argumentação, a separação entre as competências de instâncias que fazem as leis, que as aplicam e que as executam, resulta da distribuição das possibilidades de lançar mão de diferentes tipos de argumentos e da subordinação de formas de comunicação correspondentes, que estabelecem o modo de tratar esses argumentos. No Estado Democrático de Direito, compete à legislação política a função central (generalização das normas). Dela participam, não somente partidos, eleitorado, corporações parlamentares e governo, mas também a prática de decisões dos tribunais e das administrações, na medida em que estes se autoprogramam. A função da aplicação de leis não é assumida apenas por instâncias da jurisdição no horizonte da dogmática jurídica e da esfera pública jurídica, mas também, implicitamente, por administrações".[18]

6. TRANSFORMAÇÕES DO PRINCÍPIO DA SEPARAÇÃO DE PODERES

O princípio da separação de poderes passa por transformações.

Inicialmente sustentado na necessidade de se garantir a liberdade e o império da lei, o princípio da separação de poderes há de ser entendido, hoje, na perspectiva de garantia do Estado social, o que implica num processo de adaptação.

Se a doutrina clássica da divisão de poderes exigia um Estado mínimo, pois o valor máximo era a liberdade, no Estado social a liberdade, embora valor de primeira categoria, só tem como se realizar à luz de outros valores, como a segurança econômica e os direitos sociais, que devem ser garantidos materialmente pela ação do Estado. Também se o princípio da separação de poderes significava que cada função deveria estar a cargo de órgãos distintos, hoje constata-se que boa parte da

---

[17] HEGEL. *Principes de la philosophie du droit ou droit naturel et science de l'etat em abrégé*, p. 280, 282, 283.

[18] HABERMAS. *Direito e democracia*: entre facticidade e validade, v. I, p. 238, 239 e 243.

legislação material vem sendo implementada pelo governo via regulamentos. Não se deve desconhecer ainda o fato de que a maioria da legislação formal, aprovada pelo Parlamento, tem sua origem em projetos de lei de iniciativa do governo.

Ademais, o fenômeno denominado de judicialização da política, pela crescente expansão da jurisdição constitucional, também limita os poderes do Parlamento, concedendo aos juízes uma função que ultrapassa em muito aquilo que pretendia Montesquieu. Nos tempos atuais, os juízes não são apenas *la bouche qui prononce les paroles de la loi*, pois vêm atuando onde o próprio Legislativo não atua, o que faz com que a função jurisdicional deixa de ser aquela de impedir, para adquirir um perfil voltado para a própria transformação do direito, compatível, portanto, com a função de agir.

Como exemplos desta nova postura que se exige do Judiciário mencione-se a ação civil pública, em que se deve salvaguardar o patrimônio público e social, o meio ambiente, os interesses difusos, as ações populares, em que se deve considerar a moralidade administrativa e a tutela do meio ambiente, o patrimônio histórico e cultural, destacando-se ainda o mandado de segurança, o mandado de injunção, o *habeas corpus*, a ação direta de inconstitucionalidade, a ação declaratória de inconstitucionalidade e a arguição de descumprimento de preceito fundamental.

A judicialização da política é conceito que envolve: I – a presença de um novo ativismo judicial pelos tribunais; II – o interesse dos políticos e administradores em adotar: a) métodos e procedimentos típicos do processo judicial; b) parâmetros jurisprudenciais consagrados pelo Judiciário nas suas decisões. Afirma Marcus Faro de Castro que: "a judicialização da política ocorre porque os tribunais são chamados a se pronunciar onde o funcionamento do Legislativo e do Executivo se mostra falho, insuficiente ou insatisfatório. Sob tais condições, ocorre uma certa aproximação entre Direito e Política e, em vários casos, torna-se mais difícil distinguir entre um 'direito' e um 'interesse público', sendo possível se caracterizar o desenvolvimento de uma 'política de direitos'."[19]

No âmbito da jurisprudência brasileira, o tema da judicialização da política tem sido versado pelo Supremo Tribunal Federal, e, de forma emblemática, no Mandado de Segurança n. 23.452-1/RJ, Rel. Min. Celso de Mello, envolvendo a determinação dos limites legítimos de atuação das comissões parlamentares de inquérito.

---

[19] CASTRO. O Supremo Tribunal Federal e a judicialização da política. *In: Revista Brasileira de Ciências Sociais*, v.12, 1997, p. 148. Cf. ainda: TATE; VALLINDER (Orgs.). The global expansion of judicial power. VIANNA *et al. A judicialização da política e das relações sociais no Brasil.*

Outros temas foram ainda objeto de pronunciamento do STF, envolvendo a judicialização da política e das questões sociais, como políticas públicas (constitucionalidade de aspectos centrais da Reforma da Previdência e da Reforma do Judiciário); relações entre os poderes (determinação dos limites legítimos de atuação das comissões parlamentares de inquérito, de que tratou o Mandado de Segurança acima referido); direitos fundamentais (legitimidade da intervenção da gestação em certos casos de inviabilidade fetal e das pesquisas científicas com células-tronco embrionárias); questões do dia a dia das pessoas (legalidade da cobrança de assinaturas telefônicas, majoração do valor das passagens de transporte coletivo ou a fixação do valor máximo de reajuste de mensalidade de planos de saúde). De qualquer modo, a busca do ponto de equilíbrio entre supremacia da Constituição, interpretação constitucional pelo Judiciário e processo político majoritário vêm sendo objeto de estudos recentes no Brasil, mas dificultados pelo texto prolixo da Constituição, pela disfuncionalidade do Poder Judiciário e pela crise de legitimidade que envolve o Legislativo e o Executivo.[20]

Adverte García-Pelayo que "a divisão de poderes baseava-se originariamente em uma fundamentação sociológica, na medida em que cada um dos poderes do Estado se sustentava sobre uma realidade social autônoma, de modo que a independência de cada poder tinha como infraestrutura a autonomia dos seus portadores: o Executivo se sustentava sobre a instituição monárquica; o Legislativo, dividido em duas câmaras, sobre os estamentos da nobreza e do terceiro estado; e o Judiciário era integrado pelo estamento da toga. No entanto, há muito tempo, tanto a redução do poder do Estado a três potestades como as realidades sociais sobre as quais elas se sustentavam deixaram de ter vigência".[21] Os partidos e as organizações de interesses também acabaram por alterar a estrutura real do sistema clássico dos três poderes, pois quando a maioria do parlamento ou do governo pertencem a um mesmo partido político ou coalizão de partidos, resta comprometida a independência entre ambos, pela relativização da sua organização comum em torno de um só centro, que orienta a ação do governo e do parlamento, ou pelo menos há uma interação ou um circuito entre os critérios do partido e a ação estatal.

Por isso mesmo, a trindade de poderes se tornou muito simples para explicar a divisão de poderes, numa sociedade acentuadamente complexa, é o que afirma García-Pelayo, ao mencionar uma nova formulação da teoria da separação de poderes, proposta por W. Stefani, – que não tem base normativa, mas se refere

---

[20]   BARRROSO. *Curso de direito constitucional contemporâneo*: os conceitos fundamentais e a construção do novo modelo, p. 382-391.

[21]   GARCÍA-PELAYO. *As transformações do estado contemporâneo*, p. 45.

ÓRGÃOS E FUNÇÕES DO ESTADO

aos atores que intervêm na prática da tomada das decisões políticas: a) divisão horizontal, coincidente com a clássica; b) divisão temporal, que implica a duração limitada e a rotação no exercício do poder político; c) divisão vertical ou federativa, que se refere à distribuição do poder entre as instâncias central, regional e local, e que, como se sabe, pode expressar-se por meio de distintos graus de autonomia; d) divisão social de poderes entre as camadas e grupos da sociedade; e) divisão decisória.[22]

É preciso, no entanto, considerar que uma transformação da separação de poderes não implica na rejeição do princípio, que não perdeu sua razão de ser, mas em dar-lhe um novo sentido capaz de compatibilizá-lo com as exigências da modernidade.

E ainda não se deve esquecer de que o princípio da separação de poderes não significa o isolamento de cada poder, mas a abertura para o diálogo que leva ao controle mútuo.

---

[22] GARCÍA-PELAYO. As transformações do estado contemporâneo, p. 46-47.

3
CAPÍTULO

PODER LEGISLATIVO E FORMAÇÃO DAS LEIS

Sumário: 1. Introdução. 2. Funções do Poder Legislativo. 3. Organização do Poder Legislativo. 4. Sessões conjuntas do Congresso Nacional. 5. Auto-organização e regimento interno. 6. Atribuições do Congresso Nacional. 7. Considerações finais.

1. INTRODUÇÃO

A formação das leis é uma das atividades do Poder Legislativo que merece destaque.

A Constituição Federal de 1988 consagra o princípio da divisão ou separação de Poderes (art. 2º), cabendo ao Poder Legislativo o exercício precípuo da função legislativa voltada para a criação de normas jurídicas obrigatórias que vão inovar o Direito, e aos Poderes Executivo e Judiciário a sua realização.

Incluem-se, ainda, como atividades típicas do Legislativo a fiscalização e o controle dos atos do Executivo. É que, antes mesmo de exercer função legislativa, o Parlamento reunia-se para "saber da regularidade da captação de recursos pelos emissários reais, para depois fixar as contribuições dos feudos e escrevê-las, a pedido do rei".

O termo latino *parlamentum* aparece pela primeira vez nos documentos do século XII, e designa "um conjunto de pessoas que se reúnem para 'falar', para 'conversar', para 'debater' algum assunto. Usaram-no as ordens monásticas da Idade Média para denominar as palestras que os monges mantinham nos claustros após a ceia e que geralmente versavam sobre assuntos profanos: *parabolare in parlamento*. Empregaram-no também os senhores feudais, quando se reuniam para discutir problemas de interesse comum e que não precisavam ser levados à apreciação da *curia regia*. Finalmente, no século XIII, o termo *parlamentum* já figura oficialmente nas salas das assembleias políticas e dos conselhos reais, bem como na publicação dos editos e ordenações, onde o rei fazia questão de anunciar sempre que decidira *in parlamento*, com os seus magnatas, os seus próceres e os seus súditos".[1]

O Parlamento, do ponto de vista semântico, "não é um comício em que somente os organizadores e convidados dispõem do direito de falar; nem se confunde com uma praça pública, em que cada um toma a palavra quando bem entende, competindo pela atenção dos transeuntes, sem, contudo, real poder deliberativo. Um parlamento não é uma *ekklesia* (colégio) em que todos podem falar e votar, mas na qual cada um opina e vota apenas em seu próprio nome. Um parlamento difere essencialmente de um condomínio de acionistas, que ali estão pessoalmente ou em lugar de outros, com mandato legal, e no qual o peso da opinião e voto dos presentes é ponderado pelo número de ações que possuam ou representem. Um parlamento é uma assembleia constituída por *pessoas escolhidas* para lá estarem, representando aqueles que os selecionaram, *com direito à manifestação de opinião* segundo regras por todos obedecidas, e *com poder de tomar decisões* de aplicação compulsória em nome de todos aqueles que os elegeram por ação (voto) ou omissão (alguma forma de abstenção)".[2]

Em sua clássica obra *O mecanismo do governo britânico*, o Professor Orlando Magalhães Carvalho narra que "o rei consultava o *Magnum Consilium* (de cujas reuniões surgiu o Parlamento) para fazer leis e lançar impostos. O Parlamento não legislava, aprovava medidas. A função legislativa decorreu de prática posterior. No fim do século XIV, com a separação das câmaras e como parte do mesmo processo geral, o sistema de petição ao rei contra agravos sofridos nos direitos ou contra a infração de costumes transforma-se em processo legislativo. O Parlamento que, até então, se limitara a opinar quando consultado e somente sobre o consultado, investiu-se de autoridade legislativa, elaborando a lei, que o rei sancionava, reservando-se a prerrogativa de obstar à sua execução pelo veto".[3]

Afirmando que, "tradicionalmente, o Legislativo é o poder financeiro", Manoel Gonçalves Ferreira Filho esclarece que "o poder de votar as regras jurídicas – as leis –, foi, em realidade, conquistado por essas Câmaras (legislativas), na Inglaterra, a *mãe dos Parlamentos*, por meio de uma barganha: o consentimento em impostos em troca da extensão de sua influência na função legislativa".[4]

---

[1] ANDRADE. A evolução política dos parlamentos e a maturidade democrática. *In*: *Revista de Informação Legislativa*, p. 72-75.

[2] SANTOS. *Horizonte do desejo*: instabilidade, fracasso coletivo e inércia social, p. 84.

[3] CAGGIANO. *Direito parlamentar e direito eleitoral*, p. 19.

[4] FRANCO. *Evolução da crise brasileira*, p. 179.

PODER LEGISLATIVO E FORMAÇÃO DAS LEIS   31

O Parlamento vai, então, alcançando novas funções. Depois da tarefa de legislar, outras funções vão-se alinhando, em virtude do quadro político: controle, investigação, eleitorais, jurisdicionais, deliberativas, administrativas, de orientação política e de comunicação.

Com a Revolução Francesa, o Poder Legislativo atingiu notável posição de supremacia.

O advento do 1º pós-Guerra (1914-1918) acarretou o declínio do Poder Legislativo na sua função criadora do Direito. É que a intervenção do Estado nos múltiplos setores da realidade social, em razão da concepção do Estado de Bem-Estar (*Welfare State*), revelou a incapacidade do Legislativo para o atendimento normativo das necessidades sociais e econômicas da sociedade. A morosidade das deliberações legislativas contribuiu para o avanço do Executivo. Surgiu a ideia da urgência legislativa, com a introdução, nas Constituições, de mecanismos que autorizavam o governo a prontamente legislar (leis delegadas, decretos autônomos, decretos-leis).

O Estado contemporâneo não mais se compatibiliza com a rígida separação de Poderes do século XVIII, seja pela expansão, como se viu, de suas atividades, seja pela lentidão do processo de criação das leis no âmbito do Legislativo, circunstâncias essas que levaram o Executivo a ampliar o espectro de sua atuação normativa. Assinale-se, todavia, que o "Poder Legislativo, por natureza, corresponde à sociedade; e, como representantes dela, às câmaras, cuja missão é formular regras públicas em harmonia com as necessidades de cada época".[5] Daí o indeclinável papel que cabe ao Legislativo no Estado Democrático de Direito, voltado para o controle e a fiscalização dos atos do Executivo, impedindo-lhe os abusos comprometedores das liberdades democráticas.

São apontados cinco princípios que informam as instituições parlamentares democráticas: 1. representação; 2. transparência; 3. acessibilidade; 4. responsabilidade (*accountability*); 5. efetividade em todos os níveis: nacional, internacional e local. Esses princípios levam ao conjunto de características centrais para um parlamento democrático: a) representatividade: social e politicamente representativo da diversidade das pessoas, com oportunidades e proteções iguais para todos os seus membros; b) transparente: ser aberto à sociedade, por meio da mídia, e transparente na conduta de suas atividades; c) acessível: envolvimento dos públicos, incluindo associações e movimentos da sociedade civil no trabalho parlamentar; d) responsável: serem os membros do parlamento responsáveis, perante o eleitorado, pelo seu desempenho no mandato e pela integridade de conduta; e)

---

[5]   FRANCO. *Evolução da crise brasileira*, p. 73.

organização efetiva das atividades de acordo com os valores democráticos e com as funções legislativas e de controle político do Parlamento.[6]

2. FUNÇÕES DO PODER LEGISLATIVO

Ao lado das funções típicas do Legislativo, quais sejam, a criação da lei,[7] a fiscalização e o controle dos atos do Executivo, a Constituição atribui-lhe funções atípicas consubstanciadoras da concepção de freios e contrapesos (*checks and balances*), inerentes às relações entre os Poderes do Estado. Assim, o Poder Legislativo, além de criar o Direito, participa da função jurisdicional e executiva, quando o Senado Federal julga o Presidente da República por crime de responsabilidade (art. 52, I, parágrafo único) e aprova a indicação de nomes para cargos na estrutura política da República brasileira (art. 52, III). Por sua vez, o Executivo também legisla, adotando medidas provisórias (arts. 62 e 84, III). Já o Poder Judiciário exerce função legislativa ao iniciar o processo legislativo, encaminhando à Câmara dos Deputados projeto de lei sobre determinadas matérias (art. 96, II), e ainda função administrativa, quando os Presidentes dos Tribunais concedem férias aos seus servidores, ou procedem ao provimento dos cargos de juiz de carreira da respectiva jurisdição (art. 96, I, *c*).

Verifica-se, pois, com tais exemplos, que o princípio da separação de Poderes não deve ser entendido naquela rigidez absoluta que historicamente deu origem ao seu surgimento, justificado pela necessidade de se limitar o poder do monarca. Assim, quando o Senado Federal aprecia a indicação, pelo Presidente da República, de nome para ocupar determinado cargo na estrutura política da República, está freando o Executivo que, por sua vez, freia o Legislativo ao vetar projeto de lei aprovado pelo Congresso Nacional (art. 66, § 1º). Da mesma forma o Poder Judiciário, que, se não exerce função legislativa, declara a inconstitucionalidade das leis.

O princípio da separação de poderes impõe ainda que seja suavizada a concentração, no Legislativo, da função de produção da lei. Para evitar seus efeitos negativos, é que se enfatiza a ideia de "limitação, no tempo, dos mandatos parlamentares, limitação do número de mandatos que uma pessoa possa exercer sucessivamente, método de renovação, por frações, das Assembleias, inviabilidade de acumulação do mandato parlamentar com outras funções que interferissem de forma perniciosa no seu exercício (a necessidade de desincompatibilização), procedimento próprio e previamente estabelecido para a feitura da lei e inserção de comissões técnicas para o aprimoramento dos trabalhos de produção legislativa".[8]

---

[6] Disponível em: <wwwipu.org/strct-e/strct.htm>. Acesso em: 31 dez. 2011.

[7] Regimento Interno da Câmara dos Deputados, art. 17.

[8] CAGGIANO. *Direito parlamentar e direito eleitoral*, p. 19.

A legislação, no Estado contemporâneo, é produzida por um Parlamento de muitos, composto de centenas de parlamentares, em ambiente, na maioria das vezes, de tumulto, conflito e discórdia. Expressando, embora, a vontade da maioria, o Parlamento reflete troca de favores, manobras de assistência mútua e procedimentos eleitoreiros. Como então lhe dar credibilidade, ou, por outras palavras, como pensar na dignidade da legislação, fonte de direito respeitável? Jeremy Waldron, ao estudar o tema, salienta que não há nada sobre legislaturas ou legislação na moderna jurisprudência filosófica que seja remotamente comparável à discussão da decisão judicial. Ninguém parece ter percebido a necessidade de uma teoria ou de um tipo ideal que faça pela legislação o que o juiz-modelo de Ronald Dworkin, "Hércules", pretende fazer pelo raciocínio adjudicatório. Vale a pena perguntar: como seria desenvolver um retrato róseo das legislaturas (aqui significando corpos legislativos) e seus métodos, que estivesse à altura, em sua normatividade e, talvez, em sua ingenuidade, do retrato dos tribunais? Entretanto, a comparação entre os tribunais e as legislaturas e a questão da revisão judicial não são as únicas razões pelas quais queremos ou precisamos de uma teoria filosófica da legislação. Precisamos dela, entre outras coisas, para desenvolver modelos adequados de autoridade legislativa, interpretação legislativa e de equidade. A legislação não representa, portanto, um resultado arbitrário de decisões majoritárias. O respeito à legislação é devido, ainda, como tributo que devemos pagar à conquista da ação concertada, cooperativa, coordenada ou coletiva nas circunstâncias da vida moderna.

No tocante à revisão judicial (controle de constitucionalidade das leis), em que vigoraria o império do Direito e do princípio, enquanto que no Legislativo vigoraria o império da maioria, Waldron procura mostrar que a diferença entre a legislação e a decisão da Corte constitucional é de representação, não de método decisório, pois sendo as Cortes formadas por muitos membros que discordam, também decidem por voto majoritário. Assim, a abordagem mais correta da revisão judicial é a procedimental, e não de substância, pelo que se opõe à forma com que é ela descrita como a de proteger direitos e assegurar o cumprimento da justiça e da democracia. Uma teoria substantiva dos direitos não é a teoria da autoridade necessária em face do desacordo. Ainda segundo Waldron, se insistirmos numa visão não procedimental da revisão judicial, dado o desacordo moral, teríamos de prever um novo procedimento para decidir qual a visão sobre a decisão da Corte que deveria prevalecer, o que levaria a uma regressão ao infinito, é perguntar: quem guarda o guardião, ou quem vigia o vigia, quem controla o controlador? Ninguém, pois se o vigia (Tribunal) decidir errado, não há a quem recorrer, havendo simplesmente que conviver com o erro. Demais disso, a Corte constitucional não é uma instituição contramajoritária, seja porque toma suas decisões por maioria, seja porque a qualidade da decisão não tem impacto nenhum no peso de seu voto: será somente mais um voto a se somar aos outros. O voto mais eloquente conta a mesma coisa que um voto medíocre. O Tribunal decide, portanto, com base na maioria, independentemente do mérito.

O direito dos direitos é ter uma parcela na elaboração das leis; o direito à participação (levando a participação a sério) estaria no plano da teoria da autoridade, os outros, no plano da teoria da justiça. A participação, para Waldron, envolve também decisões sobre princípios, e não apenas sobre preferências políticas.[9]

O Parlamento, como lócus da representação política que caracteriza as sociedades políticas desde a Revolução Francesa, não exclui a participação popular, que viabiliza o retorno do representado ao discurso normativo, e à construção da norma, concorrendo também para um maior grau de adesão ao comando normativo.[10]

Tendo em vista a estrutura, composição, finalidade e as relações do Poder Legislativo com a sociedade política, pode-se considerar, como suas funções principais, as seguintes: *a) função mobilizadora do consenso popular*: compreende a atuação na mobilização popular para as políticas defendidas e executadas pelo Executivo, desempenhando o Legislativo papel fundamental para a paz social e a sobrevivência do sistema político, com a articulação, no processo eleitoral, de interesses no contexto de um sistema político mais aberto; *b) função informativa*: o Legislativo dá oportunidade de receber e divulgar fatos referentes a todo o país, sobre todas as regiões e segmentos sociais, diminuindo a distância entre o centro do Poder e os cidadãos; *c) função educadora*: manifesta-se quando as atividades do Poder Legislativo alcançam maior visibilidade, pelo desenvolvimento dos veículos de comunicação, tendo papel relevante os discursos e os debates parlamentares. A atividade legislativa desenvolve o lado político do cidadão e promove a manifestação da cultura de cidadania, da ética e da moral; *d) função eletiva*: manifesta-se nos sistemas parlamentares, em que o Legislativo escolhe o Primeiro Ministro e pode destituí-lo. No presidencialismo, como é o caso do Brasil, a Constituição prevê competência do Senado para a escolha de embaixadores, diretores do Banco Central, entre outros, às Casas Legislativas competência para a escolha da Mesa Diretora de seus trabalhos, ao Congresso Nacional competência para eleger o Presidente e o Vice-Presidente da República, no caso de vacância destes cargos nos últimos dois anos do período presidencial. A Constituição norte-americana (Emenda n. 12, de 1804) atribui à Câmara de Representantes,

---

[9] WALDRON. *A dignidade da legislação*, p. 1, 151 *et seq.* No livro, o autor examina as concepções teórico-políticas envolvendo a matéria, em Kant, Locke, Rawls e Aristóteles. Cf. também: WALDRON. *Law and disagreement*, p. 232 e 244.

[10] SOARES. *Teoria da legislação*: formação e conhecimento da lei na idade tecnológica, p. 1-64.

PODER LEGISLATIVO E FORMAÇÃO DAS LEIS

no caso de nenhum dos candidatos alcançar a maioria dos votos dos delegados (*electors*), competência para eleger o Presidente dentre os três candidatos mais votados, cabendo ao Senado, em situação similar, a eleição do Vice-Presidente, dentre os dois candidatos mais votados. A Constituição do México (art. 73, XXVI) confere ao Congresso o poder de "constituir-se em colégio eleitoral e designar o cidadão que deva substituir o Presidente da República, com o caráter de substituto, interino ou provisório"; *e) função representativa*: traduz-se na capacidade de o Legislativo representar toda a diversidade existente na sociedade e ponderar sobre os múltiplos interesses da variedade dos segmentos representados num governo plurarístico. Protege as minorias da opressão potencial da maioria e desempenha, quando necessário, a função de freio; *f) função obstrucionista*: coincide, em parte, com a função representativa. Ressalte-se que, por ter características mais conservadoras do que os outros poderes, o Legislativo exerce uma resistência saudável – em parte por ser um colegiado e suas decisões coletivas serem mais lentas – contra a iniciativa unilateral do Executivo, muitas das vezes sem o apoio de parte da população. Nos sistemas presidenciais de governo os Legislativos tendem a ser mais obstrucionistas do que nos sistemas parlamentares, e essa função protege a democracia representativa.[11]

No contexto da divisão de poderes, as funções fundamentais do Poder Legislativo são a de *representação*, a de *legitimação* da ação governamental, a de *controle*, a de *juízo político* e a de *constituinte*.[12]

As atribuições de controle das funções administrativas podem ser exercidas de forma direta ou vinculada. O controle parlamentar político ou direto é aquele exercido pelo Poder Legislativo sem intermediários (art. 49, X) e compreende os seguintes instrumentos: sustação de atos do Poder Executivo (art. 49, V); convocação de ministros de Estado e requerimento de informações (art. 50, § 2º; art. 58, § 2º, IV e V); comissões parlamentares de inquérito (art. 58, § 3º); autorização ou aprovação do Congresso Nacional para atos concretos do Poder Executivo (art. 49, I, II, III, IV, XII, XIII, XIV, XVI, XVII); poderes controladores privativos do Senado Federal (art. 52, III, IV, V, VI, VII, VIII, IX, X, XI, XIV, XV; *impeachment* do Presidente da República e dos ministros de Estado (art. 86); fiscalização orçamentária (art. 166, § 1º). O controle vinculado é aquele exercido pelo Poder Legislativo com o auxílio do Tribunal de Contas da União, e compreende: julgamento das contas do Executivo (art. 49, IX); informações ao Tribunal de Contas (art. 71, VII e § 4º); sustação de contratos (art. 71, X e § 1º); despesas irregulares (art. 166, § 1º; art. 72); inspeções e auditorias (art. 71,

---

[11] AZEVEDO. *Prática do processo legislativo*, p. 71-74.

[12] SILVA. *Comentário contextual à Constituição*, p. 383-384.

IV).[13] A Constituição de 1988 propiciou um incremento das funções desse controle legislativo chamado de *accountability* horizontal (que se distingue da *accountability* vertical, realizada por meio do voto secreto e regular, em eleições competitivas), o que se explicaria pela liberdade de imprensa, ao permitir que a reorganização da sociedade civil e a diversificação de interesses organizados viessem a aumentar a pressão sobre os parlamentares para a vigilância de iniciativas que afetariam seus interesses; pela liberdade de expressão, que favoreceu, na imprensa, o surgimento de denúncias que chamam a atenção dos parlamentares para dados eventos; pela renovação de lideranças e aumento de parlamentares de oposição organizada e numericamente relevante.[14]

As funções parlamentares foram examinadas por Maurizio Cotta, que observa: "Do ponto de vista funcional, os Parlamentos são instituições geralmente polivalentes. A variedade de funções desempenhadas tem uma explicação no papel característico dos Parlamentos, que faz delas os instrumentos políticos do princípio da soberania popular. É deste papel que nasce para o Parlamento o direito e o dever de intervir, embora de formas diversas, em todos os estádios do processo político. Segundo o estádio e as modalidades de tal intervenção, haverá atividades de estímulo e de iniciativa legislativa, de discussão e de deliberação, de inquérito e de controle, de apoio e de legitimação. Tão variadas atividades podem ser globalmente compreendidas no quadro das quatro funções parlamentares fundamentais: representação, legislação, controle do Executivo e legitimação. É natural que, conforme a posição que cada Parlamento ocupa no sistema político, varie a importância das diversas funções; certamente há funções que, em determinadas situações políticas, podem se atrofiar e ficar reduzidas ao simples aspecto formal.

Dentre as funções parlamentares, a representativa é a que possui uma posição que poderíamos chamar *preliminar*. Isso porque, em primeiro lugar, ela é uma constante histórica em meio das transformações sofridas pelas atribuições do Parlamento, e, em segundo lugar, porque nela se baseiam todas as demais funções parlamentares, cujas características dependem, em boa parte, das formas do seu desenvolvimento. Por ser fundamental, esta função assume um significado discriminante entre um Parlamento e outro. Todas as demais atividades parlamentares estão estreitamente ligadas à função representativa: elas são, na realidade, os instrumentos da sua atuação."[15]

---

[13]   BANDEIRA DE MELLO. *Curso de direito administrativo*, p. 870-876.

[14]   LEMOS. O controle legislativo no Brasil. *In*: NICOLAU; POWER (Orgs.). *Instituições Representativas no Brasil*, p. 37-54.

[15]   COTTA. Parlamento. *In*: BOBBIO, NORBERTO; MATTEUCCI; PASQUINO, *Dicionário de política*, p. 883-884.

PODER LEGISLATIVO E FORMAÇÃO DAS LEIS 37

Ao examinar as funções parlamentares, na perspectiva histórica, Monica Caggiano constata que o Parlamento, após surgir como superpotência, foi conduzido "a uma flagrante fase de decadência; isso, a partir do agravamento das crises econômicas e políticas, em períodos agudos como os identificados pelos dois conflitos bélicos mundiais e, mais recentemente, diante do avanço da ideologia de nuanças comunistas, principalmente no Leste Europeu, que imprimiu um clima crônico de tensão no mundo com o histórico período da Guerra Fria. Nesse panorama, as assembleias representativas perdem, gradativamente, o prestígio e vêem-se despojadas da sua tarefa de maior relevância – a de produzir a lei. Para o estágio de senilidade, até mesmo pré-falimentar, que atingiram os parlamentos contribuiu – de forma expressiva – o próprio sistema parlamentar de trabalho, envolvendo discussões e debates infindáveis entre correntes, agora de difícil conciliação; a receita não mais atendia às exigências de uma sociedade conturbada pelas guerras, crises econômicas e permanente estado de alerta entre os Estados. A essas novas demandas o Parlamento não lograva atender de forma satisfatória e passou a observar – quase como espectador – suas funções sendo transportadas para um Executivo dinâmico, tecnicamente preparado e extremamente ágil no oferecimento de medidas sanatórias. Enfim, é no território deste estudo comparativo que, de maneira muito lúcida, colocam-se indagações que inquietam os juristas desde os anos de 1960, acerca da espécie de remodelação que se impõe para a retomada, pelo Parlamento, de uma posição de destaque no cenário político e para o aprimoramento da democracia representativa. Qual a função a priorizar? Robustecer a atividade de controle sobre a atuação governamental? Remodelar o processo legislativo? São preocupações que passaram a impor uma análise cautelosa, tendente a preordenar o lugar e o papel das assembleias representativas no panorama dos sistemas políticos contemporâneos. De se remarcar, contudo, que o esforço não foi em vão. Superado o período de letargia, há um novo foco de luz a envolver a atividade parlamentar e a ressuscitar a imposição de um debruçar mais atento sobre a sua atuação. Quer nos sistemas parlamentaristas, quer nos sistemas presidencialistas ou ainda nos quadros híbridos, o Parlamento, hoje, é presença constante no mundo da política, em razão da sua natureza representativa, de suas atividades de controle, de sua competência financeira e orçamentária ou, até mesmo, da produção legislativa".[16]

Analisando a evolução dos Parlamentos, Afonso Arinos de Melo Franco salienta que o Legislativo passou a ser uma fonte de despesas e não um guardião da receita, à proporção que o sufrágio se foi alargando e o voto se foi transformando em arma política dos não possuidores. Lembra então Carlos Peixoto, que, como

---

[16] CAGGIANO. *Direito parlamentar e direito eleitoral*, p. 4 e 6.

relator da receita, já reclamava contra o poder de aumentar despesas do Congresso e dizia que as emendas dos deputados ao orçamento não passavam de bilhetes eleitorais.[17] De qualquer modo, Afonso Arinos atribui a prática da corrupção às oligarquias econômicas, tendo por objetivo garantir a eleição de seus representantes e assegurar a aprovação de políticas públicas em seu favor, ao dizer que, "na sua marcha expansionista, o Estado foi deixando de ser liberal, isto é, foi incorporando à sua jurisdição uma série de assuntos e controles anteriormente reservados à atividade privada: ensino, relações de trabalho, vida econômica. Por conseguinte, as atividades do Estado passaram a interessar diretamente a setores cada vez mais amplos de intervir, através da escolha de representantes, nas decisões do Estado. Perdida a barreira dos controles e artifícios legais, passaram os grupos privilegiados, inconformados com a evolução democrática, a empregar uma outra técnica, que foi a da corrupção".[18]

A temporariedade do mandato eletivo é elemento indicativo de sua legitimação, representatividade, e pressuposto do regime democrático. A duração temporal do mandato, portanto, não deve ser longa, para se evitar o seu distanciamento do eleitor, sob pena de perda de autenticidade da representação, mas também não deve ser breve, para evitar que se torne inexequível a realização das funções parlamentares.

Considere-se, ademais, que a duração distinta dos mandatos parlamentares (no Brasil os Deputados Federais são eleitos para mandato de quatro anos e os Senadores para mandato de oito anos, com renovação alternada de um e dois terços, de quatro em quatro anos) evita a tirania da maioria, pois há apenas delegação parcial de poder aos vencedores do pleito. Nos Estados Unidos, o sistema é ainda mais apurado, pois o mandato dos Deputados é de dois anos, o do Presidente da República quatro anos, e o de Senador seis anos, a significar que o eleitor precisa votar durante seis anos consecutivos no mesmo partido para que ele possa dominar o Congresso.

3. ORGANIZAÇÃO DO PODER LEGISLATIVO

A Constituição de 1988, seguindo tradição de nossas Constituições, consagra a organização bicameral do Poder Legislativo, enunciando, no art. 44, que o Poder Legislativo é exercido pelo Congresso Nacional, que se compõe da Câmara dos Deputados e do Senado Federal.

O bicameralismo brasileiro é do tipo federal, pois decorre da forma de Estado (cabe ao Senado Federal a função de órgão representativo dos Estados federados

---

[17]   FRANCO. *Evolução da crise brasileira*, p. 179.

[18]   FRANCO. *Op. cit.*, p. 73.

PODER LEGISLATIVO E FORMAÇÃO DAS LEIS

na formação das leis nacionais, implementando-se, assim, o princípio da participação, essencial à configuração do federalismo), embora com resquícios do bicameralismo de moderação, por figurar como condição de elegibilidade, dentre outras, para o Senado, a idade mais avançada: 35 anos (art. 14, § 3°, VI, *a*), em relação à Câmara dos Deputados.

Anote-se que, em razão da natureza da segunda Câmara, costuma-se classificar o bicameralismo como: 1) bicameralismo aristocrático; 2) bicameralismo sistemático; 3) bicameralismo técnico; 4) bicameralismo federal. No primeiro, a exemplo da Inglaterra, no século XIX, a Câmara Alta é integrada pela nobreza (Câmara dos Lordes).[19] No segundo, que se pode também denominar de bicameralismo conservador, a estrutura e funções do Senado o tornam um freio contra os excessos e desbordamentos da primeira Câmara. Na terceira modalidade, tem-se a segunda Câmara como órgão de assessoramento técnico, sendo exemplo a Áustria, em 1934, por meio da figura das denominadas Câmaras corporativas. A quarta estrutura é peculiar ao Estado Federal, já que a segunda Câmara é integrada por representantes dos Estados-Membros.[20] De se notar, contudo, que pode existir federação com uma só Câmara, bem como Estado unitário bicameralista, não sendo, portanto, o bicameralismo essencial à configuração do Estado Federal.[21]

---

[19] Estrutura do bicameralismo aristrocrático, na Grã-Bretanha: a "Câmara Alta, chamada House of Lords, é composta por nobres, em número limitado: os lordes 'temporais', entre os quais os onze lordes 'judiciais' (que compõem a Suprema Corte Britânica) e os lordes 'espirituais' (arcebispos e bispos da Igreja Anglicana). A Câmara Baixa, ou House of Commons, é formada por 635 membros eleitos por sufrágio direto e universal nos círculos territoriais. As eleições devem ser realizadas de cinco em cinco anos, nos termos do Parliament Act (1911), um dos documentos da Constituição inorgânica do Reino Unido. Numa e noutra Câmara há cadeiras reservadas para a Inglaterra, a Escócia, o País de Gales e a Irlanda do Norte, garantindo a representatividade dos antigos Estados, hoje incorporados" (FIUZA. *Direito constitucional comparado*, p. 173).

[20] "Os Estados Unidos, primeira Federação do mundo, estabelecem, em sua Constituição de 1787 (art. I), que *all legislative powers* serão confiados a um Congresso dos Estados Unidos, composto de um Senado e de uma Câmara de Representantes. A Câmara Alta tem 100 membros (dois para cada Estado-Membro) que são eleitos diretamente para um mandato de seis anos, entre cidadãos de mais de 30 anos, com renovação de um terço a cada dois anos. A Câmara Baixa compõe-se de 435 membros, todos eleitos diretamente por dois anos, entre cidadãos de 25 anos de idade mínima, em proporção ao número de habitantes de cada distrito eleitoral. Vê-se, então, que os constituintes americanos criaram o bicameralismo 'federal', mesclado com o bicameralismo 'conservador', ao fixarem a diferença de idade mínima para as duas Câmaras" (FIUZA. *Direito constitucional comparado*, p. 174).

[21] Na Espanha, Estado autonômico, o Parlamento, denominado de *Cortes Generales*, é bicameral, sendo formado pelo *Congreso de los Diputados* e pelo Senado. O *Congreso*

O bicameralismo implica a existência, no âmbito da organização do Estado, de duas Câmaras Legislativas, uma das quais, pelo menos, tem caráter representativo, notando-se ainda que o bicameralismo predomina nos Estados de democracia clássica, sobre o monocameralismo e sobre o pluricameralismo.

Há ainda que considerar, no bicameralismo, a ocorrência de procedimentos diferenciados quanto à composição da segunda Câmara, de modo a possibilitar que seja integrada por outras pessoas, e que outros interesses sejam nela tutelados, como a nomeação de seus membros pelo Chefe de Estado, por sistema misto, ou sistema eletivo, embora mediante a utilização de sistema eleitoral distinto do empregado na primeira Câmara, por exemplo, sistema majoritário ao invés de sistema proporcional.

Dos 72 Estados que adotam o bicameralismo, em 21 deles o Senado é integralmente eleito pelo voto direto. Desses últimos, 14 consagram o presidencialismo, 11 dos quais situados no continente americano.

Mencione-se ainda, no bicameralismo, a tendência de se conferir à segunda Câmara, segundo os diversos casos, de modo expresso ou implícito, e com maior ou menor intensidade, a tutela de outros interesses, e de atribuir-lhe funções particulares de ordem executiva ou jurisdicional.

é composto de um mínimo de 300 e um máximo de 400 Deputados (art. 68 da Constituição Espanhola), eleitos diretamente pelo voto popular de acordo com o sistema proporcional de lista fechada. A Lei Orgânica n. 5/1985 estabelece o número de Deputados em 350. A circunscrição eleitoral é a província, sendo a representação mínima de dois Deputados para cada circunscrição, distribuindo-se os demais na proporção da população. As populações das cidades autônomas de Ceuta e Melilla são representadas cada uma delas por um Deputado. O Senado é constituído de 259 representantes territoriais dos quais 208 representam as províncias. Cada província é representada por quatro Senadores eleitos diretamente pelo voto popular, de acordo com um sistema majoritário atenuado (são três Senadores para a lista majoritária e um para a seguinte). Os demais 51 Senadores representam as comunidades autônomas. As províncias insulares de Gran Canária, Mallorca e Tenerife são representadas, cada uma, por três Senadores, e as de Ibiza-Formentera, Menorca, Fuenteventura, Gomera, Hierro Lanzarote e La Palma, por apenas um. As cidades autônomas de Ceuta e Melilla elegem, cada uma delas, dois Senadores.

Na França o Parlamento é igualmente bicameral, sendo formado pela *Assemblée Nationale* e pelo Senado. A *Assemblée Nationale* é composta de 577 Deputados eleitos diretamente pelo voto popular, de acordo com o sistema majoritário absoluto, cada um representando uma circunscrição por um período de cinco anos, sob reserva de dissolução. O Senado, constituído de 343 representantes de coletividades territoriais e de franceses estabelecidos no exterior, teve sua composição elevada para 348, a partir de 2011 (Lei Orgânica n. 696/2003). A partir de 2008 os Senadores passaram a ser eleitos por seis anos, com renovação pela metade a cada três anos a partir de 2011.

PODER LEGISLATIVO E FORMAÇÃO DAS LEIS 41

As Constituições brasileiras anteriores adotaram o bicameralismo, abrandado, todavia, pelas Constituições de 1934 e 1937, sendo que naquela o Senado exercia papel de coordenação de Poderes; bicameral, quando "se impunha a colaboração do Senado na confecção dos atos legislativos (art. 22, 91, I, *a* até *l*), e monocameral, quando essa colaboração era dispensada (art. 43)", na síntese do Professor Raul Machado Horta.[22] Por sua vez, o não funcionamento do Parlamento Nacional, durante a vigência da Constituição de 1937, desfigurou o bicameralismo nela previsto.

O sistema bicameral constitui, todavia, à exceção das referidas Constituições, uma constante no constitucionalismo brasileiro.

Aponta-se, em favor do bicameralismo, a sua contribuição para o aprimoramento da técnica legislativa. É que, submetendo-se o projeto de lei à discussão e votação das duas Casas Legislativas, tal fato concorre para a melhoria da qualidade das leis. Há, contudo, fortes argumentos contra o sistema bicameral, arrolando-se como principais o da morosidade do processo de elaboração das leis, acarretando essa lentidão a necessidade de ampliação da atividade normativa pelo Executivo, e o de que, sendo a lei a expressão da vontade do povo, não poderia haver duas vontades diferentes ao mesmo tempo sobre uma única questão legislativa. A lentidão, no entanto, é que permite que a paixão esfrie e que a razão (ou o interesse) retome o controle.

De qualquer modo, o processo legislativo, que é baseado na necessidade de acordos entre interesses conflitantes, cujos elementos essenciais são a demora e a imprevisibilidade, é caracterizado, mesmo no unicameralismo, pela lentidão, mas traz, em contraponto, a abertura e a transparência viabilizando a participação de toda a sociedade. Um debate amplo, e num maior lapso de tempo, permite escolhas mais eficazes e mais adaptáveis à sociedade, evitando-se distorções e erros. Por isso mesmo é que as tomadas de decisões no âmbito do Poder Legislativo, seja na sua feição unicameral, seja na bicameral, não se equipara ao modo gerencial das decisões na esfera do Poder Executivo.

No bicameralismo brasileiro não há predominância ou hierarquia de uma Casa sobre outra. O que a Constituição estabelece em favor da Câmara dos Deputados é formalmente "certa primazia relativamente à iniciativa legislativa", pois é perante ela que o Presidente da República, o Supremo Tribunal Federal, os Tribunais Superiores de Justiça e os cidadãos promovem a iniciativa do processo de elaboração das leis (arts. 61, § 2º, e 64), acentua José Afonso da Silva.[23]

---

[22] HORTA. O processo legislativo nas constituições federais brasileiras. *In*: *Revista de Informação Legislativa*, 101/10.

[23] SILVA. *Curso de direito constitucional positivo*, p. 440.

Anote-se, no entanto, que a Câmara dos Deputados exerce, por isso mesmo, grande influência sobre a deliberação legislativa final, pois os seus membros podem rejeitar as alterações introduzidas pela Casa Revisora, o que, de certa maneira, afeta o equilíbrio dos poderes revisores, contribuindo para uma distribuição de poder mais favorável à Câmara dos Deputados. Demais disso, o fato de as medidas provisórias, em decorrência da EC n. 32/2001, terem sua tramitação iniciada na Câmara dos Deputados, concorre para um maior fortalecimento da Câmara dos Deputados.

3.1 Câmara dos Deputados

A Câmara dos Deputados, de acordo com o art. 45 da Constituição, compõe-se de representantes do povo, eleitos pelo sistema proporcional em cada Estado e Território, e no Distrito Federal.[24] Os Deputados Federais são eleitos para mandato de quatro anos. Inexiste vedação constitucional à reeleição.[25]

O número total de Deputados varia, de acordo com o § 1º do art. 45, proporcionalmente à população de cada Estado ou do Distrito Federal, e será estabelecido, para cada legislatura, no ano anterior às eleições, por lei complementar, a fim de que nenhum Estado-Membro, ou o Distrito Federal, tenha menos de 8 ou mais de 70 Deputados, critério que tem sido considerado injusto, pela disparidade existente entre os Estados mais populosos e os menos populosos.[26]

Um exemplo ilustrará a hipótese de que, pela regra constitucional da proporcionalidade na composição da Câmara dos Deputados, os Estados mais represen-

---

[24] Atualmente, são 27 as circunscrições eleitorais, que correspondem às unidades federativas (Estados-Membros e Distrito Federal), para a eleição de Deputados Federais e Senadores.

[25] No México, os Deputados e Senadores não podem ser reeleitos para o período imediato (art. 59 da Constituição de 1917). Nos Estados Unidos, há limites à renovação de mandatos em Assembleias estaduais de mais de vinte Estados, a despeito de, em três deles, tenham sido declarados inconstitucionais. Cf. ROCHA. *Limitações dos mandatos legislativos*, p. 325 *et seq.*

[26] Lei Complementar n. 78, de 30.12.1993, que disciplina a fixação do número de Deputados, nos termos do art. 45, § 1º, da Constituição Federal. "Art. 1º Proporcional à população dos Estados e do Distrito Federal, o número de deputados federais não ultrapassará de quinhentos e treze representantes, fornecida, pela Fundação Instituto Brasileiro de Geografia e Estatística, no ano anterior às eleições, a atualização estatística e demográfica das unidades da Federação. Parágrafo único. Feitos os cálculos da representação dos Estados e do Distrito Federal, o Tribunal Superior Eleitoral fornecerá aos Tribunais Regionais Eleitorais e aos partidos políticos o número de vagas a serem disputadas. Art. 2º Nenhum dos Estados membros da Federação terá menos de oito deputados federais. Parágrafo único. Cada Território Federal será representado por quatro deputados federais. Art. 3º O Estado mais populoso será representado por setenta deputados federais."

PODER LEGISLATIVO E FORMAÇÃO DAS LEIS   43

tativos ficariam sub-representados: São Paulo, na eleição de 2010, com 41.262.199
habitantes, elegeu 70 Deputados, ou seja, um Deputado para cada cada 589.459
habitantes; e Roraima, com 450.479 habitantes, elegeu 8 Deputados, ou seja, um

A Resolução n. 23.220, de 2.3.2010, do Tribunal Superior Eleitoral, dispõe sobre o
número de membros da Câmara dos Deputados, para as eleições de 2010, relativamente à legislatura que se inicia em 2011:
CÂMARA DOS DEPUTADOS

ESTADO	NÚMERO DE DEPUTADOS
São Paulo	70
Minas Gerais	53
Rio de Janeiro	46
Bahia	39
Rio Grande do Sul	31
Paraná	30
Pernambuco	25
Ceará	22
Maranhão	18
Pará	17
Goiás	17
Santa Catarina	16
Paraíba	12
Espírito Santo	10
Piauí	10
Alagoas	9
Rio Grande do Norte	8
Amazonas	8
Mato Grosso	8
Mato Grosso do Sul	8
Distrito Federal	8
Sergipe	8
Rondônia	8
Tocantins	8
Acre	8
Amapá	8
Roraima	8
Total	513

O Decreto Legislativo n. 424/2013 sustou os efeitos da Resolução n. 23.389, de 9 de abril de
2013, expedida pelo Tribunal Superior Eleitoral, que dispõe sobre o número de membros da
Câmara dos Deputados e das Assembleias e Câmaras Legislativas para as eleições de 2014.

Deputado para cada 56.309 habitantes. Esses dados demonstram uma relação de 1/13, o que significa que um habitante de Roraima pesa, na Câmara dos Deputados, cerca de treze vezes mais que um habitante de São Paulo.

Além do mais, aplicando-se o coeficiente de 589.459 (resultado da divisão do número da maior população, hoje o Estado de São Paulo, pelo número máximo de 70 Deputados), haveria inevitavelmente uma redução da representação popular em vários Estados da federação. Daí a necessidade, nessa perspectiva, de mudança no critério constitucional (art. 45, § 1º) para a composição da Câmara.[27]

Ademais, o desvirtuamento da representação desproporcional na composição da Câmara dos Deputados atinge diretamente o quadro partidário, pois dependendo da região na qual os partidos políticos concentram suas bases eleitorais eles acabam por ser beneficiados ou prejudicados nas disputas pelas cadeiras a preencher. Assim, os partidos cujos principais distritos eleitorais situam-se nas regiões sobre-representadas na câmara (Norte, Nordeste e Centro-Oeste) são favorecidos pela distorção representativa. Em contrapartida, os

---

[27] Anote-se que para a maioria dos estudiosos do tema, a desproporcionalidade acaba por enfraquecer os setores progressistas e fortalecer os que dependem da patronagem. Do ponto de vista ideológico tem-se entendido que a desproporcionalidade poderia beneficiar a direita: foi o que ocorreu na Assembleia Constituinte de 1946, em que a bancada conservadora de São Paulo aprovou regras de preenchimento de cadeiras que prejudicavam o próprio Estado, bem como no regime militar de 1964, em que se acrescentou um senador a cada Estado, dividiu-se alguns Estados para aumentar sua representação e se fundiu dois Estados (Rio de Janeiro e Guanabara), para diminuir a oposição da antiga Capital. Já o cientista político Wanderley Guilherme dos Santos argumenta que o fenômeno da sobre-representação dos Estados de populações minoritárias precisa ser visto também no seu avesso. Assevera que "quanto à justiça federativa da representação não há nada de criticável nesse fenômeno, na medida em que é esse mecanismo que garante o essencial em um regime representativo, a saber, a não-tirania da maioria e a impossibilidade de veto da minoria". Acentua ainda que os críticos da injustiça distributiva relacionada com o sistema da representação desproporcional "esquecem-se de anotar que a representação dos Estados minoritários compensa com densidade a vantagem obtida na desproporcionalidade. Em outras palavras, se é verdade que existe uma desigualdade entre população/representação dos Estados minoritários, vis-à-vis os Estados majoritários, esta se inverte no que diz respeito às razões quociente eleitoral/ eleitorado e quociente-eleitoral/população". Apresentando dados estatísticos, passa a afirmar que "a relação entre quociente eleitoral e eleitorado é bem mais adversa nos Estados de populações menores. Quanto maiores o eleitorado e a população, menor a densidade da representação. Cada mandato em São Paulo ou Minas Gerais, em 1950, correspondia a 1,8% do eleitorado, enquanto no Piauí ou Rio Grande do Norte equivalia, respectivamente, a 10,6% e 10,2%. Em 1962, a relação era de 1,4% e 1,6% para São Paulo e Minas, e 8,9% e 10,9% para Piauí e Rio Grande do Norte" (SANTOS. *O cálculo do conflito – estabilidade e crise da política brasileira*, p. 124-127).

PODER LEGISLATIVO E FORMAÇÃO DAS LEIS

partidos que concentram, por exemplo, no Sudeste seu reduto eleitoral, são os grandes prejudicados, embora recebam uma maior votação do que os outros.

Há ainda outros aspectos que concorrem para comprometer a proporcionalidade entre os votos e a representatividade dos partidos na Câmara dos Deputados, e que são a exclusão dos partidos que não hajam alcançado o quociente eleitoral estadual das disputas pelas sobras, circunstância que favorece as maiores legendas no Estado, bem como a permissão para coligações parlamentares, observando-se que as cadeiras conquistadas não são distribuídas proporcionalmente à votação de cada membro da coligação, o que resulta em que o voto dado a um partido seja computado em benefício de outro. Além desses aspectos, deve-se ressaltar, segundo Carlos Ranulfo Melo, "que a distância entre o que dizem os votos depositados nas urnas e a distribuição das cadeiras entre os partidos na Câmara dos Deputados continua a aumentar depois de iniciada cada legislatura, como resultado da migração partidária e sem que haja, evidentemente, qualquer interferência do eleitor. A migração partidária, portanto, soma-se ao conjunto de fatores que contribui para diminuir o grau de representatividade do sistema político brasileiro. Mais interessante é perceber que o impacto das trocas de legenda pode se revelar tão ou mais significativo do que aquele decorrente da ação dos fatores diretamente ligados à legislação eleitoral".[28]

---

[28] MELO. Retirando as cadeiras do lugar. Migração partidária na Câmara dos Deputados (1985-202), p. 153-154. Para exemplificar, Carlos Ranulfo Melo reporta-se às eleições de 1998, que revelam o impacto das migrações partidárias sobre as bancadas eleitas para a Câmara dos Deputados: Cadeiras fora do lugar nos Estados, tendo em vista o efeito das coligações: 37; cadeiras fora do lugar nos Estados, tendo em vista a utilização do quociente eleitoral como cláusula de barreira: 43; cadeiras fora do lugar nos Estados, tendo em vista a ocorrência de migração partidária: 94 (*Op. cit.*, p. 154). O Supremo Tribunal Federal decidiu, todavia, que a migração partidária, sem justa causa, leva à perda do mandato, o que irá reduzir, sobremaneira, as trocas de legenda. O Supremo Tribunal Federal, após posicionamento expendido pelo Tribunal Superior Eleitoral ao responder, em 27 de março de 2007, à Consulta n. 1.398-DF, decidiu que a mudança de partido, pelo parlamentar, quando envolve eleição pelo sistema proporcional, desde que constitua ato de infidelidade partidária, leva à perda do mandato.

No julgamento dos Mandados de Segurança 26.602/DF, 26.603/DF e 26.604/DF, o Supremo Tribunal Federal, revendo padrões jurisprudenciais anteriores, assentou que a desfiliação partidária dos parlamentares, eleitos pelo sistema proporcional, que ocorreu a partir do dia 27 de março de 2007 (data da nomeada Consulta respondida pelo TSE) pode acarretar a perda do mandato, pois os partidos políticos, ressalvadas situações excepcionais, têm o direito de preservar a vaga obtida pelo sistema proporcional (eleições para deputados federais, deputados estaduais e vereadores), nos casos em que haja pedido de cancelamento de filiação partidária, ou transferência, para legenda diversa, de candidato eleito por outro partido.

Note-se que, pela Constituição de 1946, o número de Deputados Federais seria definido em lei de tal modo que, para cada Estado, não excedesse de um para cada 150 mil habitantes, até vinte Deputados, e de um para cada 250 mil habitantes, a partir daí. Cada Território teria um Deputado e sete seria o número mínimo por Estado e para o Distrito Federal (art. 58). Emendas constitucionais posteriores alteraram estes números. A Emenda Constitucional n. 8, de 1977, que deu nova redação a dispositivos da Constituição de 1967, com a redação da Emenda Constitucional n. 1, de 1969, introduziu, no entanto, novo critério em nosso constitucionalismo, quanto à representação proporcional na composição da Câmara dos Deputados, e que deu origem às distorções acima examinadas, ao dispor que a Câmara dos Deputados seria composta de até quatrocentos e vinte representantes do povo, sendo o número de Deputados, por Estado, estabelecido pela Justiça Eleitoral, para cada Legislatura, proporcionalmente à população, com o reajuste necessário para que nenhum Estado tivesse mais de cinqüenta e cinco ou menos de seis Deputados.

CÂMARA DOS DEPUTADOS
Quadro de evolução do número de cadeiras

Ano	Vagas	Ano	Vagas
		1970	293
1890	205	1974	364
1894	212	1978	420
1933	214	1982	479
1945	286	1986	487
1953	326	1990	503
1962	404	1994	513

Fonte: Porto. O voto no Brasil, p. 407.

O processo de perda de cargo eletivo, bem como de justificação de desfiliação partidária, tem sua disciplina na Resolução n. 22.610/2007, alterada pela Resolução n. 22.733/2008, do Tribunal Superior Eleitoral.

PODER LEGISLATIVO E FORMAÇÃO DAS LEIS

Os requisitos de elegibilidade para a Câmara dos Deputados, de acordo com o art. 45, são os seguintes: ser brasileiro (nato ou naturalizado); maior de vinte e um anos de idade; ser eleitor, e não apresentar a condição de inelegível. Observe-se que, pelo art. 12, § 3°, II, é privativo de brasileiro nato apenas o cargo de Presidente da Câmara dos Deputados, não o de Deputado Federal. Assim, o cidadão brasileiro naturalizado pode-se eleger Deputado Federal, mas não Presidente da Câmara dos Deputados. A explicação é simples. É que o Presidente da Câmara dos Deputados pode exercer, temporariamente, a Presidência da República, em caso de impedimento do Presidente e do Vice-Presidente ou vacância desses cargos (art. 80). Dessa forma, evita-se um conflito de lealdade entre o país de origem e o país onde se naturalizou. Os Deputados são eleitos pelo sistema proporcional, e os Senadores pelo sistema majoritário. Pelo sistema majoritário elege-se o mais votado. Ao sistema proporcional não se aplica a regra simples de se eleger o mais votado.

O sistema proporcional, cujos contornos jurídicos e critérios para apuração da proporcionalidade vêm fixados na legislação eleitoral, é considerado mais democrático do que o majoritário. De fato, a eleição majoritária despreza parcela significativa de condutos de opinião da sociedade. Já o sistema proporcional possibilita, em regra, que as Cadeiras a preencher sejam distribuídas entre partidos políticos minoritários, representativos de múltiplas correntes ideológicas.

Em nosso País, a representação proporcional foi introduzida, nacionalmente, pelo Código Eleitoral de 1932, embora, no plano regional, já tivesse sido adotada no Estado do Rio Grande do Sul, pela Lei n. 153, de 14 de julho de 1913. Como assinala Walter Costa Porto, "muitos haviam defendido, quando vigorava, em todo o mundo, o sistema majoritário, o direito à representação das minorias. E resultaram vãos os esforços – do voto limitado ou incompleto, do voto cumulativo – para resguardar, nos parlamentos, um espaço às parcelas menores de opinião. Foi a Dinamarca, pelos esforços de Andrae, professor e Ministro das Finanças, que, pela primeira vez, utilizou o sistema proporcional, em sua Constituição de 1855, na eleição para a Câmara Alta, através do chamado escrutínio de lista com voto transferível".[29]

O sistema de representação proporcional pressupõe a divisão de uma mesma circunscrição eleitoral entre as referidas correntes eleitorais. A distribuição no Parlamento deve ser proporcional aos votos obtidos, na eleição, pelos partidos políticos. Assim, em termos ideais, se determinado partido obteve 35% dos votos, este mesmo percentual deverá corresponder no Parlamento ao número de Cadeiras por ele preenchidas.

---

[29] PORTO. *O voto no Brasil*, p. 222.

Como, no entanto, a proporcionalidade ideal não logra ser atendida, concebe-se de antemão procedimentos ou fórmulas com vistas a alcançar maior proximidade na distribuição de cadeiras entre os partidos políticos. Ademais, as fórmulas proporcionais são adotadas com listas partidárias, já que o sistema proporcional objetiva alocar mandatos parlamentares de forma proporcional ao peso de cada partido.

Os métodos para a distribuição das cadeiras disputadas podem ser divididos em dois grupos: maiores médias e maiores sobras. O primeiro método é aquele que distribui todas as cadeiras em apenas um procedimento matemático, sem que haja sobras, e o outro consiste na fórmula que, após uma primeira divisão incompleta de mandatos, necessita de outro procedimento para distribuir as cadeiras restantes.

Pelo método das maiores médias, divide-se os votos recebidos pelos partidos políticos por números em série.

Os métodos de divisores utilizados nas eleições parlamentares de países democráticos são os de Hondt, Sainte-Laguë, e Sainte-Laguë modificado.[30]

Pela fórmula Hondt, os votos dos partidos são divididos pela série de números inteiros naturais, 1, 2, 3, 4, etc. A fórmula Sainte-Laguë utiliza uma série composta por números ímpares, 1,3, 5, 7, etc. A fórmula Sainte-Laguë modificada diferencia-se da original apenas no primeiro divisor, que é 1,4, mantidos os demais: 3, 5, 7, etc.

Fórmula Hondt:[31]

Divi-sores	Azuis 57.000	Brancos (26.000)	Vermelhos (25.950)	Verdes (12.000)	Amarelos (6.010)	Pretos (3.050)
1	(57.000) (A)	(26.000) C)	(25.950) (D)	(12.000) (I)	(6.010)	(3.050)
2	(28.500) (B)	(13.000) (G)	(12.975) (H)	(12.000)		
3	(19.000) (E)	(8.667) (L)	(8.650)	(6.000)		
4	(14.250) (F)	(6.500)				

---

[30] Os métodos baseados em série de divisores podem também ser utilizados para distribuir somente as cadeiras não ocupadas (sobras).

[31] Exemplo extraído de Blais & Massicotte, *apud* NICOLAU. *Sistemas eleitorais*, p. 40.

5	(11.400) (J)					
6	(9.500) (K)					
7	8.143					
Total de cadeiras	6	3	2	1	0	0

A essência do método de Hondt reside em que, quando se dividem vários números por um mesmo divisor, os quocientes obtidos estão na mesma proporção que os números divididos. Desse modo, a divisão de vários números por um mesmo divisor produz uma redução proporcional que resolve, prática e racionalmente, o problema. Para o próprio Hondt, a justiça do sistema se encontra na divisão de todas as cifras eleitorais pelo divisor que dê quocientes cuja soma seja igual ao número de representantes a eleger.

A fórmula Hondt, contudo, como elucida Jairo Nicolau, "favorece os partidos com maiores votações, enquanto a fórmula Sainte-Laguë é mais equânime na relação entre votos e cadeiras de cada partido. O propósito do aumento de 1 para 1,4 do primeiro divisor na fórmula Sainte-Laguë modificada é dificultar o acesso dos pequenos partidos à distribuição de cadeiras, o que gera um resultado menos proporcional do que o obtido na versão original".[32]

Pelo método de maiores sobras, faz-se a distribuição das cadeiras em duas operações distintas: na primeira, calcula-se uma quota eleitoral, pelo qual o número de votos de cada partido será dividido, e na segunda, como sempre há resultado não inteiro e restos (cadeiras no ar), a distribuição dessas cadeiras é feita segundo as maiores sobras de cada partido.

Nas fórmulas de maiores sobras, empregam-se usualmente o quociente Hare ou o quociente Droop. O quociente Hare é obtido dividindo-se o número total de votos pelo número total de cadeiras de uma circunscrição eleitoral. O quociente Droop é o resultado da divisão do total de votos pelo número de cadeiras mais um.

Outro ponto que deve ser destacado, no exame dos sistemas eleitorais proporcionais, é o nível dos distritos eleitorais que se adota para a aplicação das fórmulas eleitorais com vistas ao cálculo das cadeiras. A maioria dos países consagra

---

[32] NICOLAU. *Sistemas eleitorais*, p. 40.

um único nível, nacional ou local; outros, no entanto, adotam mais de um nível (dois ou três), para a distribuição das cadeiras.

No Brasil o sistema proporcional gravita em torno de dois quocientes: quociente eleitoral e quociente partidário. Para se verificar o critério de distribuição das Cadeiras a preencher na Câmara dos Deputados, Assembleias Legislativas, Câmara Legislativa do Distrito Federal ou Câmaras Municipais, apura-se em primeiro lugar o número de votos válidos.[33] Apurados os votos válidos, divide-se esse número pelo de Cadeiras a preencher, encontrando-se o quociente eleitoral. O quociente eleitoral será assim o número mínimo de votos que um partido político deverá obter para eleger candidatos. O quociente partidário resulta da divisão do número de votos obtidos pelo partido político (legenda) pelo quociente eleitoral, encontrando-se o mínimo de Cadeiras que irá preencher. Definem ainda o quociente partidário os votos atribuídos a candidatos de um mesmo partido, pois no Brasil se adota o sistema de lista aberta, hierarquizada segundo a ordem de preferência do eleitor. Os mais votados, em número equivalente ao quociente partidário, são eleitos, e os demais passam a constituir a lista de suplência, válida para o partido ou coligação durante todo o mandato. A ordem de chamada, envolvendo os suplentes, é definida pelos votos obtidos pelo candidato na eleição, mesmo que, em se tratando de coligação, o suplente seja de outro partido coligado, e não oriundo da mesma legenda do deputado substituído, ou que tenha migrado de partido após o pleito, pois o critério de chamada para o preenchimento das vagas é o resultante da eleição, consagrado na lista de suplentes. Havendo sobras (Cadeiras no ar), soma-se uma unidade ao número de eleitos pelo partido, exclui-se o que não houver obtido número de votos ao menos igual ao quociente eleitoral, e divide-se por esse número o total de votos do partido. Repete-se a operação para cada partido, apurando-se qual o que tem a maior média, e atribui-se a este o lugar. Na continuidade dos cál-

---

[33] Anote-se que os votos em branco eram considerados válidos para o cômputo do quociente eleitoral, até o advento da Lei n. 9.504, de 30 de setembro de 1997, cujo art. 5º alterou a sistemática anterior ao estabelecer que nas eleições proporcionais contam-se válidos apenas os votos dados a candidatos regularmente inscritos e às legendas partidárias. O texto legal afastou, portanto, do conceito de voto válido os votos em branco. A exclusão dos votos em branco para o cálculo do quociente eleitoral, acaba por beneficiar os pequenos partidos, já que diminui a quantidade de votos necessária para o partido político obter representação na Câmara, pois haverá número menor de cadeiras a serem distribuídas. Segundo o Código Eleitoral (art. 224), haverá nova eleição, dentro do prazo de vinte a quarenta dias, se houver nulidade da votação, e a nulidade atingir a mais da metade dos votos do País nas eleições presidenciais, do Estado nas eleições federais e estaduais ou do Município nas eleições municipais. Não se trata de nulidade da eleição, em decorrência de votos nulos dados pelos eleitores, mas de questões relacionadas com fraude eleitoral e outras hipóteses previstas nos arts. 220 a 222 do Código Eleitoral.

PODER LEGISLATIVO E FORMAÇÃO DAS LEIS 51

culos, os partidos são mantidos com o número de cadeiras preenchidas, ao qual se acrescentará mais uma unidade. Esse critério é repetido até que se preencham todas as Cadeiras.

A exclusão dos partidos que não atingiram o quociente eleitoral na distribuição das sobras acaba por dificultar a obtenção da representação entre os pequenos partidos.[34]

Se, no entanto, nenhum partido ou coligação alcançar o quociente eleitoral, considerar-se-ão eleitos, até serem preenchidos todos os lugares, os candidatos mais votados. Desse modo, se as representações são distribuídas pela ordem majoritária dos votos dos candidatos, revela-se ainda mais incoerente a exclusão, na distribuição das sobras, dos partidos que não atingiram o quociente eleitoral.

Veja-se a seguinte simulação das fórmulas adotadas, tomando os números apresentados por Fávila Ribeiro:[35]

Número de votantes: 18.093

Votos nulos e brancos: 345

Votos válidos: 18.093 – 345 = 17.748

Cadeiras a preencher: 17

Votação do partido *ABC*: 13.666 (votos individuais) + 56 votos (votos na legenda somente) = 13.722

---

[34] Assinala Monica Herman Salem Caggiano, que o método desenhado pelo legislador acaba por privilegiar "a figura do partido político, e por que não dizer, daqueles de maior densidade eleitoral, porquanto na distribuição das sobras são os partidos com maior votação que acabam sendo contemplados com o maior número de cadeiras parlamentares restantes (as *sobras*). O sistema, como já anotado, gira em torno da entidade partido político. Retira da disputa as agremiações que não alcancem o QE (quociente eleitoral), independentemente da boa votação que alguns de seus candidatos possam ter obtido. De outra parte, acaba contemplando com cadeiras parlamentares os partidos ou coligações que, no conjunto de candidatura apresentadas, maior número de votos alcançaram. Essa operação pode, por vezes, resultar na produção de verdadeiras ficções eleitorais, a exemplo do caso Prona, que escandalizou os eleitores com a deturpação verificada no grau de representatividade dos eleitos" (*Direito parlamentar e direito eleitoral*, p. 123-124). Nas eleições de 2002, o Prona conquistou 6 cadeiras parlamentares (Câmara Federal), apoiado apenas pela votação obtida pelo seu líder, que recebeu 1.572.292 votos, sendo que os demais eleitos obtiveram número de sufrágios absolutamente irrisório, como 672 votos, 483 votos, 382 votos, 275 votos, muito inferior à média de votos necessária para, naquele pleito, se eleger, isto é, aproximadamente 100 mil votos.

[35] RIBEIRO. *Direito eleitoral*, p. 131-133.

Votação do partido *DEF*: 2.738 (votos individuais) + 114 (votos na legenda somente) = 2.852

Assim, ter-se-ia:

$$Quociente\ eleitoral: \quad = \quad \frac{17.748}{17} \quad = \quad 1.044$$

$$Quociente\ partidário\ ABC: \quad = \quad \frac{13.722}{1.044} \quad = \quad 13$$

$$Quociente\ partidário\ DEF: \quad = \quad \frac{2.852}{1.044} \quad = \quad 2$$

Portanto, o partido *ABC* ocuparia 13 vagas e o partido *DEF* apenas 2.

Havendo mais duas vagas a preencher, para o primeiro resto, ter-se-ia:

$$ABC: \quad = \quad \frac{13.722}{3+1} \quad = \quad 980$$

$$DEF: \quad = \quad \frac{2.852}{2+1} \quad = \quad 950$$

Desse modo, a primeira vaga remanescente seria atribuída ao partido *ABC*, procedendo-se sucessivamente até o preenchimento de todas as vagas remanescentes, o que resultaria, no exemplo dado, em 14 (quatorze) vagas ao partido *ABC* e 3 (três) ao partido *DEF*.

Paulo Bonavides ressalta as vantagens do sistema de representação proporcional: "Encare-se em geral o princípio da justiça que preside ao sistema de representação proporcional. Ali todo voto possui igual parcela de eficácia e nenhum eleitor será representado por um deputado em quem não haja votado. É também o sistema que confere às minorias igual ensejo de representação de acordo com sua força quantitativa. Constitui este último aspecto alto penhor de proteção e defesa que o sistema proporciona aos grupos minoritários, cuja representação fica desatendida pelo sistema majoritário. Sendo por sua natu-

PODER LEGISLATIVO E FORMAÇÃO DAS LEIS   53

reza, como se vê, aberto e flexível, ele favorece, e até certo ponto estimula, a fundação de novos partidos, acentuando desse modo o pluralismo político da democracia partidária. Torna por conseguinte a vida política mais dinâmica e abre à circulação das ideias e das opiniões novos condutos que impedem uma rápida e eventual esclerose do sistema partidário, tal como acontece onde se adota o sistema eleitoral majoritário, determinante da rigidez bipartidária."

Com relação às desvantagens do sistema representativo proporcional, escreve: "Uma das objeções feitas se refere à multiplicidade de partidos que ela engendra e de que resulta a fraqueza e instabilidade dos governos, sobretudo no parlamentarismo. A representação proporcional ameaça de esfacelamento e desintegração o sistema partidário ou enseja uniões esdrúxulas de partidos – uniões intrinsecamente oportunistas – que arrefecem no eleitorado o sentimento de desconfiança na legitimidade da representação, burlada pelas alianças e coligações de partidos, cujos programas não raro brigam ideologicamente. Da ocorrência dessas alianças deduz-se outro defeito grave da representação proporcional: exagera em demasia a importância das pequenas agremiações políticas, concedendo a grupos minoritários excessiva soma de influência, em inteiro desacordo numérico dos seus efetivos eleitorais. Ofende assim o princípio da justiça representativa, que se almeja com a adoção daquela técnica, fazendo de partidos insignificantes os 'donos do poder', em determinadas coligações. É que de seu apoio dependerá a continuidade de um ministério no parlamentarismo ou a conservação da maioria legislativa no presidencialismo."[36]

Anote-se ainda que é possível a adoção de sistema misto, resultado da combinação do sistema majoritário e do sistema de representação proporcional.

A Constituição enumera, no art. 51, as competências privativas da Câmara dos Deputados, que são: autorizar, por dois terços de seus membros, a instauração de processo contra o Presidente da República, o Vice-Presidente e os Ministros de Estado, que consiste no juízo de admissibilidade, que conduzirá à pronúncia ou não do Chefe do Governo, acarretando o seu *impeachment* mediante decisão do Senado Federal (art. 52, I, parágrafo único); proceder à tomada de contas do Presidente da República, quando não apresentadas ao Congresso Nacional dentro de sessenta dias após a abertura da sessão legislativa, acentuando-se que a abertura da sessão anual do Congresso Nacional se verifica no dia 2 de fevereiro de cada ano (art. 57); elaborar seu regimento interno, assunto *interna corporis*, que constitui um dos principais fatores de independência da Câmara dos Deputados; dispor sobre sua organização, funcionamento, polícia, criação, transformação ou extinção dos cargos, empregos e funções de seus serviços, e a iniciativa de lei

---

[36] BONAVIDES. *Ciência política*, p. 298-299.

(trata-se de iniciativa reservada) para fixação da respectiva remuneração, observados os parâmetros estabelecidos em lei orçamentária; eleger membros do Conselho da República, nos termos do art. 89, VII, ou seja, dois cidadãos brasileiros natos com mais de 35 anos de idade.

3.2 Senado Federal

O Senado Federal[37] compõe-se de representantes dos Estados e do Distrito Federal, eleitos segundo o princípio majoritário, para mandato de oito anos.[38] O mandato mais longo dos Senadores constitui fator de harmonia e ponderação, precaução e cuidado, afastando-se das paixões e dos interesses de curto prazo, em virtude ainda do papel conservador do Senado, de modo a evitar atritos no âmbito do bicameralismo, o que irá contribuir para melhor entendimento entre o Legislativo e o Executivo. Cada Estado-Membro e o Distrito Federal elegerão três Senadores (eram dois Senadores pela Constituição de 1934). É traço do federalismo homogêneo que a representação de cada Estado-Membro seja em número fixo. Dois dos raros exemplos em que o número de Senadores varia de acordo com a população do Estado-Membro são a Constituição da Alemanha Federal (Lei Fundamental de Bonn de 1949) e a Constituição da Áustria. O Distrito Federal também se faz representar por três Senadores.[39] A renovação da representação de cada Estado e do Distrito Federal se faz alternadamente, de quatro em quatro anos, por um e dois terços. A primeira renovação do Senado, por um terço, ocorreu em 1951, e a primeira, por dois terços, em 1955, pois o termo *a quo* da alternância fora fixado em decorrência dos §§ 1º e 2º do art. 2º do Ato das Disposições Constitucionais Transitórias, promulgado com a Constituição de 1946, ao estabelecer que o mandato dos Senadores que fossem eleitos para completar o número de três, fixado pela Constituição, coincidiriam com o do Presidente da República, e que os mandatos dos demais Senadores terminariam a 31 de janeiro de 1955.

---

[37] Foi Rui Barbosa quem apresentou emenda de redação ao anteprojeto da Comissão de Juristas (Comissão dos Cinco), de que resultou a Constituição de 1891, alterando o nome inicial de Câmara dos Senadores para Senado.

[38] São 81 os Senadores.

[39] Demonstrando a distorção do sistema federativo relativamente à composição do Senado, Barry Ames mostra que no Brasil, o Senado, contando com três Senadores por Estado, "dá a Roraima, com uma população que não chega a 250 mil pessoas, uma representação igual a São Paulo, que tem mais de 30 milhões de habitantes. Um voto em Roraima tem um peso 144 vezes maior do que um voto em São Paulo, de modo que os senadores que representam 13% da população brasileira podem bloquear uma legislação que 87% apoiam. E nos Estados Unidos, a pior proporção é a que existe entre o Wyoming e a Califórnia: um voto do Wyoming equivale a 66 da Califórnia" (AMES. *Os entraves da democracia no Brasil*, p. 36-37).

PODER LEGISLATIVO E FORMAÇÃO DAS LEIS

O Senado Federal funciona como Câmara de resfriamento, por se afigurar mais conservador e como órgão de equilíbrio (veja-se a exigência de idade superior a 35 anos como requisito de elegibilidade para o Senado). O próprio bicameralismo, como se viu acima, seria a solução para o problema das maiorias passionais. Nesse sentido, Jon Elster salienta: quando Thomas Jefferson perguntou a George Washington por que a convenção havia estabelecido um Senado, Washington respondeu perguntando: "Por que você serve o seu café no pires?". "Para esfriá-lo", Jefferson respondeu. "É a mesma coisa", disse Washington. "Nós servimos as leis no pires senatorial para esfriá-las." Na França, Mounier observou que a maioria pode até mesmo precisar de proteção contra sua própria tentação de abdicar do poder: "Uma Assembleia de Câmara única (*omissis*) poderia, em um momento de entusiasmo, decidir aumentar o poder de um rei vitorioso ou, em circunstâncias difíceis, estabelecer em seu favor uma ditadura que se tornasse perpétua. Em contraste, duas Câmaras que deliberem separadamente assegurarão a sabedoria de suas respectivas resoluções, e darão ao corpo legislativo aquele ritmo lento e majestoso do qual nunca se deve desviar."[40]

Como requisitos de elegibilidade, a Constituição exige que o candidato seja brasileiro nato ou naturalizado (é privativo de brasileiro nato o cargo de Presidente do Senado, pelas mesmas razões antes apontadas para a Câmara dos Deputados); tenha idade superior a trinta e cinco anos e não seja inelegível.

Cada Senador será eleito com dois suplentes. Trata-se do método de *chapa única*, em que cada candidato ao Senado concorre com seus dois suplentes, implicando sua eleição a dos substitutos. Assim, ocorrendo vacância do cargo, o Senador não será sucedido pelo segundo ou terceiro candidato mais votado, mas pelo seu suplente. Se, no entanto, tornar-se inviável a investidura do suplente, por alguma circunstância, far-se-á eleição para preencher a vaga, desde que faltarem mais de quinze meses para o término do mandato.

A composição do Senado conhece várias formas: nos Estados Unidos, como no Brasil, pelo voto dos eleitores dos Estados; na Alemanha, como representantes dos governos estaduais, e no Canadá por meio de escolha realizada pelo Primeiro-Ministro.

Também são diferenciadas as funções do Senado em Estados Federais: nos Estados Unidos cabe-lhe papel fundamental e histórico na política externa; na Alemanha, o Conselho Federal tem como função essencial redistribuir recursos para as regiões mais pobres, a fim de garantir maior homogeneidade socioeconômica ao país.

---

[40] ELSTER. *Ulisses liberto:* estudos sobre racionalidade, pré-compromisso e restrições, p. 172-173.

De qualquer modo o Senado, como Casa dos Estados, cumpre o papel de proteger os direitos dos Estados, no âmbito do pacto federativo. No Brasil, essa função do Senado, no sistema bicameral, deve ser repensada, no sentido de que, como Segunda Câmara, em relação à Câmara dos Deputados, seu problema não residiria tanto na representação, mas em sua competência. Desse modo, a redução da agenda do Senado a atividades próprias de uma Câmara dos Estados, com verdadeiras funções de ingerência e equilíbrio federativo, poderia contribuir para aliviar uma pauta constitucional tão carregada, com o comprometimento de sua capacidade para lidar com seus temas específicos. Não haveria, portanto, razão para se extinguir o Senado, pois afastada estaria a sua inutilidade enquanto ramo autônomo do Poder Legislativo.[41]

Ademais, o princípio eleitoral majoritário convive com o consociativo. Nas federações, a ideia de povo é ancorada na existência e autonomia de entidades territoriais regionais. Nas federações, o "povo" é tomado como uma entidade única, em um sentido, mas também como uma pluralidade de entidades, em outro. O povo é representado como um todo (nação) e como partes (as diferentes regiões que compõem a nação). O povo, desse modo, é tomado tanto como unidade quanto como diversidade. Essa dualidade, para a vida da federação, é implicitamente inexpugnável.[42]

---

[41] José Afonso da Silva sustenta que, no Brasil, não haverá qualquer violência ao princípio federativo, à autonomia dos Estados, se se suprimir o Senado, que não defende os interesses dos Estados, ou não tem defendido, pelo menos. É que os Senadores não são, na realidade, delegados dos Estados-Membros, mas dos respectivos partidos, sendo eleitos pelo povo, como os Deputados (*Princípios do processo de formação das leis no direito constitucional*, p. 70-74). Escreve ainda que o "argumento da representação dos Estados pelo Senado se fundamentava na ideia, inicialmente implantada dos EUA, de que se formava de delegados próprios de cada Estado, pelos quais estes participavam das decisões federais. Há muito que isso não existe nos EUA e jamais existiu no Brasil, porque os Senadores são eleitos diretamente pelo povo, tal como os Deputados, por via de partidos políticos. Ora, a representação é partidária. Os Senadores integram a representação dos partidos tanto quanto os Deputados, e dá-se o caso não raro de os Senadores de um Estado, eleitos pelo povo, serem de partido adversário do Governador, portanto defenderem, no Senado, programa diverso deste, e como conciliar a tese da representação do Estado com situações como esta?" (*Curso de direito constitucional positivo*, p. 441). A tese do unicameralismo puro foi, no entanto, abandonada pelo autor, que, na 2ª edição de seu livro dedicado aos princípios do processo de formação das leis, com o título de Processo Constitucional de Formação das Leis, propõe a adoção de um bicameralismo desigualitário em lugar do igualitário, com mudança na estrutura bicameral existente no Brasil (SILVA. *Processo constitucional de formação das leis*).

[42] KING. *Federation and representation*. Comparative Federalism and Federation, p. 96.

PODER LEGISLATIVO E FORMAÇÃO DAS LEIS

As competências privativas do Senado constam do art. 52 da Constituição, assim discriminadas:

I – processar e julgar o Presidente e o Vice-Presidente da República nos crimes de responsabilidade, bem como os Ministros de Estado e os Comandantes da Marinha, do Exército e da Aeronáutica nos crimes da mesma natureza conexos com aqueles (art. 52, I, com a redação dada pela Emenda Constitucional n. 24/99), ressaltando-se que essa competência será exercida depois que a Câmara dos Deputados autorizar, por dois terços de seus membros, a instauração do processo (art. 51, I). A sessão de julgamento será presidida pelo Presidente do Supremo Tribunal Federal, e a condenação, proferida por 2/3 dos votos do Senado Federal, limitar-se-á à perda do cargo com inabilitação por oito anos, para o exercício de função pública, sem prejuízo das demais sanções judiciais cabíveis (art. 52, parágrafo único). Note-se ainda que, se o crime de responsabilidade, imputado a Ministro de Estado, não for conexo com o do Presidente da República, a competência para o seu processo e julgamento é do Supremo Tribunal Federal (art. 102, I, c);

II – processar e julgar os Ministros do Supremo Tribunal Federal, os membros do Conselho Nacional de Justiça e do Conselho Nacional do Ministério Público, o Procurador-Geral da República e o Advogado-Geral da União, nos crimes de responsabilidade (redação da EC n. 45/2004), sendo a sessão de julgamento presidida pelo Presidente do Supremo Tribunal Federal, aplicando-se à condenação o que foi dito anteriormente;

III – aprovar, previamente: a) por voto secreto, após arguição pública, a escolha de: magistrados, nas hipóteses previstas na Constituição, ou seja, Ministros do Tribunal de Contas da União, Governador de Território, presidente e diretores do banco central, Procurador-Geral da República, todos indicados pelo Presidente da República; b) em sessão secreta, a escolha dos chefes de missão diplomática de caráter permanente;

IV – aprovar, por maioria absoluta e por voto secreto, a exoneração, de ofício, do Procurador-Geral da República antes do término de seu mandato;

V – autorizar operações externas de natureza financeira, de interesse da União, dos Estados, do Distrito Federal, dos Territórios e dos Municípios; fixar, por proposta do Presidente da República, limites globais para o montante da dívida consolidada da União, dos Estados, do Distrito Federal e dos Municípios; dispor sobre limites globais e condições para as operações de crédito externo e interno da União, dos Estados, do Distrito Federal e dos Municípios, de suas autarquias e demais entidades controladas pelo

Poder Público Federal; dispor sobre limites e condições para a concessão de garantia da União em operações de crédito externo e interno; estabelecer limites globais e condições para o montante da dívida mobiliária dos Estados, do Distrito Federal e dos Municípios. Refere-se essa competência à intervenção do Senado Federal em matéria financeira envolvendo os Estados, Distrito Federal e Municípios e, em alguns casos, a União;

VI – suspender a execução, no todo ou em parte, de lei declarada inconstitucional por decisão definitiva do Supremo Tribunal Federal. Aqui valem duas observações: a primeira é que essa competência do Senado Federal somente será exercida em se tratando de inconstitucionalidade no caso concreto, ou pelo método difuso, e não de inconstitucionalidade em tese. É que nesta última hipótese a decisão do Supremo Tribunal Federal produz efeitos *erga omnes*, tornando-se desnecessária a intervenção do Senado Federal, como já decidiu o próprio Supremo Tribunal Federal no Processo Administrativo n. 4.477/72, e hoje entendimento constante do art. 178 do seu regimento interno. A segunda observação é a de que a referida comunicação só se dirige ao Senado Federal quando não se tratar de ação direta de inconstitucionalidade para fins de intervenção federal (art. 34, VII, e art. 36, III), caso em que a comunicação da inconstitucionalidade será feita ao Presidente da República para as providências mencionadas no § 3º do art. 36, ou seja, suspensão da execução do ato normativo ou da lei declarados inconstitucionais pelo Supremo Tribunal Federal. A EC n. 45/2004 acrescentou o art. 103-A à Constituição Federal para possibilitar a edição, pelo Supremo Tribunal, de súmula vinculante. E, após a edição da Lei n. 11.417, de 19 de dezembro de 2006, com vigência prevista para três meses após a sua publicação, que se deu em 20 de dezembro de 2006, disciplinando a edição, a revisão e o cancelamento de enunciado de súmula vinculante pelo Supremo Tribunal Federal, tornou-se irrelevante a participação do Senado no controle de constitucionalidade. É que a súmula vinculante viabiliza que decisões reiteradas do Supremo Tribunal Federal, sobre matéria constitucional, terão efeito vinculante em relação aos demais órgãos do Poder Judiciário e à administração pública direta e indireta, nas esferas federal, estadual e municipal, o que torna desnecessária a aplicação do art. 52 , inciso X, da Constituição Federal.

Gilmar Ferreira Mendes, antes mesmo da introdução da súmula vinculante, em nosso Direito, considerava obsoleto e arcaico o mecanismo constitucional de participação do Senado no controle de constitucionalidade das leis, cujo papel, segundo ele, é apenas o de dar publicidade às decisões do Supremo Tribunal. Argumentava que a execução da lei inconstitucional

PODER LEGISLATIVO E FORMAÇÃO DAS LEIS

pelo Senado não alcança as decisões do Supremo Tribunal que não declaram a inconstitucionalidade da lei, como nas hipóteses em que se limita a orientação constitucionalmente adequada, adota uma interpretação conforme a Constituição, para restringir o significado de expressão literal ou colmatar lacuna contida em lei ordinária, ou quando declara a inconstitucionalidade sem redução de texto.[43] Aduzia ainda que o atual modelo de suspensão, pelo Senado, da lei inconstitucional, se mostra inútil, seja pela faculdade que a Lei n. 8.038/1990 concede ao Relator, nos recursos extraordinário e especial, de negar seguimento ao recurso que contrarie súmula do Supremo Tribunal Federal ou do Superior Tribunal de Justiça, seja porque o Supremo Tribunal Federal, em reiteradas decisões, envolvendo a inconstitucionalidade de leis municipais, tem conferido efeito vinculante não só à parte dispositiva da decisão de inconstitucionalidade, mas também aos próprios fundamentos determinantes, atribuindo-lhe eficácia transcendente, seja finalmente pela existência de ações cujas decisões já contam com efeitos *erga omnes*, ainda que importando controle incidental de constitucionalidade (ex.: ação civil pública);[44]

Zeno Veloso, na mesma linha de pensamento, salienta não haver razão "para manter em nosso Direito Constitucional legislado a norma do art. 52, X, da Constituição Federal, originária da Carta de 1934, quando só havia o controle incidental, e o princípio da separação dos poderes se baseava em critérios e valores absolutamente ultrapassados, ancorados numa velha e rígida concepção oitocentista".[45]

VII –elaborar o seu regimento interno e dispor sobre sua organização, funcionamento, polícia, criação, transformação ou extinção de cargos, empregos e funções de seus serviços, e a iniciativa de lei para fixação da respectiva remuneração, observados os parâmetros estabelecidos na lei de diretrizes orçamentárias, aplicando-se o que foi dito acima sobre a competência da Câmara dos Deputados;

VIII –eleger membros do Conselho da República, na forma do art. 89, VII;

IX – avaliar periodicamente a funcionalidade do Sistema Tributário Nacional, em sua estrutura e seus componentes, e o desempenho das

---

[43] MENDES. O controle incidental de normas no direito brasileiro. *In: Cadernos de Direito Constitucional e Ciência Política*, n. 23, abr./jun. 1998, p. 30-58.

[44] MENDES. *Direitos fundamentais e controle de constitucionalidade*: estudos de direito constitucional, p. 270-280.

[45] VELOSO. *Controle jurisdicional de constitucionalidade*, p. 58.

administrações tributárias da União, dos Estados, do Distrito Federal e dos Municípios (esta competência foi introduzida pela Emenda Constitucional n. 42/2003).

4. SESSÕES CONJUNTAS DO CONGRESSO NACIONAL

A regra geral do bicameralismo é o funcionamento separado de cada Casa Legislativa.

A Constituição estabelece, contudo, alguns casos de reunião conjunta do Congresso Nacional para: *a)* inaugurar sessão legislativa; *b)* elaborar o regimento comum e regular a criação de serviços comuns às duas Casas; *c)* receber o compromisso do Presidente e do Vice Presidente da República; *d)* conhecer do veto e sobre ele deliberar (art. 57, § 3°, I a IV).

Além desses casos, haverá ainda reunião conjunta para discutir e votar o orçamento (art. 166), e delegar ao Presidente da República poderes para legislar (art. 68).

As sessões conjuntas somente serão abertas com a presença mínima de 1/6 dos membros de cada Casa do Congresso Nacional (art. 28 do Regimento Comum).

5. AUTO-ORGANIZAÇÃO E REGIMENTO INTERNO

Importante requisito de autonomia do Poder Legislativo é a garantia constitucional de sua auto-organização, expressa na Constituição de 1988 nos arts. 51, III e IV, para a Câmara dos Deputados; 52, XII e XIII, para o Senado Federal; e 57, § 3°, II, para o Congresso Nacional.

Considera Esmein que "cada uma das Câmaras tem o direito de fazer separadamente seu regimento interno. O regimento é a lei interna de uma Assembleia deliberante. Ele determina as regras segundo as quais ela prepara e conduz suas deliberações; ele fixa os direitos e os deveres internos dos membros que a compõem".[46]

Há, contudo, na Constituição de 1988, várias regras que preordenam os regimentos internos das Casas Legislativas e do próprio Congresso Nacional, restritivas da autonomia regimental.

5.1 Direção e funcionamento dos trabalhos legislativos

Nesse tema incluem-se:

---

[46] ESMEIN. *Éléments de droit constitutionnel, français et comparé*, p. 404.

I – *Composição e funções legislativas da mesa*

Embora não estabeleça a composição numérica dos membros da mesa de cada Casa Legislativa, considerando-se por Mesa o órgão diretor dos trabalhos legislativos,[47] a Constituição fixa, no entanto, que o Presidente do Senado Federal preside a Mesa do Congresso Nacional, sendo os demais cargos exercidos, alternadamente, pelos ocupantes de cargos equivalentes na Câmara dos Deputados e no Senado Federal (art. 57, § 5°), vale dizer, a primeira vice-presidência é exercida pelo Primeiro Vice-Presidente da Câmara; a segunda vice-presidência, pelo Segundo Vice-Presidente do Senado; a primeira-secretaria, pelo Primeiro-Secretário da Câmara; a segunda-secretaria, pelo Segundo-Secretário do Senado; a terceira-secretaria, pelo Terceiro-Secretário da Câmara; e a quarta-secretaria, pelo Quarto-Secretário do Senado. Na composição das Mesas da Câmara dos Deputados e do Senado Federal, deve ser assegurada, tanto quanto possível, a representação dos partidos ou blocos parlamentares.

Pelo Regimento Interno da Câmara dos Deputados (art. 14, §§ 1° e 2°), a sua Mesa compõe-se de Presidência e de Secretaria, constituindo-se, a primeira, do Presidente e de dois Vice-Presidentes e, a segunda, de quatro Secretários. A Mesa contará, ainda, com quatro suplentes de Secretário. A Mesa do Senado se compõe de Presidente, dois Vice-Presidentes e quatro Secretários. Haverá também quatro suplentes de Secretários (art. 46, §§ 1° e 2°, do Regimento Interno).

A Constituição fixa ainda a duração do mandato dos membros da Mesa de qualquer das Casas e do Congresso Nacional em dois anos, vedada a recondução para o mesmo cargo na eleição imediatamente subsequente, o que vale dizer que não é inelegível para Presidente da Câmara o Deputado que ocupava no período anterior o cargo, por exemplo, de Vice-Presidente.[48]

---

[47] A composição da Mesa é fixada pelo Regimento Interno das Casas Legislativas. Nos Estados Unidos, nem a *House of Representatives,* nem o Senado têm Mesa Diretora. Tampouco existe Mesa do Congresso. Há o *Speaker of the House* e o Presidente *pro tempore* do Senado eleitos por seus pares. A presidência do Senado é exercida pelo Vice-Presidente dos Estados Unidos. *O Speaker* é o líder do partido majoritário na *House of Representatives*, ao passo que o Presidente *pro tempore* do Senado é comumente o membro mais antigo do partido majoritário. O *Speaker of the House* detém mais poderes do que o Presidente do Senado, pois é ele quem controla a agenda da *House*, enquanto que a agenda do Senado é controlada pelo líder da maioria. O *Speaker of the House* e o Presidente do Senado, embora não decidam as matérias que são submetidas ao Pleno com a mesma discricionariedade com que o fazem os Presidentes da Câmara dos Deputados e do Senado brasileiros, resolvem as questões de ordem suscitadas nas correspondentes Casas Legislativas.

[48] Segundo o § 1° do art. 5° do Regimento Interno da Câmara dos Deputados, não se considera recondução a eleição para o mesmo cargo em legislaturas diferentes, ainda

Essa restrição não é de reprodução obrigatória pelas Constituições dos Estados-Membros, por não configurar princípio constitucional estabelecido, conforme decidiu o Supremo Tribunal Federal (RTJ 163/52; ADIn 2.292-MA).

De acordo com o Regimento Interno da Câmara dos Deputados (art. 8°) prevalece, na composição da Mesa, o princípio proporcional, pois nessa composição será assegurada tanto quanto possível a representação proporcional dos Partidos ou Blocos Parlamentares que participem da Câmara, os quais escolherão os respectivos candidatos aos cargos que, de acordo com o mesmo princípio, lhes caiba prover. O sistema de composição da Mesa, em nosso Direito, difere do adotado na composição da Câmara de Representantes dos Estados Unidos, em que vigora o princípio majoritário, segundo o qual cabe ao maior partido o controle da Casa e de todas as suas Comissões.

Na Câmara dos Deputados é cabível a candidatura de qualquer Deputado ao cargo de Presidente da Câmara, ainda que a representação partidária ou o bloco parlamentar de que faça parte não tenha direito, pelo princípio da proporcionalidade, a assento na Mesa.

À Mesa da Câmara dos Deputados, no âmbito do processo de formação das leis, compete: tomar as providências necessárias à regularidade dos trabalhos legislativos; propor, privativamente, à Câmara dos Deputados, projeto de resolução dispondo sobre sua organização, funcionamento, polícia, regime jurídico do pessoal, criação, transformação ou extinção de cargos, empregos e funções e fixação da respectiva remuneração, observados os parâmetros estabelecidos na lei de diretrizes orçamentárias.

II – *Atribuições do Presidente da Câmara dos Deputados, no processo legislativo*

O Presidente da Câmara dos Deputados representa a Câmara quando ela se pronuncia coletivamente, e é o supervisor dos seus trabalhos e da sua ordem.

No âmbito do processo legislativo, é de sua atribuição convocar, presidir, suspender e levantar as sessões; manter a ordem; conceder a palavra aos Deputados; advertir o orador ou o aparteante quanto ao tempo de que dispõe, não permitindo que ultrapasse o tempo regimental; convidar o orador a declarar, quando for o caso, se irá falar a favor da proposição ou contra ela; interromper o orador que se desviar da questão; falar sobre o vencido ou, em qualquer momento, usar, em discurso, de expressões que configurem crimes contra a honra ou contenham incitamento à prática de crimes, advertindo-o, e, em caso de insistência, retirar-lhe a palavra; autorizar o Deputado a falar da bancada; determinar o não apanhamento de discurso,

---

que sucessivas. Desse modo, para a norma regimental, a proibição constitucional da recondução vale apenas para a legislatura.

PODER LEGISLATIVO E FORMAÇÃO DAS LEIS

ou aparte, pela taquigrafia; decidir questões de ordem e as reclamações, anunciar a Ordem do Dia e o número de Deputados presentes em Plenário; anunciar o projeto de lei apreciado conclusivamente pelas Comissões e a fluência do prazo para interposição do recurso a que se refere o inciso I do § 2º do art. 58 da Constituição Federal; submeter a discussão e votação a matéria a isso destinada, bem como estabelecer o ponto da questão que será objeto da votação; anunciar o resultado da votação e declarar a prejudicialidade; organizar, ouvido o Colégio de Líderes, a agenda com a previsão das proposições a serem apreciadas no mês subsequente, para distribuição aos Deputados; designar a Ordem do Dia das sessões, na conformidade da agenda mensal, ressalvadas as alterações permitidas pelo Regimento Interno; desempatar as votações, quando ostensivas, e votar em escrutínio secreto, contando-se a sua presença, em qualquer caso, para efeito de *quorum*; proceder à distribuição de matéria às Comissões Permanentes ou Especiais; deferir a retirada de proposição da Ordem do Dia; despachar requerimentos; determinar o arquivamento ou desarquivamento de proposição, nos termos regimentais; devolver ao Autor a proposição que não estiver devidamente formalizada e em termos, ou versar matéria alheia à competência da Câmara, evidentemente inconstitucional, ou anti-regimental. O Presidente não poderá, senão na qualidade de membro da Mesa, oferecer proposição, nem votar, em Plenário, exceto no caso de escrutínio secreto ou para desempatar o resultado de votação ostensiva. Para tomar parte em qualquer discussão, o Presidente transmitirá a presidência ao seu substituto, e não a reassumirá enquanto se debater a matéria que se propôs a discutir.[49]

III – Quorum *para deliberações*

Constitui regra geral extraída do art. 47 da Constituição que as deliberações de cada Casa e de suas Comissões serão tomadas por maioria dos votos, presente a maioria absoluta de seus membros. Entende-se por *quorum* o número de membros cujo concurso ativo seja necessário para a validade das decisões de uma assembleia.

Não se deve confundir o *quorum* de *instalação* da sessão com o de *deliberação*. Pelo Regimento Interno da Câmara dos Deputados (art. 79, § 2º), a Sessão Ordinária (não deliberativa) é instalada, achando-se presente na Casa pelo menos a décima parte do número total de Deputados, desprezada a fração, isto é, 51 Deputados, ou 1/20 dos senadores (art. 155 do RI do Senado). Já o *quorum* de deliberação pressupõe a presença da maioria absoluta dos membros da Casa Legislativa (por maioria absoluta deve-se entender o primeiro número inteiro depois da metade, "sendo erro considerá-lo como metade mais um, como não raro

---

[49] Regimento Interno da Câmara dos Deputados, art. 17.

se ouve e se lê, visto que será impossível apurá-lo quando a Câmara se compuser de número ímpar de membros", esclarece José Afonso da Silva),[50] devendo ainda ser tomado em relação à totalidade dos integrantes da Casa Legislativa e não em relação aos presentes. A maioria absoluta dos membros da Câmara, com 513 Deputados, é de 257 Deputados, e a maioria absoluta dos membros do Senado, com 81 membros, é de 41 Senadores. As deliberações para a aprovação de projeto de lei serão tomadas pelo voto da maioria simples, apurado entre os presentes à reunião, excluídas as abstenções (na sessão deliberativa da Câmara dos Deputados, com a presença de 257 Deputados, votando todos eles, aprova-se o projeto com 129 votos).

Para efeito de número, são computados os votos em branco e as abstenções registrados na votação nominal, mas, como se viu, para que haja aprovação, necessário que se vote nesse sentido a maioria dos congressistas pertencentes à Casa Legislativa, e presentes à sessão, excluídas as abstenções, as quais, portanto, interferem na definição da maioria simples ou relativa necessária para a aprovação do projeto de lei. Exemplificando: se estiverem presentes 60 Senadores, serão necessários 31 votos para a aprovação do projeto de lei. Se, no entanto, estiverem presentes os mesmos 60 Senadores, mas 10 deles se abstiverem de votar, serão necessários 26 votos (número equivalente à maioria de 50 Senadores) para a aprovação.

Saliente-se que a exigência de *quorum* muito elevado para a deliberação, acaba por facilitar o ato de não deliberar.

A Constituição estabelece, em relação a determinadas matérias, *quorum* qualificado. Assim, exige maioria absoluta para a cassação de parlamentar (art. 55, § 2°); rejeição de veto (art. 66, § 4°); aprovação de lei complementar (art. 69); aprovação de projeto de resolução que estabelece as alíquotas relativas ao ICMS aplicáveis às operações e prestações, interestaduais e de exportação, bem como alíquotas mínimas nas operações internas (art. 155, § 2°, IV e V, *a*); aprovação de projeto de resolução que autoriza a abertura de crédito suplementar ou especial com finalidade precisa, necessários para a realização de operações de créditos que excedam o montante das despesas de capital (art. 167, III); aprovação da exoneração, de ofício, do Procurador-Geral da República (art. 52, XI); aprovação do nome indicado para Ministro do Supremo Tribunal Federal (art. 101, parágrafo único), para Ministro do Superior Tribunal de Justiça (art. 104, parágrafo único, com a redação da EC n. 45/2004), e do Procurador-Geral da República (art. 128, § 1°); aprovação ou suspensão do decreto de estado de defesa, pelo Presidente da República (art. 136, § 4°); autorização para o Presidente da República decretar estado de sítio (art. 137, parágrafo único); aprovação do Defensor Público Geral

---

[50] SILVA. *Op. cit.*, p. 448.

PODER LEGISLATIVO E FORMAÇÃO DAS LEIS 65

(art. 52, III, *f*, e art. 6° da Lei Complementar n. 80, de 1994); maioria de dois terços da Câmara dos Deputados para a autorização de instauração do processo por crime comum e de responsabilidade contra o Presidente da República (art. 51, I), bem como do Senado Federal para a sua condenação por este último crime (art. 52, parágrafo único); condenação, pelo Senado Federal, dos Ministros do Supremo Tribunal Federal, dos membros do Conselho Nacional de Justiça e do Conselho Nacional do Ministério Público, do Procurador-Geral da República e do Advogado-Geral da União nos crimes de responsabilidade (art. 52, II, com a redação da EC n. 45/2004); fixação de alíquotas máximas de ICMS, nas operações internas (art. 155, § 2°, V, *b*); suspensão da imunidade de congressista, durante o estado de sítio (art. 53, § 8°); maioria de três quintos para aprovação de proposta de emenda à Constituição (art. 60, § 2°); maioria de dois quintos para aprovação de não renovação da concessão ou permissão para o serviço de radiodifusão sonora e de sons e imagens (art. 223, § 2°).

Finalmente, não se deve confundir *quorum* e maioria. Embora as duas realidades sejam necessárias para a validade dos votos, não se acham sempre reunidas. É que pode haver maioria, mesmo que não haja *quorum* e, reciprocamente, um voto válido, porque o *quorum* existe, pode ser tido como nulo, uma vez que não se atinja o número de votos legalmente exigido.

5.2 Abertura e término das sessões legislativas

São examinados, neste ponto, os períodos legislativos correspondentes ao funcionamento do Congresso Nacional e de suas Casas.

5.2.1 Legislatura

Legislatura, no direito constitucional norte-americano, é termo que se aplica ao próprio Poder Legislativo; é a assembleia, ou corpo de homens que faz leis para um Estado ou nação, um corpo legislativo.

Na França, atribui-se um significado mais restrito ao termo: legislatura venha a ser cada um dos períodos que separa a renovação integral de uma assembleia.

A legislatura, no Brasil, compreende o período de funcionamento do Congresso Nacional equivalente à duração do mandato de Deputado Federal: quatro anos (art. 44, parágrafo único). Não se confunde, pois, com sessão legislativa. Inicia-se no dia 1° de fevereiro seguinte à eleição, e finda em 31 de janeiro do quarto ano subsequente. Os Senadores exercem seu mandato por duas legislaturas, ou seja, oito anos, renovando-se, parcialmente, a quatro anos, por um e dois terços (art. 46, § 2°).

A legislatura tem grande significado, pois marca o tempo em que cada Casa Legislativa irá desempenhar suas atividades, como, por exemplo, compor as comissões permanentes, e extinguir as comissões temporárias, nos termos regimentais.[51]

5.2.2 Sessão legislativa ordinária e período legislativo

O funcionamento das Casas Legislativas varia de acordo com o sistema adotado: *a)* sistema da permanência; *b)* sistema das sessões.

De acordo com o sistema da permanência, a Casa Legislativa permanece reunida pelo tempo que lhe aprouver. O sistema amplia a importância do Legislativo e concorre para a sua influência na vida do país. Acarreta, no entanto, inconvenientes, pois tende à perpetuidade das reuniões.

O sistema das sessões efetiva-se por dois processos distintos, em razão do órgão competente para sua fixação. O período das sessões pode ser determinado pelo Executivo ou estatuído pela Constituição. A competência do Executivo, neste domínio, é, historicamente, peculiar à monarquia, pois cabia ao monarca avaliar a conveniência da convocação, caso em que o Parlamento permanecia num plano inferior, o que comprometia o regime democrático. O sistema das sessões estatuídas na Constituição realça a independência do Poder Legislativo, em face do Executivo, e tem a vantagem de contornar a fadiga dos parlamentares. Necessário, todavia, que se estabeleça período certo e razoável para as sessões legislativas, pois a sua fixação em prazo curto pode frustrar o resultado das atividades parlamentares, e um prazo excessivo acaba por resultar numa reversão ao sistema da permanência. Tem-se ainda uma combinação dos sistemas, o que se verifica quando a Constituição especifica o período normal das sessões legislativas, e outorga ao Chefe do Executivo competência para, durante o recesso parlamentar, convocar extraordinariamente as Câmaras, quando ocorrerem situações excepcionais que exijam a atuação do Parlamento: esse tem sido o sistema adotado no Brasil.

---

[51] No âmbito do processo legislativo, de que trataremos adiante, por aplicação do princípio denominado de unidade da legislatura, dispõe o art. 105, parágrafo único, do Regimento Interno da Câmara dos Deputados: "Art. 105. Finda a legislatura, arquivar-se-ão todas as deliberações que no seu decurso tenham sido submetidas à deliberação da Câmara, e ainda se encontrem em tramitação, bem como as que abram crédito suplementar, com pareceres ou sem eles, salvo as: I – com pareceres favoráveis de todas as Comissões; II – já aprovadas em turno único, em primeiro ou segundo turno; III – que tenham tramitado pelo Senado, ou dele originárias; IV – de iniciativa popular; V – de iniciativa de outro poder ou do Procurador-Geral da República. Parágrafo único. A proposição poderá ser desarquivada mediante requerimento do Autor, ou Autores, dentro dos primeiros cento e oitenta dias da primeira sessão legislativa ordinária da legislatura subseqüente, retomando a tramitação desde o estágio em que se encontra."

PODER LEGISLATIVO E FORMAÇÃO DAS LEIS   67

A duração da sessão legislativa ordinária tem variado em nosso constitucionalismo republicano.

A Constituição de 1891, em seu art. 17, assegurava o direito de reunir-se o Congresso, independentemente de convocação pelo Executivo, a 3 de maio de cada ano, se a lei não designasse outro dia, e funcionaria quatro meses da data da abertura. Permitia ainda o texto constitucional de 1891 que o próprio Congresso adiasse ou prorrogasse suas sessões.

A Constituição de 1934, em seu art. 25, ao dispor sobre a sessão legislativa, retirou do legislador ordinário a competência para estabelecer outra data que não a de 3 de maio, para o início da reunião da Câmara dos Deputados, apesar de ainda considerá-la competente para adiar e prorrogar suas sessões. De acordo com a cláusula constitucional, a "Câmara dos Deputados reúne-se anualmente, no dia 3 de maio, na Capital da República, sem dependência de convocação, e funciona durante seis meses podendo ser convocada extraordinariamente por iniciativa de um terço dos seus membros, pela Seção Permanente do Senado Federal ou pelo Presidente da República". O parágrafo único do art. 25 estabelecia competir à Câmara dos Deputados "também resolver sobre o adiamento ou a prorrogação da sessão legislativa, com a colaboração do Senado Federal, sempre que estiver reunido".

A Carta de 1937 estabelecia que o Parlamento Nacional reuniria, independentemente de convocação, a 3 de maio de cada ano, se a lei não designasse outro dia, e funcionaria quatro meses, do dia da instalação, somente por iniciativa do Presidente da República, podendo ser prorrogado, adiado ou convocado extraordinariamente. Note-se que a menção feita à Carta de 1937 é meramente histórica, pois no período autoritário de Vargas não houve funcionamento regular do Parlamento Nacional.

A Constituição de 1946 fixou um prazo mais longo para a sessão legislativa ordinária: nove meses, com omissão ao seu adiamento e prorrogação. Dispunha o art. 39 da Constituição de 1946, que o "Congresso Nacional reunir-se-á na Capital da República, a 15 de março de cada ano, e funcionará até 15 de dezembro". A Emenda Constitucional n. 17, de 26 de novembro de 1965, deu nova redação ao artigo 39 da Constituição de 1946, para estabelecer dois períodos relativos à sessão legislativa ordinária: o primeiro, de 1º de março a 30 de junho, e o segundo, de 1º de agosto a 1º de dezembro.

A Constituição de 1967 estabeleceu, em seu art. 31, dois períodos legislativos anuais: 1º de março a 30 de junho, e 1º de agosto a 30 de novembro. A Emenda Constitucional n. 1, de 1969, em seu art. 29, fixou o período de 31 de março a 30 de novembro para a reunião anual do Congresso Nacional.

A Constituição de 1988 restabeleceu, no art. 57, a regra da divisão da sessão legislativa ordinária, em dois períodos: 15 de fevereiro a 30 de junho, e 1º de agosto a 15 de dezembro.

A Emenda Constitucional n. 50/2006 dá nova redação ao art. 57 da Constituição de 1988, para fixar o início da sessão legislativa ordinária ou anual em 2 de fevereiro, esclarecendo que ela compreende dois períodos legislativos: o primeiro, que se inicia no dia 2 de fevereiro e termina no dia 17 de julho, e o outro, que começa no dia 1º de agosto, para encerrar a 22 de dezembro.

Portanto, há dois períodos legislativos por sessão legislativa, sendo que, em uma legislatura têm-se quatro sessões legislativas ordinárias e oito períodos legislativos.

5.2.3 Recesso parlamentar

Na origem dos parlamentos, o recesso (afastamento para lugar remoto) era utilizado pelos parlamentares, que se afastavam das reuniões, durante certo tempo, para retornar a seus distritos ou circunscrições eleitorais, a fim de confirmar o mandato. Tem-se, hoje, o recesso como o período de *férias* parlamentares, em que os congressistas, além de disporem de horas de lazer necessárias para a recomposição de energias, entram em contato com o eleitorado, retornando às suas bases eleitorais: é, portanto, o recesso uma necessidade parlamentar.

O recesso compreendia, na forma do texto constitucional originário de 1988, 90 dias.

Esse período foi reduzido para 55 dias, pela EC n. 50/2006, que deu nova redação ao artigo 57 da Constituição Federal. O recesso abrange os períodos de 18 a 31 de julho, e 23 de dezembro a 1º de fevereiro. Havendo sessões preparatórias destinadas à posse dos congressistas e eleição das mesas diretoras (art. 57, § 4º), caso em que os trabalhos legislativos se iniciarão no dia 1º de fevereiro (ver adiante), o recesso será de 54 dias.

5.2.4 Sessão legislativa extraordinária

A sessão legislativa extraordinária consiste no período de funcionamento do Congresso Nacional, e não de cada uma de suas Casas isoladamente, durante o recesso.

A convocação extraordinária do Congresso, de acordo com a EC n. 50/2006, far-se-á:

   a) pelo Presidente do Senado Federal, em caso de decretação de estado de sítio ou de intervenção federal, de pedido de autorização para a decretação de estado de sítio ou para o compromisso e a posse do Presidente e do Vice-Presidente da República;

PODER LEGISLATIVO E FORMAÇÃO DAS LEIS 69

b) pelo Presidente da República, pelos Presidentes da Câmara dos Deputados e do Senado Federal ou a requerimento da maioria dos membros de ambas as Casas, em caso de urgência ou interesse público relevante, com a aprovação, nestas hipóteses, da maioria absoluta de cada uma das Casas do Congresso Nacional (art. 57, § 6º, II, com a redação da EC n. 50/2006). Portanto, quando a convocação se fizer nessas condições, ela dependerá da aprovação da maioria absoluta dos membros da Câmara dos Deputados e do Senado Federal, aprovação essa que será, no entanto, dispensada na hipótese de a convocação partir apenas do Presidente do Senado Federal, nos termos da alínea *a*, acima referida.

A alteração da cláusula constitucional, pela EC n. 50/2006, no sentido de exigir que a convocação extraordinária do Congresso, pelo Presidente da República, submeta-se à aprovação da maioria absoluta dos membros de ambas as Casas, é um contrapeso ao poder presidencial de interferência na agenda legislativa do Congresso, cabendo aos congressistas avaliar a urgência ou o interesse público alegado pelo Chefe do Executivo.

Durante a sessão legislativa extraordinária, o Congresso Nacional somente deliberará sobre a matéria para a qual foi convocado, é o que dispõe o art. 57, § 7º, da Constituição, salvo havendo medidas provisórias em vigor na data da convocação, caso em que serão elas automaticamente incluídas na pauta da convocação (art. 57, § 8º, da CF).

Tem-se entendido ser cabível dupla convocação extraordinária para o mesmo período, a fim de que seja incluída ou aditada a pauta de convocação, por iniciativa de um dos legitimados constitucionais para a providência.

Durante a sessão legislativa extraordinária, é vedado o pagamento de parcela indenizatória, em razão da convocação (art. 57, § 7º, com a redação da EC n. 50/2006).

5.2.5 Sessão ordinária e sessão extraordinária

Sessão ordinária consiste na reunião diária das Casas Legislativas: é o dia a dia do Congresso Nacional.

Sessão extraordinária é a reunião realizada além do horário preestabelecido ou em dias não úteis, para apreciar matéria determinada ou concluir a apreciação de matéria que já tenha tido a discussão iniciada.[52] Tem duração de 4 horas.

---

[52] O STF suspendeu, liminarmente, a vigência do § 5º do art. 147 do Regimento Interno da Assembleia Legislativa do Estado de Goiás, que prevê a remuneração dos deputados estaduais pela participação em sessões extraordinárias, mediante o pagamento de até

As sessões ordinárias e as extraordinárias são disciplinadas pelos Regimentos Internos das Casas do Congresso Nacional.

As sessões deliberativas da Câmara dos Deputados podem ser ordinárias e extraordinárias.

As sessões ordinárias da Câmara dos Deputados dividem-se em Pequeno Expediente, Grande Expediente, Ordem do Dia e Comunicações Parlamentares, e são realizadas apenas uma vez por dia, de terça a quinta-feira, com duração de 5 horas, iniciando-se às 14 horas para encerrar às 19 horas (arts. 65 e 66 do Regimento Interno, com a redação da Resolução n. 19/2012). O Pequeno Expediente compreende o lapso temporal de 60 minutos improrrogáveis e é o período dos pequenos comunicados; o Grande Expediente (período dos grandes comunicados) compreende o lapso temporal de 50 minutos improrrogáveis, e a Ordem do Dia (período das discussões e votações) compreende o lapso temporal de 3 horas prorrogáveis para a apreciação da pauta. As Comunicações Parlamentares, desde que haja tempo, são destinadas a representantes de Partidos e Blocos Parlamentares, alternadamente, indicados pelos Líderes.

As sessões não deliberativas compreendem: *a)* as sessões de debates, realizadas de forma idêntica às ordinárias, porém sem Ordem do Dia, apenas uma vez às segundas e sextas-feiras, iniciando-se às 14 horas nas segundas e às 9 horas nas sextas-feiras, disciplinando o Presidente da Câmara dos Deputados o tempo que corresponderia à Ordem do Dia, podendo os Líderes delegar a membros de suas bancadas o tempo relativo às Comunicações de Lideranças; *b)* as sessões solenes, realizadas para grandes comemorações ou para homenagens especiais.

O Regimento Interno da Câmara dos Deputados prevê ainda sessões secretas convocadas a requerimento de Comissão, do Colégio de Líderes ou por deliberação do Plenário, para que se possa deliberar sobre projeto de fixação ou modificação dos efetivos das Forças Armadas, declaração de guerra ou acordo sobre a paz; passagem de forças estrangeiras pelo território nacional, ou sua permanência nele.

Já as sessões ordinárias do Senado Federal dividem-se em Hora do Expediente, com a duração de 120 minutos, e Ordem do Dia, que tem a duração de 150 minutos, e são realizadas de segunda a quarta-feira às 14h30, às quintas às 10 horas e às sextas às 9 horas, podendo ser deliberativas ou não deliberativas – isto

---

um trinta avos do subsídio mensal por sessão, por violação dos arts. 57, § 7°, e 39, § 4°, da CF (ADI 4.587, Rel. Min. Ricardo Lewandowski, j. 25.8.2011; Notícias STF, 25.8.2011; *Informativo* 637/STF). Entendeu-se, portanto, que a vedação do pagamento de parcela indenizatória para a sessão legislativa extraordinária aplica-se às sessões extraordinárias. Cf. ainda ADI 4.108, Referendo-MC/MG (*DJe* de 26.11.2009) e ADI 4.509 MC/PA (*DJe* de 25.5.2011).

PODER LEGISLATIVO E FORMAÇÃO DAS LEIS   71

é, havendo Ordem do Dia previamente designada. Normalmente, as sessões de segunda e sexta são não deliberativas. As sessões têm a duração regimental de quatro horas (art. 154 do Regimento Interno do Senado).

A Ordem do Dia é o período mais longo e mais importante da sessão, e tem início logo após o Pequeno Expediente, na Câmara, ou a Hora do Expediente, no Senado.

5.2.6 Sessões preparatórias

As sessões preparatórias, que se realizam a partir de 1º de fevereiro, no primeiro ano da legislatura, destinam-se à posse dos congressistas e eleição da Mesa de cada Casa Legislativa, vedada a recondução para o mesmo cargo imediatamente subsequente.

De acordo com o art. 5º do Regimento Interno da Câmara dos Deputados, na segunda sessão preparatória da primeira sessão legislativa de cada legislatura, no dia 1º de fevereiro, sempre que possível sob a direção da Mesa da sessão anterior, realizar-se-á a eleição do Presidente, dos demais membros da Mesa e dos Suplentes dos Secretários, para mandato de dois anos, vedada a recondução para o mesmo cargo na eleição imediatamente subsequente.

E nos termos do art. 6º daquele Regimento, no terceiro ano de cada legislatura, em data e hora previamente designadas pelo Presidente da Câmara dos Deputados, antes de inaugurada a sessão legislativa e sob a direção da Mesa da sessão anterior, realizar-se-á a eleição do Presidente, dos demais membros da Mesa e dos Suplentes dos Secretários.[53] Portanto, a primeira e a terceira sessões legislativas ordinárias de cada legislatura serão precedidas de sessões preparatórias.

5.3 Comissões parlamentares

A complexidade dos assuntos submetidos à apreciação do Poder Legislativo, decorrente da própria estrutura da sociedade contemporânea, acarreta a necessidade de se especializarem, no âmbito dos Parlamentos, as competências legislativas em razão das matérias sujeitas ao seu exame. Daí a exigência do estudo prévio e especializado das propostas legislativas pelas comissões parlamentares, na sua função de órgãos técnicos que irão emitir pareceres para posterior apreciação em plenário. Vê-se, então, que o Congresso Nacional não se reduz ao plenário, mas tem nas comissões parlamentares um de seus principais pontos de apoio e de fortalecimento.[54]

---

[53]   Arts. 5º e 6º do RICD, com a redação da Resolução n. 19/2012.

[54]   Parecer é a proposição com que uma Comissão se pronuncia sobre qualquer matéria sujeita ao seu estudo. O parecer traduz a opinião fundamentada da Comissão sobre a

É de se destacar, portanto, que "o trabalho legislativo não se resume ao trabalho em plenário e reuniões. Esse é um dos maiores equívocos na compreensão do Poder Legislativo. Um plenário repleto de parlamentares é uma visão bonita e confortante de se ver em dias de votação de matérias relevantes e polêmicas. No entanto, se o parlamentar passar todas as suas horas de trabalho sentado em plenário, sua atuação parlamentar será no mínimo medíocre".[55] Assim, constitui equívoco pensar em credibilidade, responsabilidade e legitimidade do Poder Legislativo baseando-se apenas nas listas de comparecimento e votação.

Em estudo dedicado às comissões parlamentares, notadamente às comissões parlamentares de inquérito, José Alfredo de Oliveira Baracho, depois de esclarecer que o papel das comissões é preparar o trabalho legislativo, mostra que as comissões parlamentares "tiveram seus primeiros indícios no regime inglês. No Parlamento, desde que o projeto fosse apresentado, designava-se o seu autor e outro que o secundava (*seconder*), com um ou dois membros, para procederem ao estudo. Com o decorrer do tempo, surgiu a especialização, começando a praticar-se a fórmula de dar determinadas competências a certas Comissões".[56]

O art. 58 da Constituição de 1988 distingue as comissões parlamentares em *permanentes* e *temporárias*, que poderão ser criadas em cada Casa Legislativa ou pelo Congresso Nacional.

Ingrid Ahumada Muñoz, citado por José Alfredo de Oliveira Baracho, classifica as comissões parlamentares segundo os seguintes critérios:

"a) de acordo com a competência:

- legislativas;

- investigadoras;

- de acusação;

- protocolares;

b) segundo a forma de integração:

---

matéria em exame. O parecer é, pois, o ato pelo qual o Colegiado se manifesta sobre proposição ou documento apresentado de acordo com as normas regimentais. O parecer é geralmente escrito, mas pode ser oral nas hipóteses previstas nos Regimentos Internos das Casas Legislativas. Na realidade, é o Relatório aprovado na Comissão que deve ser conclusivo relativamente à matéria a que se referir, podendo a conclusão ser: pela aprovação, total ou parcial; pela rejeição; pelo arquivamento; pelo destaque, para proposição em separado, de parte da proposição principal, quando originária do Senado, ou de emenda; pela apresentação de projeto, requerimento, emenda ou subemenda, etc.

[55] AZEVEDO. *Prática do processo legislativo*, p. 147.

[56] BARACHO. *Teoria geral das comissões parlamentares*, p. 39.

PODER LEGISLATIVO E FORMAÇÃO DAS LEIS

– formadas por membros de uma só Câmara;

– formadas por membros de ambas as Câmaras (Comissões Mistas Permanentes);

– membros das Câmaras, setores privados e do Executivo;

c) comissões formadas por parlamentares:

– técnicos, grupos de interesse e do Executivo;

d) de acordo com a duração:

– permanentes;

– especiais;

e) segundo a sua origem:

– comissões constitucionais;

– comissões legais;

– comissões regulamentares."[57]

---

[57] BARACHO. *Op. cit.*, p. 39-40.
De acordo com o Regimento Interno da Câmara dos Deputados (art. 32), são as seguintes as Comissões Permanentes: I – Comissão de Agricultura, Pecuária, Abastecimento e Desenvolvimento Rural; II – Comissão da Amazônia, Integração Nacional e de Desenvolvimento Regional; III – Comissão de Ciência e Tecnologia, Comunicação e Informática; IV – Comissão de Constituição e Justiça e de Cidadania; V – Comissão de Defesa do Consumidor; VI – Comissão de Desenvolvimento Econômico, Indústria e Comércio; VII – Comissão de Desenvolvimento Urbano; VIII – Comissão de Direitos Humanos e Minorias; IX – Comissão de Educação e Cultura; X – Comissão de Finanças e Tributação; XI – Comissão de Fiscalização Financeira e Controle; XII – Comissão de Legislação Participativa; XIII – Comissão de Meio Ambiente e Desenvolvimento Sustentável; XIV – Comissão de Minas e Energia; XV – Comissão de Relações Exteriores e de Defesa Nacional; XVI – Comissão de Segurança Pública e Combate ao Crime Organizado; XVII – Comissão de Seguridade Social e Família; XVIII – Comissão de Trabalho, de Administração e Serviço Público; XIX – Comissão de Turismo e Desporto; XX – Comissão de Viação e Transportes.
No Senado, são as seguintes as Comissões Permanentes (art. 72 do Regimento Interno), além da Comissão Diretora: I – Comissão de Assuntos Econômicos; II – Comissão de Assuntos Sociais; III – Comissão de Constituição, Justiça e Cidadania; IV – Comissão de Educação, Cultura e Esporte; V – Comissão de Meio Ambiente, Defesa do Consumidor e Fiscalização e Controle; VI – Comissão de Direitos Humanos e Legislação Participativa; VII – Comissão de Relações Exteriores e Defesa Nacional; VIII – Comissão de Serviços de Infra-Estrutura; IX – Comissão de Desenvolvimento Regional e Turismo; X – Comissão de Agricultura e Reforma Agrária; XI – Comissão de Ciência, Tecnologia, Inovação, Comunicação e Informática.

Paulo Adib Casseb relaciona as seguintes classificações das comissões parlamentares:

Quanto à duração

Comissões permanentes – sem prazo de duração. Não se extinguem com o término das legislaturas. Apresentam duas espécies: Comissões especializadas – divididas por matérias; dotadas de campos temáticos próprios, e comissões não especializadas – são comissões permanentes desprovidas de campos temáticos e imbuídas de competência geral. Recebem projetos de lei, independentemente das matérias neles contidas, para exame instrutório das proposições.

Comissões temporárias – são ocasionais, constituídas com prazo determinado de duração, que se estende, no máximo, pelo período da legislatura.

Quanto à natureza da atividade

Comissões legislativas – atuam no processo legislativo e admitem subespécies: preparatórias – comissões que examinam os projetos, previamente, com o propósito de elaboração de parecer para a instrução da discussão e votação pelo Plenário; deliberantes – comissões que dotadas de capacidade legislativa plena, que votam os projetos de lei em caráter final, sem apreciação posterior pelo Plenário; consultivas – comissões que emitem parecer, em caráter consultivo, sobre projetos de competência originária de outra comissão, quando o conteúdo da proposição alcançar matéria inserida em seu campo temático; redatoras – comissões que atuam no processo legislativo com a competência para promoverem a redação final de projeto já submetido à deliberação das Casas Legislativas; políticas ou de estudos – comissões que resultam das situações em que as comissões especiais estudam certos temas, sem a finalidade de instruírem projeto sujeito a seu exame, no momento; conciliatórias ou mediadoras – comissões que, no curso do processo legislativo, objetivam firmar acordos entre as Câmaras, relativamente à aprovação do texto sob exame.

Comissões de fiscalização – aquelas que exercem o controle da Administração Pública e decorrem da função típica de fiscalização, sendo exemplos as comissões parlamentares de inquérito e as comissões permanentes especializadas, quanto no exercício da função de controle.

Comissões híbridas – aquelas que, ao atuarem no processo legislativo, exercem, simultaneamente, função de controle do Executivo e da Administração Pública em geral, como a comissão de orçamento, as comissões que apreciam medidas provisórias e que analisam pedidos de delegação legislativa.

PODER LEGISLATIVO E FORMAÇÃO DAS LEIS 75

Comissões de representação – comissões que representam as Casas Legislativas em situações específicas.

Comissões meramente administrativas – comissões que tratam da administração interna das Câmaras, sendo delas exemplo a Comissão Diretora do Senado Federal (art. 98 do Regimento Interno do Senado Federal).

Quanto à composição

Comissões unicamerais – integradas por parlamentares de apenas uma das Casas Legislativas.

Comissões mistas – formadas por membros de ambas as Casas Legislativas. Considerando a quantidade de deputados e senadores que delas participam, subdividem-se em: comissões paritárias, compostas por idêntico número de deputados e de senadores, como as comissões mistas que examinam as medidas provisórias e os vetos presidenciais; comissões não paritárias constituídas por número não uniforme de deputados e senadores, como a Comissão Mista do Orçamento.

As comissões mistas, quanto ao sistema de votação, classificam-se em: comissões mistas integradas – os deputados e senadores votam reunidos, como se formassem um único corpo de parlamentares; comissões mistas conjuntas, em que os deputados e senadores que as compõem votam separadamente, cada qual com seus pares.

Quanto ao âmbito de atuação

Comissões internas – atuam exclusivamente no recinto interna das Casas Legislativas às quais se acham vinculadas.

Comissões externas – aquelas cuja atuação não se restringe ao âmbito da Casa Legislativa à qual pertencem.

Quanto à previsão no ordenamento jurídico

Comissões constitucionais – previstas no texto constitucional.

Comissões regimentais – previstas, tão somente, nos Regimentos das Casas Legislativas.

Comissões legais – criadas por lei, como a Comissão de Controle Parlamentar sobre RTVE (rádio e televisão da Espanha), criada pela Lei n. 4/80.

Quanto à dimensão

Comissões plenárias – formadas por todos os membros da Casa Legislativa, mas não são conduzidas pelo Presidente da respectiva Câmara, destacando-se ainda que sua atuação está sujeita a menos formalidades do que as reuniões plenárias.

Comissões fracionárias ou propriamente ditas – são os órgãos fracionários internos das Casas Legislativas, permanentes ou temporários, que, verdadeiramente, merecem ser chamados de *comissões*.[58]

Seguindo orientação do texto constitucional e do regimento interno da Câmara dos Deputados, pode-se classificar as comissões parlamentares em:

a) *Permanentes*, assim consideradas as que têm a mesma composição durante a legislatura e são estruturadas "em função da matéria, geralmente coincidente com o campo funcional dos Ministérios".[59]

O tamanho das Comissões Permanentes pode variar entre 25 e 61 Deputados, e a indicação dos parlamentares para integrá-las é feita no início de cada sessão legislativa anual.

As Comissões Permanentes poderão estabelecer regras e condições específicas para a organização e o bom andamento dos seus trabalhos, observadas as normas fixadas no Regimento Interno e no Regulamento das Comissões, bem como ter Relatores e Relatores substitutos previamente designados por assuntos (art. 51 do RI da Câmara dos Deputados).

As Comissões Permanentes reúnem-se com a presença, no mínimo, da maioria da composição de seus membros, ou com qualquer número, se não houver pauta a ser votada. Para efeito do *quorum* de abertura, o comparecimento dos Deputados verificar-se-á pela sua presença na Casa, e do *quorum* de votação por sua presença no recinto onde se realiza a reunião (art. 50 do RI da Câmara dos Deputados);

b) *Temporárias*, as que funcionam durante a legislatura, ou se dissolvem com o encerramento dos seus trabalhos, subdividindo-se em externas, quando visam representar a Câmara em atos externos (congressos, solenidades e outros), e especiais, para tratar de assuntos concretos. As Comissões Especiais, segundo o Regimento Interno da Câmara, serão constituídas para emitir parecer sobre proposta de emenda à Constituição, projeto de código e proposições que versarem matéria de competência de mais de três Comissões que devam pronunciar-se quanto ao mérito, por iniciativa

---

[58] CASSEB. *Processo legislativo*: atuação das comissões permanentes e temporárias, p. 24-27.

[59] SILVA. *Op. cit.*, p. 443.

PODER LEGISLATIVO E FORMAÇÃO DAS LEIS

do Presidente da Câmara, ou a requerimento do Líder ou de Presidente de Comissão interessada.

As Comissões Parlamentares de Inquérito são temporárias e têm poderes de investigação próprios das autoridades judiciais, além de outros previstos em lei e nos regimentos internos das respectivas Casas Legislativas, e serão criadas pela Câmara dos Deputados[60] e pelo Senado Federal, em conjunto ou separadamente,

---

[60] Lei n. 1.579, de 18 de março de 1952, que dispõe sobre as Comissões Parlamentares de Inquérito: "Art. 1º As Comissões Parlamentares de Inquérito, criadas na forma do art. 53 da Constituição Federal (refere-se à Constituição de 1946), terão ampla ação nas pesquisas destinadas a apurar os fatos determinados que deram origem à sua formação. Parágrafo único. A criação de Comissão Parlamentar de Inquérito dependerá de deliberação plenária, se não for determinada pelo terço da totalidade dos membros da Câmara dos Deputados ou do Senado. Art. 2º No exercício de suas atribuições, poderão as Comissões Parlamentares de Inquérito determinar as diligências que reportarem necessárias e requerer a convocação de Ministros de Estado, tomar o depoimento de quaisquer autoridades federais, estaduais ou municipais, ouvir os indiciados, inquirir testemunhas sob compromisso, requisitar de repartições públicas e autárquicas informações e documentos, e transportar-se aos lugares onde se fizer mister a sua presença. Art. 3º Indiciados e testemunhas serão intimados de acordo com as prescrições estabelecidas na legislação penal. § 1º Em caso de não-comparecimento da testemunha sem motivo justificado, a sua intimação será solicitada ao juiz criminal da localidade em que resida ou se encontre, na forma do art. 218 do Código de Processo Penal (renumerado pela Lei n. 10.679, de 23.5.2003). § 2º O depoente poderá fazer-se acompanhar de advogado, ainda que em reunião secreta (incluído pela Lei n. 10.679, de 23.5.2003). Art. 4º Constitui crime: I – Impedir, ou tentar impedir, mediante violência, ameaça ou assuadas, o regular funcionamento de Comissão Parlamentar de Inquérito, ou o livre exercício das atribuições de qualquer dos seus membros. Pena – a do art. 329 do Código Penal. II – Fazer afirmação falsa, ou negar ou calar a verdade como testemunha, perito, tradutor ou intérprete, perante a Comissão Parlamentar de Inquérito: Pena – a do art. 342 do Código Penal. Art. 5º As Comissões Parlamentares de Inquérito apresentarão relatório de seus trabalhos à respectiva Câmara, concluindo por projeto de resolução. § 1º Se forem diversos os fatos objeto de inquérito, a comissão dirá, em separado, sobre cada um, podendo fazê-lo antes mesmo de finda a investigação dos demais. § 2º A incumbência da Comissão Parlamentar de Inquérito termina com a sessão legislativa em que tiver sido outorgada, salvo deliberação da respectiva Câmara, prorrogando-a dentro da Legislatura em curso. Art. 6º O processo e a instrução dos inquéritos obedecerão ao que prescreve esta Lei, no que lhes for aplicável, às normas do processo penal."
Regimento Interno da Câmara dos Deputados: "Art. 35. A Câmara dos Deputados, a requerimento de um terço de seus membros, instituirá Comissão Parlamentar de Inquérito para apuração de fato determinado e por prazo certo, a qual terá poderes de investigação próprios das autoridades judiciais, além de outros previstos em lei e neste regimento. § 2º Recebido o requerimento, o Presidente o mandará a publicação, desde que satisfeitos os requisitos regimentais; caso contrário, devolvê-lo-á ao Autor, caben-

do desta decisão recurso para o Plenário, no prazo de cinco sessões, ouvida a Comissão de Constituição e Justiça e de Cidadania. § 3º A Comissão, que poderá atuar também durante o recesso parlamentar, terá o prazo de cento e vinte dias, prorrogável por até metade, mediante deliberação do Plenário, para conclusão de seus trabalhos. § 4º Não será criada Comissão Parlamentar de Inquérito enquanto estiver funcionando pelo menos cinco na Câmara, salvo mediante projeto de resolução com o mesmo *quorum* de apresentação previsto no *caput* deste artigo. § 5º A Comissão Parlamentar de Inquérito terá sua composição numérica indicada no requerimento ou projeto de criação. § 6º Do ato de criação constarão a provisão de meios ou recursos administrativos, as condições organizacionais e o assessoramento necessários ao bom desempenho da Comissão, incumbindo à Mesa e à Administração da Casa o atendimento preferencial das providências que a Comissão solicitar. Art. 36. A Comissão Parlamentar de Inquérito poderá, observada a legislação específica: I – requisitar funcionários dos serviços administrativos da Câmara, bem como, em caráter transitório, os de qualquer órgão ou entidade da administração pública direta, indireta, fundacional, ou do Poder Judiciário, necessários aos seus trabalhos; II – determinar diligências, ouvir indiciados, inquirir testemunhas sob compromisso, requisitar de órgãos e entidades da administração pública informações e documentos, requerer a audiência de Deputados e Ministros de Estado, tomar depoimentos de autoridades federais, estaduais e municipais, e requisitar os serviços de quaisquer autoridades, inclusive policiais; III – incumbir qualquer de seus membros, ou funcionários requisitados dos serviços administrativos da Câmara, da realização de sindicâncias, ou diligências necessárias aos seus trabalhos, dando conhecimento prévio à Mesa; IV – deslocar-se a qualquer ponto do território nacional, para a realização de investigações e audiências públicas; V – estipular prazo para o atendimento de qualquer providência ou realização de diligência sob as penas da lei, exceto quando da alçada de autoridade judiciária; VI – se forem diversos os fatos inter-relacionados objeto do inquérito, dizer em separado sobre cada um, mesmo antes de finda a investigação dos demais. Parágrafo único. As Comissões Parlamentares de Inquérito valer-se-ão, subsidiariamente, das normas contidas no Código de Processo Penal. Art. 37. Ao termo dos trabalhos a Comissão apresentará relatório circunstanciado, com suas conclusões, que será publicado no *Diário do Congresso Nacional* e encaminhado: I – à Mesa, para as providências de alçada desta ou do Plenário, oferecendo, conforme o caso, projeto de lei, de decreto legislativo ou de resolução, ou indicação que será incluída em Ordem do Dia dentro de cinco sessões; II – ao Ministério Público ou à Advocacia-Geral da União, com a cópia da documentação, para que promovam a responsabilidade civil ou criminal por infrações apuradas e adotem outras medidas decorrentes de suas funções institucionais; III – ao Poder Executivo, para adotar as providências saneadoras de caráter disciplinar e administrativo decorrentes do art. 37, §§ 2º a 6º, da Constituição Federal, e demais dispositivos constitucionais e legais aplicáveis, assinalando prazo hábil para seu cumprimento; IV – à Comissão Permanente que tenha maior pertinência com a matéria, à qual incumbirá fiscalizar o atendimento do prescrito no inciso anterior; V – à Comissão Mista Permanente de que trata o art. 166, § 1º, da Constituição Federal, e ao Tribunal de Contas da União, para as providências previstas no art. 71 da mesma Carta. Parágrafo único. Nos casos dos incisos II, III e V, a remessa será feita pelo Presidente da Câmara, no prazo de cinco sessões."

PODER LEGISLATIVO E FORMAÇÃO DAS LEIS 79

Regimento Interno do Senado Federal: "Art. 145. A criação de comissão parlamentar de inquérito será feita mediante requerimento de um terço dos membros do Senado Federal. § 1º O requerimento de criação da comissão parlamentar de inquérito determinará o fato a ser apurado, o número de membros, o prazo de duração da comissão e o limite das despesas a serem realizadas. § 2º Recebido o requerimento, o Presidente ordenará que seja numerado e publicado. § 3º O Senador só poderá integrar duas comissões parlamentares de inquérito, uma como titular, outra como suplente. § 4º A comissão terá suplentes, em número igual à metade do número de titulares mais um, escolhidos no ato da designação destes, observadas as normas constantes do art. 78. Art. 146. Não se admitirá comissão parlamentar de inquérito sobre matérias pertinentes: I – à Câmara dos Deputados; II – às atribuições do Poder Judiciário; III – aos Estados. Art. 147. Na hipótese de ausência do relator a qualquer ato do inquérito, poderá o Presidente da comissão designar-lhe substituto para a ocasião, mantida a escolha na mesma representação partidária ou bloco parlamentar. Art. 148. No exercício de suas atribuições, a comissão parlamentar de inquérito terá poderes de investigação próprios das autoridades judiciais, facultada a realização de diligências que julgar necessárias, podendo convocar Ministros de Estado, tomar o depoimento de qualquer autoridade, inquirir testemunhas, sob compromisso, ouvir indiciados, requisitar de órgão público informações ou documentos de qualquer natureza, bem como requerer ao Tribunal de Contas da União a realização de inspeções e auditorias que entender necessárias. § 1º No dia previamente designado, se não houver número para deliberar, a comissão parlamentar de inquérito poderá tomar depoimento das testemunhas ou autoridades convocadas, desde que estejam presentes o Presidente e o relator. § 2º Os indiciados e testemunhas serão intimados de acordo com as prescrições estabelecidas na legislação processual penal, aplicando-se, no que couber, a mesma legislação, na inquirição de testemunhas e autoridades. Art. 149. O Presidente da comissão parlamentar de inquérito, por deliberação desta, poderá incumbir um dos seus membros ou funcionários da Secretaria do Senado da realização de qualquer sindicância ou diligência necessária aos seus trabalhos. Art. 150. Ao término de seus trabalhos, a comissão parlamentar de inquérito enviará à Mesa, para conhecimento do Plenário, seu relatório e conclusões. § 1º A comissão poderá concluir seu relatório por projeto de resolução se o Senado for competente para deliberar a respeito. § 2º Sendo diversos os fatos objeto de inquérito, a comissão dirá, em separado, sobre cada um, podendo fazê-lo antes mesmo de finda a investigação dos demais. Art. 151. A comissão parlamentar de inquérito encaminhará suas conclusões, se for o caso, ao Ministério Público, para que promova a responsabilidade civil ou criminal dos infratores. Art. 152. O prazo da comissão parlamentar de inquérito poderá ser prorrogado, automaticamente, a requerimento de um terço dos membros do Senado, comunicado por escrito à Mesa, lido em plenário e publicado no Diário do Senado Federal, observado o disposto no art. 76, § 4º. Art. 153. Nos atos processuais, aplicar-se-ão, subsidiariamente, as disposições do Código de Processo Penal."

Regimento Comum do Congresso Nacional: "Art. 21. As Comissões Parlamentares Mistas de Inquérito serão criadas em sessão conjunta, sendo automática a sua instituição se requerida por 1/3 (um terço) dos membros da Câmara dos Deputados mais 1/3 (um terço) dos membros do Senado Federal. Parágrafo único. As Comissões Parlamentares Mistas de Inquérito terão o número de membros fixado no ato da sua criação, mediante requerimento de um terço de seus membros (171 Deputados e 27 Senadores), para a apuração de fato determinado e por prazo certo, sendo suas conclusões, se for o caso, encaminhadas ao Ministério Público para que promova a responsabilidade civil ou criminal dos infratores (artigo 58, § 3º).[61] As CPIs, no âmbito do Congresso Nacional, sujeitam-se ao controle judicial, por meio de *habeas corpus* ou de mandado de segurança, diretamente pelo Supremo Tribunal Federal (CF, art. 102, I, *d* e *i*).

A falta de indicação dos integrantes das CPIs, pelos líderes partidários, não pode embaraçar o início do seu funcionamento, pena de afronta a direito público subjetivo das minorias de ver instaurado o inquérito legislativo. Embora a Constituição não estabeleça restrição quanto ao número de Comissões em funcionamento, tem-se admitido a validade dessa limitação fixada nos Regimentos Internos das Casas Legislativas, notando-se que o Regimento Interno da Câmara dos Deputados (art. 35, § 4º) limita em cinco o número de Comissões Parlamentares de Inquérito em funcionamento.

Na prática parlamentar brasileira vale a observação de que nem sempre a CPI "é instaurada exclusivamente com o fim de apurar irregularidades: muitas vezes uma CPI é instalada para se angariar benefícios eleitorais ou prestígio com um grupo de interesse; como estratégia da oposição para desgastar a imagem do governo; para se conseguir benefícios políticos, de barganha com o governo; como forma de pressionar outro grupo a retardar ou suspender investigações em outra arena, até mesmo outra CPI; para impedir a instalação de outra comissão, dado o limite de cinco CPIs trabalhando simultaneamente".[62]

As Comissões Parlamentares de Inquérito têm por finalidade a investigação de fato determinado, cuja conceituação não tem sido tarefa fácil.

---

devendo ser igual a participação e Deputados e Senadores, obedecido o princípio da proporcionalidade partidária."

[61] Para Uadi Lammêgo Bulos, o requerimento de uma CPI arquivada não logra efeitos jurídicos concretos. Não atingem atos futuros, nem, ao menos, podem desconstituir aquilo que foi firmado no passado. Se a CPI não chegou à fase das conclusões, resumindo-se a um requerimento frustrado, é dever institucional do Ministério Público arquivar o processo, em virtude de dois motivos: 1º) impossibilidade de o órgão ministerial determinar investigações na etapa inicial do requerimento, porquanto tal desiderato apenas pode realizar-se depois de conclusos os trabalhos investigatórios, *ex vi* do art. 58, § 3º, da Constituição Federal; e b) os requerimentos arquivados das CPIs são absolutamente nulos, não produzindo efeitos concretos (CPI: requerimento nulo e arquivamento. *In: Revista Latino-Americana de Estudos Constitucionais*, n. 4, jul./dez. 2004, p. 559-560).

[62] LEMOS. O controle legislativo no Brasil pós-1988. *In: Instituições representativas no Brasil*: balanço e reforma (Orgs. NICOLAU, Jairo; POWER, Timothy J.), p. 46.

PODER LEGISLATIVO E FORMAÇÃO DAS LEIS

Lembre-se inicialmente de que tais Comissões não podem investigar fato que seja apenas de interesse privado, e que não diga respeito à ordem constitucional, legal, econômica e social do país.

Pontes de Miranda, lembrado por Odacir Klein, entende por fato determinado "qualquer fato da vida constitucional do país, para que dele tenha conhecimento preciso e suficiente, a Câmara dos Deputados ou o Senado Federal. José Celso de Mello Filho acentua que somente fatos determinados, concretos e individuais, ainda que múltiplos, que sejam de relevante interesse para a vida política, econômica, jurídica e social do Estado, são passíveis de investigação parlamentar. Constitui verdadeiro abuso instaurar-se inquérito legislativo com o fito de investigar fatos genericamente enunciados, vagos ou indefinidos".[63]

O Regimento Interno da Câmara dos Deputados, em seu artigo 35, § 1º, considera como fato determinado o acontecimento de relevante interesse para a vida pública e a ordem constitucional, legal, econômica e social do país, que estiver devidamente caracterizado no requerimento da Comissão.

Para que se determine o fato é necessário: a) no plano da existência: se houve o fato, ou se não houve; b) no plano da legalidade: *v.g.*, se o fato compõe determinada figura penal ou ato ilícito civil (ou administrativo); c) no plano da topografia: onde se deu o fato; d) no plano do tempo: quando se deu o fato; e) no plano da quantitatividade: *v.g.*, se houve redução do fato ou a quanto sobe o prejuízo.

Observe-se que, em virtude da repartição vertical de competências, portanto, sob pena de comprometimento da autonomia federativa, não cabe à Comissão Parlamentar de Inquérito a investigação de fatos de interesse público que se refiram exclusivamente às competências dos Estados e Municípios, admitindo-se, no entanto, a investigação acerca de um mesmo fato se houver interesse simultâneo da União, dos Estados e dos Municípios.

A Constituição atribui às Comissões Parlamentares de Inquérito poderes de investigação próprios das autoridades judiciais, além de outros previstos nos regimentos das Casas Legislativas (artigo 58, § 3º).

Trata-se de poderes próprios das autoridades judiciárias, e não de jurisdição que é inerente aos órgãos do Judiciário, no seu poder-dever de dizer o direito e aplicá-lo ao caso concreto. Os poderes investigatórios da Comissão visam apenas à instrução de inquérito legislativo.

No exercício de suas atribuições, as Comissões Parlamentares de Inquérito devem observar os direitos e garantias fundamentais previstos na Constituição, pelo que determinados atos somente podem ser praticados por decisão

---

[63] KLEIN. *Comissões parlamentares de inquérito*: a sociedade e o cidadão, p. 34-35.

judicial, como a quebra da inviolabilidade do domicílio (artigo 5°, XI); a prisão, salvo o caso de flagrante delito (artigo 5°, LXI). As decisões que importem limitação da liberdade devem ser fundamentadas, com a justificação da necessidade e o objetivo das medidas decretadas, indicando-se o fato concreto em que se baseiam as suspeitas de suposto envolvimento do investigado, não deve ser dispensado à testemunha ou ao investigado tratamento como se culpados fossem.

O Supremo Tribunal Federal tem decidido no sentido de admitir a possibilidade de quebra do sigilo telefônico, por Comissão Parlamentar de Inquérito, da pessoa que esteja sendo investigada, desde que em decisão fundamentada, da qual conste referência a fatos concretos que justifiquem a causa provável que indique a necessidade da medida excepcional da *disclosure*.

No julgamento do Mandado de Segurança n. 23.452-RJ, assim se manifestou o Min. Celso de Mello: "O sigilo bancário, o sigilo telefônico (sigilo este que incide sobre os dados/registros telefônicos e que não se identifica com a inviolabilidade das comunicações telefônicas) – ainda que representem projeções específicas do direito à intimidade, fundado no art. 5°, X, da Carta Política – não se revelam oponíveis, em nosso sistema jurídico, às Comissões Parlamentares de Inquérito, eis que o ato que lhes decreta a quebra traduz natural derivação dos poderes de investigação que foram conferidos, pela própria Constituição da República, aos órgãos de investigação parlamentar. As Comissões Parlamentares de Inquérito, no entanto, para decretarem, legitimamente, por autoridade própria, a quebra do sigilo bancário, do sigilo fiscal e/ou do sigilo telefônico, relativamente a pessoas por elas investigadas, devem demonstrar, a partir de meros indícios, a existência concreta de causa provável que legitime a medida excepcional (ruptura da esfera de intimidade de quem se acha sob investigação) justificando a necessidade de sua efetivação no procedimento de ampla investigação dos fatos determinados que deram causa à instauração do inquérito parlamentar, sem prejuízo de ulterior controle jurisdicional dos atos em referência (CF, art. 5°, XXXV)."

No mesmo sentido, o voto do Min. Sepúlveda Pertence, ao examinar a quebra do sigilo telefônico; "não há como negar sua natureza probatória e, em princípio, sua compreensão no âmbito dos poderes de instrução do juiz, que a letra do art. 58, § 3°, da Constituição, faz extensíveis às comissões parlamentares de inquérito."[64]

O entendimento do Supremo Tribunal Federal é no sentido de que a competência da Comissão Parlamentar de Inquérito é para requerer a quebra de registros telefônicos pretéritos, ou seja, com quem o investigado falou durante determi-

---

[64] STF, MS 23.466-1/DF, Medida Liminar – Rel. Min. Sepúlveda Pertence, Diário da Justiça, Seção I, 22.6.1999, p. 31.

nado período pretérito, e não para promover a interceptação telefônica, por se caracterizar como ato abrangido pela reserva de jurisdição.

Ainda segundo entendimento do Supremo Tribunal, o segredo de justiça é oponível à Comissão Parlamentar de Inquérito e representa uma expressiva limitação aos seus poderes de investigação. Com base nesse argumento, o Tribunal, por maioria, referendou decisão concessiva de pedido de liminar, formulado em mandado de segurança, impetrado por operadoras de telefonia fixa e móvel, contra ato do Presidente de Comissão Parlamentar de Inquérito (CPI) para investigar Escutas Telefônicas Clandestinas, que lhes determinara a remessa de informações cobertas por sigilo judicial. Em 4.8.2008, o Min. Cezar Peluso deferira a cautelar, autorizando, até decisão contrária nesta causa, as impetrantes a não encaminharem à CPI o conteúdo dos mandados judiciais de interceptação telefônica cumpridos no ano de 2007 e protegidos por segredo de justiça, exceto se os correspondentes sigilos fossem quebrados prévia e legalmente. Reputou que aparentava razoabilidade jurídica (*fumus boni iuris*) a pretensão das impetrantes de se guardarem da pecha de ato ilícito criminoso, por força do disposto no art. 325 do Código Penal, e no art. 10, c/c o art. 1º, da Lei federal n. 9.296/96, que tipifica como crime a quebra de segredo de justiça, sem autorização judicial, ou, ainda, por deixarem de atender ao que se caracterizaria como requisição da CPI, bem como que estaria presente o risco de dano grave, porque na referida data se esgotava o prazo outorgado, sob cominação implícita, no ato impugnado, a cujo descumprimento poderia corresponder medida imediata e suscetível de lhes acarretar constrangimento à liberdade. Considerou o relator a jurisprudência pacífica da Corte no sentido de que, nos termos do art. 58, § 3º, da CF, as CPIs têm todos os "poderes de investigação próprios das autoridades judiciais", mas apenas esses, restando elas sujeitas aos mesmos limites constitucionais e legais, de caráter formal e substancial, oponíveis aos juízes de qualquer grau, no desempenho de idênticas funções.

Asseverou o Relator que, sob esse ponto de vista, o qual é o da qualidade e extensão dos poderes instrutórios das CPIs, estas se situam no mesmo plano teórico dos juízes, sobre os quais, no exercício da jurisdição, que lhes não é compartilhada às Comissões, nesse aspecto, pela Constituição, não têm elas poder algum, até por força do princípio da separação dos poderes, nem têm poder sobre as decisões jurisdicionais proferidas nos processos, entre as quais relevam, para o caso, as que decretam o chamado segredo de justiça, previsto como exceção à regra de publicidade, a *contrario sensu*, no art. 5º, LX, da Constituição Federal. Esclareceu, no ponto, que as CPIs carecem de poder jurídico para revogar, cassar, compartilhar, ou de qualquer outro modo quebrar sigilo legal e constitucionalmente imposto a processo judiciário, haja vista tratar-se de competência privativa do Poder Judiciário, ou seja, matéria da chamada reserva jurisdicional, onde o Judiciário tem a primeira e a última palavra. Aduziu, ainda, ser intuitiva a razão última de nem a Constituição, nem a lei haverem conferido às CPIs, no exercício de suas funções, poder de interferir na questão do sigilo dos processos jurisdicionais, porque se cuida de medida excepcional, tendente a resguardar a intimidade das pessoas que lhe são submissas, enquanto garantia constitucional explícita (art. 5º, X), cuja observância é deixada à estima exclusiva do Poder Judiciário, a qual é exercitável apenas pelos órgãos jurisdicionais competentes para as respectivas causas – o que implica que nem outros órgãos jurisdicionais podem quebrar esse sigilo, não o podendo, *a fortiori*, as CPIs. Concluiu que é essa também a razão pela qual não pode violar tal sigilo nenhuma das pessoas que, *ex vi legis*, lhe tenham acesso ao objeto, assim porque intervieram nos processos, como porque de outro modo estejam, a título de destinatários de ordem judicial, sujeitas ao mesmo dever jurídico de reserva. A liminar foi concedida nestes termos: se a Comissão tiver interesse, as operadoras deverão encaminhar as seguintes informações: 1) relação dos juízos que expediram os mandados, bem como da quantidade destes e dos terminais objeto das ordens – quantos mandados e quantos terminais; 2) relação dos órgãos policiais específicos destinatários das ordens judiciais; 3) havendo elementos, relação dos órgãos que requereram as interceptações; 4) relação da cidade ou das cidades em que se situam os terminais objeto das ordens de interceptações; e 5) duração total de cada interceptação. Ficando claro que não podem constar das informações, de modo algum: 1) o número de cada processo; 2) o nome de qualquer das partes ou dos titulares dos terminais interceptados; 3) os números dos terminais; e 4) cópias dos mandados e das decisões que os acompanharam ou que os determinaram.[65]

De acordo com o artigo 2º da Lei n. 1.579/52, que dispõe sobre as Comissões Parlamentares de Inquérito, poderão elas, no exercício de suas atribuições, determinar as diligências que reputarem necessárias; requerer a convocação de Ministros de Estado; tomar depoimentos de quaisquer autoridades federais, estaduais ou municipais; ouvir indiciados; inquirir testemunhas sob compromisso; requisitar de repartições públicas e autárquicas informações e documentos; transportar-se aos lugares onde se fizer necessária a sua presença.

O requerimento de diligências envolve a necessidade de se obter auditorias, análises contábeis, informações sobre a existência e movimentação de contas bancárias, dentre outras.

Poderão as Comissões Parlamentares de Inquérito convocar Ministros de Estado e demais titulares de órgãos diretamente subordinados à Presidência da Re-

---

[65]   STF, MS 27.483MC/DF, Rel. Min. Cezar Peluso, j, 14.8.2008 (*Informativo* 515/STF).

PODER LEGISLATIVO E FORMAÇÃO DAS LEIS

pública, para prestarem, pessoalmente, informações sobre assunto previamente determinado, importando em crime de responsabilidade a ausência sem justificação adequada (artigo 50).

Quanto a outras autoridades, podem elas ser convidadas, como informantes, pelas Comissões Parlamentares de Inquérito, ou convocadas como testemunhas para prestarem depoimento sob compromisso. Recusando-se a autoridade a comparecer para depor como informante, poderá ser convocada como testemunha, nos termos da legislação processual penal.

Cabe às Comissões Parlamentares de Inquérito tomar depoimentos, como testemunha, de toda e qualquer pessoa. Os depoimentos poderão ser prestados sem a necessidade de submissão a compromisso, desde que, a critério da CPI, não visem a investigação de prática de delito ou ilícito lesivo ao interesse público. Os depoimentos poderão ainda ser prestados sob compromisso, caso em que a testemunha que fizer afirmações falsas, negar ou calar a verdade, poderá ser eventualmente processada pela prática de crime de falso testemunho (artigo 342 do Código Penal). E, segundo o disposto no artigo 3º da Lei n. 1.579/52, em não comparecendo a testemunha, sem motivo justificado, a sua intimação será solicitada ao juiz criminal da localidade em que resida ou se encontre, na forma do artigo 218 do Código de Processo Penal. Há precedente do Supremo Tribunal admitindo a oitiva de testemunhas, por parte das Comissões Parlamentares de Inquérito, com a possibilidade de condução coercitiva.[66]

É possível a prisão em flagrante por crime de falso testemunho.[67]

Com relação aos indiciados, no seu interrogatório devem ser observadas as normas próprias do Código de Processo Penal, podendo, de acordo com o disposto no artigo 5º, LXIII, da Constituição Federal, permanecer calado, sem que isso possa ser interpretado em prejuízo de sua própria defesa. O indiciado não poderá ser compelido a prestar o compromisso de dizer a verdade, já que ninguém é obrigado a se autoincriminar.

Decidiu o Supremo Tribunal Federal: "Comissão Parlamentar de Inquérito. Privilégio contra a auto-incriminação. Direito que assiste a qualquer indiciado ou testemunha. Impossibilidade de o Poder Público impor medidas restritivas a quem exerce, regularmente, essa prerrogativa. Medida liminar concedida.

– O privilégio contra a auto-incriminação – que é plenamente invocável perante as Comissões Parlamentares de Inquérito – traduz direito público sub-

---

[66] "Possibilidade de intimação para depor, por parte da CPI, contendo em si a possibilidade de condução coercitiva da testemunha que se recusar a comparecer" (STF, *HC* 71261/RJ, Rel. Min. Sepúlveda Pertence, *DJ*, 24.6.1994).

[67] STF, *HC* 75.287-0, Medida Liminar, Rel. Min. Maurício Corrêa, DJ, 30.4.1997, p. 16302.

jetivo assegurado a qualquer pessoa que deva prestar depoimento perante órgãos do Poder Legislativo, do Poder Executivo ou do Poder Judiciário.

– O exercício do direito de permanecer em silêncio não autoriza os órgãos estatais a dispensarem qualquer tratamento que implique restrição à esfera jurídica daquele que regularmente invocou essa prerrogativa fundamental. Precedentes.

– Ninguém pode ser tratado como culpado, independentemente da natureza do ilícito penal que lhe possa ser atribuído, sem que exista decisão judicial condenatória transitada em julgado.

– O princípio constitucional da não-culpabilidade consagra, em nosso sistema jurídico, uma regra de tratamento que impede o Poder Público de agir e de se comportar, em relação ao suspeito, ao indiciado, ao denunciado ou ao réu, como se estes já houvessem sido condenados definitivamente por sentença do Poder Judiciário. Precedentes".[68]

Anote-se que a Lei n. 10.679, de 23 de maio de 2003, acrescentou ao artigo 3º da Lei n. 10.679/52 o § 2º, passando o seu parágrafo único a vigorar como § 1º, dispondo que o depoente (indiciado ou testemunha) poderá fazer-se acompanhar de advogado, ainda que em reunião secreta.

A prerrogativa conferida às Comissões Parlamentares de Inquérito para a obtenção, junto às instituições financeiras, de informações, envolve o denominado sigilo bancário. Dispõem os §§ 1º e 2º do artigo 4º da Lei Complementar n. 105/2001, que as Comissões Parlamentares de Inquérito, no exercício de sua competência constitucional e legal de ampla investigação, obterão as informações e documentos sigilosos de que necessitarem, diretamente das instituições financeiras ou por intermédio do Banco Central do Brasil e da Comissão de Valores Mobiliários. As solicitações deverão ser previamente aprovadas pelo Plenário da Comissão Parlamentar de Inquérito. Assegura-se, desse modo, às Comissões Parlamentares de Inquérito, no exercício de sua competência constitucional e legal de ampla investigação, a obtenção das informações que necessitarem, cujos pedidos deverão ser aprovados pela maioria absoluta dos membros das Comissões.

Nota-se, pois, que, apesar de o direito ao sigilo ser a regra, não tem ele caráter absoluto, admitindo-se a sua quebra, para atendimento a uma finalidade pública. E condição para a violação do sigilo é a demonstração da existência de um motivo relevante, num processo investigatório, dado o seu caráter de excepcionalidade.

Acha-se vedado às Comissões Parlamentares de Inquérito determinar a aplicação de medidas cautelares, como indisponibilidade de bens, arrestos,

---

[68] STF, *HC* 79.812-8/SP, Medida Liminar, Rel. Min. Celso de Mello, j. em 29.11.1999.

PODER LEGISLATIVO E FORMAÇÃO DAS LEIS

87

sequestro, hipotecas judiciárias, proibição de ausentar-se da comarca ou do país, por serem atos tipicamente jurisdicionais, próprios do exercício da jurisdição cautelar e pertinentes à eficácia de eventual sentença condenatória.

As Comissões Parlamentares de Inquérito não podem impedir, dificultar ou frustrar o exercício, pelo advogado, das prerrogativas de ordem profissional a ele outorgadas pelo Estatuto da Advocacia e da OAB (Lei n. 8.906/1994).[69]

As comissões parlamentares de inquérito, omitidas na Constituição Federal de 1891 e previstas pela primeira vez no texto constitucional de 1934, têm suscitado graves problemas quanto à efetividade de suas conclusões, pois que, na sua maioria, têm os seus resultados comprometidos por ação política ou de grupos. Não se deve, contudo, exagerar o papel dessas comissões que se incluem como instrumento de fiscalização e investigação pelo Poder Legislativo e, por isso mesmo, têm limitações constitucionais. Salienta a esse propósito o Professor Raul Machado Horta que, "dentro do sistema constitucional de governo, a função parlamentar de investigação está naturalmente sujeita às regras e limitações que atingem o próprio órgão legislativo. A competência das comissões de inquérito deve comportar-se no quadro da competência do Poder Legislativo".[70] São as comissões parlamentares de inquérito que irão colher as informações para a tarefa legislativa, pois tão importante quanto a tarefa de legislar é a função investigatória subjacente. Daí se entender que as comissões parlamentares de inquérito não devem ser analisadas em si mesmas, porém como instrumento de atividade do Congresso Nacional, voltada para a criação das leis e do controle dos atos do Poder Executivo. Assim, não "po-

---

[69] "O advogado – ao cumprir o dever de prestar assistência técnica àquele que o constituiu, dispensando-lhe orientação jurídica perante qualquer órgão do Estado – converte a sua atividade profissional, quando exercida com independência e sem indevidas restrições, em prática inestimável de liberdade. Qualquer que seja o espaço institucional de sua atuação, ao Advogado incumbe neutralizar os abusos, fazer cessar o arbítrio, exigir respeito ao ordenamento jurídico e velar pela integridade das garantias jurídicas – legais ou constitucionais – outorgadas àquele que lhe confiou a proteção de sua liberdade e de seus direitos, dentre os quais avultam, por sua inquestionável importância, a prerrogativa contra a auto-incriminação e o direito de não ser tratado, pelas autoridades públicas, como se culpado fosse, observando-se, desse modo, diretriz consagrada na jurisprudência do Supremo Tribunal Federal. A função de investigar não pode resumir-se a uma sucessão de abusos nem deve reduzir-se a atos que importem em violação de direitos ou que impliquem desrespeito a garantias estabelecidas na Constituição e nas leis. O inquérito parlamentar, por isso mesmo, não pode transformar-se em instrumento de prepotência e nem converter-se em meio de transgressão ao regime da lei" (STF, MS 23.576-DF, Pedido de Reconsideração, Rel. Min. Celso de Mello, Informativo STF, n. 176, Brasília, 9.2.2000).

[70] HORTA. Limitações constitucionais dos poderes de investigação. *In: Revista de Direito Público*, n. 5/34.

dem substituir-se à ação dos juízes e tribunais, para determinar procedimentos de natureza judiciária. Se o fizessem, atentariam contra a divisão de poderes e poriam em risco as próprias liberdades individuais".[71]

Deve-se considerar, no entanto, que as conclusões das comissões parlamentares de inquérito, se não são substitutivas da função jurisdicional, constituem fator de fortalecimento do Poder Legislativo e, de resto, do próprio Estado Democrático de Direito, mostrando à opinião pública eventuais irregularidades apuradas, tornando assim efetivo o princípio republicano e democrático da responsabilidade dos agentes políticos.[72]

---

[71] SÁ FILHO. *Relações entre os poderes do Estado*, p. 104-105.

[72] O relatório da CPI consiste na exposição circunstanciada de fatos e dos procedimentos referentes à sua investigação, que conclui pela enumeração das providências a serem tomadas em decorrência dos resultados apurados.

Dispõe o art. 37 do Regimento Interno da Câmara dos Deputados que o relatório circunstanciado com as conclusões da CPI será encaminhado: "I – à Mesa, para as providências de alçada desta ou do Plenário, oferecendo, conforme o caso, projeto de lei, de decreto legislativo ou de resolução, ou indicação, que será incluída em Ordem do Dia dentro de cinco sessões; II – ao Ministério Público ou à Advocacia-Geral da União, com a cópia da documentação, para que promovam a responsabilidade civil ou criminal por infrações apuradas e adotem outras medidas decorrentes de suas funções institucionais; III – ao Poder Executivo, para adotar as providências saneadoras de caráter disciplinar e administrativo decorrentes do art. 37, §§ 2º a 6º, da Constituição Federal, e demais dispositivos constitucionais e legais aplicáveis, assinalando prazo hábil para seu cumprimento; IV – à Comissão Permanente que tenha maior pertinência com a matéria, à qual incumbirá fiscalizar o atendimento do prescrito no inciso anterior; V – à Comissão Mista Permanente de que trata o art. 166, § 1º, da Constituição Federal, e ao Tribunal de Contas da União, para as providências previstas no art. 71 da mesma Carta. Parágrafo único. Nos casos dos incisos II, III e V, a remessa será feita pelo Presidente da Câmara, no prazo de cinco sessões."

A Lei n. 10.001, de 4 de setembro de 2000, dispõe sobre a prioridade nos procedimentos a serem adotados pelo Ministério Público e por outros órgãos a respeito das conclusões das Comissões Parlamentares de Inquérito: "Art. 1º Os Presidentes da Câmara dos Deputados, do Senado Federal ou do Congresso Nacional encaminharão o relatório da Comissão Parlamentar de Inquérito respectiva, e a resolução que o aprovar, aos chefes do Ministério Público da União ou dos Estados, ou ainda às autoridades administrativas ou judiciais com poder de decisão, conforme o caso, para a prática de atos de sua competência. Art. 2º A autoridade a quem for encaminhada a resolução informará ao remetente, no prazo de trinta dias, as providências adotadas ou a justificativa pela omissão. Parágrafo único. A autoridade que presidir processo ou procedimento, administrativo ou judicial, instaurado em decorrência de conclusões de Comissão Parlamentar de Inquérito, comunicará, semestralmente, a fase em que se encontra, até a sua conclusão. Art. 3º O processo ou procedimento referido no art. 2º terá prioridade sobre qualquer outro, exceto sobre aquele relativo a pedido de *habeas corpus*, *habeas data* e mandado

PODER LEGISLATIVO E FORMAÇÃO DAS LEIS 89

c) *Mistas*, as constituídas por Deputados e Senadores, ou seja, comissões do Congresso Nacional (criadas, por exemplo, para emitir parecer sobre o veto, projetos de leis financeiras, ou seja, plano plurianual, diretrizes orçamentárias, orçamento anual, créditos adicionais).[73]

d) *Comissão representativa do Congresso Nacional*: a Constituição de 1988 prevê uma comissão representativa do Congresso Nacional, eleita por suas Casas na última sessão ordinária do período legislativo, com atribuições definidas no regimento comum, cuja composição reproduzirá, quanto possível, a proporcionalidade da representação partidária (art. 58, § 4°). Essa comissão representa o Congresso Nacional durante o recesso, mostrando aos que se opõem à Democracia que o Congresso Nacional está de plantão, exercendo suas atribuições, controlando e fiscalizando os atos do Executivo.

A Resolução n. 3, de 1990-CN, que integra o Regimento Comum, disciplina a Comissão Representativa do Congresso Nacional, que será integrada por sete Senadores e dezesseis Deputados, e igual número de suplentes, eleitos pelas respectivas Casas na última sessão ordinária de cada período legislativo, e cujo mandato coincidirá com o período de recesso do Congresso Nacional, que se seguir à sua constituição, excluindo-se os dias destinados às sessões preparatórias para a posse dos parlamentares e a eleição das Mesas. A Resolução n. 3, de 1990/CN considera período legislativo as divisões da sessão legislativa anual compreendidas, de acordo com a EC n. 50/2006, que deu nova redação ao art. 57 da Constituição Federal, entre 2 de fevereiro a 17 de julho, e 1° de agosto a 22 de dezembro, incluídas as prorrogações decorrentes das hipóteses previstas nos §§ 1° e 2° do art. 57 da Constituição Federal. O mandato da Comissão não será suspenso quando o Congresso Nacional for convocado extraordinariamente. A eleição dos membros da Comissão será procedida em cada Casa, aplicando-se, no que couber, as normas estabelecidas nos respectivos Regimentos Internos para a escolha dos membros de suas Mesas. Exercerão a Presidência e a Vice-Presidência da Comissão os membros das Mesas do Senado Federal e da Câmara dos Deputados.

---

de segurança. Art. 4° O descumprimento das normas desta Lei sujeita a autoridade a sanções administrativas, civis e penais."

[73] A Resolução n. 2, de 2007-CN, criou a Comissão Mista Representativa do Congresso Nacional no Fórum Interparlamentar das Américas – FIPA. A Comissão é composta por 10 (dez) Deputados Federais e 10 (dez) Senadores e igual número de suplentes. A Comissão Mista representará o Congresso Nacional no Fórum Interparlamentar das Américas (FIPA), cabendo-lhe exercer os direitos e cumprir os deveres inerentes à participação nesta organização. A Comissão Mista terá caráter permanente e prazo indeterminado de funcionamento.

À Comissão Representativa do Congresso Nacional compete (art. 7º da Resolução n. 3, de 1990-N): I – zelar pelas prerrogativas do Congresso Nacional, de suas Casas e de seus membros; II – zelar pela preservação da competência legislativa do Congresso Nacional em face da atribuição normativa dos outros Poderes (art. 49, inciso XI, da Constituição Federal); III – autorizar o Presidente e o Vice-Presidente da República a se ausentarem do País (art. 49, inciso III, da Constituição Federal); IV – deliberar sobre: *a)* a sustação de atos normativos do Poder Executivo que exorbitem do poder regulamentar ou dos limites de delegação legislativa, desde que se caracterize a necessidade da medida cautelar em caráter urgente (art. 49, inciso V, da Constituição Federal); *b)* projeto de lei relativo a créditos adicionais solicitados pelo Presidente da República, desde que sobre o mesmo já haja manifestação da Comissão Mista Permanente a que se refere o § 1º do art. 166 da Constituição Federal; *c)* projeto de lei que tenha por fim prorrogar prazo de lei, se o término de sua vigência ocorrer durante o período de recesso ou nos dez dias úteis subsequentes ao seu término; *d)* tratado, convênio ou acordo internacional, quando o término do prazo, no qual o Brasil deva sobre ele se manifestar, ocorrer durante o período de recesso ou nos dez dias úteis subsequentes a seu término; V – ressalvada a competência das Mesas das duas Casas e a de seus membros: *a)* conceder licença a Senador e Deputado; *b)* autorizar Senador ou Deputado a aceitar missão do Poder Executivo; VI – exercer a competência administrativa das Mesas do Senado Federal e da Câmara dos Deputados, em caso de urgência, quando ausentes ou impedidos os respectivos membros; VII – fiscalizar e controlar os atos do Poder Executivo, incluídos os da administração indireta; VIII – receber petições, reclamações, representações ou queixas de qualquer pessoa contra atos ou omissões das autoridades ou entidades públicas; IX – convocar Ministros de Estado e enviar-lhes pedidos escritos de informação, quando houver impedimento das Mesas de qualquer das Casas interessadas; X – representar, por qualquer de seus membros, o Congresso Nacional em eventos de interesse nacional e internacional; XI – exercer outras atribuições de caráter urgente, que não possam aguardar o início do período legislativo seguinte sem prejuízo para o País ou suas instituições.

A Comissão se reunirá com a presença mínima do terço de sua composição em cada Casa do Congresso Nacional; as suas deliberações serão tomadas por maioria simples, presente a maioria absoluta dos Senadores e Deputados que integrarem a Comissão. Nas deliberações, os votos dos Senadores e dos Deputados serão computados separadamente, iniciando-se a votação pelos Membros da Câmara dos Deputados e representando o resultado a decisão da respectiva Casa. Para que se considere aprovada, a matéria deverá obter decisão favorável de ambas as Casas.

PODER LEGISLATIVO E FORMAÇÃO DAS LEIS 91

As comissões parlamentares, seja de que natureza for, serão constituídas de forma a assegurar, tanto quanto possível, a representação proporcional dos partidos ou dos blocos parlamentares que participam da respectiva Casa Legislativa (art. 58, § 1º).

Na organização das comissões prevalece o princípio da proporcionalidade.

O Regimento Interno da Câmara dos Deputados dispõe: "Art. 27. A representação numérica das bancadas nas Comissões será estabelecida dividindo-se o número de membros de cada Comissão, e o número de Deputados de cada Partido ou Bloco Parlamentar pelo quociente assim obtido. O inteiro do quociente final, dito quociente partidário, representará o número de lugares a que o Partido ou Bloco Parlamentar poderá concorrer em cada Comissão. § 1º As vagas que sobrarem, uma vez aplicado o critério do *caput*, serão destinadas aos Partidos ou Blocos Parlamentares, levando-se em conta as frações do quociente partidário, da maior para a menor. § 2º Se verificado, após aplicados os critérios do *caput* e do parágrafo anterior, que há Partido ou Bloco Parlamentar sem lugares suficientes nas Comissões para a sua bancada, ou Deputado sem legenda partidária, observar-se-á o seguinte: I – a Mesa dará quarenta e oito horas ao Partido ou Bloco Parlamentar nessa condição para que declare sua opção para obter lugar em Comissão em que não esteja ainda representado; II – havendo coincidência de opções terá preferência o Partido ou Bloco Parlamentar de maior quociente partidário, conforme os critérios do *caput* e do parágrafo antecedente; III – a vaga indicada será preenchida em primeiro lugar; IV – só poderá haver o preenchimento de segunda vaga decorrente de opção, na mesma Comissão, quando em todas as outras já tiver sido preenchida uma primeira vaga, em idênticas condições; V – atendidas as opções do Partido ou Bloco Parlamentar, serão recebidas as dos Deputados sem legenda partidária; VI – quando mais de um Deputado optante escolher a mesma Comissão, terá preferência o mais idoso, dentre os de maior número de legislaturas. § 3º Após o cumprimento do prescrito no parágrafo anterior, proceder-se-á à distribuição das demais vagas entre as bancadas com direito a se fazer representar na Comissão, de acordo com o estabelecido no *caput*, considerando-se para efeito de cálculo da proporcionalidade o número de membros da Comissão diminuído de tantas unidades quantas as vagas preenchidas por opção. Art. 28. Estabelecida a representação numérica dos Partidos e dos Blocos Parlamentares nas Comissões, os Líderes comunicarão ao Presidente da Câmara, no prazo de cinco sessões, os nomes dos membros das respectivas bancadas que, como titulares e suplentes, irão integrar cada Comissão. § 1º O Presidente fará, de ofício, a designação se, no prazo fixado, a Liderança não comunicar os nomes de sua representação para compor as comissões, nos termos do § 3º do art. 45."

Relativamente às Comissões temporárias, dispõe o art. 33, § 1º, do Regimento Interno da Câmara dos Deputados, que serão compostas de número de membros que for previsto no ato ou requerimento de sua constituição, designados pelo Presidente por indicação dos Líderes, ou independentemente desta se, no prazo de quarenta e oito hora após criar-se a Comissão, não se fizer a escolha.

Pode-se afinal afirmar que a Constituição de 1988 valorizou as comissões parlamentares, seja pela criação de uma comissão representativa do Congresso Nacional, seja pela ampliação dos poderes das comissões parlamentares de inquérito, seja ainda pelas atribuições que se lhes assinalou nos incisos I a VI do § 2º, do art. 58, relacionadas com:

a) discussão e votação de projeto de lei que dispensar, na forma do regimento, a competência do plenário (delegação *interna corporis*), salvo se houver recurso de um décimo dos membros da casa. A Constituição instituiu, assim, a apreciação terminativa nas Comissões competentes para o exame de projeto de lei ordinária, com a finalidade de dar maior celeridade à tramitação de proposições a serem apreciadas em cada Casa Legislativa. Preservou, contudo, o direito de qualquer congressista oferecer emendas, mesmo quando não for membro da Comissão, bem como o direito de apreciação da matéria pelo Plenário, quando objeto de recurso assinado por um décimo dos membros da Casa Legislativa;

b) realização de audiências públicas com entidades da sociedade civil (necessárias à colheita de informações para o aprimoramento de projetos de lei ou para a efetividade da função fiscalizadora);

c) convocação de Ministros de Estado ou quaisquer titulares de órgãos diretamente subordinados à presidência da República, para prestarem informações sobre assuntos inerentes a suas atribuições, sob pena de crime de responsabilidade (art. 50);

d) recebimento de petições, reclamações ou queixas de qualquer pessoa contra atos ou omissões das autoridades ou entidades públicas (atribuição relacionada com o direito de petição, de que trata o art. 5º, XXXIV, *a*);

e) solicitação de depoimento de qualquer autoridade ou cidadão;

f) apreciação de programas de obras, planos nacionais, regionais e setoriais de desenvolvimento para a emissão de parecer.

5.4 Comissões parlamentares e relatoria

Os Relatores não são mencionados na Constituição, mas têm origem nos regimentos internos das Casas Legislativas. Relator é o autor de um parecer, designado para analisar um problema e propor a solução. O Relator não inicia o processo legislativo, que é uma fase anterior ao início de seu trabalho e caracteriza a iniciativa legislativa. A atividade do Relator é parte indissociável do trabalho das Comissões. As relatorias não são autônomas em relação às Comissões ou ao Plenário. O Relator colabora com o trabalho futuro do órgão de que faz parte, ou seja, a Comissão Parlamentar. Sua atividade tem como ponto de partida o projeto de lei ou a proposição, cabendo-lhe inicialmente a redação de um parecer, em vista do texto ou das emendas a ele apresentadas. Os Relatores são membros das respectivas Casas Legislativas, e efetivos integrantes das Comissões. De acordo com o art. 41, VI, do Regimento Interno da Câmara dos Deputados, ao Presidente de Comissão compete designar Relatores e Relatores Substitutos e distribuir-lhes a matéria sujeita a parecer. Portanto, há tantos relatores quantas as proposições apresentadas, o que exclui a concepção da existência de um Relator geral.

A função principal dos Relatores, portanto, é a de redigir parecer sobre a constitucionalidade e aspectos técnico-jurídicos da proposição, dentro dos prazos regimentais, podendo, para tanto, solicitar ao Presidente da Comissão a prestação de assessoria ou consultoria técnico-legislativa ou especializada. Nesse domínio, o Relator examina a aplicação e a interpretação da Constituição, a origem das proposições legislativas, e propõe um novo texto ou modifica o texto inicial. O Regimento Interno da Câmara dos Deputados estabelece que, excetuados os casos em que o Regimento determine de forma diversa, o Relator disporá da metade do prazo concedido à Comissão para oferecer seu parecer (art. 52, § 1º), notando-se que o prazo das Comissões para o exame das proposições é de cinco sessões, quando se trata de matéria em regime de urgência; dez sessões, quando se trata de matéria em regime de prioridade; quarenta sessões, quando se trata de matéria em regime de tramitação ordinária, e o mesmo prazo da proposição principal, quando se trata de emendas apresentadas no Plenário da Câmara. Esses prazos poderão, no entanto, ser dilatados, por até a metade das sessões previstas inicialmente, a pedido do Relator e com a concordância do Presidente, salvo para o caso de tramitação em regime de urgência. Se o prazo é esgotado, a maioria dos membros da Comissão poderá solicitar o envio das matérias para o Plenário, pendente de parecer. Caso o Relator não ofereça o parecer, o Presidente da Comissão deve designar outro Deputado para fazê-lo.

Se o parecer do Relator for aprovado em todos os seus termos, é tido como parecer da Comissão e enviado para a Mesa da Câmara para entrada na Ordem do Dia. Se ao parecer do Relator forem sugeridas alterações com as quais ele concorde, é-lhe concedido prazo para a redação do novo texto. Se o voto do Relator não for adotado pela Comissão, caberá a um Relator substituto preparar o novo texto nos termos aprovados pela maioria. Tendo o Relator substituto também seu voto vencido, o Presidente designa novo Deputado para redigir o parecer da Comissão.

Apesar de caber ao Relator a função de emitir parecer técnico-jurídico acerca de proposição, a prática parlamentar tem revelado que, em razão do caráter representativo do Parlamento, os Relatores têm-se convertido em instrumento ou meio de negociação de projetos, em que se operam acordos e transações, ou até mesmo se afirmam dissensões, o que, na realidade, deveria ocorrer nas Comissões. A relatoria, nessa perspectiva, deixa de ser um elemento imparcial na elaboração da lei. De qualquer modo, o parecer dos Relatores, em especial com a apresentação de texto alternativo ao inicial, acaba por orientar a tramitação subsequente da proposta legislativa.

5.5 Bancadas, blocos parlamentares, frentes parlamentares, maioria e minoria

As bancadas são órgãos de representação parlamentar dos partidos políticos, organizadas no início de cada legislatura.

As bancadas podem ser da maioria e da minoria. A bancada da maioria é integrada pela maioria absoluta dos membros da Casa, considerando-se minoria a representação imediatamente inferior que, em relação ao Governo, expresse posição diversa da maioria.

As representações de dois ou mais partidos, por deliberação das respectivas bancadas, poderão constituir bloco parlamentar, sob liderança comum. Os blocos parlamentares podem ser da maioria ou da minoria, cuja caracterização é a mesma das bancadas.

As lideranças dos partidos que se coligarem em bloco parlamentar perdem suas atribuições e prerrogativas regimentais. Não se admite a formação de bloco parlamentar composto de menos de três centésimos por cento dos membros da Câmara dos Deputados. No Senado, somente será admitida a formação de bloco parlamentar que represente, no mínimo, um décimo da composição da Casa. Extingue-se o bloco parlamentar se o desligamento da bancada implicar a perda do *quorum* previsto para a sua formação. O bloco parlamentar tem existência circunscrita à legislatura, devendo o ato de sua criação e as alterações posteriores ser apresentados à Mesa para registro e consequente publicação. Uma vez dissolvido o bloco parlamentar, ou modificado o quantitativo da representação que

PODER LEGISLATIVO E FORMAÇÃO DAS LEIS

o integrava em virtude do desligamento do partido, será revista a composição das Comissões, mediante provocação do partido ou bloco parlamentar, para o fim de redistribuição dos lugares vagos, observando-se o princípio da proporcionalidade partidária. A agremiação que integrava bloco parlamentar dissolvido, ou que dele se desvincular, não poderá constituir ou integrar outro na mesma sessão legislativa, e a que integra bloco parlamentar não pode fazer parte de outro simultaneamente.

Há ainda na Câmara dos Deputados as Frentes Parlamentares, cujo funcionamento foi regulamentado pelo Ato n. 69, de 10 de novembro de 2005, editado pela Mesa. A Frente Parlamentar é uma associação suprapartidária destinada a aprimorar a legislação referente a um tema específico. As Frentes Parlamentares, enquanto coalizões suprapartidárias, tematicamente motivadas, buscam influenciar as decisões legislativas sobre determinadas áreas de políticas, podendo, potencialmente, concorrer na decisão de voto do deputado com a orientação partidária. Para que a Frente seja registrada perante a Mesa, necessário o número mínimo de 1/3 dos membros da Câmara. De acordo com o Ato n. 69/2005, o apoio institucional da Casa às Frentes Partidárias é limitado à concessão de espaço físico para reunião, desde que não interfira no andamento dos trabalhos da Casa, não implique contratação de pessoal ou fornecimento de passagens aéreas.

As minorias políticas operam em determinadas condições institucionais na Câmara dos Deputados, evitando-se com isso a concentração do poder de agenda nas mãos das lideranças partidárias. Nessa perspectiva, são direitos parlamentares individuais das minorias: iniciativas de proposição legislativa infraconstitucional; apresentação de emendas a comissão – na hipótese de tramitação conclusiva – e de emenda de Plenário; levantamento de questão de ordem, requerimento de informação a Ministro de Estado; proposta de audiência pública de comissão e requerimento de votação nominal.

Diga-se ainda, a respeito dos direitos parlamentares e recursos institucionais das minorias que, se os patamares de apoio exigidos para iniciativas coletivas não apontam para a viabilização de regras supermajoritárias, direitos parlamentares que são decisivos para a atividade legislativa requerem iniciativas com patamares relativamente moderados de apoio parlamentar, embora estejam a exigir, em sua maioria, a deliberação do Plenário (Quadro 1).

Quadro 1
Direitos parlamentares e patamares de apoio parlamentar exigidos

Direito Parlamentar	Patamar de apoio exigido (% de deputados que devem manifestar apoio à iniciativa)	Se a deliberação da iniciativa pelo Plenário é requerida
Requerer encerramento de discussão de projeto no Plenário	5%	Sim
Pedir verificação de votação e realização de votação nominal	6%	Não
Apresentar recurso contra apreciação conclusiva de matérias pelas comissões	10%	Sim
Apresentar recurso, com efeito suspensivo, contra decisão da presidência da Mesa Diretora sobre questão de ordem levantada pelo deputado		Sim
Requerer a realização de sessão extraordinária		Sim
Emendar matérias no 2º turno de votação		Não
Solicitar prioridade para proposição legislativa (autor da iniciativa)		Sim
Requerer destaque para votação em separado (DVS)		Sim
Adiamento, por duas sessões, de discussão e de votação de matéria urgente		Sim
Votação pelo método secreto		Sim
Solicitar regime de urgência para apreciação de proposição	1/3	Sim
Apresentar proposta de emenda constitucional		Sim
Requerer criação de comissão parlamentar de inquérito		Não

Fonte: INÁCIO. Estrutura e Funcionamento da Câmara dos Deputados. *In*: MELO; SÁEZ (Orgs.). *A democracia brasileira*: balanço e perspectivas para o século 21, p. 224-225.

5.6 Líder e colégio de líderes

Na estrutura da Câmara dos Deputados, são significativas as representações parlamentares ou os blocos parlamentares, que, tendo representação igual ou superior a um centésimo da composição da Casa, escolhem seu Líder.

A função do Líder é crucial na atividade parlamentar, pois ele expressa e faz valer, perante a bancada, a orientação partidária nas discussões e deliberações. O Líder pode atuar em nome de seus liderados, com um voto ponderado pelo peso da bancada. A denominada *urgência urgentíssima*, na tramitação de proposições (instrumento estratégico para o desempenho das maiorias parlamentares), pode ser requerida pela maioria absoluta da composição da Câmara, ou de Líderes que representam esse número.

Há ainda, quanto à estrutura da Câmara, um órgão-chave, que é o Colégio de Líderes, cujas deliberações, sempre que possível, devem tomar-se mediante consenso entre seus integrantes, e, quando isso não for possível, pelo critério da maioria absoluta, ponderados os votos dos Líderes em função da expressão numérica de cada bancada, consoante o disposto no art. 20 do Regimento Interno da Câmara dos Deputados. Enuncia-se, como função do Colégio de Líderes a de ser ouvido pelo Presidente da Casa na organização da agenda com a previsão das proposições a serem apreciadas no mês subsequente para a distribuição aos Deputados.

O Colégio de Líderes é composto pelos Líderes da Maioria, da Minoria, dos Partidos, dos Blocos Parlamentares e do Governo. Segundo o art. 20, § 1º, do Regimento Interno da Câmara dos Deputados, os Líderes de Partidos que participem do Bloco Parlamentar e o Líder do Governo terão direito a voz no Colégio de Líderes, mas não a voto.

As lideranças se acham também previstas no Senado (arts. 61 a 66-A do seu Regimento Interno).

5.7 Obstrução parlamentar

A obstrução parlamentar é um direito assegurado aos partidos políticos de se declarar em obstrução, não se computando, para efeito de *quorum*, a presença dos deputados que assim se posicionarem. Segundo dispõe o art. 82, § 6º, do Regimento Interno da Câmara dos Deputados, a ausência às votações não se equipara, para todos os efeitos, à ausência às sessões, se ocorrer a título de obstrução parlamentar legítima, assim considerada a que for aprovada pelas bancadas ou suas lideranças e comunicada à Mesa. A obstrução, portanto, embora seja uma decisão da bancada partidária, pode ser tomada pelos líderes partidários. A obstrução não só bloqueia decisões específicas, como também favorece, se for numericamente expressiva, barganhas sequenciais mais abrangentes, ao impedir que seja alcançado o *quorum* de votação, de modo a adiar votações importantes e impor ao Governo a necessidade de barganhar com os opositores. A obstrução ocorre principalmente em votações relativas aos procedimentos de deliberação e é utilizada pelas oposições sobretudo com o intuito de protelar decisões legislativas.

5.8 Poder de polícia

O Congresso Nacional dispõe do poder de polícia, a ser regulado no regimento interno, voltado para a manutenção da ordem dos trabalhos legislativos. Para tanto, poderá regulamentar o acesso de populares às suas dependências, dispor de guardas próprios, cabendo ao Presidente da Casa a prática de atos necessários ao resguardo do bom funcionamento das funções legislativas. Na Câmara dos Deputados, a polícia legislativa se acha prevista no art. 51, IV, e, de forma mais abrangente, no seu Regimento Interno.[74] No Senado Federal, a Reso-

---

[74] RICD: "Art. 267. A Mesa fará manter a ordem e a disciplina nos edifícios da Câmara e suas adjacências. Parágrafo único. A Mesa designará, logo depois de eleita, quatro de seus membros efetivos para, como Corregedor e Corregedores substitutos, se responsabilizarem pela manutenção do decoro, da ordem e da disciplina no âmbito da Casa. Art. 268. Se algum Deputado, no âmbito da Casa, cometer qualquer excesso que deva ter repressão disciplinar, o Presidente da Câmara ou de Comissão conhecerá do fato e promoverá a abertura de sindicância ou inquérito destinado a apurar responsabilidades e propor as sanções cabíveis. Art. 269. Quando, nos edifícios da Câmara, for cometido algum delito, instaurar-se-á inquérito a ser presidido pelo diretor de serviços de segurança ou, se o indiciado ou o preso for membro da Casa, pelo Corregedor ou Corregedor substituto. § 1º Serão observados, no inquérito, o Código de Processo Penal e os regulamentos policiais do Distrito Federal, no que lhe forem aplicáveis. § 2º A Câmara poderá solicitar a cooperação técnica de órgãos policiais especializados ou requisitar servidores de seus quadros para auxiliar na realização do inquérito. § 3º Servirá de escrivão funcionário estável da Câmara, designado pela autoridade que presidir o inquérito. § 4º O inquérito será enviado, após a sua conclusão, à autoridade judiciária competente. § 5º Em caso de flagrante de crime inafiançável, realizar-se-á a prisão do agente da infração, que será entregue com o auto respectivo à autoridade judicial competente, ou, no caso de parlamentar, ao Presidente da Câmara, atendendo-se, nesta hipótese, ao prescrito nos arts. 250 e 251. Art. 270. O policiamento dos edifícios da Câmara e de suas dependências externas, inclusive de blocos residenciais funcionais para Deputados, compete, privativamente, à Mesa, sob a suprema direção do Presidente, sem intervenção de qualquer outro Poder. Parágrafo único. Este serviço será feito, ordinariamente, com a segurança própria da Câmara ou por esta contratada e, se necessário, ou na sua falta, por efetivos da polícia civil e militar do Distrito Federal, requisitados ao Governo local, postos à inteira e exclusiva disposição da Mesa e dirigidos por pessoas que ela designar. Art. 271. Excetuado aos membros da segurança, é proibido o porte de arma de qualquer espécie nos edifícios da Câmara e suas áreas adjacentes, constituindo

PODER LEGISLATIVO E FORMAÇÃO DAS LEIS

lução n. 59, de 2002, ao dispor sobre a polícia legislativa, não só ampliou as suas atribuições, conferindo-lhe funções gerais de segurança, tanto de parlamentares, em casos nela previstos, como de todo o complexo que se inclui em suas dependências, e de apoio à Corregedoria e às Comissões Parlamentares de Inquérito. Foram ainda previstas na Resolução funções judiciária ou investigativa da polícia legislativa, envolvendo o cumprimento de medidas de revista, busca e apreensão, além de atividades de inteligência, registro e outras tipicamente investigativas, incluída a de presidir inquéritos policiais.[75]

---

infração disciplinar, além de contravenção, o desrespeito a esta proibição. Parágrafo único. Incumbe ao Corregedor, ou Corregedor substituto, supervisionar a proibição do porte de arma, com poderes para mandar revistar e desarmar. Art. 272. Será permitido a qualquer pessoa, convenientemente trajada e portando crachá de identificação, ingressar e permanecer no edifício principal da Câmara e seus anexos durante o expediente e assistir das galerias às sessões do Plenário e às reuniões das Comissões. Parágrafo único. Os espectadores ou visitantes que se comportarem de forma inconveniente, a juízo do Presidente da Câmara ou de Comissão, bem como qualquer pessoa que perturbar a ordem em recinto da Casa, serão compelidos a sair, imediatamente, dos edifícios da Câmara. Art. 273. É proibido o exercício de comércio nas dependências da Câmara, salvo em caso de expressa autorização da Mesa."

[75] Resolução n. 59, de 2002, que dispõe sobre o poder de polícia do Senado Federal: "Art. 1º A Mesa fará manter a ordem e a disciplina nas dependências sob a responsabilidade do Senado Federal. Art. 2º A Secretaria de Polícia do Senado Federal, unidade subordinada à Diretoria-Geral, é o órgão de Polícia do Senado Federal. (Alteração nos termos do art. 1º do Ato da Comissão Diretora n. 15, de 2006) § 1º São consideradas atividades típicas de Polícia do Senado Federal: I – a segurança do Presidente do Senado Federal, em qualquer localidade do território nacional e no exterior; II – a segurança dos Senadores e autoridades brasileiras e estrangeiras, nas dependências sob a responsabilidade do Senado Federal; III – a segurança dos Senadores e de servidores em qualquer localidade do território nacional e no exterior, quando determinado pelo Presidente do Senado Federal; IV – o policiamento nas dependências do Senado Federal; V – o apoio à Corregedoria do Senado Federal e às comissões parlamentares de inquérito (atribuição acessória – art. 8º do Ato da Comissão Diretora n. 14, de 2005); VI – as de revista, busca e apreensão; VII – as de inteligência; VIII – as de registro e de administração inerentes à Polícia; IX – as de investigação e de inquérito. § 2º As atividades típicas de Polícia do Senado Federal serão exercidas exclusivamente por Analistas Legislativos, Área de Polícia e Segurança e por Técnicos Legislativos, Área de Polícia Legislativa, especialidade Policial Legislativo Federal, desde que lotados e em efetivo exercício na Secretaria de Polícia do Senado Federal (alteração nos termos do art. 8º do Ato da Comissão Diretora n. 15, de 2006). Art. 3º É proibido o porte de arma de qualquer espécie nas dependências do Senado Federal e de seus órgãos supervisionados, excetuado aos servidores no exercício de atividade típica de polícia, e com a autorização expressa do Presidente do Senado Federal. § 1º A autorização de que trata este artigo dependerá de prévia habilitação em curso específico e avaliação psicológica, renovados periodicamente e de treinamento em estandes ofi-

6. ATRIBUIÇÕES DO CONGRESSO NACIONAL

A Constituição enumera, no art. 48, as atribuições legislativas e, no art. 49, as atribuições deliberativas do Congresso Nacional. A distinção está em que as primeiras se praticam com a sanção do Presidente da República, sendo, portanto, reguladas em lei, e as outras se exercitam sem a sanção presidencial, particularmente por meio de decreto legislativo, pois encerram assuntos de competência exclusiva do Congresso Nacional.

Às atribuições legislativas constantes do art. 48 poderão ser acrescidas outras constantes do texto constitucional, desde que de competência da União (arts. 21, 22, 23 e 24).

A Emenda Constitucional n. 32/2001 deu nova redação aos incisos X e XI do art. 48, dispondo constituir matéria de lei: a) criação, transformação e extinção de cargos, empregos e funções públicas, cabendo, no entanto, ao Presidente da República dispor, mediante decreto, sobre criação ou extinção de órgãos públicos, e extinção de funções ou cargos públicos, quando vagos; b) a criação e extinção de Ministérios e órgãos da administração pública, cabendo, no entanto, ao Presidente da República dispor, mediante decreto, sobre organização e funcionamento da administração federal, quando não implicar aumento de despesa nem criação ou extinção de órgãos públicos (art. 84, VI, *a* e *b*, com a redação dada pela EC n. 32/2001).

Passaremos em revista as atribuições deliberativas do Congresso Nacional, dada a circunstância de ter havido, no texto constitucional de 1988, abrangentes inovações.

Assim, é da competência exclusiva do Congresso Nacional:

a) resolver definitivamente sobre tratados, acordos ou atos internacionais que acarretem encargos ou compromissos gravosos ao patrimônio nacional. De acordo com o art. 21, I, é da competência exclusiva da União manter rela-

---

ciais. § 2º Ato da Comissão Diretora disciplinará as situações especiais não previstas no *caput* deste artigo. Art. 4º Na hipótese de ocorrência de infração penal nas dependências sob a responsabilidade do Senado Federal, instaurar-se-á o competente inquérito policial presidido por servidor no exercício de atividade típica de polícia, bacharel em Direito. § 1º Serão observados, no inquérito, o Código de Processo Penal e os regulamentos policiais do Distrito Federal, no que lhe forem aplicáveis. § 2º O Senado Federal poderá solicitar a cooperação técnica de órgãos policiais especializados ou requisitar servidores de seus quadros para auxiliar na realização do inquérito. § 3º O inquérito será enviado, após a sua conclusão, à autoridade judiciária competente. Art. 5º Os servidores lotados e em efetivo exercício na Secretaria de Polícia do Senado Federal passam a ser identificados por documento próprio."

ções com estados estrangeiros e participar de organizações internacionais, detendo assim a União competência internacional. Poder-se-ia imaginar que os tratados, acordos ou atos internacionais que não acarretam encargos ou compromissos gravosos ao patrimônio nacional, estão dispensados da ratificação congressual. Anote-se, contudo, que Manoel Gonçalves Ferreira Filho, a propósito do assunto, esclarece que "a fórmula é ampla e, se for amplamente aplicada, nada, no relacionamento do Brasil com o exterior, poderá ser feito sem passar pelo Congresso Nacional, porque, evidentemente, sempre haverá um encargo, senão um compromisso gravoso, para o patrimônio nacional, por detrás de qualquer negociação internacional".[76]

Pela dicção do § 3º, acrescentado ao art. 5º da Constituição Federal, pela Emenda Constitucional n. 45/2004, os tratados e convenções internacionais sobre direitos humanos que forem aprovados, em cada Casa do Congresso Nacional, em dois turnos, por três quintos dos votos dos respectivos membros, serão equivalentes às emendas constitucionais.

Questão que tem dividido a doutrina é saber se o Poder Legislativo tem o direito de alterar o projeto de tratado enviado pelo Poder Executivo. A divergência se arrasta há mais de um século. Enquanto Aristides Milton, João Barbalho, Clóvis Beviláqua, Carlos Medeiros Silva, Cançado Trindade, Celso D. de Albuquerque Mello, sustentam que o Poder Legislativo não pode alterar o conteúdo dos projetos de tratado, devendo limitar-se a aprová-lo ou rejeitá-lo na íntegra, outros como Carlos Maximiliano, Aurelino Leal, Pontes de Miranda, Temístocles Cavalcanti, Vicente Marotta Rangel admitem essa possibilidade. Para Celso D. de Albuquerque Mello "a emenda apresentada pelo Congresso é uma interferência indevida nos assuntos do Executivo, uma vez que só a ele competem negociações no domínio internacional e a emenda nada mais é do que uma forma indireta pela qual o Legislativo se imiscui na negociação."[77] Em contraponto, vale assinalar o pensamento de Wilson Accioli, para quem "*resolver definitivamente* não significa apenas *aprovar* ou *desaprovar totalmente. Aprovar totalmente,* mesmo que, nessa aprovação, se englobassem cláusulas contrárias ao interesse nacional, seria contraproducente. *Desaprovar totalmente*, mesmo que essa desaprovação importasse no julgamento de certas cláusulas favoráveis às conveniências da política nacional, seria desaconselhável. Por essa razão, entendemos perfeitamente desejáveis as *emendas* ou *reservas*, pois tais modificações não

---

[76] FERREIRA FILHO. Organização dos Poderes: Poder Legislativo. *In: A Constituição brasileira – 1988*: interpretações, p. 156.

[77] MELLO. *Curso de direito internacional público*, v. I, p. 238.

elidiriam o preceito do art. 44, inciso I (da Constituição de 1967), quanto à aprovação definitiva."[78] De qualquer modo, aprovado com emendas, deve o tratado, se multilateral, ser aprovado na forma de reservas, e se bilateral, ser apresentado à consideração da outra parte, para que se pronuncie sobre as reservas. Na prática parlamentar, para obviar a esses procedimentos, tem-se adotado, ao invés de emendas ou reservas, a apresentação de *declarações interpretativas,* para, com isso, evitar a retomada de negociações com os países estrangeiros;

b) autorizar o Presidente da República a declarar guerra, a celebrar a paz, a permitir que forças estrangeiras transitem pelo território nacional ou nele permaneçam temporariamente, ressalvados os casos previstos em lei complementar. Essa atribuição se relaciona ainda com a competência internacional da União (art. 21, II, III e IV). Vale lembrar que ao Conselho de Defesa Nacional compete opinar nas hipóteses de declaração de guerra e de celebração da paz (art. 91, § 1º, I). O Ministro Francisco Rezek adverte, no entanto, que "desde 1945 não há mais guerras declaradas. A proibição da guerra na cena internacional começa a germinar em 1919, no Pacto da Sociedade das Nações; dá um passo alentado com o Pacto Briand-Kellog de 1928, e se consolida, em 1945, com a carta da ONU. Sabemos que, infelizmente, a confrontação armada é uma possibilidade constante, que poderia, Deus não permita, abater-se sobre o Brasil um dia. Nunca, porém, à luz do velho figurino. Há 40 anos não existe mais 'declaração de guerra', de modo que a referência a esse ato, numa Constituição a promulgar-se em 1988, é um evidente descuido de índole técnica";[79]

c) autorizar o Presidente e o Vice-Presidente da República a se ausentarem do País, quando a ausência exceder a 15 dias. Tem sido da tradição de nossa política a prática de assumir o Vice-Presidente as funções presidenciais, quando o titular se ausenta do País em viagem. Nada há que justifique essa liturgia. Arnaldo Malheiros Filho mostra que "o presidencialismo é absolutamente incompatível com a repartição da chefia do Executivo entre duas pessoas diferentes. Não é possível que, no mesmo dia, haja um cidadão expedindo um decreto e outro firmando um convênio internacional, ambos usando o título de Presidente da República Federativa do Brasil";[80]

d) aprovar o estado de defesa e a intervenção federal, autorizar o estado de sítio ou suspender qualquer uma dessas medidas. Enquanto o estado de

---

[78] ACCIOLI. *Instituições de direito constitucional*, p. 166.

[79] REZEK. Princípios fundamentais. *In: A Constituição brasileira – 1988*: interpretações, p. 14.

[80] MALHEIROS FILHO. *Revista Veja* 1.087/142.

PODER LEGISLATIVO E FORMAÇÃO DAS LEIS 103

sítio será decretado após prévia autorização do Congresso Nacional, o estado de defesa e a intervenção federal serão decretados pelo Presidente da República sem aquela autorização, devendo, no entanto, o ato respectivo, com sua justificação, ser encaminhado posteriormente ao Congresso Nacional para fins de controle político das medidas;

e) sustar os atos normativos do Poder Executivo que exorbitem do poder regulamentar ou dos limites da delegação legislativa. Trata-se de atribuição nova. Essa atribuição não poderá, naturalmente, excluir o pronunciamento do Poder Judiciário, a quem cabe o controle da constitucionalidade e dos atos administrativos na sistemática jurídica brasileira. Caso o Executivo não aceite a suspensão do ato regulamentar, por entendê-lo nos limites da lei, irá postular sua validade junto ao Judiciário, que dará a palavra final;

f) mudar temporariamente sua sede. Note-se que a mudança temporária da sede do governo federal constitui matéria de lei (art. 48, VII); a do Congresso é que será determinada mediante decreto legislativo;

g) fixar idêntico subsídio para os Deputados Federais e os Senadores, observado o que dispõem os arts. 37, XI, 39, § 4º, 150, II, 153, III, e 153, § 2º, I;

h) fixar os subsídios do Presidente e do Vice-Presidente da República e dos Ministros de Estado, observado o que dispõem os artigos 37, XI, 39, § 4º, 150, II, 153, III, e 153, § 2º, I;

i) julgar anualmente as contas prestadas pelo Presidente da República e apreciar os relatórios sobre a execução dos planos de governo. Essa é uma atribuição fiscalizadora e de controle do Executivo. O Presidente da República deverá prestar, anualmente, ao Congresso Nacional, dentro de sessenta dias após a abertura da sessão legislativa, ou seja, contados de 2 de fevereiro de cada ano (art. 57), as contas referentes ao exercício anterior. Se não o fizer, cabe à Câmara dos Deputados proceder à tomada de contas (art. 51, II);

j) fiscalizar e controlar diretamente, ou por qualquer de suas Casas, os atos do Poder Executivo, incluídos os da administração indireta. Nessa atribuição se consolida uma das funções típicas do Legislativo, que é a fiscalização dos atos do Executivo;

k) zelar pela preservação de sua competência legislativa em face da atribuição normativa dos outros Poderes. A Constituição atribui função legislativa, em caráter atípico, ao Executivo (medidas provisórias e leis delegadas) e ao Judiciário. Cabe ao Congresso Nacional zelar pela preservação de sua competência normativa, reforçando-se aqui a ideia de que a criação do Direito é tarefa predominante do Poder Legislativo;

104   KILDARE GONÇALVES CARVALHO

l)   apreciar os atos de concessão e renovação de concessão de emissoras de rádio e televisão. O pronunciamento do Congresso Nacional deve efetivar-se no prazo de 45 dias, contados do recebimento da mensagem presidencial, por força do disposto no art. 223, § 1º;

m)   escolher dois terços dos membros do Tribunal de Contas da União. O fortalecimento do Poder Legislativo implica o do Tribunal de Contas, que é órgão auxiliar do Congresso Nacional para o controle externo da atividade financeira e do orçamento do Estado. Os requisitos para o provimento do cargo de Ministro do Tribunal de Contas da União constam do § 1º do art. 73;

n)   aprovar iniciativas do Poder Executivo referentes a atividades nucleares;

o)   autorizar, em terras indígenas, a exploração e o aproveitamento de recursos hídricos e a pesquisa e lavra de riquezas naturais. Esse assunto, como o anterior, envolve matéria tipicamente administrativa, sujeita, agora, ao controle do Legislativo. A autorização em tela se dará mediante audiência das comunidades afetadas, ficando-lhes assegurada participação nos resultados da lavra, na forma da lei (art. 231, § 3º);

p)   aprovar previamente a alienação ou concessão de terras públicas com área superior a 2.500 hectares. Na Constituição anterior, essa competência se referia a 3.000 hectares e era exclusiva do Senado Federal (art. 171, parágrafo único da Emenda Constitucional n. 1/69). O art. 188, § 2º, exclui da autorização do Congresso Nacional as alienações ou concessões de terras públicas, mesmo superiores a 2.500 hectares, desde que sejam para fins de reforma agrária;

q)   autorizar referendo e convocar plebiscito. Como formas de consulta ao eleitorado genericamente previstas no art. 14, I e II, o plebiscito e o referendo deverão ser autorizados pelo Congresso Nacional, cabendo, no entanto, à lei fixar os critérios para sua realização.

7. CONSIDERAÇÕES FINAIS

Cabe, em conclusão, indagar qual a função do Poder Legislativo que deve ser priorizada, a fim de que possa o Parlamento adaptar-se às exigências de um mundo novo, evitando-se o seu declínio: fortalecer a atividade de controle sobre a atuação governamental, ou remodelar o processo legislativo?

A tarefa de legislar não tem sido monopólio do Poder Legislativo, como se observa na atualidade (delegação legislativa e medidas provisórias na Constituição brasileira). Esse fenômeno que permite ao Executivo legislar, embora sob o controle político do Legislativo, resulta, sobretudo, da inércia dos Parlamentos que, em virtude de mecanismos regimentais, neles incluída a obstrução parlamentar, concorre para a morosidade das deliberações legislativas. Por outro lado, a desvalorização da ideia de lei como norma geral, observável nos dias que correm, leva o Executivo a necessitar regularmente de leis de efeitos concretos, pois a ausência de normas gerais orientadoras da ação administrativa faz com que só se possa governar legislando.

Não obstante, ao Poder Legislativo, por corresponder à sociedade, cabe a indeclinável tarefa de preservar as liberdades e o Estado Democrático de Direito, intermediando o permanente diálogo entre governantes e governados.

A renovação do Poder Legislativo brasileiro está relacionada com o exercício pleno das tarefas que a Constituição de 1988 lhe atribuiu.

Rapidez e eficácia na elaboração das leis, grandeza e autoridade nas relações com o Poder Executivo concorrerão certamente para a afirmação do Poder Legislativo como Poder representativo e autêntico.

De qualquer modo, os parlamentos, apesar do deslocamento do debate político para os partidos, órgãos de classe e meios de comunicação, e da transferência de importantes deliberações e negociações, sobretudo as relacionadas com políticas macroeconômicas, para fóruns em que se representam centrais sindicais, patronais e de governo, ainda são a instituição mais bem aparelhada para a regulação da competição política democrática, que dificilmente poderia desenvolver fora da arena parlamentar, e que não se esgota no momento das eleições. Esta tarefa de institucionalização do conflito político, inerente aos parlamentos, pressupõe uma estrutura formalmente adequada, com regras complexas de procedimento, práticas e padrões reconhecíveis de comportamento, destacando-se, nesse contexto, as comissões permanentes.

4
CAPÍTULO

O ATO LEGISLATIVO

Sumário: 1. O ato legislativo – considerações gerais. 2. Lei, regulamento e decreto. 3. Classificação do ato legislativo. 4. Normas jurídicas como objeto do ato legislativo. 5. A crise da lei.

1. O ATO LEGISLATIVO – CONSIDERAÇÕES GERAIS

A atividade legislativa envolve precipuamente a emissão do ato legislativo, entendido como "a declaração unilateral da vontade estatal expressa e exteriorizada por escrito, que dispõe sobre a criação, modificação ou extinção de normas jurídicas abstratamente gerais."[1]

A lei constitui, desse modo, produto do ato legislativo.[2] Nesse sentido, por lei se entende a regra imperativa de caráter geral, emanada de autoridade competente, após tramitação segundo procedimento legislativo estabelecido pelo Direito,

---

[1] MEEHAN. *Teoría y técnica legislativas*, p. 32.

[2] Expressivo é o conceito de lei dado por Montesquieu: as leis são as relações necessárias que derivam da natureza das coisas. Dizia ele que a lei em geral é a razão humana, e as leis políticas e civis de cada nação devem ser os casos particulares em que se aplica a razão humana. Examinando todas essas relações, entendia Montesquieu que formam elas um conjunto, esforçando-se então por revelar-lhes o espírito, ou seja, o mais forte curso da relação entre variáveis diversas, concretas e relativas que fazem e desfazem as relações humanas (Do espírito das leis).

Há ainda outras concepções de lei: 1. a lei, ordenação da razão (Santo Tomás de Aquino); 2. a lei, vontade do soberano (Hobbes); 3. a lei, garantia da liberdade civil e da propriedade (Locke); 4. a lei, expressão da vontade geral; 5. a lei, vontade racional (Kant); 6. a lei, instrumento para a utilidade e a felicidade geral (Bentham); 7. a lei, manifestação imediata do poder soberano (Austin); 8. a lei, instrumento do domínio de classe (Marx e Engels); 9. a lei, escalão de normas imediatamente seguintes à Cons-

imposta ao homem e sancionada pela força pública. A lei, na sua dimensão jurídica, que se acha inserida entre as leis humanas, porque provém diretamente das leis éticas ou morais, constitui regra de conduta social, que regula a conduta do homem com seus semelhantes, e reveste-se de duas características fundamentais: coerção potencial e conteúdo de justiça. É ainda dotada de sanção jurídica de imperatividade.

Na síntese de André Ramos Tavares, o "vocábulo lei pode apresentar vários sentidos. Assim, encontram-se autores que vinculam sua origem ao verbo leggere (de ler). Nesse sentido, a lei é compreendida como a norma escrita (*jus scriptum*). Outros, ao contrário, atrelam sua etimologia ao verbo ligare (ligar), enaltecendo, dessa forma, o vínculo estabelecido pela lei, e que liga uma pessoa a determinada forma de agir. Outros, ainda, sustentam que a palavra 'lei' vem do verbo *eligere* (de eleger), o que se justifica pela circunstância de que a lei é fruto da escolha do legislador da norma que deve presidir a vida em sociedade".[3]

No baixo Império romano a palavra *lex* designava especificamente as constituições imperiais, em oposição *ao jus*, constituído pela doutrina e o conjunto das regras de direito em vigor na República e início do Império. O direito natural é então concebido como um conjunto de leis aplicáveis a uma sociedade humana a partir da observação da natureza. Ocupando o Direito Canônico o lugar do direito romano, o termo *lex* passou a aplicar-se à lei divina, à revelação. O evangelho é que continha a lei. Mas com a utilização da língua latina nos meios jurídicos durante séculos, é que a *lex* estendeu-se a várias regras em vigor, como as ordenações, os estatutos, entre outras, passando a palavra lei a ter o significado do que se denomina de direito positivo. Nos séculos XVII e XVIII, a lei passou a encarnar a razão, que deve responder às exigências de justiça, pelo que se torna a expressão da vontade geral, especialmente por obra da Revolução Francesa de 1789. O século XX veio a qualificar esta lei como positiva, em oposição à lei natural.

Nos sistemas jurídicos oriundos do direito romano, a lei ocupa significativo lugar entre as fontes do direito, sendo certo que, quando admitidas, as demais fontes do direito são recebidas como supletivas ou interpretativas. A lei situa-se no ápice da hierarquia dos atos jurídicos, o que acarreta o fenômeno da codificação.[4]

---

tituição (Kelsen); 10. a lei como decisão política (Schmitt) – (MIRANDA. *Teoria do estado e da constituição*, p. 241-242.

[3]   TAVARES. *Curso de direito constitucional*, p. 808.

[4]   Contemporaneamente, o desenvolvimento tecnológico tem provocado a multiplicação das leis, que estão a perder muito do seu papel como fonte de direito, fenômeno que é

O ATO LEGISLATIVO   109

Canotilho, ao analisar o conceito de lei no âmbito da teoria do Estado e do direito, afirma, em considerações preliminares: "*a*) desde o período pré-socrático até Aristóteles, passando por Sócrates, os estóicos e Platão, que o conceito de lei é praticamente inseparável da sua dimensão material; leis verdadeiras são as leis boas e justas dadas no sentido do bem comum. A lei só pode ser determinada em relação ao justo (igual), dirá Aristóteles na *Ética a Nicómaco;* a 'soberania da lei equivale à soberania de deus e da razão', 'é a inteligência sem paixões', escreverá ainda o mesmo autor em *A Política*. A lei é a 'suprema *ratio*, ínsita na natureza', opinará Cícero. A 'lei é uma ordenação racional, dirigida no sentido do bem comum e tornada pública por aquele que está encarregado de zelar pela comunidade', escreverá S. Tomás. Retenhamos, pois, as duas características da lei, mais ou menos explicitamente acentuadas pela filosofia antiga e intermediária: a *dimensão material*, na medida em que a lei era expressão do justo e do racional; *dimensão de universalidade*, porque a lei se dirigia ao bem comum da humanidade. 'A lei ao dispor só de uma maneira geral, não pode prever todos os casos acidentais' (Aristóteles, *Política*, III, X). A natureza geral da lei ressaltava também da forma clara como a jurisprudência romana distinguia entre as leis (*leges*) e os *privilegia*: através das primeiras, o povo estabelecia uma determinação geral; os segundos eram determinações individuais a favor ou contra particulares (*omissis*). *b*) Com Hobbes, surge o conceito voluntarista e positivo de lei: 'a lei propriamente dita é a palavra daquele que, por direito, tem comando sobre os demais'. Deste modo, a lei é *vontade e ordem* e vale como *comando* e não como expressão do justo e racional (*omissis*). *c*) Com Locke surgem os contornos da lei, típica do liberalismo. A lei é o instrumento que assegura a liberdade. A lei, afirma Locke, nos célebres *Two Treatises of Government*, II, VI, 57, no seu verdadeiro conceito, 'não é tanto a limitação, mas sim o guia de um agente livre e inteligente, no seu próprio interesse'. A lei geral e abstracta é entendida já como a protecção da liberdade e propriedade dos cidadãos ante o arbítrio do soberano. Montesquieu, que definirá as leis como as 'relações necessárias que derivam da natureza das coisas', articulará a teoria da lei com a doutrina da separação dos poderes, ligando as leis gerais ao poder legislativo e as ordens e decisões individuais ao Poder Executivo. *d*) A Rousseau competirá o mérito de considerar a lei como instrumento de actuação da igualdade política e daí a consideração da lei como um produto de vontade geral. A lei era geral num duplo sentido: geral, porque é a vontade comum do povo inteiro, e geral porque estatui não apenas para um caso ou homem mas para o corpo de cidadãos. A lei é, pois, geral quanto à sua origem e quanto ao seu objecto: é o produto da vontade geral

---

acompanhado pela proliferação de textos regulamentares e de desprestígio dos Parlamentos.

e estatui abstractamente para os assuntos da comunidade. *e*) A distinção entre *lei (Gesetz)* e *máxima* é um ponto de partida para a concepção kantiana da lei: é um princípio prático e uma proposição contendo uma determinação tornando-a válida para qualquer ser racional e por isso é lei; se for válida só pela vontade do sujeito é uma simples máxima. *f*) Hegel, ao conceber o Poder Legislativo como o poder de organizar o universal, considera a lei como expressão do *geral* e os actos do executivo como expressão do particular. 'Quando se tem de distinguir entre aquilo que é objecto de legislação geral e aquilo que pertence ao domínio das autoridades administrativas e da regulamentação governamental, pode essa distinção geral assentar em que na primeira se encontra o que, pelo seu conteúdo, é inteiramente universal. No segundo, encontram-se, ao contrário, o particular e as modalidades de execução.'"[5]

Os sentidos da lei são, para Jorge Miranda, os mais variados na Ciência Jurídica: "*a*) A *lei como norma jurídica*, como ordenamento jurídico-positivo ou até como Direito; *b*) A *lei como fonte intencional unilateral de Direito* – criação (ou, doutra óptica, revelação) de normas jurídicas por acto de autoridade dirigido a esse fim – contraposta, portanto, quer ao costume (criação de normas jurídicas a partir da prática ou da comunidade dos destinatários), quer à jurisprudência (criação de normas jurídicas através da decisão de questões submetidas ao tribunal), quer ainda a formas convencionais de Direito interno ou de Direito internacional, máxime ao tratado (criação de normas jurídicas por acordo de vontades entre os interessados, que serão depois seus destinatários); *c*) A lei como *fonte intencional unilateral centralizada ou estatal de Direito* – criação do Direito do Estado por obra de autoridade estatal – contraposta, por um lado, às formas descentralizadas de criação do Direito, correspondentes às autarquias locais, a outras comunidades territoriais e às instituições sociais dotadas de poder normativo, entre as quais as associações públicas e, por outro lado, às formas de criação do Direito próprias de organizações internacionais e de outros sujeitos de Direito internacional (*v.g.* resoluções do Conselho de Segurança das Nações Unidas ou regulamentos comunitários); *d*) A lei como *acto da função legislativa latissimo sensu*, independentemente do tempo, do modo, das regras a que esteja sujeito e dos destinatários, e abrangendo tanto a lei constitucional como a lei infraconstitucional ou lei ordinária e, nesta, tanto a lei de eficácia predominantemente externa como a lei de eficácia predominantemente interna; *e*) A lei como *acto da função legislativa lato sensu* ou lei ordinária – acto normativo da função política subordinado à Constituição, tenha eficácia predominantemente externa ou interna; *f*) A lei como *acto da função legislativa stricto sensu* – acto normativo

---

[5]   CANOTILHO. *Direito constitucional e teoria da constituição*, p. 623-625.

O ATO LEGISLATIVO

da função política subordinado à Constituição e dotado de eficácia predominantemente externa – ou seja, acto dirigido à comunidade política e ainda às relações entre órgãos de poder, contrapondo-se, assim, aos regimentos das assembleias e de outros órgãos colegiais e, porventura, a certas leis meramente organizatórias; g) A lei como *acto legislativo da assembleia política representativa* (ou Parlamento), como *lei em sentido nominal* contraposta quer ao decreto com força de lei e ao decreto-lei (dimanado de órgão do Poder Executivo) quer à resolução, acto não normativo do Parlamento (*omissis*); h) A lei como *acto sob forma de lei*, recortado não tanto pelo conteúdo quanto pelo processo de formação e pela forma final, implicando essa forma determinada força jurídica – a força de lei – e havendo diversas formas de lei consoante as tramitações que as leis sigam ou os órgãos que as editem."[6]

Já nos sistemas jurídicos anglo-saxãos, a lei não tem o mesmo lugar privilegiado daqueles outros sistemas. O direito inglês, com efeito, é jurisprudencial e tanto a *common law* quanto a *equity* foram elaboradas historicamente pelas Cortes, cabendo à lei somente corrigir ou desenvolver este direito. A *common law* acaba por atribuir ao juiz um papel central no âmbito do Poder Judiciário, pois a ele cabe explicar e desenvolver a lei por meio de argumentos e contra-argumentos, segundo um estilo subjetivo e discursivo. A rigidez da lei, embora revestida de clareza, nos sistemas de tradição romano-canônico, tem como consequência o princípio constitucional da igualdade, ao vedar as exceções ou distinções de pessoas ou de circunstâncias individuais, já que a lei deve aplicar-se a todos os indivíduos que se encontrem nas condições previstas em seu texto, sem referência a pessoas ou destinatários.

O estudo da técnica legislativa de qualquer modo, pressupõe o conhecimento e a conceituação do ato legislativo, que será aqui considerado como "a declaração unilateral da vontade estatal expressa e exteriorizada por escrito, que dispõe sobre a criação, modificação ou extinção de normas jurídicas, abstratamente gerais".[7]

Desvincula-se, assim, o conceito de ato legislativo do conceito de função legislativa, sobretudo porque, além do Legislativo, órgãos de outros Poderes poderão emiti-lo, ainda que em caráter não predominante.

Portanto, o que importa considerar é que o ato legislativo resulta na criação de normas jurídicas abstratas e gerais, não obstante sua origem: se proveniente do Poder Legislativo ou do Poder Executivo.

---

6   MIRANDA. *Manual de direito constitucional*, t. 5, p. 121-123.

7   MEEHAN. *Teoría y técnica legislativas*, p. 32.

A abstração e a generalidade revelam, então, a essência e a natureza do ato legislativo.

A generalidade da lei, além da nota de racionalidade que possibilita o seu tratamento sistemático e a sua inteligibilidade científica, deve ser vista como fator de proteção do indivíduo contra a arbitrariedade do Estado quando impede que os detentores do poder adotem decisão individual em relação a situação determinada, pois se acham vinculados pela regra geral contida na lei. Para Kant, a generalidade e a abstração da lei expressam garantia das condições externas *a priori* para o desenvolvimento da liberdade individual, enquanto que para Hegel, as leis, graças ao seu conteúdo, completamente gerais, são um momento da universalidade corporificada pela ação do Estado, capazes, apenas elas, de conferir valor moral à vida em comum.

Além disso, a generalidade se apresenta como consequência do princípio da igualdade perante a lei, ao vedar as exceções ou distinções de pessoas ou de circunstâncias individuais, já que a lei deve aplicar-se a todos os indivíduos que se encontrem nas condições previstas em seu texto, sem referência a pessoas ou destinatários.

A abstração é um corolário da generalidade, pois se a regra é geral, não abrange apenas uma situação jurídica individual concreta, mas tantas outras da mesma forma.

O paradigma da cientificidade, que levou à fixação dos conceitos de generalidade e abstração como próprios da lei, vem sendo alterado. Com efeito, atualmente não mais se exige um tratamento geral e abstrato ao objeto da lei. Há um deslocamento do paradigma da cientificidade, a possibilitar que o conteúdo da legislação, geral e abstrata ou não, seja mais aberto e indeterminado, levando em conta a importância das questões nela tratadas para a sociedade. Surge, desse modo, um novo conceito material de lei, que se configura, especialmente, pela presença de valores e princípios constitucionais, que se deslocam para a legislação ordinária, conformando o seu conteúdo material, derivado agora, não mais da razão abstrata ou da virtude, mas da própria ordem constitucional. Trata-se do fenômeno conhecido como "constitucionalização do direito".

2. LEI, REGULAMENTO E DECRETO

Fala-se ainda em *novidade* como essência do ato legislativo (*Laband* e *Ranelletti*). A novidade serviria para distinguir a lei do regulamento, pois enquanto aquela, além de impessoal, geral e abstrata, inovaria a ordem jurídica, ao regulamento faltaria apenas a novidade, já que seria, como a lei, regra impessoal, geral e abstrata.

O ATO LEGISLATIVO 113

Há, no entanto, quem sustente ser impreciso o critério de novidade em relação aos seus verdadeiros alcances.

É que, se inovar significa produzir originariamente, apenas os atos legislativos de hierarquia constitucional inovariam a ordem jurídica, pois antes deles é que nada havia, nada existia.[8]

Seabra Fagundes, a propósito, esclarece:

> a *novidade* do preceito, importando modificação de situação jurídica, não pode, por si só, caracterizar a lei, pois que todo ato jurídico (e, conseqüentemente, também o ato administrativo) implica em modificar situação jurídica anterior.[9]

Advirta-se, no entanto, que a novidade da lei significa estabelecer direitos e obrigações, circunstância inexistente no regulamento, que, sendo de execução, não cria, altera ou extingue direitos e obrigações. Caracteriza-se ainda como novo o direito (lei) criado em plano imediatamente inferior à Constituição, enquanto o regulamento emerge de um segundo plano, que é mediato relativamente à Constituição.

O nosso Direito distingue lei de regulamento. A própria Constituição Federal, em seu art. 84, IV, estabelece ser da competência privativa do Presidente da República sancionar, promulgar e fazer publicar as leis, bem como expedir decretos e regulamentos para sua fiel execução.

Para Cristina Queiroz, considerando que, na modernidade, o Parlamento é muitas vezes chamado a ratificar as escolhas ou os acordos realizados entre os interesses sociais organizados e o Executivo, nesse quadro o que "diferencia o conceito de 'lei' do conceito de 'regulamento' não é a característica da generalidade e abstração da norma, pois ambos se apresentam como 'lei em sentido material', mas o fato de caber ao parlamento a apreciação, discussão e decisão das 'questões fundamentais' da vida constitucional, cabendo, em contrapartida, aos 'regulamentos' a regulamentação das 'questões secundárias' ou 'não-fundamentais'. Estas não necessitam ser decididas pelo parlamento".[10]

A doutrina tem consagrado três tipos de regulamentos: os *autônomos*, os *delegados* e os de *execução*.

Autônomos são os regulamentos que têm por objeto disciplinar a organização ou a atividade administrativa e, por extrair sua validade diretamente da Constituição,

---

8   MEEHAN. *Op. cit.*, p. 17.

9   SEABRA FAGUNDES. *O controle dos atos administrativos pelo poder judiciário*, p. 21.

10 QUEIROZ. *Direito constitucional:* as instituições do estado democrático e constitucional, p. 246-247.

inovam o Direito, equivalendo-se então à lei. Posicionamo-nos ao lado daqueles que entendem não existirem os regulamentos autônomos no sistema brasileiro, em face, sobretudo, do princípio da legalidade declarado no art. 5º, II, da Constituição, segundo o qual "ninguém será obrigado a fazer ou deixar de fazer alguma coisa senão em virtude de lei". Admitir o contrário seria violar o princípio da legalidade, mesmo porque a edição de normas gerais e abstratas é função própria do Poder Legislativo, considerando ainda que a extensão do regulamento deve estar definida em lei. Se o regulamento extrapolar da lei, padecerá de vício de legalidade. Nada obstante, autores há que sustentam tese oposta. Hely Lopes Meirelles, relacionando os decretos autônomos com os poderes implícitos da Administração, afirma que "no poder de chefiar a Administração está implícito o de regulamentar a lei e suprir, com normas próprias, as omissões do Legislativo que estiverem na alçada do Executivo".[11] Também Sergio de Andréa Ferreira sustenta que "os regulamentos autônomos ou independentes têm lugar quando, possuindo a Administração Pública faculdade de optar entre várias soluções, ela se autolimita, editando norma que fixa a escolha em uma dessas alternativas".[12] Com o advento da EC n. 32/2001, que modificou a redação do art. 84, VI, da Constituição Federal, para introduzir na competência privativa do Presidente da República, dispor, mediante decreto, sobre organização e funcionamento da administração federal, quando não implicar aumento de despesa nem criação ou extinção de órgãos públicos, bem como sobre extinção de funções ou cargos públicos, quando vagos, foi positivado, em nosso Direito, o decreto autônomo, fundado diretamente na Constituição. Destaque-se o posicionamento doutrinário de Gilmar Mendes: "A modificação introduzida pela EC n. 32/2001 inaugurou, no sistema constitucional de 1988, o assim chamado 'decreto autônomo', isto é, decreto de perfil não regulamentar, cujo fundamento de validade repousa diretamente na Constituição". Pondera, entretanto, que "em todas essas situações (previstas na EC n. 32/2001), a atuação do Poder Público não tem força criadora autônoma, nem parece dotada de condições para inovar decisivamente na ordem jurídica, uma vez que se cuida de atividades que, em geral, estão amplamente reguladas na ordem jurídica".[13] Parte da doutrina, em contraponto, não aceita a figura do decreto autônomo, mesmo após a EC n. 32/2001. Na dicção de José dos Santos Carvalho Filho, "mesmo diante da alteração processada na Constituição, permanecemos fiel ao pensamento que expressamos acima (de que não há no quadro constitucional respaldo para

---

[11]   MEIRELLES. *Direito administrativo brasileiro*, p. 99.

[12]   FERREIRA. *Direito administrativo didático*, p. 62. Cf. ainda GASPARINI. *Poder regulamentar*, p. 280-285.

[13]   MENDES; COELHO; BRANCO. *Curso de direito constitucional*, p. 871.

O ATO LEGISLATIVO

admitir a edição de regulamentos autônomos). Aliás, a questão dos decretos e regulamentos autônomos deve ser colocada em termos mais precisos. Para que sejam caracterizados como tais, é necessário que os atos possam criar e extinguir primariamente direitos e obrigações, vale dizer, sem prévia lei disciplinadora da matéria ou, se se preferir, colmatando lacunas legislativas. Atos dessa natureza não podem existir em nosso ordenamento porque a tanto se opõe o art. 5°, II, da CF, que fixa o postulado da reserva legal para a exigibilidade de obrigações. Para que fossem admitidos, seria impositivo que a Constituição deixasse clara, nítida, indubitável, a viabilidade jurídica de sua edição por agentes da Administração, como o fez, por exemplo, ao atribuir ao Presidente da República o poder constitucional de legislar por meio de medidas provisórias (art. 62, CF). Aqui, sim, o poder legiferante é direto e primário, mas os atos são efetivamente legislativos e não regulamentares. Ao contrário, decretos e regulamentos autônomos estampariam poder legiferante indireto e simulado, e este não encontra suporte na Constituição.[14] De observar que o Supremo Tribunal Federal tem admitido o controle, por via de ação direta de inconstitucionalidade, de decreto autônomo revestido de conteúdo normativo.[15]

Delegados são os regulamentos que desenvolvem a lei, inovando a ordem jurídica, e editados segundo autorização legislativa. Também entendemos não existirem em nosso Direito, em decorrência do princípio da separação de Poderes (art. 2°), que acarreta a vedação da delegação de atribuições, excepcionada apenas nos casos expressamente previstos na Constituição.

São de *execução* os regulamentos mencionados no art. 84, IV, ou seja, aqueles emanados diretamente da lei e que não criam, alteram ou extinguem direitos, mas apenas desenvolvem a lei existente e dela dependem. Os regulamentos facilitam, portanto, a aplicação da lei, criando os meios necessários para sua melhor compreensão, com o detalhamento de pontos específicos que não se encontram na generalidade da lei.

Os regulamentos são redigidos em texto separado e aprovados em decreto. Nada impede, contudo, que o texto seja um só, isto é, que os preceitos do regulamento façam parte do próprio decreto.

---

[14] CARVALHO FILHO. *Manual de direito administrativo*, p. 55-56.

[15] STF, ADI-MC 1590: "Ação direta de inconstitucionalidade: idoneidade do objeto. Tem-se objeto idôneo à ação direta de inconstitucionalidade quando o decreto impugnado não é de caráter regulamentar de lei, mas constitui ato normativo que pretende derivar o seu conteúdo diretamente da Constituição." (Rel. Min. Sepúlveda Pertence, *DJ*, 15.8.1997). Cf. ainda ADI 1.396, *DJ*, 7.8.1998; ADI-MC 435, *DJ*, 6.8.1999; ADI-MC 3936, *DJ*, 9.11.1997; ADI 2458-AL, *DJ*, 16.5.2003.

Por *decreto* entende-se "a fórmula escrita mediante a qual normalmente o Poder Executivo manifesta a vontade, quer tomando providências relativas às suas atribuições, quer pondo em vigor as normas que lhe compete editar".[16]

Os decretos podem ser individuais (quando se referem, normalmente, a algum administrado), ou gerais (quando fazem entrar em vigor algum regulamento).

3. CLASSIFICAÇÃO DO ATO LEGISLATIVO

O ato legislativo pode classificar-se segundo vários critérios. Levando em consideração o ordenamento jurídico positivo, é oferecida a seguinte classificação do ato legislativo:

I – segundo o nível de governo a que se refere é:

a) federal;

b) estadual;

c) municipal. Para tanto, examine-se a repartição de competências, contida na Constituição Federal (arts. 21, 22, 23, 24, 25, 30, entre outros dispositivos);

II – segundo a hierarquia institucional, diferencia-se o ato legislativo em constitucional e não constitucional ou ordinário.

Não se tem admitido, todavia, o enquadramento da função constituinte como legislativa, se se considerar o poder encarregado de realizá-la, que, por ser constituinte, não se confunde com o poder constituído, a quem cabe exercer a função legislativa ordinária;

III – segundo a natureza dos órgãos estatais que o emitem, decorre o ato legislativo de:

a) órgãos legislativos;

b) órgãos administrativos; e

c) órgãos jurisdicionais. Lembre-se de que cada órgão desempenha, com predominância sobre os demais, porém não com exclusividade, determinada função do Estado. Assim, nada impede que, além do Legislativo, os outros dois Poderes do Estado exerçam função legislativa;

IV – segundo a quantidade de órgãos estatais que intervêm na emissão e expressão do ato legislativo, apresenta-se este como ato simples e complexo. O primeiro decorre da vontade de um só órgão (unipessoal ou colegiado), e o outro surge da vontade de vários órgãos que, objetivando um único fim, integra-se em um só ato;

V – segundo o âmbito temporal de vigência, o ato legislativo pode ser *permanente* e *transitório*. Permanente é aquele cuja vigência subsistirá até que outro ato

---

[16] CRETELLA JÚNIOR. *Comentários à Constituição de 1988*, v. V, p. 2.899.

O ATO LEGISLATIVO

legislativo, emitido pelo mesmo órgão que o editou, o revogue. Transitório é aquele que, havendo sido editado por um prazo determinado, ou para uma única situação, vigora durante o termo previsto ou até o cumprimento daquela situação;

VI – segundo o âmbito territorial de vigência, classifica-se o ato legislativo em *universal* e *local*. O primeiro tem aplicação em todo o território do Estado e o outro somente em uma parte dele;

VII – segundo a conformação com o ordenamento jurídico vigente, o ato legislativo classifica-se em *válido* e *inválido*, caso se conforme ou não com as normas jurídicas que compõem esse ordenamento;

VIII – segundo o cumprimento, o ato legislativo pode ser *eficaz* ou *ineficaz*. A eficácia dependerá do grau de cumprimento que na realidade evidencie o ato legislativo e as normas que revelam o seu conteúdo.

A propósito do conceito de eficácia, cite-se *Pinto Ferreira*:

> a eficácia do direito pode ser entendida no sentido social e no sentido jurídico. A eficácia social da norma jurídica significa que a conduta humana se efetiva realmente de acordo com a própria norma; a norma é realmente seguida e aplicada. A eficácia jurídica designa a força que tem a norma jurídica de produzir os seus próprios efeitos na regulação da conduta humana; indica uma possibilidade da aplicação da norma a sua exigibilidade, a sua exeqüibilidade, a sua executoriedade como possibilidade. O que caracteriza o direito é a coercibilidade, a possibilidade da coação; o que caracteriza a eficácia é a possibilidade da sua executoriedade.[17]

Eficácia não se confunde com vigência, nem com validade.

A vigência do ato legislativo significa verificar se as normas jurídicas têm vida ou existência, vale dizer, se foram regularmente promulgadas e publicadas, quais os alcances de seu âmbito territorial e temporal e se seus efeitos não foram modificados ou extintos.

A validade, como vimos, refere-se à conformação, formal e substancial, do ato legislativo com o ordenamento jurídico do Estado. Assim, ato legislativo válido é aquele que se conforma com as normas a que se deve subordinar, dentro de um sistema normativo hierarquizado.

Esclareça-se que a observância das regras de técnica legislativa é fator primordial para a eficácia das leis;

IX – segundo a existência independente ou dependente, o ato legislativo classifica-se em *principal* e *acessório*. Principal é aquele cuja permanência

---

[17] PINTO FERREIRA. *Enciclopédia Saraiva do Direito*. Verbete: Eficácia, v. 30, p. 158.

não depende de outro; acessório é o que se extingue ao se extinguirem os atos principais de que dependem;

X – segundo os efeitos normativos, distingue-se o ato legislativo de *efeitos constitutivos* do ato legislativo que *modifica ou extingue* normas jurídicas.

4. NORMAS JURÍDICAS COMO OBJETO DO ATO LEGISLATIVO

Como vimos, o ato legislativo tem por objeto produzir normas jurídicas abstratamente gerais.

Esclarece *Gilmar Ferreira Mendes*:

> as normas jurídicas cumprem, no Estado de Direito, a nobre tarefa de concretizar a Constituição. Elas devem criar os fundamentos de justiça e segurança, que assegurem um desenvolvimento social e harmônico dentro de um contexto de paz e liberdade.[18]

4.1 Requisitos das normas jurídicas

Para que sejam eficazes e cumpram tais fins, as leis devem observar alguns requisitos: *integralidade, irredutibilidade, coerência, correspondência* e *realidade*.

Integral é a lei completa, vale dizer, a que trata de todas as matérias pertinentes à natureza, conteúdo e objetivos que busca alcançar. Lei não integral é lacunosa e deficiente, dando margem à elaboração de outras normas tendentes a superá-la, provocando desnecessária confusão no ordenamento jurídico. O princípio da integralidade não exclui a elaboração de normas jurídicas setoriais correspondentes aos diversos ramos do Direito, como, por exemplo, leis de Direito Público, Privado, Financeiro, do Trabalho, etc.

A integralidade da lei deverá ser avaliada em cada caso a ser legislado, evitando-se com isso que se exaura, numa única lei, todas as instituições de determinado ramo do Direito.

De outra parte, a integralidade da lei não deve impedir que haja ato normativo acessório (como, *v.g.*, o regulamento) para completar e desenvolver seus princípios, sem, contudo, exorbitar ou contrariar seus preceitos.

A *irredutibilidade* da lei significa que a norma deve expressar apenas o pertinente aos objetivos e fins a que visa, dentro de sua classe e de seu tipo normativo.

---

[18] MENDES. Questões fundamentais de técnica legislativa. *Revista Ajuris*, v. 53, nov. 1991, p. 53.

A inobservância da irredutibilidade da lei poderá acarretar os chamados excessos legislativos, com o estabelecimento de mais normas do que as necessárias, bem como a ocorrência de leis reiterativas regulando mais de uma vez uma mesma situação, circunstância essa que poderá provocar contradições que afetarão a coerência da ordem jurídica.

A *coerência* da lei traduz a necessidade de unidade de pensamento que deve expressar todo ato legislativo.

Deve-se, assim, evitar contradições e desarmonia.

A incoerência resulta de uma dessemelhança ao regular, dentro de uma mesma lei, uma mesma questão.

Escrevendo sobre a compatibilidade teleológica e ausência de contradição lógica da lei, acentua *Gilmar Ferreira Mendes*:

> a existência de um sistema interno deve, sempre que possível, evitar as contradições lógicas, teleológicas ou valorativas. Tem-se uma contradição lógica se, *v.g.*, a conduta autorizada pela norma 'A' é proibida pela norma 'B'. Verifica-se uma contradição valorativa se se identificam incongruências de conteúdo axiológico dentro de um sistema que estabelece a igualdade como princípio basilar. Constata-se uma contradição teleológica se há uma contradição entre os objetivos perseguidos por disposições diversas, de modo que a observância de um preceito importa na nulificação dos objetivos visados pela outra.[19]

Naturalmente que a incoerência acarretará insegurança e arbitrariedade e comprometerá a eficácia da lei, fazendo muitas vezes com que a mesma produza efeitos não desejados e distintos daqueles previstos pelo legislador.

Já a desarmonia surge quando, diante de pressupostos que requerem tratamento similar, por serem semelhantes, apresentam-se soluções totalmente divergentes.[20]

A *correspondência* da lei verifica-se com a sua inserção no ordenamento jurídico, cujas normas irão condicionar e validar as demais. Assim, a lei deverá levar em conta as normas que compõem o ordenamento jurídico do Estado, disso resultando relações de subordinação, hipótese em que se cuidará de sua validade.

Sobre o tema, escreve *Vicente Ráo*:

> em rigor, perante a Constituição, todas as normas restantes constituem o segundo grau da hierarquia; mas, entre estas, novos graus se assinalam, na seguinte ordem decrescente e no pressuposto de não poderem as de grau inferior nem invadir a matéria de competência das de grau mais elevado, nem,

---

[19] MENDES. *Op. cit.*, p. 19.

[20] MEEHAN. *Op. cit.*, p. 80.

consequentemente, infirmar as suas disposições: leis federais, constituições estaduais e leis estaduais e municipais.

O princípio da *constitucionalidade* exige a conformidade de todas as normas e atos inferiores, leis, decretos, regulamentos, atos administrativos e atos judiciais, às disposições *substanciais* ou *formais* da Constituição; o princípio da *legalidade* reclama a subordinação dos atos executivos e judiciais às leis e, também, a subordinação, nos termos acima indicados, das leis estaduais às federais e das municipais a umas e outras.[21]

A *realidade* da lei significa que ela deverá levar em conta a realidade social, política, econômica, entre outras, que visa regular. Como afirma *Dabin*, "o jurista não retira sua regra do nada e não edifica no vazio".

Também *Herrera*, lembrado por *Meehan*,[22] ao referir-se à Constituição, mostra que ela "deve adequar-se à realidade histórica, ao presente, ao futuro presumível da nação que há de reger, atendendo aos fatores étnicos, culturais, jurídicos, econômicos, sociais, políticos e espirituais, extremos que não podem descuidar-se sem expor o documento ao fracasso".

Assim, a ocorrência de disposições irreais, resultantes de um impulso ou capricho do legislador, redundará em arbitrariedade e irresponsabilidade legislativas comprometedoras da dignidade da legislação como instrumento de ordenação social.

4.2 Classificação das leis

Da mesma forma com que estabelecemos os requisitos das leis no tocante ao ato legislativo, passaremos em revista sua classificação, o que nos parece indispensável para os propósitos da técnica legislativa.

As leis, como objeto do ato legislativo, podem classificar-se em:

I – *Leis de Direito Público* e *leis de Direito Privado*, segundo a distinção tradicional dos ramos do Direito em Público e Privado.

A divisão do Direito em Público e Privado prende-se à utilidade e à necessidade, sobretudo didáticas, pois, do ponto de vista da ciência jurídica, têm sido falhos, insuficientes e obscuros os critérios distintivos. Não são poucos esses critérios. Analisando-os, destaca-se inicialmente o critério do interesse ou da utilidade contido no Direito romano: o Direito Público versa sobre o modo de ser do Estado; o Privado, sobre o interesse dos particulares. Com efeito, algumas coisas são úteis publicamente, outras privadamente. É falho esse critério, porque não há

---

[21] RÁO. *O direito e a vida dos direitos*, t. II, p. 263.

[22] HERRERA *apud* MEEHAN. *Op. cit.*, p. 82.

como separar o interesse individual do público, já que ambos se interpenetram. Assim, a norma jurídica não visa apenas ao interesse do Estado ou do particular. Tome-se como exemplo o Direito de Família, cujas normas, notadamente as que se referem ao casamento, interessam tanto ao indivíduo quanto ao Estado, quando se trata de estabilidade familiar. Também o ensino privado que, não obstante situar-se no âmbito do Direito Privado, interessa igualmente ao Direito Público.

Buscou-se, então, o fundamento da distinção no interesse predominante. Se a norma objetiva garantir diretamente o interesse privado e indiretamente o da sociedade, trata-se de Direito Privado, e, na hipótese contrária, estaríamos diante de norma de Direito Público. A mesma dificuldade antes apontada, qual seja, a de assinalar o interesse predominante numa determinada norma jurídica pela interpenetração do interesse público e individual, impede a aceitação desse critério.

Outros fatores fundamentam a divisão na qualidade dos sujeitos (critério subjetivo) mostrando que, no Direito Público, o titular de direitos é o Estado, dotado de império ou poder de supremacia, e, no Privado, os titulares são as pessoas físicas ou jurídicas (particulares). Não satisfaz também essa distinção, pois o Estado comparece, e até com freqüência, em contratos de locação, compra e venda, situando-se no mesmo nível do particular, sem aquela posição de supremacia.

Finalmente, mencione-se o critério formal, baseado na forma externa das relações jurídicas, vale dizer, será privada a norma que tratar de relação jurídica de coordenação (contratos de compra e venda), com igualdade das partes na relação jurídica, e será pública a que versar relação jurídica de subordinação, protegendo interesses preponderantemente públicos. Tal critério é questionável, pois deixaria à margem o Direito Internacional Público, que regula relações de coordenação com igualdade jurídica dos Estados que têm interesses de igual valor no âmbito das relações internacionais.

Além desses critérios distintivos, Dimitri Dimoulis acrescenta: a) a politicidade, critério pelo qual o caráter político é decisivo para informar a relação jurídica, o que faz com que os assuntos de relevância política são regidos pelo Direito Público e os demais pelo Direito Privado; e, b) a imperatividade, que considera de direito público todas as normas que têm caráter imperativo, ou seja, são obrigatórias para todos, e constitui um *ius cogens*, e de direito privado as que têm feição de *ius dispositivum*, compondo um direito flexível, que se aplicará somente se os interessados não decidirem de forma diferente. Apesar de considerar esse critério plausível, o autor esclarece que um exame mais cuidadoso do direito positivo indica que muitos assuntos de interesse particular são regulamentados por normas que não permitem exceção, nem negociação, e de forma inversa, a aplicação de regras de Direito Público depende da vontade dos particulares, como a necessidade de ação penal privada, para a punição de delitos tipificados no direito penal.[23]

Para Tercio Sampaio as grandes dicotomias no direito, como direito público e direito privado, são *topoi*, pois não se pode classificar as normas segundo uma tipologia rigorosa. Segundo o autor, "a profusão de normas não permite sua organização teórica na forma de uma definição genérica que se especifica lógica e rigorosamente em seus tipos. As diversas classificações e seus critérios surgem ao sabor dos problemas que a dogmática enfrenta na decidibilidade, os quais exigem distinções sobre as distinções. Os critérios mencionados são então *topoi*, isto é, lugares comuns, pontos de vista comumente aceitos que permitem classificações regionais e provisórias, sem alcançar uma sistematicidade abrangente".[24]

O campo das relações públicas, a esfera do público ou o público define-se a partir do conjunto das relações imperativas de mando e obediência, de cuja dialética resulta a ordem política. E em contraposição ao público, o conjunto de relações no seio de uma comunidade que refoge à esfera do mando e da obediência, compõe o campo das relações privadas. Desse modo, não há como definir, "senão por exclusão, a esfera do privado, pois as fronteiras entre ambos são extremamente variáveis: mudam conforme a época, o regime político e os condicionamentos da realidade social. Como tudo em política, os limites entre o público e o privado também sujeitam-se à divergência de opiniões e a conflitos, tratando-se de mais uma área alcançada pela sua natureza polêmica. A fixação dessas fronteiras depende, portanto, de um mando tornado efetivo pela obediência. Vale dizer: cabe ao público, ele próprio, definir a extensão de seu campo, o que importa *ipso facto* a delimitação da esfera privada. Essa é a razão pela qual a ciência do direito não conseguiu encontrar, até hoje, critérios jurídicos satisfatórios para distinguir o direito público do direito privado. É que a matriz dessa classificação não é jurídica, mas eminentemente política".[25]

Castoriadis distingue entre *oikos, agora* e *ecclesia,* propondo, a partir daí, a divisão dos ramos do Direito. Segundo o autor, há três esferas, que podem ser distinguidas na democracia: esfera privada; esfera privada/pública e esfera pública/pública. A *"oikos,* a casa-família, a esfera privada, é o campo no qual, formalmente e em princípio, o poder não pode ser nem deve interferir. Assim como

---

[23]　DIMOULIS. *Manual de introdução ao estudo do direito*: definição e conceitos básicos; norma jurídica; fontes, interpretação e ramos do direito; sujeito de direito e fatos jurídicos; relações entre direito, justiça, moral e política; direito e linguagem, p. 275-276.

[24]　FERRAZ JUNIOR. *Introdução ao estudo do direito*, p.132.

[25]　SOUZA JUNIOR. *Consenso e democracia constitucional*, p. 33-34.

O ATO LEGISLATIVO 123

as demais questões deste campo, mesmo isso não pode e não deve ser tomado em sentido absoluto: a lei penal proíbe atingir a vida ou a integridade corporal dos membros da família e a instrução das crianças é obrigatória até mesmo nos governos mais conservadores, etc. A *agora:* o mercado-lugar de reunião é o domínio no qual os indivíduos encontram-se livremente, discutem, contratam entre si, publicam e compram livros, etc. Ainda aqui, formalmente e em princípio, o poder não pode nem deve intervir – mas também aqui, de qualquer forma, a questão não pode ser tomada em sentido absoluto. A lei impõe o respeito aos contratos privados, proíbe o trabalho infantil, etc. De fato, não se terminaria nunca de enumerar os pontos nos quais as disposições pelas quais o poder, mesmo nos Estados mais 'liberais' (no sentido do liberalismo capitalista), intervém nesse domínio (exemplo do orçamento). A *ecclesia*, termo utilizado aqui metaforicamente, é o lugar do poder, o domínio público/público. O poder compreende os poderes, e esses devem ser simultaneamente separados e articulados".[26]

Num outro aporte teórico, a "esfera pública não pode ser entendida como uma instituição, nem como uma organização, pois, ela não constitui uma estrutura normativa capaz de diferenciar entre competências e papéis, nem regula o modo de pertença a uma organização, etc. A esfera pública pode ser descrita como uma rede adequada para a comunicação de conteúdos, tomadas de posição e opiniões; nela, os fluxos comunicacionais são filtrados e sintetizados, a ponto de se condensarem em opiniões públicas enfeixadas em temas específicos. Do mesmo modo que o mundo da vida tomado globalmente, a esfera pública se reproduz através do agir comunicativo, implicando apenas o domínio de uma linguagem natural; ela está em sintonia com a compreensibilidade geral da prática comunicativa cotidiana. A esfera pública constitui principalmente uma estrutura comunicacional do agir orientado pelo entendimento, a qual tem a ver com o espaço social gerado no agir comunicativo, não com as funções nem com os conteúdos da comunicação cotidiana".[27]

A distinção entre as esferas pública e privada, portanto, "ao contrário de ser algo natural, embora por vezes naturalizado, é construção histórico-social, podendo ser interpretada e compreendida através de diversos olhares paradigmáticos. O público tem de ser visto hoje como uma dimensão bem mais complexa do que simplesmente a de um lócus estatal, e sim como dimensão discursiva de mobilização e expressão dos diversos fluxos comunicativos, políticos, artísticos, científicos, enfim, culturais".[28]

---

[26] CASTORIADIS. *A democracia como procedimento e como regime. In*: Encruzilhadas do labirinto IV: a ascensão da insignificância, p. 265.

[27] HABERMAS. *Direito e democracia*: entre facticidade e validade, v. II, p. 92.

[28] CATTONI DE OLIVEIRA. *Direito constitucional*, p. 29 e 31.

Registre-se ainda que, em decorrência do fenômeno denominado de constitucionalização do Direito, autores há que entendem superada a distinção entre Direito Público e Direito Privado, seja pelo fato de que "técnicas e institutos tradicionalmente pertencentes ao Direito Privado são aplicados ao Direito Público e vice-versa", seja porque a distinção só seria válida para a família jurídica romano-germânica, sendo desconhecida nos países da *common law*.[29] Ainda se sustenta que "a acolhida da tese de unidade do ordenamento jurídico, e bem assim da superioridade dos valores e princípios insculpidos na Constituição, cujo alcance se projeta no sistema jurídico como um todo, conduz à necessidade de abandonar a separação do direito em público e privado, posta pela doutrina tradicional".[30]

Mesmo que não sejam satisfatórias as soluções para a distinção do Direito Público e Privado,[31] nem por isso há de se desprezar a dicotomia, por ser ela útil e necessária do ponto de vista didático, e por contribuir para a formação de uma mentalidade pública ou privada, que tem sido responsável pela elaboração e aperfeiçoamento do Direito ao longo dos séculos.

II – *Leis substantivas e leis adjetivas.* As leis substantivas contêm disposições materiais ou de fundo (Código Penal, Código Civil, etc.), enquanto que as leis adjetivas dispõem sobre a organização, as formas e os procedimentos mediante os quais as leis substantivas deverão ser aplicadas (Códigos de Processo Penal e de Processo Civil).

A propósito, dispõe a Constituição Federal brasileira (art. 22, I) que é de competência privativa da União legislar sobre direito civil, comercial, penal, processual, eleitoral, agrário, marítimo, aeronáutico, espacial e do trabalho. Cabe, no entanto, aos Estados e ao Distrito Federal legislar concorrentemente com a União sobre procedimentos em matéria processual (art. 24, XI).

Mencione-se também: *leis materiais,* que versam matéria de caráter genérico, abstrato; dirigem-se a todos e a ninguém em particular.[32] São materiais as leis

---

[29] LUDWIG. Direito público e direito privado: a superação da dicotomia. *In*: COSTA (Org.). *A reconstrução do direito privado,* p. 104, 87-88.

[30] MATTIETTO. O direito civil constitucional e a nova teoria dos contratos. *In:* TEPEDINO (Coord.). *Problemas de direito civil constitucional,* p. 166.

[31] Na impossibilidade de se encontrar solução satisfatória para explicar a dicotomia, criou-se um terceiro tipo de direito, o Direito Misto, que se situa na fronteira do Direito Privado com o Direito Público, e quando se tutelam interesses públicos e privados. No Direito Misto se incluem algumas partes do Direito Privado, como o Direito de Família, e outros direitos, como o do Trabalho e o Direito Internacional Privado. (Cf. GUSMÃO. *Introdução ao estudo do direito,* p. 224). Esse novo direito não vem, contudo, definido, mas apenas serve para ofuscar aquilo que já é controvertido na dicotomia.

[32] A história da caracterização material da lei vem resumida por Canotilho: a) a lei material como regra ou norma geral e abstrata: a generalidade era essencialmente existente

O ATO LEGISLATIVO   125

que "definem direitos e deveres, estabelecem as condições existenciais de uns
e de outros, os requisitos de constituição e gozo das situações jurídicas, os elementos dos *status* pessoais, etc.";[33] e *leis formais,* que são atos jurídicos votados
pelo Parlamento, obedecidos aos trâmites e formalidades preestabelecidos, e se
relacionam com o processo legislativo que lhes dá origem.

III – *Leis imperativas, supletivas, de ordem pública e de ordem privada.*

Imperativas, também conhecidas como cogentes, preceptivas, absolutas, são
as leis que se impõem aos particulares independentemente e ainda contrariando
qualquer manifestação de sua vontade. Não deixam liberdade à vontade individual. São inderrogáveis pela vontade das partes.

Supletivas são as leis que "deixam liberdade aos particulares de disporem de
outro modo e se aplicam em caso de obscuridade ou omissão na manifestação da
vontade dos interessados".[34] Aplicam-se, portanto, somente no caso em que os
interessados não tenham previsto algo distinto em relação a elas, e disciplinam
subsidiariamente o seu silêncio.

Consideram-se *de ordem pública* as leis que tratam dos princípios fundamentais da organização social, e *de ordem privada* as que se referem sobretudo aos
interesses particulares dos indivíduos.

Cabe advertir, contudo, que, apesar da controvérsia,[35] não se identificam as
leis de ordem pública com as cogentes, nem as de ordem privada com as supletivas.

É que, de fato, há muitas normas cogentes no Direito Privado, da mesma forma que há normas de ordem privada no Direito Público.

Assim, não há utilidade prática na distinção entre normas de ordem pública e
normas de Direito Privado. A questão fundamental, ao que nos parece, é distinguir normas imperativas ou cogentes de normas supletivas.

---

na norma, como deliberação abstrata para regulamentação de todos os casos de mesma
natureza e a todas as pessoas nas condições previstas; b) a lei material como regra de
direito delimitadora da esfera livre de atividade das pessoas nas suas relações recíprocas: lei é a criação do direito, mas o que importa não mais é o caráter de abstração,
mas a modificação da situação jurídica das pessoas; c) a lei material no sentido de ato
que intervém na propriedade e liberdade dos cidadãos: para se intervir nas esferas de
liberdade e propriedade é necessária uma lei, ou pelo menos, autorização legal (*Direito
constitucional e teoria da constituição*, p. 625-626).

[33]   PEREIRA. *Instituições de direito civil*, v. I, p. 105.

[34]   LEAL. *Problemas de direito público.*

[35]   Cf. BEVILÁQUA. *Teoria geral do direito civil.*

IV – *Leis positivas, negativas* e *autorizativas.*

Positivas são as leis que expressam o que devem realizar aqueles que por elas se obrigam. *Negativas* são as que expressam o que não se deve fazer (a Constituição Federal brasileira declara em seu art. 5º, II, que "ninguém será obrigado a fazer ou deixar de fazer alguma coisa senão em virtude da lei"). *Autorizativas*, também conhecidas como permissivas, são as leis que, vinculadas a uma proibição anterior, revogam-na ou limitam-na quanto a seus alcances.

V – *Leis gerais, especiais* ou *excepcionais.*

Gerais ou comuns são as leis "de aplicação genérica e ampla, que regulam o maior número das hipóteses enquadradas nos tipos legais, como o direito civil, o processo civil, etc. *Especiais* são as que regulam determinado número de situações, de amplitude mais ou menos considerável, sujeitando-as a um tratamento diferente, como o direito comercial, a lei de acidentes do trabalho, os códigos de minas e águas, a lei das execuções fiscais, etc."[36]

VI – *Leis permanentes, temporárias, transitórias e repristinatórias.*

As *leis permanentes* são as que vigoram até que sejam revogadas por outras (o art. 2º da Lei de Introdução às normas do Direito brasileiro dispõe: "Não se destinando à vigência temporária, a lei terá vigor até que outra a modifique ou revogue").

Temporárias são as leis destinadas a vigorar por um certo período fixado na própria lei, ou dependente de uma condição nela também determinada.

Transitórias são as leis cujas disposições são editadas para solucionar as dificuldades oriundas da transição do regime de uma lei revogada para o regime da lei nova.

A técnica legislativa recomenda que as disposições transitórias tenham numeração própria. É o que ocorre com as disposições constitucionais transitórias da Constituição Federal brasileira de 1988, que constituem ato autônomo (70 artigos na sua redação originária) em relação ao texto permanente, seguindo a linha das Constituições de 1891, 1934, 1946.

As *leis repristinatórias* são as que revigoram ou restauram leis anteriormente revogadas. A Lei de Introdução às normas do Direito brasileiro exige que o revigoramento de leis anteriormente revogadas conste de texto expresso. Dispõe, com efeito, o art. 2º, § 3º, da Lei de Introdução:

Salvo disposição em contrário, a lei revogada não se restaura por ter a lei revogadora perdido a vigência.

---

[36] LEAL. *Op. cit.*, p. 48.

O ATO LEGISLATIVO

VII – Leis normativas e leis construtivas. Normativas são as que impõem ao homem que vive em sociedade certa abstenção ou certa ação, e construtivas ou técnicas aquelas que preordenam medidas, organizam e fixam competências e asseguram sanções.[37]

VIII – Leis de arbitragem e leis de impulsão. As leis de arbitragem têm por função compor conflitos de interesses interindividuais; harmonizarem as pretensões de indivíduos e grupos, procurando fazer Justiça para estabelecer a paz e a ordem; as leis de impulsão destinam-se a realizar políticas públicas, fixar metas de realização governamental, estimular e estabelecer programas e interferir no domínio econômico.[38]

Gustavo Zagrebelsky tipifica as leis de acordo com suas especificidades e objetivos:

a) leis-provimento, que alcançam resultado direto, portanto, não são abstratas, já que não exigem atividade executiva, mesmo sendo regras gerais;

b) leis-contrato, que regulamentam relações entre particulares, fixando garantias às atividades que exijam investimentos particulares;

c) leis-incentivo, que compreendem os incentivos estatais, auxílios fiscais e financiamentos especiais que, como as leis-contrato, não apresentam caráter autoritário, mas de negociação com a iniciativa privada;

d) leis programáticas, compreendidas pelas leis que estabelecem metas a serem atingidas, quer seja pela administração, quer por particulares, ou ainda envolvendo concurso de ambas as esferas (pública e privada), como as leis sociais;

e) leis-princípio (ou leis-quadro), que se limitam ao estabelecimento de amplos critérios, exigindo, por conseguinte, atuação legislativa secundária do Poder Executivo. Não regulamentam diretamente as situações jurídicas, mas estabelecem direção principiológica de necessária observância pelas autoridades na condução da administração;

f) leis de procedimento, que se delimitam por organizar amplos e complexos procedimentos, envolvendo ampla gama de entidades públicas e privadas, como manifestações sociais na atividade pública;

g) leis de finanças, que compreendem as previsões orçamentárias e as leis tributárias.[39]

---

[37] SILVA. *Processo constitucional de formação das leis,* p. 28.

[38] FERREIRA FILHO. *Do processo legislativo,* p. 270 e ss.

[39] ZAGREBELSKY. *Manuale di diritto costituzionale:* il sistema delle fonti del diritto, v. I, p. 156-161. Cf. ainda MODENA. *Medida provisória e lei de conversão:* horizonte estreito para aplicação em matéria tributária e ambiental, p. 70-71.

5. A CRISE DA LEI

A inflação legislativa e a desregulamentação ou a deslegalização, nos dias que correm, não reforçam a autoridade da lei. Por isso é que a função de garantia da ordem jurídica e dos valores fundamentais da comunidade política transfere-se para a Constituição. Ao invés da soberania da lei, entram em cena o princípio da constitucionalidade e a efetivação da justiça constitucional.

Além desse fenômeno, em que decretos e regulamentos fazem concorrência com a lei, também o ativismo judicial vem contribuindo para o enfraquecimento da lei, chegando-se então ao paradoxo: quanto mais invasiva, mais impotente é a lei. As decisões dos Tribunais não se restringem mais a produzir efeitos puramente negativos ou cassatórios, mas avançam para efeitos constitutivos de variada ordem, tornando cada vez menos nítida a fronteira entre justiça e legislação.

No âmbito da inflação legislativa, acentua Manoel Gonçalves Ferreira Filho que a lei, "desde o instante em que é aprovada, antes mesmo da promulgação, já lhe reclamam a revogação. Alteram-se, então, com as variações do sistema de forças políticas, leis sobre a mesma matéria, dispondo uma o oposto da outra (de cuja edição pouco tempo decorreu). O que era proibido torna-se permitido, para, logo mais, voltar a ser proibido, para, um instante depois, voltar a ser permitido. O lícito e o ilícito assim flutuam, desorientando e confundindo a todos que querem curvar-se à lei".[40] Essa avalanche legislativa acaba por dificultar o conhecimento da lei, situação que se agrava pela ausência, muitas vezes, de indicação da legislação revogada com a nova lei. A própria ideia de codificação fica comprometida, pois não há como considerar, nos dias de hoje, a ideia de sistematização racional que outrora deu origem aos Códigos como diplomas normativos voltados para a estabilidade e a permanência.

A crise da lei não decorre apenas de aspectos ligados à sua elaboração, em sentido material e formal, mas também de outras razões, como a crise do paradigma legalista, no âmbito da crise de legitimação do Estado, em que diferentes atores sociais não se reconhecem na legislação aprovada pelo Legislativo ou pelo Executivo. O contexto de dificuldades do Estado Social, que levou a um excesso de regulamentação, dificultando a comunicação entre legislador e destinatários da lei, constitui outro fator de crise da lei.

Cada vez menos obedecida, a lei se esvai na instabilidade e na injustiça,

A lei, muitas vezes, representa uma resposta pontual, tópica e possível para questão concreta, e é fruto de compromissos entre setores de interesses antagônicos, nem sempre relacionados com a intenção de atender o interesse coletivo.

---

[40] FERREIRA FILHO. *Estado de direito e constituição*, p. 48.

O ATO LEGISLATIVO   129

A lei passa a ser uma solução, não uma norma. Obedece-se a exigências de programas partidários, vencedores nas eleições, e não a considerações racionais. Legisla-se "por legislar e não por imperativo racional ou ético. Como os partidos cada vez menos se distinguem por razões ideológicas profundas, é através da nova legislação que eles, uma vez no poder, têm a ambição de se demarcarem dos seus rivais. A multiplicação das leis só afeta a segurança jurídica porque a lei não tem a pretensão de definir uma ordem abstrata de justiça com vocação para a estabilidade e permanência. Já não temos lei, temos leis. A estrutura clássica das leis fica desfigurada; de normas gerais e abstratas com vocação para a permanência passam com frequência a comandos individuais e concretos, deliberados para atender a interesses parcelares e conjunturais e, portanto, passageiros, perdida a respectiva valia ética substituída agora por padrões de eficácia de modo a dar resposta satisfatória aos interesses presentes e afetou-se definitivamente o significado da sua observância".[41]

Resgatar, portanto, a "dignidade da legislação" implica pensar a origem da lei como reflexo da sociedade e não como vontade do legislador, e que a concepção da lei conferidora de direitos aos indivíduos é anterior àquela da lei como mando e poder. Enfim, lei emanada de assembleias (legislaturas) e produzidas segundo um processo legislativo democrático e organizado pelo princípio do contraditório.

Nesse horizonte, vivencia-se uma alteração do paradigma de legitimidade, destacando-se a concepção de Habermas, para quem a construção legítima do direito se faz no âmbito do processo comunicativo, em que a participação política se instrumentaliza por um processo institucional de formação de opinião e da vontade públicas. Este processo se desenvolve por meio de formas comunicativas que consubstanciam os princípios do discurso, nos vieses cognitivo e procedimental.[42]

O paradigma deliberativo, que ultrapassa sistema político, para abri-lo à participação dos cidadãos, é outra visão da teoria democrática, e se sustenta na crença de que a deliberação dos atores sociais, sejam representantes, sejam representados, em fóruns públicos de debates e de negociação, possibilitará que o processo decisório nas sociedades complexas seja mais inclusivo e democrático.

A opinião pública que se forma nos espaços públicos acabará por influenciar a formação da vontade formal das instituições no processo de elaboração das leis, por meio dos denominados fluxos comunicativos.

---

[41]   MONCADA. *Ensaio sobre a lei*, p. 89-90.
        HABERMAS. *Direito e democracia:* entre facticidade e validade.

[42]   HABERMAS. *Mudança estrutural da esfera pública*: investigações quanto a uma categoria da sociedade burguesa.

5

CAPÍTULO

TÉCNICA LEGISLATIVA E LEGÍSTICA

Sumário: 1. Técnica legislativa – Conceito – Aspectos gerais. 2. Redação da lei – Forma, substância, qualidade e legitimidade. 3. Instrumentos de trabalho. 4. As etapas da redação das leis. 5. Estrutura da lei. 6. Parte preliminar da lei. 7. Parte normativa (texto ou corpo da lei). 8. Parte final da lei. 9. Fecho da lei. 10. Assinatura e referenda na lei. 11. Alteração das leis. 12. Consolidação das leis e outros atos normativos. 13. Legística.

1. TÉCNICA LEGISLATIVA – CONCEITO – ASPECTOS GERAIS

A palavra técnica deriva do grego *tekhné*, que significa a arte de aplicar os meios idôneos para obter um resultado pretendido.

A técnica legislativa consiste no modo correto de elaborar as leis, de forma a torná-las exequíveis e eficazes. Envolve um conjunto de regras e de normas técnicas que vão desde a necessidade de legislar até a publicação da lei.

Hésio Fernandes Pinheiro conceitua a técnica legislativa como "a aplicação do método jurídico à elaboração da lei".[1] *Pinto Ferreira* concebe a técnica legislativa como "a arte de redigir leis".[2] *F. Geny*, imagina a técnica legislativa como um conjunto de preceitos visando à adaptação da lei escrita à sua finalidade específica, que é a direção das ações humanas, em conformidade com a organização jurídica da sociedade.[3]

---

[1]   PINHEIRO. *Técnica legislativa*, p. 14.

[2]   PINTO FERREIRA. Técnica legislativa como a arte de redigir leis. *Revista de Informação Legislativa*, n. 89, p. 170.

[3]   GENY, F. *Livro do Centenário do Código Civil Francês.*

Tem-se examinado, no tocante à técnica legislativa, seu enquadramento ou não na ciência do Direito. *Aurelino Leal* é peremptório ao dissertar sobre técnica legislativa:

nego-lhe o caráter de ciência. Não lhe reconheço mesmo a extensão de um método, mas parte integrante de qualquer deles. Tal qual a concebo, tenho-a como um processo, uma arte, de que o legislador se utiliza para reduzir a expressões reguladoras do artifício social, sob a forma coercitiva, os estatutos que as necessidades da vida de relação reclamam.[4]

Enquadram a técnica legislativa como parte da técnica jurídica, *E. García Maynes*[5] e *Legaz y Lacambra.*[6]

A técnica não é, assim, elemento constitutivo do Direito; a técnica não cria o Direito, que surge de suas fontes. O técnico do Direito trabalha com o conhecido.

A ciência do Direito tem um domínio, uma finalidade distinta da técnica do Direito. Ela não procura o meio, ao contrário da técnica, mas o conhecimento consciente e reflexivo dos pressupostos de fato, do dado, a origem, a natureza, a vida e o fim da norma ou instituição.[7]

Pondere-se, ainda, nesse horizonte, ser difícil situar a técnica legislativa até mesmo como a parte prática da ciência do Direito, uma vez que, apesar de atender ao conteúdo dessa ciência, suas regras levam em conta aspectos sociológicos e psicológicos, os preceitos da gramática e as conclusões de tantas outras disciplinas, em suas manifestações tanto teóricas quanto práticas.

Essas concepções iniciais, que recusavam caráter científico à técnica legislativa, restaram, no entanto, questionadas.

Destaque-se, quanto a essa problemática, o posicionamento de *Natália de Miranda Freire*, que, ao tratar do tema em sua *Técnica e processo legislativo* incorpora a técnica legislativa à ciência do Direito, aduzindo que ela "não se caracteriza tão só como arte ou como técnica, mas, transcendendo os limites empíricos da mera redação de textos legais ou regulamentares, é erigida em objeto da Ciência do Direito".[8]

Nessa mesma linha de pensamento, alcança-se o sistema das fontes do direito, destacando-se a racionalização de sua produção normativa, sob a forma escrita, como elemento que caracteriza a Teoria da Legislação, ou a Ciência da Legislação. A Ciência da Legislação, nesse enfoque, compreende cinco linhas de

---

[4]   LEAL. *Op. cit.*, p. 4.

[5]   MAYNES. *Introducción al estudio del derecho*, p. 135.

[6]   LEGAZ y LACAMBRA. *Filosofia del derecho*, p. 70

[7]   BIELSA. *Metodologia jurídica*, p. 305-309.

[8]   FREIRE. *Técnica e processo legislastivo*, p. 8.

TÉCNICA LEGISLATIVA E LEGÍSTICA 133

investigação: a doutrina da legislação em sentido estrito, a analítica da legislação, a tática da legislação, a metodologia da legislação e a técnica da legislação ou técnica legislativa.[9] A Teoria da Legislação, ciência multidisciplinar que tem por objeto o estudo de todo o circuito de produção das normas, é concebida como uma ciência normativa e uma ciência de ação, que nos possibilita a análise do comportamento dos órgãos legiferantes e a identificação dos instrumentos úteis para a prática legislativa.

A técnica legislativa supera a sua concepção originária de arte de elaborar a lei (afastando-se, pois, da ideia de que o trabalho legislativo não pode ser ensinado ou aprendido, já que deve ser deixado para pessoas que têm talento natural para isso), para ampliar os seus horizontes, à consideração de que os problemas de bem redigir não se encontram tão só na lei isolada, mas no sistema em que ela se insere. A técnica legislativa, portanto, sem abandonar o seu núcleo originário, a linguagem jurídica, passa a ocupar do conjunto de diretrizes que devem ser observadas para a construção da estrutura do ordenamento jurídico.

Vem sendo, pois, habitual incluir a técnica legislativa na denominada Ciência da Legislação, notando-se que, se o seu conteúdo e perfil estavam por delimitar, especialmente se confrontados com a metódica da legislação, a questão restou superada com a atualização dessa terminologia, pois hoje se fala em Legística material e Legística formal, que integram a terminologia genérica de Legística (ver adiante).

Seja qual for a amplitude que se confira à expressão, o que parece claro é que com a técnica legislativa se pretende melhorar o Direito do ponto de vista de sua qualidade técnica, de sua coerência e de sua compreensão, porém não sob a óptica de seus conteúdos concretos e finalidades, porquanto esses são mais valorativos e é por eles que se plasmam as opções políticas e as alternativas materiais sobre as quais o jurista pouco tem que dizer nesta fase.

A técnica legislativa, segundo *José Alfredo de Oliveira Baracho*, "é um complexo processo, que se desenvolve de acordo com certas etapas e critérios. Nesse encaminhamento metodológico da formulação da lei, ocorrem etapas que podem ser assim enumeradas (citando *Von Humbolt*):

1. realização da política legislativa;
2. estudo doutrinário da instituição jurídica;
3. exame do direito e da legislação comparada;
4. localização da norma no contexto legislativo vigente;
5. construção da estrutura do projeto;

---

[9] SOARES. *Teoria da legislação*: formação e conhecimento da lei na idade tecnológica, p. 115-128.

6. formulação dos preceitos dentro da estrutura consagrada;

7. revisão, concordância e sistematização do texto com ele próprio e com as prescrições paralelas, análogas e opostas;

8. submissão do projeto para sugestões e observações. Exame das mesmas;

9. eventual modificação ou reformulação do projeto, com base nas observações ou sugestões recebidas".[10]

Por sua vez, esclarece *José Héctor Meehan*[11] que a técnica legislativa divide-se em externa e interna, compreendendo, a primeira, as regras referentes à preparação, emissão e publicação dos atos legislativos, e, a segunda, ao conteúdo e à forma de tais atos, complementando-se com uma técnica de conhecimento de tais atos, ou técnica doutrinária, e com uma técnica de imposição desses mesmos atos, ou técnica jurisprudencial.

A técnica legislativa se concentra basicamente na fase pré-natal do Direito, no momento genético das normas, ao contrário da dogmática jurídica que se situa na sua fase pós-natal. A Dogmática ou Ciência do Direito examina o aspecto normativo do Direito, ocupando-se do *sentido*, da *significação* das normas e dos institutos de certo direito positivo.

Como o Direito é ao final um sutil jogo de interações mútuas entre os que intervêm no processo dialético de sua produção e aplicação, pode-se afirmar que sua melhoria e qualidade técnica dependem conjuntamente de todos os denominados *operadores jurídicos*.

O juiz, o advogado, o servidor público, o professor universitário, cada um deles contribui para depurar e fazer avançar o Direito, e propiciam influências recíprocas num processo contínuo e dinâmico de mudança e progresso.

E vale acentuar que esse processo se inicia, justamente, pela elaboração da norma, o que revela a dimensão e a importância daquele que a propõe e produz.

2. REDAÇÃO DA LEI – FORMA, SUBSTÂNCIA, QUALIDADE E LEGITIMIDADE

É de *Hésio Fernandes Pinheiro* a observação acerca de que "a técnica legislativa, tomada em seu sentido lato, envolve todo o processo evolutivo de elaboração das leis, isto é, desde a verificação da necessidade de legislar para um determinado caso, até o momento em que a lei é dada ao conhecimento geral.

---

[10] BARACHO. Teoria geral dos atos parlamentares. *In: Revista de Informação Legislativa*, n. 81, p. 270.

[11] MEEHAN. *Op. cit.*, p. 73.

A técnica legislativa, pois, abrange em seu conceito não só as fases de iniciativa, elaboração, discussão, sanção, promulgação e publicação da lei, mas também se manifesta em todas as operações que em qualquer dessas etapas se verificam.

Nessa operação, inclui-se a parte chamada de *apresentação* ou de *redação*, que se subdivide em:

a) apresentação formal (redação propriamente dita);

b) apresentação material (disposição do assunto devidamente subdividido ou agrupado).

A forma de um ato da ordem legislativa, embora não o aparente, é de capital importância para a hermenêutica, para o estudo e para a aplicação das leis.

Isto se torna tanto mais compreensível quando se considera que o desenvolvimento de um assunto qualquer, para a conscientização de um trabalho de natureza intelectual, subordina-se a um sistema composto de quatro tempos:

1. fixação da ideia;

2. determinação do objetivo;

3. planejamento (disposição ou sistematização da matéria);

4. desenvolvimento (escrito ou verbal), pelo qual se expõe ou se apresenta o assunto segundo o plano traçado.

Redigindo-se um ato da ordem legislativa, o imperativo da aplicação de um método para bem sistematizar o material jurídico torna-se ainda mais notório porque, na lei, a exposição não deve ser desenvolvida e sim condensada".[12]

Nessa linha de raciocínio, observa *Ferrara* que o método jurídico visa "à simplificação quantitativa e à simplificação qualitativa do direito, que é apresentado numa síntese concentrada, ordenada e rigorosa, a qual torna possível dominar intelectualmente todo o material positivo. Com isto o direito resulta mais fácil de ser compreendido, mais acessível, e aumenta-se a segurança da sua realização, pois um direito exageradamente complicado é direito que fica sempre meio inobservado.

A simplificação quantitativa tende a contrair a massa dos materiais (lei de economia), classificando-os e reduzindo-os a categorias gerais, reagrupando sob forma abstrata as aplicações dispersas e concretas. A simplificação qualitativa, ao invés, tende a purificar a qualidade do material apresentando-o numa forma

---

[12]   PINHEIRO. *Op. cit.*, p. 15-17.

interiormente ordenada em que as partes singulares se reúnem harmonicamente numa só unidade".[13]

No domínio da técnica legislativa, para se alcançar tais objetivos, "é necessário conhecer o direito no seu conjunto, as leis que sobre o mesmo assunto existam, os trabalhos da doutrina e jurisprudência. Há regras de método, de ordem, de estilo".[14]

As relações entre a forma e a substância das leis foram estudadas por *Reed Dickerson* que, em clássica e utilíssima obra sobre técnica legislativa, mostrou que "o importante na redação da lei é dizer o que se quer com precisão, coesão, clareza e concisão. A substância precede a forma, mas as duas vão juntas. A forma é importante para a substância, porque a ambiguidade e a expressão confusa comprometem os objetivos da legislação. A substância e a disposição interessam à forma, pois nenhuma simplificação de linguagem é capaz de tornar clara uma lei concebida de maneira confusa. Clareza e simplicidade começam com o pensamento certo e terminam com a expressão certa".[15]

Toda lei encerra, por outro lado, um conteúdo resultante de um conjunto de decisões políticas e jurídicas tomadas sobre a questão de que se trata. Assim, o redator das leis, o técnico legislativo, ou o assessor legislativo, é aquele que verte no texto escrito as decisões das quais não é o autor, mas apenas do texto que as expressa.

Tem ocorrido, no entanto, uma evolução do papel do redator das leis, que, ao construir o conteúdo legal, seja na sua estruturação, seja na sua linguagem, não se limita a escrever o texto, mas negociar politicamente, desde o primeiro momento, os sentidos destes conteúdos. Racionalidade técnica e precisão de linguagem não são bastantes, pois necessário que haja legitimidade na elaboração da lei, que, numa democracia representativa, está na política. Desse modo, o processo de elaboração normativa fundamenta-se na forma, na substância, e na legitimidade que somente a política traz.

Outro aspecto relativo à redação das leis envolve a sua qualidade, que se manifesta na clareza semântica (adequado uso da linguagem ordinária) e na clareza normativa (expressão clara de sua condição de norma, de seu conteúdo e de sua vigência). A preocupação, no entanto, "com a clareza da linguagem, das estratégias contra a obscuridade e ambiguidade, não pode se converter em arbitrariedade na pré-definição de vocábulos inadequados, que na prática concorram para

---

[13]   FERRARA. *Interpretação e aplicação das leis*. Trad. M. A. D. de Andrade, p. 175.

[14]   FABREGUETTES. *A lógica jurídica e a arte de julgar*. Trad. Henrique de Carvalho, p. 46.

[15]   FABREGUETTES. *A lógica jurídica e a arte de julgar*. Trad. Henrique de Carvalho, p. 46.

TÉCNICA LEGISLATIVA E LEGÍSTICA
137

a diminuição da quantidade de possíveis termos à disposição da elaboração do conteúdo de uma dada legislação".[16] O uso de linguagem hermética, como aquela compreendida apenas por um círculo restrito, ou por dificuldade de comunicação do proponente (redação de parágrafos intermináveis, repletos de intercalações), ou ainda na tentativa deliberada de dar pouca visibilidade à alteração legislativa, acaba por comprometer a qualidade da lei e sua execução.

Para que se tenha uma legislação de qualidade, mencione-se o Relatório Mandelkern, elaborado em 2001, por um grupo de trabalho que, com base em recomendações da Organização para a Cooperação e Desenvolvimento Econômico (OCDE), enunciou sete princípios para um programa de melhoria da qualidade dos atos normativos na União Europeia e nos Estados-Membros: "*necessidade* (consideração da real necessidade de uma norma); *proporcionalidade* (equilíbrio entre as vantagens de uma dada legislação e as limitações/obrigações impostas aos cidadãos); *subsidiariedade* (nível de adoção da legislação – deve-se legislar, se possível, no nível mais próximo do cidadão); *transparência* (procedimento de preparação da norma que permita o acompanhamento pelos cidadãos); *responsabilidade* (determinação dos efeitos da norma, monitoração de sua execução); *acessibilidade e simplicidade* (publicação de legislação compreensível, consistente e acessível aos cidadãos)."[17]

Ao dizer que a noção de qualidade das leis é complexa e compreende vários princípios ou critérios, a envolver pressupostos diversos, como jurídicos, sociológicos e econômicos, que podem ser considerados isoladamente ou de forma conjugada, Marta Tavares de Almeida apresenta-nos alguns princípios que devem ser ponderados na definição de uma política legislativa de qualidade: "1°) a necessidade da lei: fundamentação da necessidade da lei. 2°) O respeito aos princípios fundamentais do direito: observância de princípios fundamentais do direito na elaboração da lei – legalidade, universalidade, igualdade, proporcionalidade, não retroatividade da lei, subsidiariedade –, o que reforça o Estado democrático de direito e contribui de forma decisiva para a qualidade da lei. 3°) A responsabilidade pelos efeitos da lei: responsabilização do legislador pelos efeitos da lei, que se traduz na adoção de uma metodologia de preparação da lei que possibilite uma decisão objetiva e fundamentada (a avaliação de impacto assume aqui papel fundamental). 4°) A transparência do procedimento legislativo: adoção de um procedimento de consulta aberto, claro, conciso e que forneça toda a informação

---

[16] SOARES. *Legística e desenvolvimento:* a qualidade da lei no quadro da otimização de uma melhor legislação. *In: Revista da Faculdade de Direito da UFMG – Nova Fase –* n. 50, jan./jun. 2007, p. 181.

[17] Relatório Mandelkern – Melhoria da Qualidade Legislativa, p. 13.

necessária. 5º) A acessibilidade da lei: definição de regras de precisão, concisão e inteligibilidade na redação da lei, bem como adoção de programas de simplificação e reorganização do *corpus* legislativo. 6º) O desenvolvimento de programas de formação interdisciplinar na área da Teoria da Legislação: elaboração de programas que cubram todo o ciclo legislativo, dirigidos a juristas, mas também a economistas e especialistas em ciências sociais (em nível de formação acadêmica e profissional). 7º A partilha de saber: estabelecimento de contatos, em nível nacional e internacional, com instituições que se dediquem a essa área de estudo, com vistas a partilhar informações e conhecimentos."[18]

O Direito é linguagem. A estrutura da linguagem e seu modo de utilização se projetam além dela e incidem sobre o funcionamento e a operacionalização da norma. Por isso é que a correção da linguagem é também uma garantia da segurança jurídica e ao mesmo tempo um elemento de integração social da norma, que se dirige não só ao jurista, como também ao cidadão. É pela linguagem que o mundo se apresenta, cabendo à lei expressar os signos linguísticos tradutores dos valores que busca materializar.

Não se perca de vista, portanto, ser necessário ao técnico legislativo combinar as exigências do Estado de Direito Social, que envolve as ideias de factibilidade, utilidade, especialidade e adequação da realidade das normas, com sua melhor qualidade, tornando-as compreensíveis em si mesmas por parte de seus destinatários. Considere-se, por outro lado, que o sistema de produção das leis, em nossos dias, se processa numa instância de participação e negociação, em que, no âmbito dos Parlamentos, o que mais importa, nessa perspectiva, não é o rigor técnico ou a depuração do ordenamento jurídico, mas a participação e a materialização do pluralismo político e a legitimidade do produto normativo resultante. Mais persuasão e menos coerção é indicativo de aproximação entre legislador e cidadão, o que propicia um processo de produção do Direito que gera negociação de seu conteúdo e uma corresponsabilidade pela sua efetivação.[19]

---

[18]   ALMEIDA. A contribuição da Legística para uma política de legislação: concepções, métodos e técnicas. *In: Legística: qualidade da lei e desenvolvimento*, p. 99-100.

[19]   Na Câmara dos Deputados, é facultado às comissões temáticas realizar audiências públicas com entidades da sociedade civil, assegurando-se ainda a participação da sociedade no processo de elaboração legislativa, como a Comissão de Participação Legislativa. No Senado, a Comissão de Direitos Humanos e Legislação Participativa tem por objetivo ampliar o acesso dos cidadãos ao Poder Legislativo, incrementando as possibilidades de controle público e de inclusão de demandas da sociedade. Várias Assembleias Legislativas e Câmaras Municipais têm previsto, em seus Regimentos Internos, comissões desse tipo.

TÉCNICA LEGISLATIVA E LEGÍSTICA

O técnico legislativo deve ainda avaliar o grau de aceitabilidade da norma e as possíveis oposições jurisdicionais que possa vir a sofrer, levando-se em conta as regras da técnica legislativa: o da economia legislativa, o da precisão e inteligibilidade e o da ordenação sistemática.

Para tanto deve observar determinadas regras de elaboração normativa, como: unidade formal dos textos; economia; clareza das disposições normativas, aí incluindo a compreensão da linguagem normativa, a precisão na expressão e a ordem sistemática; exigência de uma produção jurídica racional e de uma programação da produção jurídica.

A respeito da redação e preparação de um texto legal, Marcílio França Castro observa que ele "se constrói em um domínio de delicada interlocução entre injunções de ordem jurídica, política e administrativa, que a habilidade técnica e a inspiração linguística tentam administrar. Tais injunções são exatamente os fatores que vão condicionar a redação da lei, imprimindo *marcas visíveis em seu texto*: na sintaxe, na semântica, no vocabulário, na estrutura".[20] Passa então a identificar os seguintes fatores: *imperatividade*, que nasce do pacto sociopolítico, e envolve linguagem e poder; *expectativa de consensualidade*, que se situa na seara das relações entre Estado e sociedade, e que determina a fórmula da clareza e da precisão, como pilares básicos da redação legal; *generalidade e abstração*, que se relativizam de acordo com o objeto da lei, seus destinatários e seu campo de aplicação no tempo e no espaço; *temporalidade e enunciação*, que vinculam os limites da eficácia da lei em relação a seu objeto e a seus destinatários, sendo que o lugar da norma no tempo está diretamente relacionado com a forma de sua enunciação; *conjuntura e pressuposto político*, que se revelam pela percepção das condições de aplicabilidade do texto em face das circunstâncias da vida real, notando-se, por relevante, que o técnico legislativo deve estar familiarizado com imbricações sociopolíticas da matéria, a fim de evitar que se produza uma sofisticada obra de laboratório, mas incapaz de se harmonizar com a realidade que pretende disciplinar (as definições de ordem política constituem fator basilar de condicionamento textual); *estrutura e lógica*, que são moldadas pelo conjunto de fatores acima referidos, sendo que a sua combinação é que determinará a forma final do texto; *coerência e coesão*, não se chega à clareza e precisão do texto legal sem um articulado coerente e coeso, que pode ser avaliado basicamente em três campos: o jurídico-filosófico, o lógico-semântico e o morfossintático. No campo jurídico-filosófico, há a consideração da unidade de princípios, diretrizes e normas estabelecidas dentro de um mesmo texto legal, buscando compatibilizar os

---

[20] CASTRO. A técnica legislativa além da regra. *In: Cadernos da Escola do Legislativo*, n. 7, jan./jun. 98, p. 135.

preceitos instituídos, com avaliação, até mesmo, de normas de hierarquia superior no ordenamento. No campo lógico-semântico, considera-se a relação conceitual entre os dispositivos, em especial entre os parágrafos e o *caput* de um mesmo artigo, objetivando eliminar possíveis contradições; avalia-se ainda a correspondência entre termos idênticos e os conceitos a que se remetem, e vice-versa, como garantia de uniformidade de sentido em todo o texto. No campo morfossintático, examina-se a uniformidade de redação entre dispositivos de uma mesma enumeração, do paralelismo sintático entre estruturas gramaticais da mesma natureza, bem como da continuidade sintagmática entre uma frase constante de algum cabeçalho e desdobrada entre dispositivos que se enumeram em seguida.[21]

A produção de normas jurídicas por órgãos legislativos plurais tem a sua racionalidade explicada a partir do conceito de discurso de justificação ou fundamentação, que se distingue do discurso de aplicação. Com efeito, enquanto o discurso de justificação "preocupa-se em testar a validade de proposições normativas com base na pressuposição de que as condições de conhecimento relevantes implícitas em sua fundamentação permanecerão inalteradas (*omissis*), no discurso de aplicação o que se busca problematizar é a possibilidade de dessemelhanças relevantes entre o contexto de aplicação da norma e as condições que justificam sua validade nos termos do princípio de universalização".[22] Segundo Günther, o princípio de universalização "U", relacionado com essa dualidade discursiva, estaria na necessidade ou não de sua complementação por discursos de aplicação. Em sentido forte, "uma norma é válida e, em qualquer hipótese, adequada, se em cada situação especial as consequências e os efeitos colaterais da observância geral dessa norma puderem ser aceitos por todos, e considerados os interesses de cada um individualmente".[23] Diante, no entanto, da impossibilidade de antecipação, em discursos de fundamentação, de todas as possíveis consequências de aplicação de uma norma e a análise do caso específico, é que se formulou uma versão fraca de "U": "uma norma é válida se as consequências e os efeitos colaterais de sua observância puderem ser aceitos por todos, sob as mesmas circunstâncias, conforme os interesses de cada um, individualmente."[24]

O racional na elaboração da lei vem destacado por Manuel Atienza, que propõe um modelo de cinco níveis de racionalidade, que podem ser analisados isoladamente ou por meio de relações reciprocamente estabelecidas: "Uma

---

[21]   CASTRO. A técnica legislativa além da regra. *In*: *Cadernos da Escola do Legislativo*, n. 7, jan./jun. 98, p. 135-146.

[22]   BARBOSA. *Processo legislativo e democracia*, p. 127.

[23]   GÜNTHER. *Teoria da argumentação no direito e na moral*: justificação e aplicação, p. 65.

[24]   GÜNTHER. *Op. cit.*, p. 67.

TÉCNICA LEGISLATIVA E LEGÍSTICA

racionalidade comunicativa ou *linguística* (R1), na medida em que o emissor deve ser capaz de transmitir uma mensagem (a lei) ao receptor (o destinatário); uma *racionalidade jurídico-formal* (R2), pois a lei nova deve inserir-se harmoniosamente no sistema jurídico; *uma racionalidade pragmática* (R3), pois a conduta dos destinatários teria de adequar-se ao prescrito na lei; uma *racionalidade teleológica* (R4), pois a lei teria que alcançar as finalidades sociais perseguidas; e uma *racionalidade ética* (R5), pois as condutas prescritas e as finalidades das leis pressupõem valores que teriam de ser suscetíveis de justificação ética."[25]

Editado o ato legislativo, cabe ao responsável promover um estudo dos resultados, do impacto social da nova legislação (*check list*), realizando o controle de seus efeitos com a qualificação das consequências advindas, emitindo juízos de probabilidade, em especial no que se refere às medidas de urgência e planos econômicos, realizando relatórios que consignem tais resultados, e o comportamento das decisões judiciais perante o novo diploma, sua efetividade e legitimidade relacionadas com sua exequibilidade. Também devem ser realizados outros controles, como os mecanismos de participação popular, as opiniões de profissionais da área e imprensa. Tais controles são necessários para se evitar inconstitucionalidade, notadamente a inconstitucionalidade por omissão, propiciando ainda uma imprescindível atualização normativa.[26]

3. INSTRUMENTOS DE TRABALHO

O técnico legislativo deverá possuir os seus instrumentos de trabalho. Depois de cérebro, lápis, papel e, agora, informática, o principal deles é uma biblioteca bem escolhida, dependendo da especialidade jurídica do redator de leis. Para tanto, serão necessários um bom dicionário de tecnologia jurídica, uma boa gramática, um dicionário de sinônimos e antônimos, um bom dicionário de língua portuguesa, um dicionário de estilo jurídico. A título de sugestão, recomendam-se:

---

[25] ATIENZA. *Contribución a una teoría de la legislación*, p. 27-28, *apud* BARBOSA. *Processo legislativo democrático*, p. 115-116. Não há, no entanto, segundo Atienza, "nenhum tipo de técnica legislativa que corresponda às exigências de uma 'racionalidade ética' por parte da legislação: 'R-5 – diferente de todos os outros níveis de racionalidade – não gera nenhuma técnica legislativa: não há nenhum procedimento específico para lograr liberdade, igualdade e justiça através das leis fora das técnicas que geram R-1 e R-4. O problema que se coloca em R-5 é o de mostrar que valores ou que teoria ética permite uma interpretação mais adequada dos fins jurídicos últimos (a liberdade, a justiça e a igualdade'" (BARBOSA, *Op. cit.*, p. 117).

[26] MENDES. Questões fundamentais de técnica legislativa. *In*: *Revista Ajuris*, v. 53, nov. 1991.

ALMEIDA, Napoleão Mendes de. *Dicionário de questões vernáculas*. São Paulo: Caminho Suave, 1981.

ALMEIDA, Napoleão Mendes de. *Gramática metódica da língua portuguesa*. São Paulo: Saraiva, 1983.

BECHARA, Evanildo. *Moderna gramática portuguesa*. Rio de Janeiro: Lucerna, 1999.

CEGALLA, Domingos Paschoal. *Novíssima gramática da língua portuguesa*. São Paulo: Ed. Nacional, 1985.

CUNHA, Antônio Geraldo da. *Dicionário etimológico Nova Fronteira da língua portuguesa*. Rio de Janeiro: Nova Fronteira, 1982.

CUNHA, Celso Ferreira da. *Gramática da língua portuguesa*. Rio de Janeiro: Fename, 1980.

DICIONÁRIO *Jurídico da Academia Brasileira de Letras Jurídicas*. Rio de Janeiro: Forense, 1990.

FERNANDES, Francisco. *Dicionário de sinônimos e antônimos da língua portuguesa*. Rev. e amp. por Celso Pedro Luft. São Paulo: Globo, 1990.

FERNANDES, Francisco. *Dicionário de verbos e regimes*. Rio de Janeiro: Globo, 1965.

FERREIRA, Aurélio Buarque de Holanda. *Novo dicionário Aurélio da língua portuguesa*. Curitiba: Positivo, 2009.

HOUAISS, Antonio. *Dicionário Houaiss da língua portuguesa*. Rio de Janeiro: Objetiva, 2009.

LIMA, Carlos Henrique Rocha. *Gramática normativa da língua portuguesa*. São Paulo: Ed. Nacional.

LUFT, Celso Pedro. *Moderna gramática brasileira*. Rio de Janeiro: Globo, 1989.

MALTA, Cristóvão Piragibe Tostes. *Dicionário jurídico*. Rio de Janeiro: Edições Trabalhistas, 1991.

NUNES, Pedro. *Dicionário de tecnologia jurídica*. Rio de Janeiro: Freitas Bastos, 1990.

SILVA, De Plácido e. *Vocabulário jurídico*. Rio de Janeiro: Forense, 4. v., 1991.

VOCABULÁRIO *Ortográfico da Língua Portuguesa da Academia Brasileira de Letras*. São Paulo: Global, 2009.

Relativamente à informática aplicada à atividade legiferante (*legimática*), a tecnologia aplicada à qualidade das leis, Fabiana de Menezes Soares promove um significativo estudo do *Lexedit – software* para a redação legislativa, salien-

TÉCNICA LEGISLATIVA E LEGÍSTICA

143

tando que durante o "Congresso 'O Direito dos Novos Mundos' ocorrido em Gênova no ano de 1992, um dos autores do *Lexedit* descreveu projeto de um *software* concebido como um aplicativo das técnicas de redação organizada e sem a fragmentação típica de ordenamentos normativos que padecem da 'inflação legislativa'. O *Lexedit* veio sistematizar a atividade de *drafting* legislativo diante da complexidade do sistema de produção das leis. Seu escopo é disponibilizar ferramentas aptas a permitirem leis compreensíveis, constitucionais e articuladas com outras normas. A par do controle da 'legibilidade' proposto pelas diretrizes já elencadas, o programa *Lexedit* efetua o controle através de avisos na tela onde a norma está sendo elaborada por meio de 'frases suspeitas' que assinalam no texto todos os termos, palavras e expressões que acarretem (de acordo com o glossário), perda de clareza e aumento do índice de ambiguidade da norma. Além disso, há o controle estatístico que indica o percentual de correções (manuais e automáticas) e de avisos ignorado. O índice de 'legibilidade' é também fornecido estatisticamente através de tabela que assinala o número de caracteres, palavras, frases e parágrafos, as médias sobre os caracteres por palavra, sílaba por palavra, palavra por frase e frase por parágrafos, bem como o percentual de palavras fundamentais, muito comuns, comuns e poucos difusas presentes no texto, considerando todo o texto de lei, de cada artigo e de cada alínea e parágrafo".[27]

Indispensável, portanto, para a melhoria da qualidade da legislação, a adoção de instrumentos relacionados com as novas tecnologias da informação, como banco de dados de atos normativos, aplicativos que permitam o acesso ao direito vigente, *softwares* para a redação legislativa.

No Brasil, por se tratar de um Estado Federal, o técnico legislativo deverá estar familiarizado com a Constituição Federal, as Constituições Estaduais e as leis orgânicas distrital e municipal, com destaque para a Constituição do Estado federado específico, ou da lei orgânica distrital e municipal específica, se se tratar de técnico legislativo estadual, distrital ou municipal, respectivamente. Cabe ao redator das leis identificar o direito vigente acerca de determinada matéria sobre a qual incidirá a nova legislação, não se descuidando de considerar normas que, embora estejam presentes em ordenamentos com pouca ou nenhuma relação com o objeto da nova lei, integrem o sistema normativo como um todo. Esse procedimento concorrerá para que se evitem problemas ligados à incerteza do Direito e à compreensão da lei pelos cidadãos, decorrentes, sobretudo, da complexidade de sistemas normativos que, como o nosso, têm fontes e origens diversas.

---

[27] SOARES. *Teoria da legislação*: formação e conhecimento da lei na idade tecnológica, p. 150, 151, 154.

O conhecimento dos Regimentos Internos do Congresso Nacional, da Câmara dos Deputados e do Senado Federal é também essencial para o técnico legislativo, a fim de que possa resguardar o projeto de lei contra as questões de ordem ou outros embaraços legislativos. O mesmo se diga em relação aos Regimentos Internos das Assembleias Legislativas, da Câmara Legislativa do Distrito Federal e das Câmaras Municipais.

Deve ainda o técnico legislativo saber distinguir projeto de proposição; lei de decreto; lei complementar de lei ordinária; decreto legislativo de resolução, dentre outros atos normativos.

A jurisprudência dos Tribunais acerca do objeto da norma jurídica projetada deve ser conhecida, bem como a atuação da administração pública relativamente a ela. A pesquisa, pelo assessor legislativo, de controvérsias existentes em juízo em torno da matéria a ser legislada, é de fundamental importância, para que se evitem os processos judiciais, causados, em grande parte, pelas anomalias na elaboração legislativa, em especial naquelas áreas em que o debate racional da norma encontra maior dificuldade.

São finalmente indispensáveis para a correta redação das leis os conhecimentos de princípios gerais relativos à elaboração das leis, e os de ortografia, gramática, sintaxe e semântica.

A respeito do tempo necessário para a elaboração de um anteprojeto ou mesmo de um projeto de lei, é preciso considerar que a ausência de qualquer critério objetivo que possa mensurá-lo faz com que seja realmente complexa a sua avaliação. Se por um lado poder-se-ia considerar como mais razoável para a mensuração do tempo o critério da extensão do texto legal, por outro, como adverte Dickerson, a simples dimensão não é critério para se estimar o tempo necessário à feitura de um bom trabalho. É que a redação de um curto parágrafo pode exigir dias, e até semanas, e uma lei cheia de capítulos pode ser feita em horas.

Desse modo, o que determina, em princípio, o tempo a ser gasto pelo redator das leis na elaboração de uma proposição é a complexidade da relação social a ser normatizada e a seriedade com que desempenha sua tarefa.

4. AS ETAPAS DA REDAÇÃO DAS LEIS

A redação das leis segundo *Jorge José da Costa*,[28] compõe-se das seguintes etapas:

1. Verificação da relação social a ser normatizada.
2. Verificação da possibilidade jurídica da matéria.

---

[28] COSTA. *Técnica legislativa*: procedimentos e normas, p. 21.

TÉCNICA LEGISLATIVA E LEGÍSTICA

3. Pesquisa da legislação em vigor.

4. Pesquisa da jurisprudência.

5. Estudo da matéria.

6. Elaboração de anteprojeto.

7. Revisão do anteprojeto.

8. Redação final da proposição.

Na definição da relação social que se pretende normatizar, deve-se levar em consideração que, como ela compreende vários objetos, a proposição pode abranger um ou vários deles, cabendo ao técnico legislativo selecioná-los, para o que lhe compete obter o máximo possível de informações acerca da relação social escolhida.

A verificação da possibilidade jurídica da proposição envolve o exame da constitucionalidade e da legalidade do ato legislativo.

A pesquisa da legislação e da jurisprudência concorre para harmonização entre a futura lei e o conjunto das leis que tratam da mesma matéria e ao ordenamento jurídico como um todo. Nessa etapa o técnico legislativo irá verificar se a nova lei não viola o texto constitucional ou afronta leis hierarquicamente superiores a ela. É recomendável o estudo das consequências jurídicas, administrativas e sociais decorrentes da aprovação do projeto de lei, bem como o exame da legislação estrangeira, com a ressalva das peculiaridades próprias.

No estudo da matéria objeto da proposição normativa, verificando o redator da lei a existência de temas estranhos à área jurídica, deverá recorrer a especialistas e considerar todos os subsídios pesquisados.

A elaboração do anteprojeto, ou seja, do esboço que antecede o texto definitivo da proposição, é de fundamental importância por ser a primeira minuta que irá dar corpo a todo o trabalho.

Redigido o anteprojeto, inicia-se a sua revisão, discutindo-o com os especialistas das áreas pertinentes ao seu objeto, de forma que auxiliem o redator do texto normativo, a fim de que sejam dirimidas as dúvidas, tanto em relação aos aspectos de natureza técnica quanto às possíveis consequências práticas da proposição.

Encerrada a revisão, passa-se à redação final da proposição.

5. ESTRUTURA DA LEI

Nesse tópico examinaremos a estrutura da lei, vale dizer, a forma externa com que se apresenta.

Para a legislação do Antigo Regime, que continuou a tradição medieval, a lei compreendia os seguintes elementos:

1. *Invocatio* ou invocação a Deus.
2. *Intitulatio* ou nomes, títulos e qualidades da pessoa que propunha a lei.
3. *Arenga* ou motivação da lei.
4. *Notificatio*, publicação ou notificação para seu conhecimento.
5. *Narratio* ou exposição das circunstâncias que acompanham o ato normativo.
6. *Petitio* ou petição.
7. *Dispositio*, a parte principal da lei.
8. *Minatio, sanctio* ou fórmula penal para garantir a observância do ato jurídico previsto na *dispositio*.
9. *Corroboratio* ou cláusula que anuncia a execução das formalidades requeridas para a validade do documento.
10. *Subscriptio* ou firma (assinatura) do autor.
11. *Subscriptio* ou firma da chancelaria.
12. *Datum* ou fecho da lei.

A estrutura da lei compreende, de um modo geral, as seguintes partes:

01. Preâmbulo.
02. Corpo ou texto.
03. Cláusula de vigência e cláusula revogatória.
04. Fecho.

A Lei Complementar n. 95/98 estabelece que a lei será estruturada em três partes básicas:

I – parte preliminar, compreendendo a epígrafe, a ementa, o preâmbulo, o enunciado do objeto e a indicação do âmbito de aplicação das disposições normativas;

II – parte normativa, compreendendo o texto das normas de conteúdo substantivo relacionadas com a matéria regulada;

III – parte final, compreendendo as disposições pertinentes às medidas necessárias à implementação das normas de conteúdo substantivo, às disposições transitórias, se for o caso, a cláusula de vigência e a cláusula de revogação, quando couber.

Exemplos de estrutura normativa:

TÉCNICA LEGISLATIVA E LEGÍSTICA 147

Lei n. 8.171, DE 17 DE JANEIRO DE 1991 | Epígrafe

Dispõe sobre a política agrícola. | Rubrica ou ementa

O PRESIDENTE DA REPÚBLICA
Faço saber que o Congresso Nacional decreta | Preâmbulo
e eu sanciono a seguinte Lei:

CAPÍTULO I

Dos Princípios Fundamentais

Art. 1º Esta lei fixa os fundamentos, define os objetivos e as competências institucionais, prevê os recursos e estabelece as ações e instrumentos da política agrícola, relativamente às atividades agropecuárias, agroindustriais e de planejamento das atividades pesqueira e florestal. | Parte Preliminar / Enunciado do objeto

Parágrafo único. Para os efeitos desta lei, entende-se por atividade agrícola a produção, o processamento e a comercialização dos produtos, subprodutos e derivados, serviços e insumos agrícolas, pecuários, pesqueiros e florestais.

Art. 2º A política fundamenta-se nos seguintes pressupostos:

I – a atividade agrícola compreende processos físicos, químicos e biológicos, onde os recursos naturais envolvidos devem ser utilizados e gerenciados, subordinando-se às normas e princípios de interesse público, de forma que seja cumprida a função social e econômica da propriedade; | Parte Normativa

II – o setor agrícola é constituído por segmentos como: produção, insumos, agroindústria, comércio, abastecimento e afins, os quais respondem diferenciadamente às políticas públicas e às forças de mercado;

III – como atividade econômica, a agricultura deve proporcionar, aos que a ela se dediquem, rentabilidade compatível com a de outros setores da economia;

IV – o adequado abastecimento alimentar é condição básica para garantir a tranqüilidade social, a ordem pública e o processo de desenvolvimento econômico-social;

V – a produção agrícola ocorre em estabelecimentos rurais heterogêneos quanto à estrutura fundiária, condições edafoclimáticas, disponibilidade de infra-estrutura, capacidade empresarial, níveis tecnológicos e condições sociais, econômicas e culturais;

VI – o processo de desenvolvimento agrícola deve proporcionar ao homem do campo o acesso aos serviços essenciais: saúde, educação, segurança pública, transporte, eletrifica ão, comunicação, habitação, saneamento, lazer e outros benefícios sociais.

Art. 3° São objetivos da política agrícola:

I – na forma como dispõe o art. 174 da Constituição, o Estado exercerá função de planejamento, que será determinante para o setor público e indicativo para o setor privado, destinado a promover, regular, fiscalizar, controlar, avaliar atividade e suprir necessidades, visando assegurar o incremento da produção e da produtividade agrícolas, a regularidade do abastecimento interno, especialmente alimentar, e a redução das disparidades regionais;

II – sistematizar a atuação do Estado para que os diversos segmentos intervenientes da agricultura possam planejar suas ações e investimentos numa perspectiva de médio e longo prazos, reduzindo as incertezas do setor;

III – eliminar as distorções que afetam o desempenho das funções econômica e social da agricultura;

IV – proteger o meio ambiente, garantir o seu uso racional e estimular a recuperação dos recursos naturais;

V – (Vetado);

VI – promover a descentralização da execução dos serviços públicos de apoio ao setor rural, visando a complementariedade de ações com Estados, Distrito Federal, Territórios e Municípios, cabendo a estes assumir suas responsabilidades na execução da política agrícola, adequando os diversos instrumentos às suas necessidades e realidades;

VII – compatibilizar as ações da política agrícola com as de reforma agrária, assegurando aos beneficiários o apoio à sua integração ao sistema produtivo;

VIII – promover e estimular o desenvolvimento da ciência e da tecnologia agrícola pública e privada, em especial aquelas voltadas para a utilização dos fatores de produção internos;

IX – possibilitar a participação efetiva de todos os segmentos atuantes no setor rural, na definição dos rumos da agricultura brasileira;

X – prestar apoio institucional ao produtor rural, com prioridade de atendimento ao pequeno produtor e sua família;

Parte
Normativa

TÉCNICA LEGISLATIVA E LEGÍSTICA 149

XI – estimular o processo de agroindustrialização junto às respectivas áreas de produção;

XII – (Vetado);

....

Art. 107. Esta lei entra em vigor da data de sua publicação.

Brasília, 17 de janeiro de 1991; 170º da Independência e 103º da República.

FERNANDO COLLOR

Antonio Cabrera Mano Filho

Parte
Normativa

Parte Final

Fecho da Lei

Assinatura

Referenda

LEI N. 10.259, DE 12 DE JULHO DE 2001

| Epígrafe

Dispõe sobre a instituição dos Juizados Especiais Cíveis e Criminais no âmbito da Justiça Federal.

| Rubrica ou
| ementa

Parte
Preliminar

O PRESIDENTE DA REPÚBLICA
Faço saber que o Congresso Nacional decreta
e eu sanciono a seguinte Lei:

| Preâmbulo

Art. 1º São instituídos os Juizados Especiais Cíveis e Criminais da Justiça Federal, aos quais se aplica, no que não conflitar com esta Lei, o disposto na Lei n. 9.099, de 26 de setembro de 1995.

Art. 2º Compete ao Juizado Especial Federal Criminal processar e julgar os feitos de competência da Justiça Federal relativos às infrações de menor potencial ofensivo.

Parágrafo único. Consideram-se infrações de menor potencial ofensivo, para os efeitos desta Lei, os crimes a que a lei comine pena máxima não superior a dois anos, ou multa.

Art. 3º Compete ao Juizado Especial Federal Cível processar, conciliar e Julgar causas de competência da Justiça Federal até o valor de sessenta salários mínimos, bem como executar as suas sentenças.

Parte
Normativa

§ 1º Não se incluem na competência do Juizado Especial Cível as causas:

I – referidas no art. 109, incisos II, III e XI, da Constituição Federal, as ações de mandado de segurança, de desapropriação, de divisão e demarcação, populares, execuções fiscais e por improbidade administrativa e as demandas sobre direitos ou interesses difusos, coletivos ou individuais homogêneos;

II – sobre bens imóveis da União, autarquias e fundações públicas federais;

III – para a anulação ou cancelamento de ato administrativo federal, salvo o de natureza previdenciária e o de lançamento fiscal;

IV – que tenham como objeto a impugnação da pena de demissão imposta a servidores públicos civis ou de sanções disciplinares aplicadas a militares.

§ 2º Quando a pretensão versar sobre obrigações vincendas, para fins de competência do Juizado Especial, a soma de doze parcelas não poderá exceder o valor referido no art. 3º, *caput*.

TÉCNICA LEGISLATIVA E LEGÍSTICA   151

§ 3º No foro onde estiver instalada Vara do Juizado Especial,   Parte
a sua competência é absoluta.   Normativa

....

Art. 27. Esta Lei entra em vigor seis meses após a data de sua   Parte
publicação.   Final

Brasília, 12 de julho de 2001; 180º da Independência e 113º da   Fecho da Lei
República.

FERNANDO HENRIQUE CARDOSO   Assinatura

Paulo de Tarso Tamos Ribeiro
Roberto Brant
Gilmar Ferreira Mendes   Referenda

6. PARTE PRELIMINAR DA LEI

A parte preliminar da lei não se inclui no texto normativo, mas serve, não obstante, para identificá-la na ordem legislativa tanto no tempo como no espaço.

No Direito brasileiro, a parte preliminar da lei se acha assim organizada (art. 3° da Lei Complementar n. 95/98):

	Epígrafe
	Ementa ou rubrica
PARTE PRELIMINAR DA LEI	Preâmbulo (autoria e fundamento legal da autoridade)
	Enunciado do objeto e indicação do âmbito de aplicação das disposições normativas

Nota-se, portanto, que a parte preliminar, como qualquer lei, se submete a votação e emendas. Embora parte da lei é sua parte expositiva, e não dispositiva.

6.1 Epígrafe

Epígrafe é palavra de origem grega (*epigrapheus*), derivada de *epi* (sobre) e *graphó* (escrever). Indica a parte superior do preâmbulo.

A epígrafe revela, assim, a categoria normativa da disposição e sua localização no tempo.

O título de qualquer disposição jurídica deve começar com uma expressão que indique desde logo que se trata efetivamente de uma norma jurídica, revelando ainda a categoria na hierarquia normativa das leis.

Além disso, as leis devem ser numeradas, segundo a ordem de sua promulgação. Ex.: Lei n. , de de 1993.

É interessante notar que a técnica de numeração das leis difere da nossa em alguns países.

Na França, as disposições normativas numeram-se mediante dois grupos de caracteres separados por um hífen. O primeiro é composto por dois dígitos que indicam os dois últimos caracteres do ano em curso, e o segundo pelo número de ordem que, nesse ano, corresponde à lei em questão. Por exemplo: *Loi n. 84-595 du 12 juill. 1984.*

Na Itália, a numeração segue o fecho das leis, tornando a sua leitura e identificação mais fáceis. Por exemplo, a lei do divórcio é a *Legge 1° decembre 1970, n. 898. Disciplina dei casi di scioglimento del matrimonio.*

TÉCNICA LEGISLATIVA E LEGÍSTICA

No Brasil, as leis não eram numeradas desde 1808 até meados de 1833. Nesse ano, um decreto do Governo Imperial, datado de 23 de junho, determinou que os atos do Legislativo e do Executivo fossem numerados "no meio da margem superior da 1ª página, e se escreva, por baixo do número, o ano em que são promulgados; começando-se em cada ano uma nova numeração, e devendo a progressão dos números acompanhar a ordem das datas". Em 1839 instituiu-se a técnica de numerar os atos seguidamente, mas sem renovação anual.

A República estabeleceu nova numeração, como também a Junta Governativa de 1930, o mesmo ocorrendo em 1934, 1937, e em cada fase da política brasileira. A regra, portanto, é iniciar nova numeração a partir da inauguração de novo regime político, com ruptura institucional.

Observe-se, contudo, que por força do art. 2º, § 2º, incisos I e II, da Lei Complementar n. 95/98, as emendas à Constituição Federal terão sua numeração iniciada a partir da promulgação da Constituição e as leis complementares, as leis ordinárias e as delegadas terão numeração sequencial em continuidade às séries iniciadas em 1946. Entende-se, portanto, que a legislação infraconstitucional editada sob a égide das Constituições de 1946, 1967 e da Emenda n. 1, de 1969, desde que recepcionadas pela ordem constitucional de 1988, encontram-se em plena eficácia no interior do sistema jurídico brasileiro.

Ainda segundo o art. 4º da Lei Complementar n. 95/98, a epígrafe, grafada em caracteres maiúsculos, propiciará identificação numérica singular à lei e será formada pelo título designativo da espécie normativa, pelo número respectivo e pelo ano de promulgação.

Exemplo de epígrafe:

LEI N. 9.507, DE 12 DE NOVEMBRO DE 1997

6.2 *Rubrica ou ementa da lei*

Rubrica é palavra que significa "terra vermelha", pois assim se denominava uma terra vermelha usada, há tempos, como adstringente. "Em vermelho eram escritos, invariavelmente, as letras iniciais, títulos e os capítulos dos primeiros livros de direito civil e canônico que foram impressos."[29]

É de *Carlos Maximiliano* a observação de que a rubrica ou ementa "ajuda a deduzir os motivos e o objeto da norma; presta, em alguns casos, relevantes serviços à exegese; auxilia muito a memória; é fácil de reter, e por ela se chega à lembrança das regras a que se refere; porém, oferece um critério inseguro; a

---

[29] PINHEIRO. *Op. cit.*, p. 33

rubrica é de ordem subsidiária; vale menos do que os outros elementos de *hermenêutica*, os quais se aplicam diretamente ao texto em sua íntegra".[30]

Ementa é sumário (significa, em latim, ideia, pensamento), resumo de uma lei. A redação da ementa deve ser concisa, precisa nos seus termos, clara e real. É comum constar da ementa a expressão "e dá outras providências" como referência aos assuntos complementares, não fundamentais da lei.

Assinale-se que se a ementa sintetiza em poucas palavras o essencial das normas de conteúdo normativo; apresentando-se esse homogêneo e completo, facilitará a elaboração de uma boa ementa, mas, ao contrário, se desordenado e incompleto dificultará ou chegará até mesmo a impossibilitar a redação da ementa: não há uma boa ementa para um mau conteúdo.

Prevê a Lei Complementar n. 95/98, em seu art. 5º, que a ementa será grafada por meio de caracteres que a realcem e explicitará, de modo conciso e sob a forma de título, o objeto da lei.

Exemplo de ementa:

> Institui normas procedimentais para os processos que especifica, perante o Superior Tribunal de Justiça e o Supremo Tribunal Federal.

6.3 Preâmbulo (autoria ou fundamento legal da autoridade)

Preâmbulo é palavra composta do prefixo latino *pre* (antes, sobre) e do verbo *ambulare* (marchar, prosseguir), e significa aquilo que precede, que marcha antes, que serve de exórdio ou de proposta inicial.

O preâmbulo, na dicção do art. 6º da Lei Complementar n. 95/98, indicará o órgão ou instituição competente para a prática do ato e sua base legal.

Contém a indicação do nome da autoridade, do cargo em que se acha investida e da atribuição constitucional em que se funda para promulgar a lei.

Observe-se que em alguns países o preâmbulo é substituído por uma exposição de motivos, ou disposição diretiva, que declara quais são as características essenciais da lei, e expõe as ideias principais que motivaram sua elaboração. Em outros países, as disposições diretivas não substituem o preâmbulo, mas não são mais do que uma repetição literal, de forma articulada, do que se contém em alguma parte do preâmbulo.

Muitas leis, contudo, não têm exposição de motivos. Essas leis indicam diretamente, em seu art. 1º, qual seu objetivo e sua finalidade.

Exemplo de preâmbulo:

---

[30] MAXIMILIANO. *Hermenêutica e aplicação do direito*, p. 319.

TÉCNICA LEGISLATIVA E LEGÍSTICA 155

O PRESIDENTE DA REPÚBLICA

Faço saber que o Congresso Nacional decreta e eu sanciono a seguinte Lei.

(...)

Tratando-se de decretos executivos, deve ser utilizada a palavra atribuição, conforme este exemplo:

O Presidente da República, usando da atribuição que lhe confere o artigo (...), inciso (...), da Constituição,

DECRETA

6.3.1 Ordem de execução ou mandado de cumprimento

Ordem de execução ou mandado de cumprimento é a parte imperativa do preâmbulo em que se prescreve a força coativa da lei.

São usadas, normalmente, as seguintes fórmulas: Hei por bem (...), Faço saber (...), O Congresso Nacional decreta e eu promulgo a seguinte Lei (...)

6.4 Enunciado do objeto e indicação do âmbito de aplicação das disposições normativas

Em regra geral, a cada objeto ou matéria deve corresponder uma lei (não uma lei para dois objetos). A lei deve indicar o seu objeto, ou matéria de que trata. A indicação do objeto revela o conteúdo essencial da matéria regulada. O enunciado do objeto não se confunde com a ementa da lei, cuja função é a de explicitar de modo conciso e sob a forma de título, o seu objeto, no que tem ele de essencial.

Segundo dispõe o art. 7º da Lei Complementar n. 95/98, o primeiro artigo do texto indicará o objeto da lei e o respectivo âmbito de aplicação, observados os seguintes princípios: I – excetuadas as codificações, cada lei tratará de um único objeto; II – a lei não conterá matéria estranha a seu objeto ou a este não vinculada por afinidade, pertinência ou conexão; III – o âmbito de aplicação da lei será estabelecido de forma tão específica quanto o possibilite o conhecimento técnico ou científico da área respectiva; IV – o mesmo assunto não poderá ser disciplinado por mais de uma lei, exceto quando a subsequente se destine a complementar lei considerada básica, vinculando-se a esta por remissão expressa.

Exemplo de enunciado do objeto da lei:

Art. 1º Esta lei fixa os fundamentos, define os objetivos e as competências institucionais, prevê os recursos e estabelece as ações e instrumentos da política agrícola, relativamente às atividades agropecuárias, agroindustriais e de planejamento das atividades pesqueira e florestal.

Parágrafo único. Para os efeitos desta lei, entende-se por atividade agrícola a produção, o processamento e a comercialização dos produtos, subprodutos e derivados, serviços e insumos agrícolas, pecuários, pesqueiros e florestais. (LEI N. 8.171, DE 17 DE JANEIRO DE 1991, que dispõe sobre a política agrícola).

6.5 Cláusulas justificativas do ato

As cláusulas justificativas da lei, embora não mencionadas na Lei Complementar n. 95/98, consistem, como vimos, nas chamadas *consideranda*, e vêm expressas nas seguintes palavras: *considerando, tendo em vista, atendendo,* e outras equivalentes.

Já a *exposição de motivos* constitui a cláusula em que se expõem as ideias principais que motivaram a elaboração da lei, bem como suas características essenciais. A exposição de motivos, em nossa técnica legislativa, é um documento elaborado normalmente por juristas no qual são expostas ao Presidente da República as ideias acima referidas, e contém seis partes:

a) cabeçalho;

b) introdução;

c) corpo ou texto;

d) conclusões;

e) fecho;

f) assinatura.

7. PARTE NORMATIVA (TEXTO OU CORPO DA LEI)

A parte normativa, texto ou corpo da lei contém a matéria legislada, isto é, as disposições que alteram a ordem jurídica. Assim, a parte normativa é a substância da lei.[31]

---

[31] São orientações de Monstesquieu para a composição das leis: 1. Os que têm um gênio suficientemente amplo para poder dar leis à sua nação ou a outra devem tomar certas precauções sobre a maneira como formá-las. 2. O estilo deve ser conciso. 3. O estilo das leis deve ser simples; a expressão direta é sempre melhor compreendida do que a expressão meditada. 4. É essencial que as palavras das leis despertem em todos os homens as mesmas ideias. 5. Quando, numa lei, foram fixadas as ideias das coisas, não é preciso recorrer a expressões vagas. 6. Nas leis, é preciso raciocinar da realidade para a realidade, e não da realidade para a abstração, ou da abstração para a realidade. 7. As leis não devem ser sutis. 8. Quando, numa lei, as exceções, limitações, modificações não são necessárias, mais vale não colocá-las. 9. É preciso não fazer modificação numa lei sem razão suficiente. 10. Quando se esforça tanto para dar razão a uma lei, é preciso que esta razão seja digna dela. 11. Em caso de presunção, a da lei vale mais que a do

A articulação e a divisão do texto normativo deverão ser feitas de acordo com a natureza, a extensão e a complexidade da matéria, com observância da unidade do critério adotado e a compatibilidade entre os preceitos instituídos. Já a redação do texto legal buscará a clareza e a concisão, devendo-se esclarecer que constituem atributos da lei a concisão, a simplicidade, a uniformidade e a imperatividade, que serão obtidas observando-se as diretrizes a seguir mencionadas.

7.1 Artigo

O artigo constitui a unidade para apresentação, divisão ou agrupamento de assuntos no texto da lei. O artigo é a base da ordenação legislativa. Em sentido legal quer dizer parte, juntura, articulação de assuntos de um ato da ordem legislativa.

Observe-se, todavia, que na Alemanha a unidade básica das leis é o parágrafo, com exceção da Constituição, que se acha dividida em artigos, e das leis que se referem a outras leis – leis modificativas e leis de introdução – em cujo caso se recomenda a utilização do artigo como unidade básica.

Já nos Estados Unidos, a seção (*section*) é utilizada no lugar do artigo (art.). Na legislação brasileira a seção é a parte da lei em que se subdividem imediatamente os capítulos.

Relativamente à numeração, a prática consagrada é a de adotar a numeração ordinal consecutiva até o artigo nono (art. 9º) e, a partir do artigo de número 10, empregar-se o algarismo arábico correspondente, seguido de ponto. Os artigos serão designados pela abreviatura "art.", sem traço antes do início do texto, que será iniciado por letra maiúscula e encerrado com ponto-final, à exceção dos artigos que tiverem incisos, caso em que serão encerrados por dois pontos.

Os artigos se subdividem em parágrafos ou incisos, estes em alíneas que se desdobrarão em itens. De maneira inversa, eles se agrupam em Seção, Capítulo, Título, Livro, Parte, como se verá adiante.

Algumas regras foram formuladas para a apresentação formal, material e técnica do emprego dos artigos. Mencionaremos as regras, em número de 25 extraídas de eminentes autores (*Carlos Maximiliano, Hésio Fernandes Pinheiro e Reed Dickerson*).

---

homem. 12. Como as leis inúteis enfraquecem as leis necessárias, as que podem ser eludidas enfraquecem a legislação. 13. Uma lei deve ter seu efeito, é preciso não permitir que seja derrogada por uma convenção particular. 14. É preciso atentar para que as leis sejam concebidas de maneira que não entrem em choque com a natureza das coisas. 15. É preciso nas leis uma certa candura. Feitas para punir a maldade dos homens, elas mesmas devem ter a maior inocência (MONTESQUIEU. *Do espírito das leis*. Trad. Fernando Henrique Cardoso e Leôncio Martins Rodrigues, p. 476-470).

1ª regra – Cada artigo deve abranger um único assunto.

Exemplo (Código Civil – Lei n. 10.406, de 10 de janeiro de 2002):

"Art. 1º Toda pessoa é capaz de direitos e deveres na ordem civil."

2ª regra – O artigo dará, exclusivamente, a norma geral, o princípio. As medidas complementares e as exceções devem ser reservadas às subdivisões, especialmente aos parágrafos.

Exemplo (Código Civil – Lei n. 10.406, de 10 de janeiro de 2002):

"Art. 1.967. As disposições, que excederem a parte disponível, reduzir-se-ão aos limites dela, de conformidade com o disposto nos parágrafos seguintes.

§ 1º Em se verificando excederem as disposições testamentárias a porção disponível, serão proporcionalmente reduzidas as quotas do herdeiro ou herdeiros instituídos, até onde baste, e, não bastando, também os legados, na proporção do seu valor.

§ 2º Se o testador, prevenindo o caso, dispuser que se inteirem, de preferência, certos herdeiros e legatários, a redução far-se-á nos outros quinhões ou legados, observando-se, a seu respeito, a ordem estabelecida no parágrafo antecedente."

3ª regra – As siglas e abreviaturas devem ser preferencialmente abolidas do texto legislativo, mas, se usadas, deve ser feita a primeira referência por extenso e, em seguida, entre parênteses, a sigla ou abreviatura.

4ª regra – Quando o assunto tratado no artigo exigir discriminações, o enunciado comporá o artigo, e os elementos que devem ser discriminados serão apresentados na forma de inciso.

Exemplo (Lei n. 8.112, de 11 de dezembro de 1990):

"Art. 8º São formas de provimento de cargo público:

I – nomeação;

II – promoção;

III – ascensão;

IV – transferência;

V – readaptação;

VI – reversão;

VII – aproveitamento;

VIII – recondução."

5ª regra – Deve-se evitar o emprego de expressões esclarecedoras, como, por exemplo, *v.g.*, e outra, buscando a maior precisão possível na definição da ideia.

TÉCNICA LEGISLATIVA E LEGÍSTICA

6ª regra – Devem ser preferidas as palavras de sentido nacional, evitando-se as expressões locais e regionais.

7ª regra – As frases devem ser reduzidas ao mínimo possível, sem, contudo, prejudicarem a ideia básica.

8ª regra – Nas leis extensas, os primeiros artigos devem ser utilizados para a definição do objeto da lei e para a limitação do seu domínio de aplicação.

9ª regra – Cada artigo deve ser colocado em seu justo lugar no texto, segundo o assunto que contém. Assim, cada assunto em seu artigo e cada artigo em seu lugar.

10ª regra – As expressões devem ser usadas em seu significado vulgar, salvo quando se tratar de assunto técnico. Mesmo nesse caso dever-se-á ressalvar a observância da linguagem e do estilo jurídicos.

11ª regra – A precisão da linguagem, técnica ou vulgar, a fim de que o objetivo do artigo seja facilmente compreendido e o seu conteúdo se preste ao mínimo possível de interpretações.

12ª regra – A uniformidade inicial dos verbos deve ser mantida, quando possível, toda vez que os artigos se sucederem, tratando de assuntos heterogêneos.

A respeito desta regra, observa *Hésio Fernandes Pinheiro*:[32]

"Assim, por exemplo, ao invés de usar:

....

Art. 18. Extinguem-se com a presente lei...

Art. 19. São criados..

Art. 20. O M.V.O.P. fica autorizado a...

Art. 21. Com esta lei asseguram-se os direitos..................................

Será preferível a forma seguinte, menos rebuscada, é verdade, porém, tecnicamente mais correta pela indicação imediata daquilo que o artigo contém:

Art. 18. Ficam extintos ....

Art. 19. Ficam criados...

Art. 20. Fica autorizado o Ministério ....

Art. 21. Ficam assegurados os direitos ....

...."

13ª regra – As definições só devem ser utilizadas quando absolutamente necessárias e colocadas onde for mais fácil encontrá-las.

---

[32]   PINHEIRO. *Op. cit.*, p. 55.

14ª regra – A forma mais simples deve ser preferida:

"Não digam	Digam
Dar consideração a	Considerar
Dar reconhecimento a	Reconhecer
Fazer requerimento	Requerer
Fazer pagamento	Pagar
Fazer provisão	Prover
Fazer nomeação	Nomear
É aplicável	Aplica-se
É dependente de	Depende
Na determinação da	Ao determinar a antiguidade,
antiguidade, o secretário...	o secretário.
Por ocasião de sua morte	Quando ele morrer
Ter necessidade de	Necessitar
Ter conhecimento de	Conhecer."[33]

15ª regra – Quando se confere um direito, atribuição ou poder, o termo a ser utilizado é "pode". Contudo, se o direito conferido pode ser interpretado como uma faculdade, o termo a ser empregado é "tem o direito de...". Para restringir um direito, privilégio ou poder, o termo conveniente é "não pode". Quando se impõe uma obrigação de agir, usa-se "deve", "deverá". Entretanto, se a obrigação é de não agir, use-se "não pode".

16ª regra – O tempo indicativo presente deve ser o usado, já que a lei pertence ao momento em que é lida, e não somente àquele em que foi promulgada. Também em todo dispositivo declaratório, isto é, que se confunde com a própria execução, o indicativo deve ser usado e não o imperativo. Assim, em vez de dizer "o equipamento deverá continuar propriedade do Brasil", é melhor escrever: "o equipamento continua propriedade do Brasil."

17ª regra – Deve-se evitar o erro de usar sujeito negativo com um "deverá positivo". Assim, não se deve escrever "ninguém deverá", mas "ninguém poderá.[34]

É que, como assinala *Dickerson*, "ninguém deverá" significa que ninguém é obrigado a agir desta maneira, nega a obrigação, mas não a permissão de agir.

---

[33] DICKERSON. *Op. cit.*, p. 94.
[34] DICKERSON. *Op. cit.*, p. 102.

Por outro lado, "ninguém pode" nega também a permissão e é, portanto, uma proibição mais completa.

18ª regra – As letras maiúsculas devem ser empregadas somente quando necessárias. Exemplo: Lei, quando se referir a uma determinada lei.

19ª regra – As cláusulas condicionais devem ser evitadas para introduzir uma exceção ou limitação. Assim, é melhor dizer "exceto que", "entretanto", ou construir nova oração. Se houver acréscimo, deve-se começar novo parágrafo.

20ª regra – É necessário evitar as ambiguidades. Não se deve dizer: "Entre as idades de 18 e 50", mas: "18 anos ou mais, e menos de 50."

21ª regra – O período deve ser claramente especificado. Não se deve dizer: "De 1º de julho de 1990" ou "Entre 1º de julho de 1990 e (...)", mas: "Depois de 30 de junho de 1990" ou "Antes de 1º de julho de 1990".

22ª regra – Não se deve enunciar a mesma regra em mais de um lugar.

23ª regra – Os dispositivos permanentes devem preceder aos temporários.

24ª regra – Caso o sentido da frase permita, deve ser usado o singular, e, não, o plural.

25ª regra – Se a mesma ideia pode ser expressa corretamente em forma positiva ou negativa, a forma positiva deve ser adotada. Assim, não se deve dizer: "Este artigo não se aplica a indivíduos com menos de 60 anos", mas: "Este artigo só se aplica a indivíduos que já completaram 60 anos."

A Lei Complementar n. 95/98, para a obtenção da clareza, prevê o uso das palavras em seu sentido comum, salvo quando a norma versar sobre assunto técnico, hipótese em que se empregará a nomenclatura própria da área em que se esteja legislando, e o uso de frases curtas e concisas. As orações devem ser construídas na ordem direta, evitando o uso de adjetivações, neologismos e preciosismos, ou seja, o emprego de palavras novas ou velhas que tenham adquirido outra acepção corrente, e o de sutilezas de sentido pouco claro. Os tempos verbais devem ser usados tanto quanto possível de modo uniforme e preferencialmente no tempo presente ou no futuro simples do presente. Para a obtenção da precisão, a linguagem técnica ou comum deve ser articulada de modo que enseje perfeita compreensão do objetivo da lei e que permita que seu texto evidencie com clareza o conteúdo e alcance que o legislador pretende dar à norma. A ideia deve ser expressa, quando repetida no texto, por meio das mesmas palavras, evitando o emprego de sinonímia com propósito meramente estilístico. O emprego de expressão ou palavra que confira duplo sentido ao texto deve ser evitado, e o uso de expressões locais e regionais, escolhendo-se, no seu lugar, termos que tenham o mesmo sentido e significado na maior parte do território nacional. Quanto às siglas, deve-se usar apenas as consagradas, e na primeira referência acompanhadas de explicitação de seu significado. A grafia de números e percentuais deverá ser feita por extenso, exceto data, número de lei e nos casos em que houver prejuízo para a compreensão do texto. A ordem lógica do texto será obtida pelo uso de categorias de subseção, seção, capítulo, título e livro, das disposições relacionadas com o objeto da lei. Cada artigo deve ter como objeto um único assunto ou princípio, expressando a ideia principal no *caput* e as ideias complementares ou as exceções, nos parágrafos. As discriminações e enumerações deverão ser tratadas nos incisos, alíneas e itens.

7.2 Desdobramento dos artigos – Os parágrafos

Os artigos podem desdobrar-se em parágrafos ou incisos, e estes, em alíneas, que se desdobram em itens.

Os parágrafos (*paragraphus* em latim e *paragrapheus* em grego) é palavra composta de *para* (ao lado) e *graphein* (escrever).

Os parágrafos são, na técnica legislativa, a imediata subdivisão do artigo, ou disposição acessória, marginal e complementar do trecho onde figura. A disposição principal (artigo) é assim explicada, restringida ou modificada pelo parágrafo, que é a disposição secundária.

O parágrafo é representado pelo sinal gráfico §, salvo na disposição em que existe um só parágrafo, quando deve ser escrito por extenso, seguido de ponto: parágrafo único e não § único.

Consagrou-se a prática de numeração ordinal dos parágrafos até o nono (§ 9°) e cardinal a partir do parágrafo dez (§ 10), seguido de ponto. Os textos dos parágrafos serão iniciados com letra maiúscula e encerrados com ponto final, exceto se for desdobrado em incisos, quando se encerra com dois pontos.

O parágrafo é intimamente relacionado com o artigo, e seu assunto depende diretamente do assunto tratado no artigo.

Algumas regras devem ser enunciadas para a redação dos parágrafos. Segundo *Hésio Fernandes Pinheiro*, são as seguintes:

"**1ª regra** – Constitui objeto do parágrafo o conjunto de pormenores ou preceitos necessários à perfeita inteligência do artigo.

2ª regra – A matéria tratada no parágrafo deve estar intimamente ligada à de que se ocupa o artigo.

3ª regra – A regra fundamental, o princípio, nunca deve ser enunciado em parágrafo.

4ª regra – O parágrafo deve conter as restrições do artigo ou, então, completar as disposições deste último."[35]

---

[35] PINHEIRO. *Op. cit.*, p. 65-66.

7.3 Incisos, itens e alíneas

Os incisos são empregados como elementos discriminativos do artigo se o assunto nele tratado não puder ser condensado no próprio artigo ou se não se mostrar adequado a constituir um parágrafo. Os incisos são grafados por algarismos romanos, seguidos de travessão e terminados por ponto e vírgula, salvo quanto ao último parágrafo, que termina por ponto final. Haverá o emprego de dois pontos antes das alíneas em que se desdobrem.

Os incisos, por serem indicados em algarismos romanos, além de poderem ser usados nas pequenas enumerações, são particularmente úteis para as grandes enumerações, já que as alíneas têm suas possibilidades limitadas. Daí a adoção das alíneas somente para desdobrar os parágrafos ou os incisos, e não os artigos diretamente.

Item é palavra derivada do vocabulário sânscrito *ithan*, com o significado de igualmente, do mesmo modo ou, ainda, também, por conseguinte.

Os itens, que serão grafados por algarismos arábicos, seguidos de ponto ("1", "2", etc.), constituem desdobramento das alíneas. O texto dos itens inicia-se por letra minúscula e termina em ponto e vírgula, salvo o último, que se encerra por ponto final.

As alíneas ou letras constituem desdobramentos dos incisos e dos parágrafos. A alínea ou letra, grafada em itálico, será indicada em minúsculo e seguida de parêntese: *a); b); c)* etc.

Exemplo:

Constituição Federal (art. 5°):

"Art. 5° Todos são iguais perante a lei, sem distinção de qualquer natureza, garantindo-se aos brasileiros e aos estrangeiros residentes no País a inviolabilidade do direito à vida, à liberdade, à igualdade, à segurança e à propriedade, nos termos seguintes:

LXXI – conceder-se-á mandado de injunção sempre que a falta de norma regulamentadora torne inviável o exercício dos direitos e liberdades constitucionais e das perrogativas inerentes à nacionalidade, à soberania e à cidadania;

LXXII – conceder-se-á *habeas data:*

a) para assegurar o conhecimento de informações relativas à pessoa do impetrante, constantes de registros ou bancos de dados de entidades governamentais ou de caráter público;

b) para a retificação de dados, quando não se prefira fazê-lo por processo sigiloso, judicial ou administrativo;

(...)

§ 1º As normas definidoras dos direitos e garantias fundamentais têm aplicação imediata.

§ 2º Os direitos e garantias expressos nesta Constituição não excluem outros decorrentes do regime e dos princípios por ela adotados, ou dos tratados internacionais em que a República Federativa do Brasil seja parte."

7.4 Agrupamento dos artigos

O artigo, como se verificou, é a unidade do texto de qualquer ato legislativo. É, assim, o artigo o elemento central tanto para a subdivisão do texto legislativo como para o seu agrupamento. Os artigos agrupam-se de acordo com o assunto regulado; os artigos afins, pelo seu relacionamento. Os códigos são o exemplo mais completo de agrupamentos ordenados e sistematizados dos artigos no texto da lei.

O conjunto de artigos constitui uma **Seção**; o conjunto de seções constitui um **Capítulo**; o conjunto de capítulos forma um **Título**, e o conjunto de títulos constitui um **Livro**. Nas leis mais extensas, que exigem mais desdobramentos, os livros são reagrupados em **Partes**, uma **Geral** e uma **Especial**.

Os critérios utilizados para o agrupamento, embora sejam de escolha relativamente discricionária do legislador, devem, contudo, guardar adequação com a matéria regulada. Assim, não é concebível, por exemplo, que se proceda à sistematização da **Parte Especial** do Código Penal segundo as penas previstas. *Gilmar Ferreira Mendes* enuncia algumas regras básicas que devem ser observadas a propósito:

"a) as matérias que guardem afinidade objetiva devem ser tratadas em um mesmo contexto;

b) procedimentos devem ser disciplinados segundo uma ordem cronológica;

c) a sistemática da lei deve ser concebida de modo a permitir que ela forneça resposta à questão jurídica a ser disciplinada e não a qualquer outra indagação;

d) deve-se guardar fidelidade básica com o sistema escolhido, evitando a constante mistura de critérios;

e) institutos diversos devem ser tratados separadamente."[36]

As seções são numeradas com algarismos romanos, que se seguem à palavra **Seção**. Exemplo: Seção II, etc.

O **Capítulo** (do latim *Capitulum*, de *caput* – cabeça) é escrito também abreviadamente: **Cap**. A regra para a numeração dos capítulos é idêntica à que foi enun-

---

[36] MENDES. *Op. cit.*, p. 122-123.

TÉCNICA LEGISLATIVA E LEGÍSTICA   165

ciada para as seções. São, contudo, encontradas as seguintes formas: Capítulo 1º, Capítulo I, ou, ainda, Capítulo Preliminar.

O **Título** é palavra que provém do latim *titulus*, formada provavelmente do radical grego *tiôr* com o sufixo *tulus*; mas para outros estudiosos a palavra procede diretamente do grego, composto do radical *tit* e do sufixo *hylo*. Usa-se **Tit.** abreviadamente.

A numeração dos títulos é feita na forma idêntica à indicada para as seções e capítulos, ou seja, com o emprego de algarismos romanos. Alguns técnicos legislativos preferem usar a expressão **Título Preliminar** em vez de **Introdução**.

O **Livro** é reservado para as leis de extraordinária extensão. Os livros são numerados com algarismos romanos e discriminados segundo o seu conteúdo, que é escrito logo depois do livro, como neste exemplo do Código Civil de 2002:

PARTE GERAL	PARTE ESPECIAL
LIVRO I	LIVRO I
DAS PESSOAS	DO DIREITO DAS OBRIGAÇÕES
....	....
LIVRO II	LIVRO II
....	....
DOS BENS	DO DIREITO DE EMPRESA

7.5 Parte geral e parte especial

A simples divisão de determinados textos legislativos em livros, como os códigos, revela-se insuficiente. Daí o seu agrupamento em **Partes**. As partes não devem ser numeradas (exceção a esta técnica é o Código Comercial brasileiro, cujas partes vêm numeradas: Parte Primeira, Parte Segunda, etc.).

A Parte classifica-se em **Geral** e **Especial**.

A Parte Geral é aquela que contém os princípios, as ideias abstratas e gerais da matéria, objeto da lei.

No Código Civil de 2002, a Parte Geral acha-se subdividida em três Livros (Pessoas, Bens, Fatos Jurídicos) e a Parte Especial compõe-se de cinco Livros (Obrigações, Empresa, Coisas, Família, Sucessões), acrescida de Livro Complementar, contendo as Disposições Gerais e Transitórias.

7.6 Disposições preliminares

As disposições preliminares foram também consagradas no Brasil com os nomes de Introdução, Título Preliminar, Lei Preliminar ou Lei de Introdução.

Entendidas como Leis de Introdução, são aquelas que se colocam à parte do articulado normativo, enunciando esclarecimentos prévios à lei adotada, relativos aos objetivos da lei, princípios jurídicos, formas de hermenêutica e de aplicação, que, por isso, não devem ser tratadas no próprio texto.

Nesse sentido, as disposições preliminares não integram a lei principal, segundo pensa a maioria dos juristas, mas constitui um título à parte (veja-se, por exemplo, a Lei de Introdução às normas do Direito brasileiro). Têm ainda essas disposições numeração própria dos seus artigos e podem ser promulgadas em separado (a Lei de Introdução às normas do Direito brasileiro foi modificada por outro texto, distinto do articulado normativo do Código Civil de 1916, isto é, o Decreto-Lei n. 4.657, de 4 de setembro de 1942).

A Lei Complementar n. 95/98 atribui, no entanto, às disposições preliminares significado distinto do acima aduzido, pois ela própria denomina o seu Capítulo I de "Disposições Preliminares".

7.7 Disposições gerais

Não se deve confundir as Disposições Gerais com as Disposições Preliminares. Apesar disso, ainda se encontram na legislação brasileira Introduções, Títulos Preliminares ou Disposições Preliminares impropriamente denominados de Disposições Gerais, que aparecem no início do texto legal, servindo-lhe de introdução. Costuma-se também adotar as Disposições Gerais seguindo ou precedendo as diversas partes da lei, como, *v.g.*, o artigo, a Seção e o Capítulo (no Código Civil são encontrados vários exemplos). Nesses casos, são colocados no final do texto legislativo **Disposições Finais**, pela impossibilidade de se mencionar as Disposições Gerais como relativas a todo o texto legal. *Hésio Fernandes Pinheiro*, em decorrência do uso indistinto e da confusão existente entre as duas categorias de disposições, entende como tecnicamente correto o seguinte:

a) em princípio, os artigos que contenham assuntos de caráter geral, diretamente dependentes ou intimamente relacionados com o texto, devem ser englobados no final da lei sob o título de "Disposições Gerais";

b) em se tratando de lei extensa, cujos diversos grupos de assuntos justifiquem ou exijam a existência de um apêndice, contendo medidas de caráter geral, essas medidas devem seguir ou preceder cada grupo, englobadas sob o título de "Disposições Gerais".

Nesses casos, as medidas restantes, de caráter geral e referentes a todo o texto da lei (apreciado em seu conjunto), devem ser reunidas e colocadas

TÉCNICA LEGISLATIVA E LEGÍSTICA

no final do ato da ordem legislativa e em continuação ao seu articulado, separadas deste, entretanto, pelo rótulo: Disposição Final.[37]

Assinale-se que, segundo dispõe o art. 10, inciso VIII, da Lei Complementar n. 95/98, o agrupamento dos artigos das Disposições Preliminares, Gerais e Finais poderão, conforme necessário, constituir Subseções; o de Subseções, a Seção; o de Seções, o Capítulo; o de Capítulos, o Título; o de Títulos, o Livro e o de Livro, a parte.

7.8 Anexos

Algumas vezes, a lei deve referir-se a determinados fenômenos que são descritos em planos, tabelas, fórmulas matemáticas, gráficos, séries numéricas, etc. Tais fenômenos são difíceis de ser explicados no texto da lei. Daí a utilização de meio que descreva o fenômeno da maneira mais breve, clara e precisa. Para tanto, é utilizado um anexo ao final da lei, com remissão a ele no articulado normativo.

Nesse caso, recomenda-se:

a) deve ser mencionado no texto da lei que se trata de um anexo para evitar que se encontre um quadro técnico no final da lei, cuja função a cumprir seja desconhecida e não se saiba nem mesmo se se refere à lei;

b) deve ser indicada no mesmo texto a que lei se refere o anexo.

Tratando-se de mais de um anexo, devem ser numerados. Enfim, cada anexo deve ter um título.

7.9 Remissões

As remissões são frequentes na técnica legislativa. Há remissão "quando um texto legislativo (a chamada *norma de remissão*) refere-se a outra ou outras disposições de tal forma que seu conteúdo deva considerar-se como parte da disposição que inclui a norma de remissão. O conteúdo do objeto da remissão se integra à norma de remissão, incorpora-se a ela por assim dizer".[38]

A remissão pode referir-se à norma de um mesmo texto legislativo (remissão interna), como a de outros textos legislativos (remissão externa). Fala-se ainda em remissões encadeadas, ou seja, a remissão a dispositivos que, por sua vez, remetem a outros textos legislativos.

---

[37] PINHEIRO. *Op. cit.*, p. 80-81.

[38] CODERCH. Las remisiones. *In: La forma de las leyes*, p. 224.

Na hipótese de revogação ou alteração do texto legislativo a que se fez referência, poderá subsistir dúvida sobre o efetivo conteúdo da norma de remissão. Assim, é aconselhável que as remissões sejam formuladas de tal modo que evite ao intérprete da norma ter de compulsar o texto referido.

Dispõe o art. 11, inciso II, alínea *g*, da Lei Complementar n. 95/98, que se deve indicar, expressamente, o dispositivo que seja objeto da remissão, em vez de se usar as expressões "anterior", "seguinte" ou equivalentes.

Anote-se ainda que não se deve fazer remissão a textos normativos secundários como decretos, regulamentos ou portarias, para que não haja afronta aos princípios da reserva legal e da independência entre os Poderes.

8. PARTE FINAL DA LEI

A parte final da lei compreende as disposições pertinentes às medidas necessárias à implementação das normas de conteúdo substantivo, às disposições transitórias, se for o caso, a cláusula de vigência e a cláusula de revogação, quando couber.

8.1 Disposições transitórias

São transitórias as disposições que possuem um caráter de pouca duração e tendem a desaparecer pelo próprio decurso do tempo ou pela consumação do fato. Relacionam-se com o direito intertemporal, vinculadas que se acham aos efeitos da lei no tempo, sua retroatividade e imediata aplicação. De fato, como se sabe, o direito intertemporal tem como objetivo facilitar a passagem de uma lei para outra e, como fundamento determinar o regime jurídico aplicável às denominadas situações jurídicas pendentes, isto é, as situações nascidas sob a legislação revogada, mas que permanecem com a entrada em vigor da nova lei. Assim, tais situações jurídicas exigem imediatas normas reguladoras, mas sobre assuntos e matérias que, como se verificou, tendem a desaparecer com rapidez.

As Disposições Transitórias devem ter numeração própria desde o art. 1º até o final. Alguns textos legislativos usam incorretamente as fórmulas Disposições Gerais e Transitórias ou ainda Disposições Finais e Transitórias. Tal incorreção decorre da circunstância de que as Disposições Gerais contêm regras de caráter permanente, enquanto as Disposições Transitórias se relacionam com regras que visam disciplinar situações especiais e provisórias.

As disposições transitórias se acham contempladas na Constituição de 1988 em ato autônomo referentemente ao texto permanente. Apresentam ainda numeração própria, e não seguem a técnica redacional do texto permanente, já que não vêm divididas em Títulos, Capítulos ou Seções. Os temas são regulados de maneira desordenada e assistemática.

TÉCNICA LEGISLATIVA E LEGÍSTICA 169

A Lei Complementar n. 95/98 permite, contudo, para evitar essa desarticulação, que as disposições transitórias poderão agrupar-se em Subseções, Seção, Capítulo, Título, Livro e Parte.

8.2 Cláusula de vigência

Toda lei contém cláusula de vigência, pois é ela feita para viger, vigorar, estar em vigor ou execução. A vigência é, assim, o tempo em que uma lei vigora.

"A vigência é um conceito formal referente à cronologia temporal. A eficácia, ao contrário, é material e de cunho sociológico", acentua *Limongi França*.[39]

A eficácia pressupõe a vigência, um *prius* em relação àquela.

A entrada em vigor de uma lei está condicionada aos seguintes critérios:

a) o da data de sua publicação;

b) o do dia prefixado ou do prazo determinado, depois de sua publicação;

c) o do momento em que ocorrer certo acontecimento ou se efetivar dada formalidade nela previstos, após sua publicação;

d) o da data que decorre de seu caráter.

Tem sido regra em nossa prática legislativa disporem as leis sobre sua entrada em vigor, que costuma ser a data de sua publicação (cláusula de vigência). Adota-se a seguinte fórmula: "Esta Lei entra em vigor na data de sua publicação."

Na falta de disposição expressa, dispõe a Lei de Introdução às normas do Direito brasileiro (art. 1º): "Salvo disposição contrária, a lei começa a vigorar em todo o país quarenta e cinco dias depois de oficialmente publicada." Consagra, portanto, a referida Lei de Introdução o sistema oposto ao da obrigatoriedade simultânea da lei.

Tema relacionado com a vigência das leis é a chamada *vacatio legis*, entendida como o período intercorrente entre a publicação da lei e a sua entrada em vigor. Pelo art. 8º, § 1º, da Lei Complementar n. 95/98, a contagem do prazo da *vacatio legis* far-se-á com a inclusão da data da publicação e do último dia do prazo, computados, portanto, domingos e feriados, entrando em vigor no dia subsequente à sua consumação final.

Anote-se ainda que as leis que estabeleçam período de vacância deverão utilizar a cláusula "esta lei entra em vigor após decorridos (o número de) dias de sua publicação" (§ 2º do art. 8º da Lei Complementar n. 95/98).

---

[39] FRANÇA. *Enciclopédia Saraiva do direito*. Verbete: Vigência, v. 77, p. 273.

Quando admitida, a lei brasileira torna-se obrigatória, nos Estados estrangeiros, três meses após sua publicação (Lei de Introdução às normas do Direito brasileiro, art. 1º, § 1º).

Quando a lei, ao ser publicada, contiver incorreções e erros materiais que lhe descaracterizam o texto, impõe-se a sua republicação total ou parcial.

Se a republicação tiver de ocorrer antes da entrada em vigor da lei, a parte republicada terá prazo de vigência contado a partir da nova publicação (Lei de Introdução às normas do Direito brasileiro, art. 1º, § 3º). Mas as emendas ou correções à lei que já tenha entrado em vigor são consideradas como lei nova (Lei de Introdução às normas do Direito brasileiro, art. 1º, § 4º), devendo, nesse caso, obedecer aos requisitos essenciais e indispensáveis à sua existência e validade.

Pela Lei Complementar n. 95/98 (art. 8º), a vigência da lei será indicada de forma expressa e de modo a contemplar prazo razoável para que dela se tenha amplo conhecimento, reservada a cláusula "entra em vigor na data de sua publicação" para as leis de pequena repercussão.

8.3 Cláusula de revogação

As leis apresentam suas cláusulas de revogação. A palavra revogação é genérica, de que são espécies a revogação total ou ab-rogação e a revogação parcial ou derrogação.

Mas, como acentua *Vicente Ráo*, "para cessar a vigência de uma lei, ou de uma particular disposição, não é necessário que outra lei sobrevenha e explicitamente, ou implicitamente, revogue a norma anterior.

O preceito que faz cessar a força obrigatória das leis, ora existe na própria lei, ora em lei outra.

Existe na própria lei:

a) quando ela própria limita, declaradamente, o tempo de sua vigência (exemplo no Direito Civil brasileiro: a Lei n. 1.300, de 28 de dezembro de 1950, relativa às relações de inquilinato, cujo art. 22 prescreve: 'Esta lei vigorará na data de sua publicação até o dia 31 de janeiro de 1952');

b) quando a temporariedade resulta da natureza da lei (exemplo: as leis orçamentárias, que fixam, para cada ano ou exercício financeiro, a receita e a despesa pública);

c) quando a lei se destina a um fim certo e determinado, cujo alcance lhe esgota o conteúdo (exemplo: a lei que manda realizar uma obra, ou pagar uma subvenção);

d) quando a lei visa reger uma situação passageira, ou um estado de coisas não permanente (exemplos: a lei que provê as situações de emergência resultantes de calamidades, situações temporárias, revoluções, a que regula situações transitórias entre uma lei e outra, a promulgada para vigorar durante a guerra, etc.).'[40]

Há casos em que a revogação advém de outra lei. Um deles é o que resulta do critério da hierarquia das leis. Assim, a Constituição revoga todas as leis, decretos, regulamentos e atos administrativos em contrário; a lei que em sentido diverso disponha sobre matéria contemplada em regulamento ou ato administrativo tolhe o efeito obrigatório desses atos (princípios da constitucionalidade e da legalidade). No Estado federal, quando os Estados-Membros legislam supletivamente sobre matéria de competência da União, a vigência dessas leis cessa com a superveniência da lei federal sobre a mesma matéria (Constituição Federal, arts. 24, §§ 3º e 4º).

A revogação pode ser expressa e tácita. A revogação expressa é efetivada por declaração formal; faz cessar a obrigatoriedade de preceito até então vigente. Tácita é a revogação que ocorre "quando a nova norma dispõe sobre a mesma relação contemplada pela norma anterior, ou por modo incompatível com a disposição antiga, ou criando uma disciplina nova e total, a revelar, inequivocamente, a intenção de substituir uma disposição por outra".[41]

A revogação expressa pode ser geral ou específica.

A revogação geral verifica-se quando o legislador preceitua de forma expressa a ab-rogação ou derrogação de todas as disposições contrárias à nova lei. Exemplo: Revogam-se as disposições em contrário.

A revogação expressa é específica quando menciona apenas as partes ou os artigos que ficam revogados pela lei nova. Exemplos de revogação expressa e específica: Fica revogada a Lei n. (...), de (dia) de (mês) de (ano); Ficam revogados os arts. (...) da Lei n. (...), de (dia) de (mês) de (ano).

Observe-se que a cláusula revogatória deve constar de artigo autônomo, diverso da cláusula de vigência, em razão da regra de que cada assunto deve ser tratado em cada artigo. Verifica-se, não obstante, uma tendência, tecnicamente incorreta, de englobar, em um só artigo, as cláusulas de vigência e de revogação.

Quando do texto da lei constar apenas um artigo, é desnecessário encerrá-lo com a cláusula revogatória.

---

[40] RÁO. *Op. cit.*, p. 292-293.

[41] RÁO. *Op. cit.*, p. 295.

A disposição especial não revoga a geral, nem a geral revoga a especial, a não ser quando a ela, ou ao seu assunto, se referir, alterando-a, explícita ou implicitamente. Assim, a lei nova que estabeleça disposições gerais ou especiais a par das existentes, não revoga nem modifica a lei anterior (Lei de Introdução às normas do Direito brasileiro, art. 2°, § 2°). Haverá revogação quando a lei nova regular por inteiro a mesma matéria constante da lei anterior.

Se uma lei que revogou outra lei for, por sua vez, revogada, não se restaura a eficácia obrigatória da primeira lei. A Lei de Introdução às normas do Direito brasileiro (art. 2°, § 3°), dispõe: "Salvo disposição em contrário, a lei revogada não se restaura por ter a lei revogadora perdido a vigência." Assim, a lei revogada somente pode renascer se uma nova disposição legal expressamente o determinar.

Segundo determina o art. 9° da Lei Complementar n. 95/98, a cláusula de revogação, deverá enumerar, expressamente, as leis ou disposições legais revogadas. Tem-se, pois, que não mais se admite a fórmula "revogam-se as disposições em contrário", que, por sua generalidade, vinha dificultando o conhecimento da norma que não mais se achava em vigor por força da lei nova.

9. FECHO DA LEI

O fecho da lei contém referência a dois acontecimentos significativos de nossa História: Declaração da Independência e Proclamação da República.

Exemplo de fecho da lei:

Brasília, 27 de maio de 1990, 169° da Independência e 102° da República.

10. ASSINATURA E REFERENDA NA LEI

As leis são assinadas e referendadas. Assinatura é um termo que procede do latim *signatura*, do verbo *signare*, com o significado de marcar, pôr um sinal em, indicar por um sinal traçado. A palavra assinatura é grafada *signature* em francês, *segnatura* em italiano, *signature* em inglês, *unterschrift* em alemão e *firma* em espanhol.

Nas antigas civilizações encontravam-se anéis artisticamente trabalhados que serviam de selo (assinatura) na autenticação de documentos. Depois foram utilizados os sinetes, onde se gravavam monogramas, totens, armas, brasões, siglas, etc. Mais tarde apareceram as penas de aves para concorrerem com os sinetes. Já no fim do século XVI surge o costume obrigatório do uso de assinatura do próprio punho, com o nome, por extenso ou abreviado, das pessoas autorizadas, ao final do ato legislativo.

Os atos legislativos, para terem validade, devem ser assinados pelo Chefe de Estado.

As leis devem ser referendadas pelo Ministro de Estado a cuja área esteja afeta à matéria (Constituição Federal, art. 87, parágrafo único), o qual passa a ser co-responsável por sua execução e observância. A referenda consiste na assinatura de próprio punho e por extenso. Observe-se que, sem a referenda, tem-se considerado inexistente o ato, porque a assinatura é imperativo da Constituição.

Não haverá, contudo, referenda ministerial nas leis promulgadas pelo Presidente ou pelo Vice-Presidente do Senado.

Teoricamente, são três as finalidades da referenda: certificar a autenticidade de uma firma; limitar a atuação do Chefe do Governo, mediante a participação do Ministro, indispensável para a validade daquela atuação; transferir a responsabilidade do ato referendado, do Chefe de Governo para o Ministro referendatário.

É próprio do parlamentarismo a terceira finalidade da referenda, pois neste sistema, as funções de governo pertencem ao gabinete, que por elas se responsabiliza com exclusividade. Já no presidencialismo, sucede o contrário: o Presidente da República é responsável, constitucional e politicamente, pelos atos dos seus ministros, que atuam em nome daquele, que os nomeia livremente. Em nenhum momento, nem por nenhum motivo se transfere, no presidencialismo, a responsabilidade do Presidente para os Ministros. A referenda, portanto, não tem a finalidade de eximir de responsabilidade o Presidente, para transferi-la ao referendatário. Ao examinar a referenda à luz do sistema presidencial de governo, Tena Ramírez acentua que atribuir-lhe a única finalidade de certificar a assinatura do Presidente da República seria converter os Ministros de Estado em meros agentes subalternos do Chefe do Executivo, sem outra vontade que a de executar suas ordens ou renunciar, o que repugna com a letra da Constituição. Sustenta, então, que a referenda envolve uma tríplice responsabilidade do agente referendatário: a penal, a técnica e a política. A responsabilidade penal reside no Ministro ao associar-se voluntariamente ao ato do Presidente mediante a aposição de sua assinatura, quando o ato referendado é delituoso. A responsabilidade técnica deriva do fato de não ser possível ao Chefe do Executivo dominar as numerosas e variadas questões técnicas da administração, cabendo ao Ministro preparar o material de informação e decisão. Trata-se, contudo, de uma responsabilidade que se apura no âmbito interno do Poder Executivo, é dizer, nas relações entre o Ministro com o Presidente da República. A responsabilidade política decorrente da referenda é de matriz parlamentar, devendo ainda considerar que no presidencialismo a imputabilidade do Presidente da República é plena e não pode ser substituída pela do Ministro. Todavia, a responsabilidade política do referendatário, que se acha intimamente relacionada com a técnica, resulta da faculdade de que dispõem as Casas Legislativas de convocar Ministro de Estado para informar ante elas.[42]

---

[42] RAMÍREZ. *Derecho constitucional mexicano*, p. 255-260.

11. ALTERAÇÃO DAS LEIS

A alteração das leis poderá ocorrer em três hipóteses disciplinadas na Seção III do Capítulo II (art. 12) da Lei Complementar n. 95/98:

I – alteração considerável;

II – revogação parcial;

III – alterações pequenas.

Na primeira hipótese, a alteração deve ser promovida por meio de reprodução integral em novo texto. Na segunda hipótese, desaparecerão do direito positivo as normas revogadas. A terceira hipótese implica alteração, por meio de substituição, de normas existentes por outras e por acréscimo de norma nova, observadas as seguintes regras: a) a numeração dos dispositivos alterados não poderá ser modificada; b) mesmo quando forem acrescidos dispositivos novos é vedada a renumeração. Nesse caso, utiliza-se a técnica do mesmo número do artigo ou unidade imediatamente anterior, seguido de letras maiúsculas, em ordem alfabética, tantas quantas forem suficientes para identificar os acréscimos; c) os dispositivos revogados, vetados, declarados inconstitucionais pelo Supremo Tribunal Federal ou de execução suspensa pelo Senado Federal em face de decisão do Supremo Tribunal Federal, não poderão ter sua numeração aproveitada, devendo a lei alterada manter essa indicação, seguida da expressão "revogado", "vetado", "declarado inconstitucional, em controle concentrado, pelo Supremo Tribunal Federal", ou "execução suspensa pelo Senado Federal, na forma do art. 52, X, da Constituição Federal". É admissível a reordenação interna das unidades em que se desdobra o artigo, identificando-se o artigo assim modificado por alteração de redação, supressão ou acréscimo com as letras "NR" maiúsculas, entre parênteses, uma única vez ao seu final, obedecidas, quando for o caso, as prescrições relativas aos dispositivos revogados.

Exemplos:

"EMENDA CONSTITUCIONAL N. 25,
DE 14 DE FEVEREIRO DE 2000

Altera o inciso VI do art. 29 e acrescenta o art. 29-A à Constituição Federal, que dispõem sobre limites de despesas com o Poder Legislativo Municipal.

As Mesas da Câmara dos Deputados e do Senado Federal, nos termos do § 3º do art. 60 da Constituição Federal, promulgam a seguinte Emenda ao texto constitucional:

....

TÉCNICA LEGISLATIVA E LEGÍSTICA 175

Art. 2º A Constituição Federal passa a vigorar acrescida do seguinte art. 29-A:

"Art. 29-A ...."

LEI N. 9.958, DE 12 DE JANEIRO DE 2000

Altera e acrescenta artigos à Consolidação das Leis do Trabalho – CLT, aprovada pelo Decreto-Lei n. 5.552, de 1º de maio de 1943, dispondo sobre as Comissões de Conciliação Prévia e permitindo a execução de título executivo extrajudicial na Justiça do Trabalho.

O Presidente da República

Faço saber que o Congresso Nacional decreta e eu sanciono a seguinte Lei:

....

Art. 2º O art. 876 da Consolidação das Leis do Trabalho – CLT, aprovada pelo Decreto-Lei n. 5.452, de 1º de maio de 1943, passa a vigorar com a seguinte redação:

Art. 876. As decisões passadas em julgado ou das quais não tenha havido recurso com efeito suspensivo; os acordos, quando não cumpridos; os termos de ajuste de conduta firmados entre o Ministério Público do Trabalho e os termos de conciliação firmados perante as Comissões de Conciliação Prévia serão executados pela forma estabelecida neste Capítulo. (NR)

12. CONSOLIDAÇÃO DAS LEIS E OUTROS ATOS NORMATIVOS

Com o propósito de ordenar a pletora da legislação brasileira produzida pelas diversas esferas de poder, a Lei Complementar n. 95/98, com a redação da Lei Complementar n. 107/2001, disciplina a matéria e fixa critérios para a consolidação das leis e dos atos normativos emanados do Poder Executivo.

O art. 13 da Lei Complementar n. 95/98 determina que as leis federais sejam reunidas em codificações e em Consolidações, obedecendo a um critério de conexão e afinidade das matérias, que constituirão, em seu todo, a Consolidação das Leis Federais brasileiras. Note-se que o critério de conexão e afinidade do tema deverá ser observado pela legislação suplementar estadual e municipal nas respectivas consolidações legislativas e de atos normativos do Executivo, Judiciário e Legislativo.[43]

A consolidação consistirá na integração de todas as leis pertinentes a determinada matéria num único diploma legal, com a revogação formal das leis incorporadas à consolidação, sem modificação do alcance nem interrupção da força normativa dos dispositivos consolidados.

---

[43] SOUZA. *Processo legislativo*, p. 63.

Poderão ser feitas as seguintes alterações nos projetos de lei de consolidação, preservando-se, todavia, o conteúdo normativo original dos dispositivos consolidados: 1 – introdução de novas divisões do texto legal base; 2 – diferente colocação e numeração dos dispositivos consolidados; 3 – fusão de disposições repetitivas ou de valor normativo idêntico; 4 – atualização da denominação de órgãos e entidades da administração pública; 5 – atualização de termos antiquados e modos de escrita ultrapassados; 6 – atualização do valor de penas pecuniárias, com base em indexação padrão; 7 – eliminação de ambiguidades decorrentes do mau uso do vernáculo; 8 – homogeneização terminológica do texto; 9 – supressão de dispositivos declarados inconstitucionais pelo Supremo Tribunal Federal, observada a suspensão pelo Senado Federal de execução de dispositivos, na forma do art. 52, X, da Constituição da República; 10 – indicação de dispositivos não recepcionados pela Constituição da República; 11 – declaração expressa de revogação de dispositivos revogados por leis posteriores. Impõe a Lei Complementar que as providências referidas nos n. 9, 10 e 11, acima referidos, deverão ser expressa e fundamente justificadas, com indicação precisa das fontes de informação que lhes serviram de base.

Para a consolidação de que se trata, a Lei Complementar prevê os seguintes procedimentos: 1 – o Poder Executivo ou o Poder Legislativo procederá ao levantamento da legislação federal em vigor e formulará projeto de lei de consolidação de normas que tratem da mesma matéria ou de assuntos a ela vinculados, com a indicação precisa dos diplomas legais expressa ou implicitamente revogados; 2 – a apreciação dos projetos de lei de consolidação pelo Poder Legislativo será feita na forma do Regimento Interno de cada uma de suas Casas, em procedimento simplificado, visando a dar celeridade aos trabalhos. O projeto de lei de consolidação pode ser formulado pela Mesa Diretora do Congresso Nacional, de qualquer de suas Casas e por qualquer membro ou Comissão da Câmara dos Deputados, do Senado Federal ou do Congresso Nacional.

A consolidação das leis não poderá abranger medidas provisórias ainda não convertidas em lei. Admite-se, contudo, que haja projeto de lei de consolidação destinado exclusivamente à declaração de revogação de leis e dispositivos implicitamente revogados ou cuja eficácia ou validade encontre-se completamente prejudicada, e à inclusão de dispositivos ou diplomas esparsos em leis preexistentes, revogando-se as disposições assim consolidadas.

Estabelece ainda a Lei Complementar, em seu art. 15, que a Mesa do Congresso Nacional, na primeira sessão legislativa de cada legislatura, promoverá atualização da Consolidação das Leis Federais Brasileiras, incorporando às coletâneas que a integram as emendas constitucionais, leis, decretos legislativos e resoluções promulgadas durante a legislatura imediatamente anterior, ordenados e indexados sistematicamente.

13. LEGÍSTICA

Para dar efetividade à legislação e otimizar a inteligibilidade e acessibilidade democrática dos textos legais, problema que se agrava pela intensa proliferação legislativa, não se pode desconsiderar a Legística. São apontadas, basicamente, como linhas de investigação da Legística, que, além da Técnica Legislativa (regras gerais sobre a elaboração das leis, suas categorias, sua sistemática e linguagem), abrange, segundo resenha de Fabiana de Menezes Soares: 1. teoria ou doutrina da legislação: possibilidades e limites da reconstrução científica e da aplicação do conhecimento no âmbito da legislação; 2. analítica da legislação: conceitos e ideias fundamentais da norma, lei e legislação; 3. tática da legislação: estudo dos órgãos e procedimentos, métodos com o fim de influenciar e dirigir a produção legislativa; 4. metódica da legislação: problematização das dimensões político-jurídicas e teorético-decisórias da legislação, procurando responder às questões de adequação, razoabilidade e efetividade das leis (a questão dos direitos fundamentais).[44]

A Legística trabalha, nesse horizonte, com questões pertinentes às expectativas populares quanto à aceitação e à duração das leis, de modo a evitar rejeições ou resistências populares à lei, e considera a necessidade de ligação permanente do cidadão ao político. A segurança constitui elemento essencial à Legística, para que as pessoas possam crer nas instituições e nas políticas públicas: as leis têm de ser elaboradas para durarem o tempo dos objetivos a que se propõem. Não se deve elaborar leis desnecessárias. A Legística oferece mecanismos para o acompanhamento das leis, a fim de permitir que seus resultados sejam reavaliados, e, se necessário, sejam as leis alteradas ou substituídas. É de grande utilidade, no âmbito da Legística e da Técnica Legislativa, a informática, que, aplicada à atividade legiferante constitui a legimática, é dizer, a tecnologia a serviço da qualidade das leis.[45]

Deve-se a Peter Noll, jurista suíço, a obra de referência em Legística, intitulada *Gesetzgebungslehre* (Legisprudência), e publicada em 1973, em que, além de aspectos formais de redação legislativa, analisa e enfatiza, sistematicamente, temas pertinentes aos conteúdos normativos e à metodologia de preparação das decisões legislativas.

Na concepção de Luzius Mader, em pronunciamento durante o Congresso Internacional de Legística – qualidade da lei e desenvolvimento, realizado na

---

[44] SOARES. *Legística e desenvolvimento:* a qualidade da lei no quadro da otimização de uma melhor legislação. *In: Revista da Faculdade de Direito da UFMG – Nova Fase –* n. 50, jan./jun. 2007, p. 178-179.

[45] Cf. SOARES. *Teoria da legislação*: formação e conhecimento da lei na idade tecnológica.

Assembleia Legislativa de Minas Gerais, "os campos de interesse da Legística hoje podem ser divididos em oito áreas principais. A primeira delas é a metodologia legislativa, também chamada de Legística material. A segunda área de interesse é a técnica legislativa ou Legística formal *stricto sensu*. A técnica legislativa trata dos aspectos formais e legais da legislação: os diferentes tipos de atos normativos, as instituições jurídicas, a estrutura formal dos atos normativos e a forma por meio da qual novas leis são introduzidas ou integradas no arcabouço normativo preexistente. A terceira área é a da redação legislativa propriamente dita, ou seja, a forma de se expressar o teor normativo do conteúdo das leis, concernente, especificamente, aos aspectos linguísticos. A quarta área é aquela da comunicação, que tem relação com a redação legislativa e que inclui as diferentes formas de se publicarem oficialmente as peças legislativas, além de uma ampla gama de atividades de informação e comunicação em torno da legislação. A quinta área é a do procedimento legislativo. O processo de preparação, aprovação e execução de uma lei deve seguir vários níveis e regras, que podem influenciar consideravelmente na qualidade formal e material da legislação. A sexta área de interesse é a da gestão de projetos legislativos. Na maioria dos casos, a preparação da legislação é uma tarefa na qual têm participação várias pessoas, várias unidades administrativas. Além dessas seis áreas, que têm características e objetivos práticos, a Legística inclui também a sociologia jurídica empírica e a teoria da legislação. A sociologia empírica da legislação atém-se ao processo político que antecede o processo de aplicação e execução da lei. A teoria da legislação, por outro lado, pretende tecer reflexões críticas e avaliar as funções da legislação, funções essas que, pelo menos até certo ponto, têm-se modificado como resultado da transformação do papel do Estado na sociedade."[46]

A Legística compreende duas dimensões: material e formal.

A Legística Material trata da matéria que comporá a lei: cuida do planejamento, da necessidade, da utilidade, da harmonização da norma com o sistema jurídico vigente e a avaliação legislativa. Antes mesmo da decisão de legislar, necessário se faz uma correta descrição do problema e uma clara definição dos objetivos, a fim de optar pela melhor solução. A Legística Material propõe, desse modo, uma metodologia de preparação da lei, do conteúdo da lei, com vistas a propiciar elementos para a tomada de uma decisão objetiva. Considere-se, ainda, que atualmente a legitimidade da lei não decorre apenas da observância do cumprimento dos requisitos legais, mas também de seu próprio conteúdo. A Legística Material concorre para uma política de legislação, ao considerar que a lei dê uma resposta às exigências de eficácia, eficiência e efetividade, e cumpra seus

---

[46] MADER. Legística: história e objeto, fronteiras e perspectivas. *In: Legística: qualidade da lei e desenvolvimento*, p. 46-49.

objetivos, que os benefícios justifiquem seus custos e que seja aceita por seus destinatários.

A Legística Formal estuda a redação do ato legislativo, de modo a garantir clareza e coerência da norma, tornando-a compreensível e linguisticamente correta.

A Legística caracteriza-se desse modo, como a área do conhecimento relacionada com a feitura das leis de forma metódica e sistemática, com o objetivo de produzir normas de melhor qualidade, mais eficazes e menos onerosas. Na elaboração da lei devem ser levados em conta múltiplos fatores, como a utilidade da norma, a capacidade de produzir os efeitos pretendidos, a sua harmonização com o ordenamento jurídico e adequada relação entre custo e benefício.

O desenvolvimento de um Estado depende da quantidade e da qualidade da legislação, do mesmo modo que esta depende daquele. A feitura de menos leis e a implementação das existentes também são fatores de desenvolvimento e de efetivação de políticas públicas em países em desenvolvimento. A Legística ocupa-se com o contexto da inserção da nova legislação, relacionando-se e adotando metodologias de outras áreas do conhecimento, como a Administração e a Economia.

Segundo acentua Carlos Blanco de Morais, nos anos 80, o estudo das normas jurídicas teve um salto qualitativo, pois não juristas começaram a observá-la como instrumento de ação e transformação política e econômica. Nesse contexto, a lei passou a ser estudada no domínio da sua *governance*, ou seja, das técnicas e métodos que deveriam reger sua concepção, sistematização e praticabilidade. A Legística nasce, assim, como parcela de uma ciência auxiliar da ciência jurídica, preocupada com as consequências produzidas pelos atos legislativos e os meios passíveis de potenciar a sua qualidade, simplificação e eficiência.[47] Planejamento administrativo, econômico e financeiro, com a definição de metas e estratégias resultou na mudança do paradigma da governança com a qual se relaciona a Legística.

Alemanha, Áustria, Suíça, França, Itália e o Canadá são considerados os países pioneiros da Legística, a partir do início dos anos 1970. Também na União Europeia e na Organização para a Cooperação e Desenvolvimento Econômico (OCDE), os estudos de Legística tiveram grande impulso, com a realização de pesquisas que revelaram que a qualidade das leis é fator de grande impacto sobre o desenvolvimento econômico e social dos países. Proposições e recomendações (*guidelines*), no domínio da legística, são elaborados por organismos multilaterais ou grupos de trabalho, como os *Improving the quality of Laws and Regu-*

---

[47] MORAIS. *Manual de legística: critérios científicos e técnicos para legislar melhor*. Lisboa: Verbo, 2007, p. 30. Cf. também: ROSSET. Breves reflexões sobre a legística, seus aspectos políticos e consolidação de leis. *In*: *Revista do Instituto dos Advogados de São Paulo – IASP*. Ano 11, n. 22, p. 181-201.

lations, *Relatório Mandelkern* e *Programa Better Regulation*. Manuais e guias de redação legislativa são elaborados em países como os Estados Unidos, Reino Unido e Canadá. Em Portugal, o estudo da Legística merece destaque com os trabalhos de Marta Tavares de Almeida, tendo sido publicado, em outubro de 2008, um manual sobre a elaboração e a compreensibilidade das leis, denominado de *Regras Legislativas a Observar na Elaboração de Actos Normativos da Assembleia da República*.

No Brasil, foi publicado, na década de 1990, o *Manual de Redação da Presidência da República*, sob a coordenação de Gilmar Ferreira Mendes, contendo modelos de avaliação legislativa e de controle de qualidade das leis, e, em 1999, foi editada a Lei Complementar n. 95, que, com fundamento no art. 59, parágrafo único, da Constituição de 1988, dispõe sobre a elaboração, a redação, a alteração e a consolidação das leis, e estabelece normas para a consolidação de atos normativos. No âmbito do Poder Executivo, foi baixado o Decreto n. 4.176/2002, a tratar de temas relativos à Legística Formal, com a previsão de mecanismo para a avaliação de impacto de atos normativos na esfera do Executivo Federal. Tais atos legislativos acham-se referenciados ao longo deste estudo.

6
CAPÍTULO

PROCESSO LEGISLATIVO

Sumário: 1. Introdução. 2. Noção de processo legislativo. 3. Atos do processo legislativo. 4. Espécies normativas. 5. Leis orçamentárias. 6. Plebiscito e referendo. 7. Processo legislativo nos Estados e Municípios. 8. Devido processo legislativo e controle de constitucionalidade. 9. Considerações finais.

1. INTRODUÇÃO

Técnica legislativa e processo legislativo se completam, pois cuidam de distintos aspectos pertinentes à criação das leis. Pode-se até mesmo dizer que a técnica legislativa pressupõe o conhecimento do processo legislativo, ao qual incumbe o conhecimento de regras e princípios relativos à iniciativa e à forma para a criação das leis. A técnica legislativa acha-se presente em todas as fases do processo legislativo e integra a sua essência, de modo a estabelecer uma vinculação entre todas elas para a obtenção do resultado final, ou seja, a lei como produto do ato legislativo.

O processo legislativo é fenômeno específico do Poder Legislativo, e envolve um conjunto de regras às quais o legislador deve obedecer para a elaboração das leis.

Assim, o processo legislativo, que estuda a formação das leis, reveste-se de significativa importância, na medida em que se concebe o Direito como complexo normativo.

O processo legislativo, além do enfoque jurídico, segundo elucida Nelson de Sousa Sampaio, pode também ser analisado no sentido sociológico, quando se refere "ao conjunto de fatores reais ou fáticos que põem em movimento os legisladores e ao modo como eles costumam proceder ao realizar a tarefa legislativa",[1] examinando-se, neste aspecto, a opinião pública, as crises sociais, os fatos econômicos, sociais e políticos, os grupos de pressão, os acordos partidários, as compensações políticas, a composição partidária ou social das assembleias, a troca de votos (*logrolling*) entre parlamentares, enfim, todos aqueles fatores que, de alguma forma, condicionam ou determinam a "demanda da lei" bem como influenciam na sua aprovação ou rejeição.

No domínio da Legística (área do conhecimento humano que, metódica e sistematicamente, se ocupa da processualística da elaboração das leis, com o objetivo de aprimorar a sua qualidade) fala-se em impulso legislativo que configura os motivos políticos ou sociais, entre outros, que podem justificar o início do processo legislativo, pois legislar é uma decisão política, um processo político que está sujeito a condicionamentos políticos, sociais e econômicos.

O processo legislativo pode ainda ser analisado sob: *a*) uma racionalidade fundada nos princípios do Estado Democrático de Direito; *b*) a orientação da ética do discurso, considerando os valores de justiça (extrínsecos à sociedade) e segurança jurídica; *c*) a consideração de que existem diferenças entre as capacidades argumentativas no momento da criação da norma (desigualdade de forças, dos grupos representativos, no interior do Parlamento).[2]

O processo legislativo contemporâneo, apesar de manter sua estrutura básica oriunda do processo clássico, e sem desconsiderar as orientações procedimentais ou formais, acha-se vinculado à ética social na criação da norma jurídica. Fala-se, desse modo, em processo legislativo material no sentido neopositivista: o processo legislativo é visto como um instrumento de absorção e sede dos valores e conceitos vigentes na sociedade, buscando estabelecer normas legítimas sob a perspectiva de sua correção material. O processo legislativo é um sistema que tem por finalidade a organização da deliberação sobre valores, buscando atender às expectativas socialmente reconhecidas e concretiza os ideais que justificam a formação do Estado Democrático de Direito, cujas regras muitas vezes não se compatibilizam com o interesse exclusivo do Parlamento. Há, na concepção de Habermas, uma importante substituição no âmbito da sociedade, que interfere no interior do próprio Parlamento, ou seja, "o lugar dos cidadãos e seus interesses individuais é ocupado por organizações e interesses organizados".[3]

Assinale-se com Raul Machado Horta que "o processo legislativo não existe autonomamente, como valor em si, pois é técnica a serviço de concepções políti-

---

[1] SAMPAIO. *O processo legislativo*, p. 1.

[2] CARVALHO. *Controle judicial e processo legislativo*: a observância dos regimentos internos das casas legislativas como garantia do estado democrático de direito, p. 75-76.

[3] HABERMAS. *Direito e democracia*: entre facticidade e validade, v. II, p. 59.

cas, realizando fins do Poder. Daí sua mutabilidade no tempo e na sua compreensão variada, refletindo a organização social, as formas de Governo e de Estado, a estrutura partidária e o sistema político".[4]

Levando em consideração as formas de organização política, quatro são os tipos de processo legislativo: a) *o autocrático*, em que o governante fundamenta em si próprio a competência para dar leis, pertencendo, portanto, a este tipo todo processo legislativo em que não seja expressão da atividade legiferante do corpo de cidadãos, seja diretamente, seja por intermédio de seus representantes; b) *o direto*, em que as proposições legislativas são discutidas e votadas pelo próprio povo; c) *o indireto ou representativo*, em que o povo escolhe seus representantes, a quem cabe decidir sobre as proposições legislativas; d) *o semidireto*, em que a elaboração das leis cabe ao órgão legislativo competente com a concordância do eleitorado, mediante o *referendum* popular.

A organização bicameral do Poder Legislativo é uma constante no processo legislativo brasileiro, mas, como assinala Raul Machado Horta, os tipos variados de bicameralismo resultaram em distintos modelos de processo legislativo: *a)* o *processo legislativo complexo* organizado pela Constituição de 1891, propício aos embaraços e à lentidão legislativa, em que se compunha, com requintamento técnico e embaraços recíprocos, a orquestração do governo deliberativo do século XX, em especial pela revisão complexa do projeto de lei; *b)* o *processo legislativo híbrido* da Constituição de 1934, que refletiu o hibridismo da solução constitucional, ou seja, ele foi bicameral quando se impunha a colaboração do Senado na confecção dos atos legislativos, e monocameral, quando essa colaboração era dispensada; *c)* o *processo legislativo nominal* da Carta de 1937, porquanto, nesse setor, a Carta permaneceu inaplicada; *d)* o *processo legislativo de equilíbrio* da Constituição de 1946, que restaurou valores preteridos na experiência autoritária de 1937; *e)* o *processo legislativo autoritário*, concebido e organizado pela Constituição de 1967 e pela Emenda Constitucional de 1969, que, entre outras medidas, converteram o Presidente da República em legislador, através da expedição do Decreto-Lei, e co-legislador, mediante os instrumentos que lhe asseguravam ampla iniciativa sobre qualquer matéria de competência da União; o benefício dos prazos de deliberação abreviada e de urgência, amparados na deliberação automática e de urgência; a exclusividade da iniciativa de projetos de lei de maior relevância, com a vedação de emendas que aumentam a despesa neles prevista.[5]

---

4   HORTA. *Revista de Informação Legislativa*, p. 101/5.

5   HORTA. *Direito constitucional*, p. 521-534.

Há pressupostos e princípios do processo legislativo. Os pressupostos são requisitos para uma legislação válida, e preexistem à formação da lei, e compreendem: *a)* existência do Parlamento; *b)* a proposição legislativa; *c)* capacidade do proponente. Os princípios do processo legislativo são: *a)* publicidade; *b)* oralidade; *c)* separação da discussão e votação; *d)* unidade da legislatura; *e)* exame prévio dos projetos por comissões parlamentares.[6]

De observar, com Marcelo Cattoni, que as "sociedades deste final de século se caracterizam por uma crescente diferenciação entre os vários subsistemas sociais e por uma acentuada autonomização de antigas esferas normativas, tais como as da Moralidade, da Ética e da Religião. São sociedades, cada vez mais claramente, *sem centro*. A complexidade da sociedade moderna, todavia, é de tal ordem que pressupõe um Direito que, para realizar a sua função no processo de integração social, deve ultrapassar a perspectiva funcional-sistêmica e possibilitar simultaneamente não somente a classificação de princípios morais universais na pluralidade das eticidades substantivas das organizações políticas concretas, mas fazê-lo de tal modo a que os destinatários de suas normas possam reconhecer-se como os próprios co-autores das mesmas. Tal possibilidade de reconhecimento deve ser garantida pelo processo legislativo acolhido, estruturado constitucionalmente.[7]

Ainda no sistema constitucional brasileiro, ao que se extrai da Constituição de 1988, o processo legislativo se acha norteado, entre outros, pelos princípios relativos à independência dos Poderes (para o exercício de suas competências e atribuições), ao exercício dos direitos políticos, à composição partidária da representação parlamentar, às competências dos entes federativos, ao do Estado Democrático, em especial à tomada de decisões pelo voto majoritário. Segundo resenha de Cavalcante Filho, são princípios do processo legislativo constitucional: a) princípio da separação de poderes; b) princípio da não convalidação das nulidades; c) princípio da controlabilidade (ou do controle de constitucionalidade); d) princípio da simetria; e) princípio democrático; f) princípio da publicidade; g) princípio separação da discussão e votação; h) princípio do bicameralismo.[8]

2. NOÇÃO DE PROCESSO LEGISLATIVO

O processo legislativo compreende o conjunto de atos (iniciativa, emenda, votação, sanção e veto) realizados pelos órgãos legislativos visando à formação

---

[6] SILVA. *Princípios do processo de formação das leis no direito constitucional*, p. 31 e 37.

[7] CATTONI DE OLIVEIRA. *Devido processo legislativo*, p. 13-14.

[8] CAVALCANTE FILHO. *Processo legislativo constitucional*, p. 27-36.

PROCESSO LEGISLATIVO

de emendas à Constituição, leis complementares, leis ordinárias, leis delegadas, medidas provisórias, decretos legislativos e resoluções que, como espécies normativas, constituem o seu objeto.[9]

Para Marcelo Caetano, o processo legislativo consiste na "sucessão ordenada dos trâmites a observar na elaboração dos atos normativos pelos órgãos colegiados constitucionalmente competentes para legislar, e das formalidades complementares".[10]

Nelson de Sousa Sampaio esclarece que o processo legislativo "prescreve a competência e a forma para a criação de normas de caráter geral, inclusive, portanto, das normas dos outros processos".[11]

A expressão *processo legislativo* sugere dúvida, levantada por Manoel Gonçalves Ferreira Filho, sobre o significado de *legislativo* no texto constitucional: "referir-se-á esse adjetivo à matéria ou ao sujeito? E se ao sujeito, a qual sujeito, o Poder Legislativo ou o Legislador?".[12]

Na realidade, considerando a matéria, no elenco dos objetos do processo legislativo se encontram atos de efeitos concretos, como as resoluções, e não se inserem outros de caráter abstrato, como os regimentos internos de cada Casa Legislativa ou dos Tribunais, e, considerando o sujeito, o processo legislativo inclui as emendas à Constituição, que não são elaboradas pelo legislador ordinário, mas pelo Poder Constituinte Derivado ou Poder de Revisão, e ainda trata das medidas provisórias elaboradas pelo Presidente da República, não obstante a possibilidade de se converterem em lei por manifestação do Legislativo.

A palavra processo, embora seja precipuamente empregada para a atividade jurisdicional, a sua adoção para a atividade legiferante denota uma abrangência ampla da expressão, que alcança a noção técnica do *modus operandi* na elaboração das normas, sem privilegiar as suas fontes, e trata ainda das espécies normativas sujeitas ao controle de constitucionalidade quanto à sua elaboração.

Assim, se o processo traz no seu âmago a idéia de "atos coordenados que se desenvolvem no tempo e tendem à formação de um ato final, donde decorre a idéia de *procedere*, ou seja, *dirigir-se* para uma meta", o processo legislativo

---

[9]   SILVA. *Curso de direito constitucional positivo*, p. 452.

[10]   CAETANO. *Direito constitucional*, v. 2, p. 275.

[11]   SAMPAIO. *O processo legislativo*, p. 3.

[12]   FERREIRA FILHO. *Do processo legislativo*, p. 199.

constitui esse conjunto de atos, postos em movimento, no exercício da função legislativa.[13]

É de importância significativa, como fonte do processo legislativo, o regimento interno das Casas Legislativas. Como esclarece Raul Machado Horta, ao "lado das causas mais gerais, que alteraram o mecanismo do processo legislativo, para atender exigências da nossa época e da nossa sociedade, é necessário anotar a tendência que assinala deslocamento técnico na fonte de regulação do procedimento legislativo. As assembleias políticas sempre detiveram apreciável controle das normas disciplinadoras da formação das leis. As regras regimentais, plásticas ou rígidas, escritas ou consuetudinárias, absorvem largos setores da disciplina legislativa, dando aos regimentos parlamentares singular projeção. A 'fenomenologia ritualística' dos regimentos incorpora normas materialmente constitucionais, exercendo os textos regimentais a tarefa de complementação dos dispositivos constitucionais da elaboração legislativa. Não perderam os regimentos sua matéria específica, nem se lhes deve recusar a titularidade do princípio da autonormatividade, que é peculiar à elaboração regimental. As Constituições contemporâneas constitucionalizaram numerosas normas regimentais, mas este fenômeno de absorção de normas regimentais na Constituição não diminuiu, como se observou, a importância dos Regimentos dos órgãos legislativos. O Regimento perdeu, em alguns casos, a condição de fonte primária da norma, mas continua sendo o texto responsável pelo desdobramento das normas constitucionais, na sua função de relevante fonte do Direito Parlamentar. O Regimento poderá assegurar a eficiência do processo legislativo pela supressão da morosidade, que entorpece e desprestigia as deliberações legislativas. A organização dos trabalhos, mediante programas, calendários e esquemas de trabalhos; a fixação da duração dos discursos – o Regulamento da Câmara dos Deputados da Itália dispõe que a leitura de um discurso não poderá exceder a trinta minutos (art. 39.4); o debate limitado; a organização da Ordem do Dia, são soluções regimentais adotadas para preservar a eficiência e o rendimento do Poder Legislativo".[14]

2.1 Fases do processo legislativo

O processo legislativo compreende as fases: a) introdutória (instauradora ou iniciadora), em que se deflagra o processo de criação da lei, e que faz com que ele tenha início; b) constitutiva, que é a fase de tramitação do processo legislativo na qual ocorrerão as discussões e deliberações parlamentares, bem como a sanção

---

[13] SILVA. *Princípios do processo de formação das leis no direito constitucional*, p. 26.

[14] HORTA. *Direito constitucional*, p. 520-521.

PROCESSO LEGISLATIVO 187

ou o veto do Presidente da República; c) complementar (integração de eficácia), da promulgação e publicação da lei. Para Ferreira Filho, a elaboração da lei no Direito Constitucional clássico se desdobra em três fases: a fase de iniciativa, que envolve o poder de propor a adoção de uma lei como também a apresentação do projeto junto ao órgão competente; a fase constitutiva da lei, que se caracteriza pela aprovação da câmara ou câmaras legislativas mais a sanção do chefe de estado, ou sua superação; a fase integratória de eficácia, compreendendo a promulgação e a publicação, que estão fora propriamente do processo legislativo.[15] Galeotti divide as fases do procedimento legislativo (e não processo legislativo) baseadas nos atos principais de formação dessas fases: a) instaurativa, cuja *fattispecie* é a iniciativa da proposição; perfectiva, destinada a materializar a lei, como *fattispecie* juridicamente relevante; integrativa de eficácia, cuja *fattispecie* se constitui na atribuição de eficácia à nova norma legal, em que veicula os destinatários efetivamente aos seus cânones.[16] Para Viveiros de Carvalho, o processo legislativo se desdobra em quatro fases, compostas de vários atos: a) fase instaurativa; b) fase deliberativa; c) fase confirmatória; d) fase integrativa de eficácia. A fase instaurativa se compõe de dois atos: proposição, que se completa com a leitura em plenário, e juízo de admissibilidade (verificação prévia pelo Presidente da Casa: de constitucionalidade, compatibilidade com a competência da Casa Legislativa e em conformidade com o Regimento Interno). A segunda fase compreende outras subfases (emendas, discussões pelas Comissões, votação nas Comissões e no Plenário de cada uma das Casas Legislativas, conforme o caso), dependendo do processo e da norma criada. A fase confirmatória compreende a sanção ou o veto, fase na qual há a participação do Chefe do Executivo (integração entre os poderes). A última fase, integrativa de eficácia, é compreendida pela promulgação e pela publicação, não integrando o processo legislativo, pois a norma já existe antes dela.[17]

3. ATOS DO PROCESSO LEGISLATIVO

Começaremos por examinar os atos do processo legislativo, da iniciativa à sanção e ao veto, para depois cuidarmos da promulgação e da publicação da lei como atos complementares.

---

[15] FERREIRA FILHO. *Do processo legislativo*, p. 72-74.

[16] GALEOTTI. *Contributo alla teoria del procedimento legislativo*, p. 241-244.

[17] CARVALHO. *Controle judicial e processo legislativo*: a observância dos regimentos internos das casas legislativas como garantia do estado democrático de direito, p.73-74.

3.1 Iniciativa

O primeiro ato do processo legislativo é a iniciativa. A iniciativa deflagra e impulsiona o trâmite legislativo. Por meio dela o titular legislativo competente encaminha projeto de lei, depositando-o junto à Mesa da Casa Legislativa competente (Câmara dos Deputados ou Senado Federal), objetivando sua aprovação, para afinal se converter em lei.

O ciclo de formação da lei encerra oportunidades de debates e conflitos entre os atores participantes, especialmente em face das prerrogativas colegislativas.

A iniciativa e a sanção compõem esse quadro de cadeia natural do ciclo normativo.

A iniciativa surge, frequentemente, em contexto de conflito por pressão de mudança de determinado quadro problemático, tendo, pois, gênese conflituosa. O impulso de legislar pode também ser motivado pela necessidade de estabilização de expectativas processualmente amadurecidas ou técnica e racionalmente projetadas para conformação de uma nova ordem. Nesses casos, a utilização adequada da iniciativa previne conflitos, que ocorrem por superposição da atuação legislativa ou por desconsideração dos limites traçados pelo art. 61 da Constituição da República para cada Poder.

A iniciativa pode ainda potencializar conflitos no curso de seu desenvolvimento, como no que tange a iniciativas que, em princípio pacíficas, ganham polêmica em razão da articulação dos atores afetados, nomeadamente minoritários.

Segundo José Afonso da Silva, a iniciativa se consuma, ou seja, considera-se perfeita e acabada, com a apresentação do projeto em Plenário, caso o titular da proposta seja parlamentar, e em se tratando de titular extraparlamentar, a consumação da iniciativa só se dará com o recebimento da Mensagem pela Mesa. Ainda segundo o autor, a iniciativa válida gera os seguintes efeitos: "a) determinar a ativação do procedimento legislativo; b) determinar a obrigação da Câmara destinatária de submeter o projeto de lei, em que se materializar a iniciativa, a uma deliberação definitiva qualquer."[18]

Em geral, a iniciativa, quando envolve proposições a cargo de parlamentares, salvo as propostas de emenda constitucional e as matérias de iniciativa reservada, é individual de cada parlamentar que pode deflagrar o processo legislativo no Congresso Nacional. A iniciativa individual é comum nas democracias contemporâneas, como a brasileira, que não exige para a apresentação de projeto de lei número determinado de subscritores que não se confundem com a figura do apoiamento. Segundo o art. 102, §§ 1º e 2º do Regimento Interno da Câmara

---

[18] SILVA. *Processo constitucional de formação das leis*, p. 165, 166, 169.

dos Deputados, o projeto de lei pode ser apresentado individual ou coletivamente, mas as atribuições ou prerrogativas regimentais conferidas ao autor serão exercidas em plenário por um só dos signatários, regulando-se a precedência segundo a ordem dos que o subscreveram. Há, no entanto, países europeus em que a iniciativa individual é restringida pelos regimentos internos dos parlamentos. Como afirma Paolo Ricci, "no *Bundestag* alemão, o direito de iniciativa não é individual, mas coletivo, limitado a uma fração de deputados correspondente a pelo menos 5% dos membros da Casa. Da mesma forma na Áustria, após a reforma regimental de 1988, as assinaturas necessárias para a apresentação de um projeto de lei foram reduzidas de oito para cinco (*omissis*). Na Espanha, o direito de iniciativa é individual, mas as propostas de lei do Congresso devem ser assinadas por quatorze deputados. Deve-se destacar, igualmente, que não há restrições temporais quanto à data em que os parlamentares brasileiros podem apresentar suas propostas legislativas, diferentemente de países como Grécia, França, Islândia, Irlanda, Reino Unido e Suécia, nos quais há restrições regimentais à introdução das propostas dos deputados."[19]

O que se observa é que, mesmo no caso do Brasil, em que a iniciativa das leis é individual, na prática parlamentar tornou-se secundário o papel individual dos congressistas, pois o Parlamento é mais um conjunto de grupos parlamentares do que um conjunto de Deputados e Senadores. Os grupos parlamentares detêm, no Parlamento, poderes instrumentais relativos ao seu funcionamento, substituindo as múltiplas posições individuais. Sem real poder de influência e de intervenção, os parlamentares se utilizam do poder de iniciativa das leis, na maioria das vezes como forma de obterem visibilidade midiática e de exprimirem vitalidade política junto aos eleitores.

A Constituição Federal, no art. 61, indica os titulares (órgãos, pessoas, autoridades ou entidades) competentes para apresentar projeto de lei complementar ou ordinária ao Poder Legislativo. Pela análise desse dispositivo, verifica-se que houve ampliação do poder de iniciativa, já que o ordenamento constitucional anterior, ao tratar da iniciativa geral, estabelecia como seus titulares número menor de órgãos, pessoas, autoridades ou entidades. A Constituição de 1988 ampliou o elenco dos titulares do poder de iniciativa geral, incluindo o Procurador-Geral da República (art. 127, § 2º, e art. 128, § 5º), como também estabeleceu a iniciativa popular (art. 61, § 2º), mediante a qual os cidadãos que representam 1% do eleitorado nacional, distribuído pelo menos por cinco Estados, com não menos de

---

[19] RICCI. A produção legislativa de iniciativa parlamentar no Congresso: diferenças e similaridades entre a Câmara dos Deputados e o Senado Federal. *In: O Senado Federal no pós-constituinte*, p. 243-244.

0,3% dos eleitores de cada um deles, poderão propor projeto de lei complementar ou ordinária à Câmara dos Deputados.[20]

---

[20] Lei n. 9.709, de 18 de novembro de 1998: "Art. 13. A iniciativa popular consiste na apresentação de projeto de lei à Câmara dos Deputados, subscrito por, no mínimo, um por cento do eleitorado nacional, distribuído pelo menos por cinco Estados, com não menos de três décimos por cento dos eleitores de cada um deles. § 1º O projeto de lei de iniciativa popular deverá circunscrever-se a um só assunto. § 2º O projeto de lei de iniciativa popular não poderá ser rejeitado por vício de forma, cabendo à Câmara dos Deputados, por seu órgão competente, providenciar a correção de eventuais improprie-dades de técnica legislativa ou de redação.
Art. 14. A Câmara dos Deputados, verificando o cumprimento das exigências estabele-cidas no art. 13 e respectivos parágrafos, dará seguimento à iniciativa popular, consoante as normas do Regimento Interno."
Regimento Interno da Câmara dos Deputados: "Art. 252. A iniciativa popular pode ser exercida pela apresentação à Câmara dos Deputados de projeto de lei subscrito por, no mínimo, um centésimo do eleitorado nacional, distribuído pelo menos por cinco Estados, com não menos de três milésimos dos eleitores de cada um deles, obedecidas as seguintes condições: I – a assinatura de cada eleitor deverá ser acompanhada de seu nome completo e legível, endereço e dados identificadores de seu título eleitoral; II – as listas de assinatura serão organizadas por Município e por Estado, Território e Distrito Federal, em formulário padronizado pela Mesa da Câmara; III – será lícito a entidade da sociedade civil patrocinar a apresentação de projeto de lei de iniciativa popular, responsabilizando-se inclusive pela coleta das assinaturas; IV – o projeto será instruído com documento hábil da Justiça Eleitoral quanto ao contingente de eleitores alistados em cada Unidade da Federação, aceitando-se, para esse fim, os dados referentes ao ano anterior, se não disponíveis outros mais recentes; V – o projeto será protocolizado perante a Secretaria-Geral da Mesa, que verificará se foram cumpridas as exigências constitucionais para sua apresentação; VI – o projeto de lei de iniciativa popular terá a mesma tramitação dos demais, integrando a numeração geral das proposições; VII – nas Comissões ou em Plenário, transformado em Comissão Geral, poderá usar da pala-vra para discutir o projeto de lei, pelo prazo de vinte minutos, o primeiro signatário, ou quem este tiver indicado quando da apresentação do projeto; VIII – cada projeto de lei deverá circunscrever-se a um único assunto, podendo, caso contrário, ser desdobrado pela Comissão de Constituição e Justiça e de Cidadania em proposições autônomas, para tramitação em separado; IX – não se rejeitará, liminarmente, projeto de lei de ini-ciativa popular por vícios de linguagem, lapsos ou imperfeições de técnica legislativa, incumbindo à Comissão de Constituição e Justiça e de Cidadania escoimá-lo dos vícios formais para sua regular tramitação; X – a Mesa designará Deputado para exercer, em relação ao projeto de lei de iniciativa popular, os poderes ou atribuições conferidos por este regimento ao Autor de proposição, devendo a escolha recair sobre quem tenha sido, com a sua anuência, previamente indicado com essa finalidade pelo primeiro sig-natário do projeto."

Quanto às propostas de emenda à Constituição, inexiste previsão expressa, no texto constitucional, de iniciativa popular. Há, no entanto, entendimento doutrinário no sentido de sua admissibilidade (ver adiante).

São modalidades de iniciativa popular: constitucional e legislativa; simples (sem conteúdo específico); formulada (com texto elaborado pelos que o subscrevem).

Na Constituição Federal de 1988 (art. 61, § 2°), a iniciativa popular é legislativa (porque não foi prevista expressamente para matéria constitucional) e formulada (deve ser apresentada na forma de projeto de lei que deve ser subscrito por, no mínimo, 1% do eleitorado nacional, distribuído em, pelo menos, cinco Estados com não menos de 0,3% de eleitores em cada um deles).

A iniciativa popular estende-se aos Estados (art. 27, § 4°).

No âmbito dos Municípios, a iniciativa popular é específica (art. 29, XIII) e se manifesta mediante a apresentação, à Câmara de Vereadores, de projeto de lei subscrito por, no mínimo, 5% do eleitorado municipal.

Questão que deve ser examinada, para que se viabilize a iniciativa popular, diz respeito ao patamar ideal de assinaturas para a apresentação das propostas legislativas. Os que defendem um número mais elevado de assinaturas o fazem ao argumento de que preservaria o prestígio do Parlamento, por inibir o excesso de propostas, muitas vezes em prol de interesses particulares ou corporativos e não coletivos. Além do mais, um número muito excessivo de propostas acarretaria gastos supérfluos e paralisia nos centros de recepção, encaminhamento e processamento. Deve-se, no entanto, ponderar, utilizando-se do princípio democrático, que um número muito elevado de assinaturas poderia até mesmo inviabilizar o processo, que ainda seria acessível aos grandes grupos organizados, impedindo a atuação de grupos minoritários sem representação parlamentar. Desse modo, quanto ao número de assinaturas, deve-se optar pela adoção de uma medida equilibrada, em função do nível local ou federal da proposta, devendo-se, para tanto, levar em conta o aspecto pedagógico da participação popular no processo de formação das leis. Em termos ideais, a exigência do número mínimo de assinaturas deve ser maior no plano local do que no federal, já que neste é que são debatidos os grandes temas da política e do desenvolvimento nacional, com a expansão, portanto, da cidadania.

As exigências de assinaturas, previstas na Lei n. 9.709/1998, praticamente tem inviabilizado a apresentaçãodeprojetos de lei de iniciativa popular, reduzindo, portanto, a sua utilização. Basta, para tanto, verificar que, após 14 anos da promulgação da Constituição, somente dois projetos de lei de iniciativa popular foram apresentados: o primeiro, que cria o Fundo Nacional de Moradia Popular, e o segundo visando combater a corrupção eleitoral, que, aprovado, resultou na Lei n. 9.840/1999. Faz-se ainda menção a outros dois projetos que teriam sido apresentados: um sobre os crimes hediondos, e outro sobre punição de crimes. Ambos não tramitaram regularmente, porquanto contavam apenas com a assinatura e número das carteiras de identidade dos subscritores. Observe-se, contudo, que o primeiro projeto acima referido foi encampado pelo Presidente da República e apresentado ao Congresso como de sua iniciativa.

Em data de 29 de setembro de 2010, foi apresentado à Mesa da Câmara dos Deputados projeto de lei complementar, de iniciativa popular, prevendo novos casos de inelegibilidade. O projeto, encampado pelo Projeto de lei da Câmara n. 58, de 2010 – complementar (n. 168, de 1993 – complementar, na Casa de origem), após regular tramitação, foi aprovado, com emendas, pelas duas Casas do Congresso Nacional, convertendo-se na Lei Complementar n. 135, de 4 de junho de 2010, que altera a Lei Complementar n. 64, de 18 de maio de 1990, que estabelece, de acordo com o § 9º do art. 14 da Constituição Federal, casos de inelegibilidade, prazos de cessação e determina outras providências, para incluir hipóteses de inelegibilidade que visam a proteger a probidade administrativa e a moralidade no exercício do mandato. De acordo com a Lei Complementar n. 135/2010, são inelegíveis os que forem condenados, em decisão transitada em julgado ou proferida por órgão judicial colegiado, desde a condenação até o transcurso do prazo de 8 (oito) anos após o cumprimento da pena, por crimes contra a economia popular, a fé pública, a administração pública e o patrimônio público; contra o patrimônio privado, o sistema financeiro, o mercado de capitais e os previstos na lei que regula a falência; contra o meio ambiente e a saúde pública; eleitorais, para os quais a lei comine pena privativa de liberdade; de abuso de autoridade, nos casos em que houver condenação à perda do cargo ou à inabilitação para o exercício de função pública; de lavagem ou ocultação de bens, direitos e valores; de tráfico de entorpecentes e drogas afins, racismo, tortura, terrorismo e hediondos; de redução à condição análoga à de escravo; contra a vida e a dignidade sexual; e praticados por organização criminosa, quadrilha ou bando. Também são excluídos da disputa os que forem condenados por captação ilícita de sufrágio, por doação, captação ou gastos ilícitos de recursos de campanha ou por conduta vedada aos agentes públicos em campanhas eleitorais que impliquem cassação do registro ou do diploma.

A iniciativa popular é incabível quando se trata de projetos de lei de iniciativa reservada, de que trataremos adiante.

Também não cabe iniciativa popular para leis delegadas, medidas provisórias, decretos legislativos e resoluções, por se tratar de espécies normativas com titularidade e procedimento específicos, a ser por nós examinado.

Acentue-se que a iniciativa popular constitui eventual elemento de contraste e de oposição para compensar o predomínio dos que detêm o controle da iniciativa parlamentar.

PROCESSO LEGISLATIVO

Prevê, ainda, a Constituição a iniciativa reservada ou exclusiva, pela qual determinadas matérias somente poderão ser objeto de projeto de lei, se apresentado por único proponente legislativo. A iniciativa reservada se revela assim pela matéria que determina o órgão competente para o depósito do projeto de lei, sendo seus titulares:

a) o Presidente da República,[21] para a iniciativa das leis a que se refere o § 1° do art. 61 da Constituição: fixação ou modificação dos efetivos das Forças Armadas; criação de cargos, empregos públicos na administração direta e autárquica ou aumento de sua remuneração;[22] organização administrativa e judiciária, matéria tributária e orçamentária, serviços públicos e pessoal da administração dos Territórios;[23] servidores públicos da União e Territórios, seu regime jurídico, provimento de cargos, estabilidade e aposentadoria de civis, reforma e transferência de militares para a inatividade; organização do Ministério Público e da Defensoria Pública da União, bem como normas gerais para a organização do Ministério Público e da Defensoria Pública dos Estados, do Distrito Federal e dos Territórios, valendo

---

[21] As normas da Constituição que disciplinam a iniciativa legislativa privativa do Presidente da República são de observância obrigatória para as Constituições Estaduais.

[22] O regime jurídico dos servidores civis é matéria reservada à iniciativa do Chefe do Poder Executivo, não sendo admissível emenda parlamentar que gere aumento de despesa (STF, ADI 1.201/RO, Rel. Min. Moreira Alves, j. 14.11.2002; ADI 2.420/ES, Rel. Min. Ellen Gracie, j. 24.2.2005). Também não é facultado ao parlamentar suprir a inércia do Chefe do Poder Executivo no início do processo legislativo de matérias que se encontram sob a competência privativa desse (STF, ADI 2.721/ES, Rel. Min. Maurício Corrêa, j. 6.8.2003), nem fixar prazo para que o Chefe do Poder Executivo dê início ao processo legislativo (STF, ADI 546/DF, Rel., Min. Moreira Alves, j. 11.3.1999; ADI 2.393/AL, Rel. Min. Sydney Sanches. J. 13.2.2003). Mas é possível a apresentação, por parlamentar, de emenda a projeto de lei de iniciativa privativa do Chefe do Poder Executivo, desde que não desvirtue, ao tratar de matérias diversas, os objetivos do projeto, nem gere aumento de despesa, salvo se o dispêndio advier da aplicação direta de norma constitucional (STF, ADI 1.254/ MC/RJ, Rel. Min. Celso de Mello, j. 14.6.1995; ADI 1.835 MC/SC, Rel. Min. Sepúlveda Pertence, j. 3.8.1998).

[23] É de iniciativa privativa do Presidente da República e, pelo princípio da simetria, dos Chefes do Poder Executivo de todas as unidades políticas subnacionais da federação, à lei de diretrizes orçamentárias, ao orçamento anual e ao plano plurianual, bem como referente ao orçamento dos órgãos integrantes da administração direta e indireta (STF, ADI 1.759 MC/SC, Rel. Min. Néri da Silveira, j.12.3.1998).
É constitucional a iniciativa de parlamentar em matéria tributária, pois a iniciativa privativa do Presidente da República se limita a matéria tributária dos Territórios Federais (STF, ADI 724 MC/RE, Rel.Min. Celso de Mello, j. 7.5.1992; RE 309.425, AgR/SP, Rel. Min. Carlos Velloso, j. 26.11.2002).

notar que a competência para a iniciativa da lei de organização do Ministério Público da União e dos Estados é facultada aos respectivos Procuradores-Gerais, daí se tratar de iniciativa concorrente com o Presidente da República e Governadores de Estado (art. 128, § 5º)[24] e, finalmente, criação, estruturação e atribuições dos Ministérios e órgãos da Administração Pública.[25] Anote-se que a Constituição não veda ao parlamentar a iniciativa de projeto de lei de que decorra aumento de despesa, desde que o projeto não seja de iniciativa reservada do Presidente da República, como os projetos de leis financeiras;[26]

b) Câmara dos Deputados, sobre assuntos exclusivos de seu interesse (art. 51, V), o mesmo ocorrendo com o Senado Federal (art. 52, VIII);

c) o Supremo Tribunal Federal, para a lei complementar que estabelecerá o estatuto da magistratura (art. 93) e para as leis de criação e extinção de cargos e fixação de vencimentos de seus membros e dos seus serviços auxiliares (art. 96, II, b);

d) dos Tribunais Superiores, para as leis de alteração de cargos e fixação de vencimentos de seus membros, dos juízes, inclusive dos tribunais inferiores, onde houver, e dos serviços auxiliares e dos juízes que lhes forem vinculados (art. 96, II, a, b e c). Vale dizer que é dos Tribunais de Justiça a iniciativa reservada para propor às Assembleias Legislativas projeto de lei de alteração da organização e divisão judiciárias (art. 96, II, d).

A Emenda Constitucional n. 19/98, ao acrescentar o inciso XV ao art. 48 da Constituição, introduziu uma nova modalidade de iniciativa, a que denominamos de conjunta, que é aquela que indica que o poder de iniciativa pertence conjuntamente a mais de uma pessoa, pressupondo o consenso de vontades, para a de-

---

[24] Há julgados do STF definindo ser concorrente entre o Presidente da República (art. 61, § 1º, II, d) e o Procurador-Geral da República (art. 128, § 5º) a iniciativa para apresentação de projeto de lei complementar de organização do Ministério Público da União (RTJ 147/126); RE 262.178/DF, Rel. Min. Sepúlveda Pertence (*Informativo* 205/STF).

[25] Após a Emenda Constitucional n. 32/2001, se não houver aumento de despesa, nem criação ou extinção de órgão público, ou se cuidar da extinção de cargos ou funções vagas, a matéria pode ser disciplinada por decreto do Presidente da República.

[26] "A CF não reproduziu em seu texto a norma contida no art. 57, I, da Carta Política de 1969, que atribuía ao chefe do Poder Executivo da União a iniciativa de leis referentes a matéria financeira, o que impede, agora, vigente um novo ordenamento constitucional, a útil invocação da jurisprudência que se formou, anteriormente, no STF, no sentido de que tal constituía princípio de observância necessária, e de compulsória aplicação, pelas unidades federadas." (ADI 352-MC, Rel. Min. Celso de Mello, j. 29.8.1990. Cf. também: RE 328.896, Rel. Min. Celso de Mello, decisão monocrática, de 9.10.2009, *DJe*, 5.11.2009).

PROCESSO LEGISLATIVO

flagração do processo legislativo, no caso, traduzida no projeto de lei, que fixa o subsídio dos Ministros do Supremo Tribunal Federal, de iniciativa conjunta dos Presidentes da República, da Câmara dos Deputados, do Senado Federal e do Supremo Tribunal Federal.

A iniciativa conjunta foi, no entanto, abolida pela Emenda Constitucional n. 41/2003, que deu nova redação ao inciso XV do art. 48 da Constituição, mencionando apenas caber ao Congresso Nacional, com a sanção do Presidente da República, dispor, mediante lei, dentre outras matérias, sobre a fixação do subsídio dos Ministros do Supremo Tribunal Federal, observado o que dispõem os arts. 39, § 4º, 150, II; 153, III; e 153, § 2º, I, da Constituição.

A fixação do subsídio dos Ministros do Supremo Tribunal Federal passa a ser de iniciativa exclusiva de seu Presidente, consoante prevê o art. 96, inciso II, alínea *b*, da Constituição, com a nova redação que lhe fora dada pela Emenda Constitucional n. 41/2003, que suprimiu a ressalva da iniciativa conjunta, nele anteriormente referida.

Pode-se, portanto, falar nas seguintes modalidades de iniciativa: a) iniciativa parlamentar ou interna, atribuída a qualquer membro do Congresso Nacional (Deputados Federais, Senadores), bem como às Comissões que integram cada uma dessas Casas Legislativas, nelas incluídas as suas Mesas Diretoras, que têm a natureza de Comissão Diretora; b) iniciativa extraparlamentar ou externa, concedida a órgão ou pessoas estranhos ao Parlamento, como o Chefe do Executivo, os Tribunais, o Chefe do Ministério Público e os cidadãos; c) iniciativa geral (ou concorrente), a que permite ao seu titular a apresentação de projeto de lei sobre qualquer matéria que não se sujeite à iniciativa reservada; d) iniciativa reservada (privativa ou exclusiva), aquela assegurada a determinados órgãos ou autoridades que detêm o monopólio da apresentação de projeto de lei sobre matérias específicas; e) iniciativa vinculada, quando a Constituição reserva a iniciativa sobre determinadas matérias a certos órgãos ou autoridades, e estabelece a obrigatoriedade de exercício dessa iniciativa, acompanhada ou não de estipulação de prazo para o exercício da iniciativa (p.ex., art. 29, § 1º, do ADCT, e art. 166, § 6º, da Constituição de 1988); f) iniciativa popular, que se configura como o poder de que dispõem os cidadãos de propor projeto de lei para a apreciação do Poder Legislativo; g) iniciativa conjunta, aquela atribuída de maneira conjunta aos Presidentes da República, da Câmara dos Deputados, do Senado Federal, e do Supremo Tribunal Federal, para a iniciativa da lei que fixa o teto do funcionalismo público, mas que foi abolida pela EC n. 41/2003.

3.2 Emenda

Iniciado o processo legislativo, por meio do encaminhamento à Câmara ou ao Senado de projeto de lei (observe-se que a Câmara dos Deputados funciona como

Câmara iniciadora dos projetos de lei de iniciativa do Presidente da República, dos Tribunais Superiores e dos cidadãos – art. 61, § 2º, e art. 64 da Constituição), ele ficará sobre a Mesa para receber emendas.

A segunda fase do processo legislativo é a da emenda. Não se confunda a emenda como ato do processo legislativo com a emenda à Constituição como seu objeto (art. 60). Como ato do processo legislativo, a emenda é concebida como o acessório do principal (projeto de lei, por exemplo). Não se perca de vista, todavia, a observação de Aurelino Leal, no sentido que, se acessório significa o que se acrescenta a alguma coisa, sem dela fazer parte, a emenda, no processo legislativo, "é, positivamente, o contrário disto. Pode-se emendar sem se acrescentar; e, não raro, se emenda suprimindo-se total ou parcialmente. Emenda, pois, no sentido parlamentar, é a correção que se propõe a qualquer matéria sujeita às Câmaras para suprimi-la, substituí-la, aditá-la ou modificá-la".[27]

A Constituição Federal de 1988 ampliou o poder de emenda dos parlamentares. Pela Constituição anterior, não se admitia emenda aos projetos de lei de iniciativa reservada do Presidente da República, desde que da emenda decorresse aumento da despesa; embora esta exigência ainda permaneça, mas agora, por força do art. 166, §§ 3º e 4º, da Constituição, os projetos do orçamento anual e das diretrizes orçamentárias podem ser emendados.

A emenda deve guardar *pertinência temática* com o projeto originário de iniciativa reservada, a fim de evitar fraude à iniciativa, ou contrabando legislativo. Este tem sido o entendimento do Supremo Tribunal Federal: "O poder de emenda a projetos de iniciativa reservada pressupõe (*omissis*) a pertinência entre o tema da emenda e a matéria objeto do projeto. Caso contrário, a emenda representaria, na verdade, uma iniciativa legislativa sobre matéria reservada à iniciativa de outro Poder."[28]

Lembre-se ainda de que não serão admitidas emendas que impliquem aumento da despesa prevista nos projetos sobre organização dos serviços administrativos da Câmara dos Deputados, do Senado Federal, dos Tribunais Federais e do Ministério Público.

O poder de emenda, portanto, pode ser legitimamente exercido "pelos membros do Legislativo, ainda que se cuide de proposições constitucionalmente sujeitas à cláusula de reserva de iniciativa, desde que – respeitadas as limitações estabelecidas na Constituição da República – as emendas parlamentares: (a) não importem em aumento da despesa prevista no projeto de lei, (b) guardem

---

[27] LEAL. *Teoria e prática da constituição federal brasileira*, p. 869.

[28] STF, ADI 574 (RDA, 197/229). No mesmo sentido: RE 274383 /SP, Relatora, Min. Ellen Gracie, j. 29/03/2005, *DJ*, 22.4.2005.

afinidade lógica (relação de pertinência) com a proposição original e (c) tratando-se de projetos orçamentários (CF, art. 165, I, II e III), observem as restrições fixadas no art. 166, §§ 3° e 4°, da Carta Política."[29]

Nessas hipóteses, o que se tem não é a supressão do poder de emenda, mas a sua limitação.

Desse modo, todos os tipos de projetos de lei podem ser emendados, toda e qualquer proposição legislativa em tramitação nas Casas Legislativas pode ser emendada, mesmo porque, no âmbito do processo legislativo constitucional democrático é o Parlamento o titular da função legislativa.

As emendas podem ser *aditivas*, quando acrescentam algo ao projeto; *supressivas*, quando visam erradicar disposição ou parte do projeto; *modificativas*, quando visam alterar o projeto, sem modificá-lo substancialmente. Note-se a existência de emenda denominada de substitutiva, que é aquela apresentada como sucedânea de outra proposição sendo denominada de *substitutivo* quando a alterar substancial ou formalmente, em seu conjunto, considerando-se formal a alteração que vise exclusivamente ao aperfeiçoamento da técnica legislativa; *aglutinativas*, quando resultam da fusão de outras emendas, ou destas com o texto, por transação tendente à aproximação dos respectivos objetos. Mencione-se ainda a *subemenda*, que é a emenda apresentada em Comissão a outra emenda, e que pode ser, a seu turno, supressiva, substitutiva ou aditiva, desde que não incida, a supressiva, sobre emenda com a mesma finalidade. Denomina-se finalmente *emenda de redação* a modificativa que visa sanar vício de linguagem, incorreção de técnica legislativa ou lapso manifesto.

A quem cabe o poder de emenda? Se partirmos da ideia de que a emenda é uma proposição acessória apresentada a uma proposta principal (projeto de lei), ela seria um corolário do poder de iniciativa. Então, quem pode iniciar o projeto pode emendá-lo, inclusive o Presidente da República como titular extraparlamentar. Se, no entanto, entendermos que a emenda se situa em determinado momento da tramitação legislativa, poderíamos concluir que o poder de emenda cabe somente aos Congressistas ou às Comissões Parlamentares. Isso porque os titulares extraparlamentares não participam da fase legislativa em que as emendas são apresentadas. A prática parlamentar tem, contudo, admitido o exercício do poder de emenda dos titulares extraparlamentares, mediante a apresentação de mensagens aditivas.

As emendas poderão ser apresentadas em Comissão ou em Plenário, nos termos e segundo as condições regimentais.[30]

---

[29] STF, ADI 1.050, MC, Relator, Min. Celso de Mello, j. 1.9.1994, DJ 23.4.2004.

[30] Regimento Interno da Câmara dos Deputados: "Art. 119. As emendas poderão ser apresentadas em Comissão no caso de projeto sujeito à apreciação conclusiva: I – a partir

da designação do Relator, por qualquer Deputado, individualmente, e se for o caso com o apoiamento necessário, e pela Comissão de Legislação Participativa, nos termos da alínea *a* do inciso XII do art. 32 deste Regimento; II – a substitutivo oferecido pelo Relator, por qualquer dos membros da Comissão. § 1º As emendas serão apresentadas no prazo de cinco sessões, após a publicação de aviso na Ordem do Dia das Comissões. § 2º A emenda somente será tida como da Comissão, para efeitos posteriores, se versar sobre matéria de seu campo temático ou área de atividade e for por ela aprovada. § 3º A apresentação de substitutivo por Comissão constitui atribuição da que for competente para opinar sobre o mérito da proposição, exceto quando se destinar a aperfeiçoar a técnica legislativa, caso em que a iniciativa será da Comissão de Constituição e Justiça e de Cidadania. § 4º Considerar-se-ão como não escritos emendas ou substitutivos que infringirem o disposto nos parágrafos anteriores, desde que provida reclamação apresentada antes da aprovação definitiva da matéria pelas Comissões ou pelo Plenário. Art. 120. As emendas de Plenário serão apresentadas: I – durante a discussão em apreciação preliminar, turno único ou primeiro turno: por qualquer Deputado ou Comissão; II – durante a discussão em segundo turno: a) por Comissão, se aprovada pela maioria absoluta de seus membros; b) desde que subscritas por um décimo dos membros da Casa, ou Líderes que representem este número; III – à redação final, até o início da sua votação, observado o *quorum* previsto nas alíneas *a* e *b* do inciso anterior. § 1º Na apreciação preliminar só poderão ser apresentadas emendas que tiverem por fim escoimar a proposição dos vícios argüidos pelas Comissões referidas nos incisos I a III do art. 54. § 2º Somente será admitida emenda à redação final para evitar lapso formal, incorreção de linguagem ou defeito de técnica legislativa, sujeita às mesmas formalidades regimentais da emenda de mérito. § 3º Quando a redação final for de emendas da Câmara a proposta de emenda à Constituição ou a projeto oriundos do Senado, só se admitirão emendas de redação a dispositivo emendado e as que decorram de emendas aprovadas. § 4º As proposições urgentes, ou que se tornarem urgentes em virtude de requerimento, só receberão emendas de Comissão ou subscritas por um quinto dos membros da Câmara ou Líderes que representem este número, desde que apresentadas em Plenário até o início da votação da matéria. § 5º Não poderá ser emendada a parte do projeto de lei aprovado conclusivamente pelas Comissões que não tenha sido objeto do recurso provido pelo Plenário. Art. 121. As emendas de Plenário serão publicadas e distribuídas, uma a uma, às Comissões, de acordo com a matéria de sua competência. Parágrafo único. O exame do mérito, da adequação financeira ou orçamentária e dos aspectos jurídicos e legislativos das emendas poderá ser feito, por delegação dos respectivos colegiados técnicos, mediante parecer apresentado diretamente em Plenário, sempre que possível pelos mesmos Relatores da proposição principal junto às Comissões que opinaram sobre a matéria. Art. 122. As emendas aglutinativas podem ser apresentadas em Plenário, para apreciação em turno único, quando da votação da parte da proposição ou do dispositivo a que elas se refiram, pelos Autores das emendas objeto da fusão, por um décimo dos membros da Casa ou por Líderes que representem esse número. § 1º Quando apresentada pelos Autores, a emenda aglutinativa implica a retirada das emendas das quais resulta. § 2º Recebida a emenda aglutinativa, a Mesa poderá adiar a votação da matéria por uma sessão para fazer publicar e distribuir em avulsos o texto

3.3 Votação

A discussão e votação do projeto de lei se procedem mediante a manifestação das duas Casas Legislativas. A fase que antecede imediatamente à da votação é a discussão da proposta, fase marcadamente oral, em que os congressistas expõem seus argumentos a favor ou contrários à matéria discutida, mediante inscrição, segundo as normas regimentais.

Antes de iniciada a discussão, a requerimento assinado por Líder, Autor ou Relator, e aprovado pelo Plenário, é permitido o adiamento da discussão dos projetos por prazo não superior a dez sessões. Não se admite adiamento de discussão da proposição em regime de urgência, salvo se requerido por um décimo dos membros da Câmara, ou líderes que representem esse número, por prazo não excedente a duas sessões. Quando para a mesma proposição forem apresentados dois ou mais requerimentos de adiamento, será votado em primeiro lugar o de prazo mais longo. Tendo sido adiada uma vez a discussão de uma matéria, só o será novamente ante a alegação, reconhecida pelo Presidente da Câmara, de erro na publicação.[31] Na fase de discussão, poderá ocorrer aparte, entendido como a interrupção breve e oportuna do orador, para indagação ou esclarecimento relativo à matéria em debate. Na Câmara, o aparteante só poderá apartear o orador se lhe solicitar e obtiver permissão, devendo permanecer de pé ao fazê-lo. Não será admitido aparte: I – à palavra do Presidente; II – paralelo a discurso; III – a parecer oral; IV – por ocasião do encaminhamento de votação; V – quando o orador declarar, de modo geral, que não o permite; VI – quando o orador estiver suscitando questão de ordem, ou falando para reclamação; VII – nas comunicações do Pequeno Expediente e de Líderes dos Partidos destinadas a debate em torno de assunto de relevância nacional.[32]

---

resultante da fusão. Art. 123. As emendas do Senado a projetos originários da Câmara serão distribuídas, juntamente com estes, às Comissões competentes para opinar sobre as matérias de que tratam. Art. 124. Não serão admitidas emendas que impliquem aumento da despesa prevista: I – nos projetos de iniciativa exclusiva do Presidente da Republica, ressalvado o disposto no art. 166, §§ 3º e 4º, da Constituição Federal; II – nos projetos sobre organização dos serviços administrativos da Câmara dos Deputados, do Senado Federal, dos Tribunais Federais e do Ministério Público. Art. 125. O Presidente da Câmara ou de Comissão tem a faculdade de recusar emenda formulada de modo inconveniente, ou que verse sobre assunto estranho ao projeto em discussão ou contrarie prescrição regimental. No caso de reclamação ou recurso, será consultado o respectivo Plenário, sem discussão nem encaminhamento de votação, a qual se fará pelo processo simbólico."

[31] Art. 177, §§ 1º a 3º, do RIC; art. 279 do RISF.
[32] Art. 176 do RICD.

A publicidade da discussão é garantida pelos anais das Casas Legislativas. A discussão se faz em um ou dois turnos, de acordo com a Constituição, podendo, contudo, a exigência de mais de um turno ser ampliada por normas regimentais.[33] Referentemente à votação, não basta que o projeto seja aprovado na Câmara; se for aprovado na Câmara e rejeitado no Senado, não está aprovado. Só será aprovado pelas duas Casas Legislativas, ou seja, pela Casa iniciadora e pela Casa revisora. Não há exclusividade, seja da Câmara, seja do Senado, em atuar como Casa iniciadora. É de se observar, no entanto, que, pelo art. 64, há certa primazia da Câmara dos Deputados como Casa iniciadora, pois os projetos de lei apresentados pelo Presidente da República, pelo Supremo Tribunal Federal, pelos Tribunais Superiores e pelos cidadãos deverão ser depositados na Mesa da Câmara. As hipóteses que poderão ocorrer nas relações entre Câmara iniciadora e revisora são: o projeto aprovado pela Casa iniciadora, se aprovado também pela Casa revisora, será encaminhado ao Presidente da República para sanção; se o projeto aprovado pela Casa iniciadora for rejeitado pela Casa revisora, será arquivado, porque não houve a manifestação do Poder Legislativo, que compreende as duas Casas. A terceira hipótese é a aprovação do projeto de lei pela Casa iniciadora, mas emendado pela Casa revisora. De acordo com o parágrafo único do art. 65, o projeto emendado pela Casa revisora retorna à Casa iniciadora para que aprecie a emenda.

Na apreciação final, a Casa iniciadora tem duas opções quanto à matéria emendada: acolher as emendas e proceder à redação final com o texto consolidado para ser aprovado e remetido à sanção do Presidente da República; ou rejeitar as emendas e mandar à sanção presidencial o projeto original aprovado pela Casa iniciadora. Havendo, no entanto, substitutivo da Casa revisora a projeto de outra Casa, pode-se na Casa iniciadora: a) apresentar emendas supressivas, com o propósito de introduzir pequenas alterações no texto do substitutivo; b) rejeitá-lo integralmente, remetendo à sanção o projeto original; c) aprová-lo integralmente.

---

[33] Regimento Interno da Câmara dos Deputados: "Art. 148. As proposições em tramitação na Câmara dos Deputados são subordinadas, na sua apreciação, a turno único, excetuadas as propostas de emenda à Constituição, os projetos de lei complementar e os demais casos expressos neste regimento."
Regimento Interno do Senado Federal: "Art. 270. As proposições em curso no Senado são subordinadas, em sua apreciação, a um único turno de discussão e votação, salvo proposta de emenda à Constituição."
O Regimento Interno do Senado prevê, no entanto, em seu art. 270, parágrafo único, o turno suplementar, que é a oportunidade de se discutir, emendar e votar um texto substituído de uma proposição já submetida à apreciação. O turno suplementar ocorre quando uma matéria é aprovada nos termos de substitutivo integral, isto é, quando a matéria recebe emenda substitutiva que propõe a substituição integral do texto do projeto pelo texto da emenda.

PROCESSO LEGISLATIVO
201

Relativamente ao processo de votação, há a votação nominal, que usualmente se faz pelo registro eletrônico dos votos,[34] diferentemente da votação simbólica, em que os congressistas que pretenderem aprovar a matéria permanecem sentados, levantando-se os que votam pela rejeição. Esse tipo de votação compreende o voto de liderança,[35] em que o voto dos líderes representa o de seus liderados presentes, permitida, no entanto, a declaração de voto em documento escrito a ser encaminhado à Mesa para publicação. Há ainda a votação secreta, que procura guardar a identificação do votante, prevista apenas para as matérias expressas na Constituição, usando-se, igualmente, o sistema eletrônico, disponibilizando-se somente o total dos votantes, os votos favoráveis, contrários e as abstenções.

São, pois, modalidades e procedimentos de votação: I – ostensiva, que compreende os procedimentos: *a)* simbólico, para leis e proposições em geral; *b)* nominal, para normas com *quorum* especial, quando decorrente de requerimento previamente aprovado, e quando decorrente de verificação de votação; II – secreta, que compreende o procedimento nominal para: *a)* suspensão de imunidades parlamentares durante o estado de sítio; *b)* eleição do Presidente e demais membros da Mesa, do Presidente e Vice-Presidentes de Comissões Permanentes e Temporárias, dos membros da Câmara que irão compor a Comissão Representativa do Congresso Nacional, dos dois cidadãos que irão integrar o Conselho da República, e demais eleições.[36]

---

[34] Na Câmara dos Deputados (art. 187, § 4º, do Regimento Interno), quando o sistema eletrônico não estiver em condições de funcionamento, e nas hipóteses que envolvem autorização para instauração de processo criminal e por crime de responsabilidade contra o Presidente e o Vice-Presidente da República e os Ministros de Estado, a votação nominal será feita pela chamada dos Deputados, alternadamente, do norte para o sul, observando-se que: I – os nomes serão anunciados, em voz alta, por um dos Secretários; II – os Deputados, levantando-se de suas cadeiras, responderão sim ou não, conforme aprovem ou rejeitem a matéria em votação; III – as abstenções serão também anotadas pelo Secretário. No Senado, quando o sistema eletrônico não estiver em condições de funcionar, a votação nominal será feita pela chamada dos Senadores, que responderão sim ou não, conforme aprovem ou rejeitem a proposição, sendo os votos anotados pelos Secretários (art. 294, parágrafo único, do Regimento Interno do Senado).

[35] Há controvérsia acerca da constitucionalidade do voto de liderança, em especial se se considerar que ele cria uma representação sem mandato, em que o Líder representa todos os Deputados do seu Partido, independentemente da vontade deles. O voto de liderança criaria ainda ambiente de artificialismo nas votações, pois acordos entre os Líderes impedem que se peça a verificação de presença, o que acarreta a aprovação de matérias por uma *minoria* eventualmente presente.

[36] A EC n. 76/2013 alterou o § 2º do art. 55 e o § 4º do art. 66 da Constituição Federal, para abolir a votação secreta nos casos de perda de mandato de Deputado ou Senador e de apreciação de veto.

No Congresso norte-americano, a manifestação se faz sempre pelo voto aberto, devendo cada congressista levantar-se e manifestar-se, de voz, a favor ou contra determinada proposição (*yea* ou *nay*).

Quanto ao método de votação, a proposição, ou seu substitutivo, será votada sempre em globo, ressalvada a matéria destacada ou deliberação diversa do Plenário. As emendas serão votadas em grupos, conforme tenham parecer favorável ou parecer contrário de todas as Comissões. A emenda que tenha pareceres divergentes e as emendas destacadas serão votadas uma a uma, conforme sua ordem e natureza. O Plenário poderá conceder, a requerimento de qualquer Deputado, que a votação das emendas se faça destacadamente, bem como deferir a divisão da votação da proposição por título, capítulo, seção, artigo ou grupo de artigos ou de palavras (art. 189 do Regimento Interno da Câmara dos Deputados).

O destaque consiste no pedido de que emendas sejam separadas para votação, ao final. Refere-se ainda ao pedido de votação do projeto ou substitutivo, quando a preferência recair sobre o outro ou sobre a proposição apensada. O requerimento de destaque deve ser formulado até ser anunciada a votação da proposição, se o destaque atingir alguma de suas partes ou emendas, e antes de iniciar a votação da matéria principal, a Presidência dará conhecimento ao Plenário dos requerimentos de destaque apresentados à Mesa (art. 162 do Regimento Interno da Câmara dos Deputados).

Incidente que ocorre na votação (e também na discussão) consiste na preferência entendida como a primazia de uma proposição sobre outra, ou outras, o que acaba por inverter ou modificar a Ordem do Dia.[37]

---

[37] RICD: "Art. 159. Denomina-se preferência a primazia na discussão, ou na votação, de uma proposição sobre outra, ou outras. § 1º Os projetos em regime de urgência gozam de preferência sobre os em prioridade, que, a seu turno, têm preferência sobre os de tramitação ordinária e, entre estes, os projetos para os quais tenha sido concedida preferência, seguidos dos que tenham pareceres favoráveis de todas as Comissões a que foram distribuídos. 2º Haverá entre os projetos em regime de urgência a seguinte ordem de preferência: I – declaração de guerra e correlatos; II – estado de defesa, estado de sítio e intervenção federal nos Estados; III – matéria considerada urgente; IV – acordos internacionais; V – fixação dos efetivos das Forças Armadas. § 3º Entre os projetos em prioridade, as proposições de iniciativa da Mesa ou de Comissões Permanentes têm preferência sobre as demais. § 4º Entre os requerimentos haverá a seguinte precedência: I – O requerimento sobre proposição em Ordem do Dia terá votação preferencial, antes de iniciar-se a discussão ou votação da matéria a que se refira; II – o requerimento de adiamento de discussão, ou de votação, será votado antes da proposição a que disser respeito; III – quando ocorrer a apresentação de mais de um requerimento, o Presidente regulará a preferência pela ordem de apresentação ou, se simultâneos, pela maior importância das matérias a que se reportarem; IV – quando os requerimentos apre-

PROCESSO LEGISLATIVO

Outro incidente, na votação simbólica, refere-se à dúvida quanto ao resultado ou quando qualquer Parlamentar o requerer. Procede-se então à verificação de votos.

O esgotamento da hora da sessão não interrompe o processo de votação, na Câmara dos Deputados, ou o de sua verificação, nem do requerimento de prorrogação obstado pelo surgimento de questões de ordem. Quando esgotado o período da sessão, ficará essa automaticamente prorrogada pelo tempo necessário à conclusão da votação.[38] No Senado, a votação não se interrompe senão por falta de *quorum*. Se, portanto, o término do tempo da sessão ocorrer quando iniciada a votação, esta será ultimada independentemente de pedido de prorrogação, o que se dará também na hipótese em que se esteja apreciando matéria urgente.[39]

O adiamento da votação de qualquer proposição só pode ser solicitado antes de seu início, mediante requerimento assinado por Líder, pelo Autor ou Relator da matéria. O adiamento da votação só poderá ser concedido uma vez e por prazo previamente fixado, não superior a cinco sessões. Solicitado, simultaneamente, mais de um adiamento, a adoção de um requerimento prejudicará os demais. Não admite adiamento de votação a proposição em regime de urgência, salvo se requerido por um décimo dos membros da Câmara, ou líderes que representem este número, por prazo não excedente a duas sessões.[40]

Anunciada uma votação, é lícito ao congressista o uso da palavra para encaminhá-la, salvo disposição regimental em contrário, pelo prazo de cinco minutos, ainda que se trate de matéria não sujeita a discussão, ou que esteja em regime de urgência. Só poderão usar da palavra quatro oradores, dois a favor e dois contrários, assegurada a preferência, em cada grupo, a Autor de proposição principal

---

sentados, na forma do inciso anterior, forem idênticos em seus fins, serão postos em votação conjuntamente, e a adoção de um prejudicará os demais, o mais amplo tendo preferência sobre o mais restrito. Art. 160. Será permitido a qualquer Deputado, antes de iniciada a Ordem do Dia, requerer preferência para votação ou discussão de uma proposição sobre as do mesmo grupo. § 1º Quando os requerimentos de preferência excederem a cinco, o Presidente, se entender que isso pode tumultuar a ordem dos trabalhos, verificará, por consulta prévia, se a Câmara admite modificação na Ordem do Dia. § 2º Admitida a modificação, os requerimentos serão considerados um a um na ordem de sua apresentação. § 3º Recusada a modificação na Ordem do Dia, considerar-se-ão prejudicados todos os requerimentos de preferência apresentados, não se recebendo nenhum outro na mesma sessão. § 4º A matéria que tenha preferência solicitada pelo Colégio de Líderes será apreciada logo após as proposições em regime especial."

38 Arts.72, § 2°, e 181, § 1°, do RICD.

39 Art. 303 do RICD.

40 Art. 193 do RICD.

ou acessória e de requerimento a ela pertinente, e a Relator. Com a ressalva acima referida, cada líder poderá manifestar-se para orientar sua bancada, ou indicar Deputado para fazê-lo em nome da Liderança, pelo tempo não excedente a um minuto (art. 192 do Regimento Interno da Câmara dos Deputados). Também no Senado é lícito ao Senador usar da palavra por cinco minutos para encaminhar a votação (art. 308 do Regimento Interno do Senado Federal).

A prática parlamentar tem demonstrado que, na maioria das votações, os Líderes recomendam um tipo de voto à sua bancada. O Presidente da Câmara, antes do início da votação, pergunta a cada Líder que tipo de voto o partido está encaminhando. Os Líderes respondem "sim" ou "não", ou ainda "a bancada está liberada para votar como quiser". Algumas vezes, os Líderes respondem ao Presidente com a expressão: "a bancada está liberada, mas o Líder vota...". De qualquer modo, os encaminhamentos não obrigam os Deputados a votar de determinada maneira, salvo como conseqüência de uma decisão de fechar questão na matéria em pauta.

Ultima-se a fase de votação pelo cômputo do resultado, que poderá ser pela aprovação ou pela rejeição do projeto. Aprovado o projeto, será ele, com as emendas, se houver, encaminhado à Comissão competente para a redação final. Rejeitado, será arquivado.

No tocante à votação, é preciso ainda considerar que a Constituição eliminou o chamado decurso de prazo existente na Constituição anterior, em que o Presidente da República poderia encaminhar às Casas Legislativas projeto de lei de sua iniciativa e solicitar que a apreciação daquele projeto se fizesse em determinado prazo, sob pena de se considerar aprovado por decurso de prazo. Esse instituto foi muito criticado, porque possibilitava a aprovação de um projeto de lei sem a manifestação do Congresso Nacional. O decurso de prazo comprometia o ideal democrático. A Constituição vigente eliminou o decurso de prazo, mas manteve, no art. 64, § 1º, a chamada urgência para a apreciação de projeto de lei de iniciativa do Presidente da República. Se Câmara e Senado não apreciarem o projeto em até 45 dias, contados do seu recebimento, ele não se considera aprovado por decurso de prazo. O que ocorre é que esse projeto será incluído na ordem do dia para apreciação, sobrestando-se a votação de outras matérias, salvo aquelas que tiverem prazo constitucional assinalado, como as medidas provisórias, por exemplo.

Nesta modalidade de tramitação, as emendas do Senado deverão ser apreciadas pela Câmara no prazo de dez dias (art. 64, § 3º). Anote-se com José Afonso da Silva, que o prazo de urgência de 45 dias não é global, o que significa que o "projeto deverá ser apreciado pela Câmara dos Deputados no prazo de 45 dias, a contar de seu recebimento. Se for aprovado na Câmara, terá o Senado Federal igual prazo para sua apreciação. O prazo total é, pois, de 90 dias para

PROCESSO LEGISLATIVO

o pronunciamento de ambas as Casas. Mas se o Senado emendar o projeto, as emendas deverão ser apreciadas pela Câmara em 10 dias, com o que o prazo total fica dilatado para 100 dias".[41] No mesmo sentido, Alexandre de Moraes.[42] De fato, este é o melhor entendimento, e não o de que seriam 45 dias ao total, porque, se é da essência do bicameralismo que a apreciação do projeto se realize separadamente em cada uma das Casas do Congresso Nacional, aquele prazo deve-se referir a cada uma delas.

O prazo de urgência não corre nos períodos de recesso do Congresso Nacional, nem se aplica aos projetos de código (art. 64, § 4º).

Dispõe a Constituição, no art. 67, que a matéria constante de projeto de lei rejeitado somente poderá constituir objeto de novo projeto, na mesma sessão legislativa, mediante proposta da maioria absoluta dos membros de qualquer das Casas do Congresso Nacional, sendo absoluta a proibição para as propostas de emenda à Constituição (ver adiante). Havendo sessão legislativa extraordinária convocada para o mês de janeiro, decidiu-se que essa sessão não integra a sessão legislativa deste ano, mas pertence à do ano anterior, motivo por que não é alcançada pela limitação do art. 67 (STF – ADIn 2.010-DF, Rel. Min. Celso de Mello).

3.4 Sanção

A Câmara que por último apreciou o projeto de lei o encaminhará ao Presidente da República para sanção.

A sanção é a concordância, a aquiescência do Presidente da República a projeto de lei aprovado pelo Legislativo. Não são suscetíveis de sanção ou de veto os projetos de emenda à Constituição, os decretos legislativos e as resoluções. A sanção pode ser expressa ou tácita. Sanção expressa é a dada por escrito; a tácita ou velada decorre do silêncio do Presidente da República no prazo de 15 dias úteis de que dispõe para sancionar (art. 66, § 3º). A sanção tácita traduz embate silencioso entre Executivo e Parlamento. Pode ainda a sanção ser total ou parcial, esta a incidir sobre o setor não vetado do projeto de lei. Se o Presidente sancionar

---

[41]   SILVA. *Comentário contextual à constituição*, p. 455.

[42]   MORAES. *Direito constitucional,* 17. ed., p. 583.
O Regimento Interno da Câmara dos Deputados expressa esta mesma linha de entendimento, ao prever, em seu art. 204, I, e II, que, findo o prazo de 45 dias de seu recebimento pela Câmara, sem a manifestação definitiva do Plenário, o projeto será incluído na Ordem do Dia, sobrestando-se a deliberação quanto aos demais assuntos, para que se ultime a votação; a apreciação das emendas do Senado, pela Câmara, em função revisora, far-se-á no prazo de 10 dias, ao término do qual, sem a manifestação do Plenário, o projeto será incluído na Ordem do Dia, sobrestando-se a deliberação quanto aos demais assuntos, para que se ultime a votação.

expressamente apenas parte do projeto de lei, silenciando quanto ao restante, estará, na realidade, sancionando-o tacitamente no todo.

Observe-se que a Constituição não fixa expressamente o prazo para sanção. Refere-se ao prazo para o veto, que é o mesmo para a sanção (art. 66, § 1º).

Segundo mostra Hilda de Souza, há "quem sustente a desnecessidade da sanção entendendo que a mesma é mera formalidade e 'representa um desses *residual rights*, tão numerosos na organização inglesa, porque, como um fruto que perdeu o conteúdo e só ficou com a casca, tem apenas a virtude de lembrar que o rei fazia lei no parlamento, e lei não podia haver sem o seu concurso.' A sanção, no entanto, expressa ou tácita, é essencial à vida da lei. Esta só nasce depois de satisfeito este pressuposto, assim como só ganha existência no sistema jurídico depois de promulgada e publicada oficialmente. Segundo José Afonso da Silva, 'a sanção constitui, assim, não mera ratificação ou confirmação de uma lei já nascida, mas a adesão dada pelo chefe do Poder Executivo ao projeto aprovado pelas Câmaras, de tal sorte que, enquanto ela não se manifesta, a obra legislativa não se encontra definitivamente formada.' Do mesmo modo manifesta-se Manoel Gonçalves Ferreira Filho, ao grafar que 'a sanção é que transforma o projeto aprovado pelo Legislativo em lei. Por ela fundem-se as duas vontades, a do Congresso e a do Presidente, de cuja conjunção o constituinte quis que resultasse a lei ordinária. Só pela sanção é que se aperfeiçoa o processo de elaboração deste tipo de ato normativo, em nosso Direito.'[43]

É a seguinte a fórmula da sanção expressa:

"O PRESIDENTE DA REPÚBLICA

Faço saber que o Congresso Nacional decreta e eu sanciono a seguinte Lei:

(...)."

3.4.1 Sanção e vício de iniciativa

Questão polêmica tem sido a de considerar se a sanção supre o defeito de iniciativa do projeto. Manoel Gonçalves Ferreira Filho discute amplamente a questão, concluindo pela não convalidação da iniciativa, embora haja respeitáveis pontos de vista pela convalidação, como os de José Afonso da Silva, Themístocles Cavalcanti e Seabra Fagundes, dentre outros publicistas'".[44]

Segundo José Afonso da Silva, "a sanção supre a falta de iniciativa governamental para a formação de leis de iniciativa exclusiva do Executivo. A regra de

---

[43] SOUZA. *Processo legislativo*: linhas jurídicas essenciais, p. 103-104.

[44] FERREIRA FILHO. *Do processo legislativo*, p. 218-224.

PROCESSO LEGISLATIVO

reserva tem como fundamento pôr na dependência do titular da iniciativa a regulamentação dos interesses vinculados a certas matérias. Não se trata de adotar aqui a tendência que distingue as cláusulas constitucionais em diretórias e mandatórias. Pois a regra de reserva é imperativa no que tange subordinar a formação da lei à vontade exclusiva do titular de iniciativa. Ora, essa vontade pode atuar em dois momentos: no da iniciativa e no da sanção. Faltando a sua incidência, o ato é nulo; mas se ela incidir, com a sanção, satisfeita estará a razão da norma de reserva. Se não houvesse a possibilidade de recusar validamente a sanção, se essa fosse ato obrigatório, então, sim, a infringência da regra de exclusividade da iniciativa importaria em viciar irremediavelmente o ato legislativo. Caso o Executivo não queira a regulamentação pretendida pelo projeto adotado com infração da exclusividade, cabe-lhe o recurso do veto. Vetado o projeto, não há mais possibilidade de formar-se a lei, proveniente de projeto gerado com desrespeito à regra de reserva. Ao Legislativo só cabe aceitar as razões dele, pois, se mantiver projeto em tais circunstâncias, a inconstitucionalidade surge inapelavelmente".[45]

Também Menelick de Carvalho Netto sustenta a tese da convalidação, aduzindo: "em um Estado de sistema presidencial de governo, no qual se concentram monocraticamente, na figura do Chefe de Estado e de Governo, cientificamente, por força do princípio da unicidade e da economia procedimental, e tendo-se em vista a vinculação direta, imediata e principal reservada à sanção do Chefe de Estado, no tipo de procedimento legislativo caracterizado pelo próprio instituto, frente ao caráter estruturalmente indireto, mediato e secundário de que se reveste a iniciativa no procedimento legislativo, outra não poderia a conclusão do que a da sanabilidade do vício. O ato total daí resultante revela-se como perfeitamente idôneo precisamente por contar com a aquiescência daquele a quem competia iniciá-lo, no momento mesmo da constituição. Idoneidade de tal forma confirmada pela reconstrução do percurso no qual se realizam os elementos singulares da série, que repugnaria ao princípio da unidade e da economia procedimental solução contrária. Não se justificaria supor que seria duplicar, repetir toda a série procedimental, reiterar as mesmas atividades, se não obstante o defeito, o ato persiste substancialmente idôneo, enquanto instrumento de realização dos fins colimados. Daí resulta a perfeita sanabilidade do vício em exame."[46]

Pondere-se, contudo, com Manoel Gonçalves Ferreira Filho, que sustenta a tese da não convalidação, que "a validade de qualquer ato derivado da Constituição depende de sua concordância com a Constituição. Depende, mais precisamente, da observância dos requisitos formais e substanciais estabelecidos na

---

[45] SILVA. *Princípios do processo de formação das leis no direito constitucional*, p. 191.

[46] CARVALHO NETTO. *A sanção no procedimento legislativo*, p. 249-250.

Constituição. No plano estritamente jurídico, a tese da convalidação contradiz um dos postulados que a doutrina italiana aponta a respeito do ato complexo. De fato, segundo o ensinamento dessa doutrina, 'não é válido um ato complexo se não são válidos todos os elementos que devem concorrer à sua formação'. Destarte, não sendo válida a iniciativa seria inválida a lei, apesar da sanção posterior".[47]

Nessa mesma linha de entendimento, Marcelo Caetano observa que o "direito de iniciativa exclusiva do Presidente da República é irrenunciável. Resulta de superiores razões de interesse público que levam a Constituição a estabelecer uma exceção à regra da faculdade de iniciativa de qualquer membro do Congresso. Caso o Presidente entenda que a iniciativa indevidamente tomada por deputado ou senador é útil e necessária o que deve fazer é chamá-la a si, enviando mensagem ao Congresso com projeto idêntico ou semelhante. Esse é o modo adequado de ratificação da iniciativa. Mas, a sanção pressupõe o prévio decurso regular do processo legislativo no Congresso, é um ato co-legislativo pelo qual o Poder Executivo adere à decisão do Legislativo de modo a produzir a lei. Um projeto resultante de iniciativa inconstitucional sofre de pecado original, que a sanção não tem a virtude de apagar, até porque, a par das razões jurídicas, militam os fortes motivos políticos que determinaram a exclusividade da iniciativa presidencial, cujo afastamento poderia conduzir a situações de intolerável pressão sobre o Executivo".[48]

O Supremo Tribunal Federal,[49] ainda na vigência da Emenda Constitucional n. 1/69, adotou a tese da não convalidação, alterando a Súmula n. 5, que admitia a convalidação. Acatou, assim, a tese da natureza obrigatória e vinculativa das regras do processo legislativo.

Ao julgar a ADI 266-0-RJ, em 1993, o Supremo Tribunal Federal voltou a aplicar a Súmula n. 5, restabelecendo seu posicionamento quanto à possibilidade de a sanção suprir a falta de iniciativa do Executivo.[50]

---

[47] FERREIRA FILHO. *Curso de direito constitucional*, p. 172.

[48] CAETANO. *Direito constitucional*, vol. II, p. 332.

[49] BRASÍLIA, STF, Representações 890-GB (RTJ 626/64) e 1.051-GO (DJ 15.5.1981).

[50] Em seu voto, o Ministro Octavio Gallotti acentuou:
"A lei impugnada versa, efetivamente, matéria relativa ao regime jurídico de servidor público e originou-se de projeto de iniciativa parlamentar, mas foi sancionada pelo Governador, então em exercício. A inconstitucionalidade formal, argüida perante o art. 66, §§ 1°, 2°, *c*, deve ser afastada, em obséquio ao enunciado da Súmula n. 5, do Supremo Tribunal: '5. A sanção do projeto supre a falta de iniciativa do Poder Executivo'. Esse verbete, aprovado na vigência da Constituição de 1946, subsistiu na prática da de 1967, com a ressalva de não ser aplicável ao caso de projeto ou emenda causadores de aumento de despesa, dada a proibição terminante introduzida pelo parágrafo único do

PROCESSO LEGISLATIVO

Em julgamentos posteriores, o Supremo Tribunal Federal passou, no entanto, a firmar o entendimento de que a sanção do projeto de lei não convalida o defeito de iniciativa.[51]

3.5 Veto

Em vez de concordar com o projeto, o Presidente da República (art. 66, § 1°) pode vetá-lo, no prazo de 15 dias úteis contados do recebimento do projeto de lei na contagem do prazo, exclui-se o dia inicial, e se inclui o dia do término. Há na doutrina, divergência sobre a natureza jurídica do veto: se direito, se poder, ou se poder-dever do Presidente da República. Mário Casasanta posiciona-se no sentido de constituir o veto um poder, entendimento a que aderimos: "Juridicamente, é o veto, em nosso sistema, o poder que se confere ao chefe do executivo de devolver ao Congresso o projeto de lei que julgar inconstitucional ou inconveniente aos interesses nacionais, para efeito de nova consideração."[52] Ainda quanto à natureza jurídica do veto, o poder de veto equilibra, no sistema presidencial, a falta de prerrogativa do Presidente para dissolver a Câmara. O veto, na expressão de Hamilton, revela-se conveniente porque não só serve de defesa ao Executivo como também fornece garantia adicional contra a decretação de leis inconvenientes. Estabelece-se o controle salutar sobre o Poder Legislativo. O veto é a negativa ou a antítese da sanção. O veto, ao contrário da sanção, é sempre expresso, inexistindo veto tácito porque, decorridos os 15 dias úteis sem manifestação, presume-se que o projeto tenha sido tacitamente sancionado. O veto tem de ser motivado por inconstitucionalidade do projeto (veto jurídico), ou por ser o mesmo contrário ao interesse público (veto político), que se qualifica, por exemplo, pelo seu distanciamento das diretrizes políticas, de governo e administrativas, ou econômicas, dentre outras, traçadas ou propostas pelo Presiden-

---

art. 57 daquela segunda Carta (a de 1967), que encontra correspondência no art. 63 da atual. Não estando em causa essa hipótese especial (aumento de despesa) é, portanto, de aplicar-se a orientação consagrada pela Súmula do Supremo Tribunal."
A seu turno, o Ministro Moreira Alves decidiu:
"Pedi vista apenas para examinar a jurisprudência desta Corte quanto à primeira parte do voto do eminente relator que afasta, no caso, a inconstitucionalidade formal da lei em causa com base na Súmula 5, sob o fundamento de que tal súmula só não é aplicável a partir da Constituição de 1967 pela proibição introduzida pelo parágrafo único do art. 57 desta, que, à semelhança do disposto no art. 63 da Carta Magna atual, se limita às hipóteses de projeto ou emenda de que decorra aumento de despesa. Estando o voto do eminente Relator em conformidade com a jurisprudência da Corte, como verifiquei do exame a que procedi com atenção a ela, também não acolho, no caso, a argüição de inconstitucionalidade formal da lei sob exame."

[51] STF, RE 397.354/SC; ADI 2.867/ES; ADI 1.438/DF; ADI 2.417.

[52] CASASANTA. O poder de veto, p. 63.

te. O veto político revela-se como solução para o problema das maiorias passionais, mesmo porque impede a tirania legislativa. É também solução para o problema dos legisladores com interesses próprios. Mencione-se ainda o denominado veto restitutório ou translativo, previsto inicialmente na Constituição de Weimar, e que é aquele que submete ao povo, em referendo, a solução da controvérsia. Consiste esta modalidade de veto no poder que se dá ao Executivo de submeter à aprovação dos cidadãos o texto que ele desaprova. Este tipo de veto inexiste no sistema constitucional brasileiro. Já os denominados *veto-players*, que não se confundem com o veto previsto no art. 66, § 1º, da Constituição, são os atores institucionais (poderes de Estado, entes territoriais e partidos políticos) cuja anuência é necessária às decisões políticas.

O veto, em nosso Direito, é relativo e não absoluto. Relativo porque, vetado, o projeto de lei não se extingue, mas necessariamente retorna ao exame do Congresso Nacional, que vai dar a última palavra sobre se o projeto deve ou não ser aprovado. Para rejeitar o veto e assim aprovar o projeto (§ 4º do art. 66), exige-se o voto da maioria absoluta de Deputados e Senadores em escrutínio aberto (EC n. 76/2013). A Constituição de 1988 reduziu o *quorum* de rejeição do veto, que, pela Constituição anterior, era de dois terços dos membros de cada uma das Casas

O veto será apreciado em sessão conjunta do Congresso Nacional, dentro de 30 dias a contar de seu recebimento. Uma vez esgotado o prazo de sua apreciação, o veto será colocado na ordem do dia da sessão imediata, sobrestadas as demais proposições, até sua votação final.[53]

---

[53] Arts. 104, 105 e 106 do Regimento Comum (do Congresso Nacional), alterados pela Resolução n. 1/2013, aplicável aos vetos publicados a partir de 1º de julho de 2013: "Art. 104. Comunicado o veto ao Presidente do Senado, este designará a Comissão Mista que deverá relatá-lo e estabelecerá o calendário de sua tramitação no prazo de 72 (setenta e duas) horas. § 1º O prazo de que trata o § 4º do art. 66 da Constituição Federal será contado da protocolização do veto na Presidência do Senado Federal. § 2º A Comissão será composta de 3 (três) Senadores e (três) Deputados, indicados pelos Presidentes das respectivas Câmaras, integrando-a, se possível, os Relatores da matéria na fase de elaboração do projeto. Art. 105. A Comissão Mista terá o prazo de 20 (vinte) dias, contado da data de sua constituição, para apresentar seu relatório. Art. 106. Distribuídos os avulsos com o texto do projeto, das partes vetadas e sancionadas, após o esgotamento do prazo de que trata o art. 104, o veto será obrigatoriamente colocado na ordem do dia da sessão conjunta imediata, independente da apresentação de relatório pela Comissão Mista, sobrestada a pauta das sessões conjuntas do Congresso Nacional para qualquer outra deliberação, até a votação final do veto. § 1º A apreciação dos vetos ocorrerá em sessões do Congresso Nacional a serem convocadas para a terceira terça-feira de cada mês, impreterivelmente. § 2º Se por qualquer motivo não ocorrer a sessão referida no § 1º, será convocada sessão conjunta para a terça-feira seguinte, sobrestando as demais matérias até que se ultime sua apreciação." (NR)

PROCESSO LEGISLATIVO

O veto encerra ideia de eliminação, exclusão, vedação. Nunca de adição, acréscimo, adjunção, já que a produção do projeto de lei se dá no Legislativo. Desse modo, não há como restabelecer ou adicionar algo ao projeto que não fora aprovado pelo Legislativo.

Ainda sobre o veto, questiona-se mais acerca de sua natureza jurídica, havendo autores, como José Afonso da Silva, que a concebem como legislativa, pois o Presidente da República, ao sancionar o projeto, colabora com o Legislativo, e se integra como legislador no processo legislativo, e outros como Ernesto Rodrigues, que a têm como executiva, pois, se a essência do Poder Executivo é executiva, ela se estende a todos os atos dele oriundos. O tema vem adequadamente abordado por Hilda de Souza: "Ora, a integração no processo legislativo não transforma o Poder Executivo em Poder legislador e, em conseqüência, a natureza do veto não pode ser legislativa. É que, em certo momento do processo legislativo, a decisão desloca-se da esfera do Poder propriamente legislativo para a esfera do Poder Executivo, interrompendo as fases exclusivamente legislativas para permitir o estabelecimento de uma espécie de parceria entre os dois – onde pode ser apostos pelo Poder Executivo sua discordância com o conteúdo do projeto de lei, quer do ponto de vista da sua constitucionalidade, quer do ponto de vista de seu ajustamento ao interesse público. O poder de veto integra as atribuições do Poder Executivo que transfere ao veto a natureza executiva de seus atos da mesma forma que o poder de sanção é também integrante das competências do Executivo, não possuindo natureza legislativa."[54]

O veto pode ser total ou parcial (§ 1º do art. 66). O veto total incide sobre todo o projeto de lei, e o veto parcial, sobre determinado dispositivo do projeto. De acordo com o § 2º do art. 66, o veto parcial somente abrangerá texto integral de artigo, parágrafo, inciso ou alínea. A prática constitucional mostrou que o veto

---

O STF, ao julgar o AgR. contra decisão do Min. Luiz Fux, que concedera liminar no MS 31.816, pela qual o veto parcial ao Projeto de Lei n. 2.565/2011 só poderia ser apreciado após a deliberação sobre todos os vetos pendentes de análise no Congresso Nacional, em ordem cronológica, cassou, por maioria, a liminar. O Min. Teori Zavascki afirmou que, a exemplo do decidido na ADI 4.029, o STF deveria atribuir à decisão do MS 31.816 eficácia *ex nunc* (não retroativa) excluindo dos seus efeitos as deliberações já tomadas e aquelas pendentes de apreciação. É que, uma rígida aplicação dos princípios constitucionais invocados no MS 31816 com eficácia *ex tunc* (retroativa) resultaria em um futuro caótico para a atuação do Congresso Nacional, pois implicaria paralisar qualquer nova deliberação, e ainda lançaria um "manto de insegurança jurídica" sobre todas as deliberações tomadas pelo Congresso nos últimos 13 anos, com mais de 3.000 vetos pendentes para análise, nos dias de hoje (j. 27.2.2013; *Notícias* STF, 27.2.2013; *Informativo* 696/STF).

[54] SOUZA. *Processo legislativo*. Linhas jurídicas essenciais, p. 113-114.

parcial, incidindo sobre qualquer parte do projeto, como previsto na Constituição revogada, desvirtuava, muitas vezes, o sentido da proposta legislativa e transformava o Presidente em legislador.

Michel Temer, com apoio em Nelson de Sousa Sampaio, acha que não andou bem a Constituição ao proibir o veto de palavras ou do conjunto delas, pois, segundo pensa:

> *a)* o todo lógico da lei pode desfigurar-se também pelo veto, por inteiro, do artigo, do inciso, do item ou da alínea. E até com maiores possibilidades;
>
> *b)* se isto ocorrer – tanto em razão do veto da palavra ou de artigo –, o que se verifica é usurpação de competência pelo Executivo, circunstância vedada pelo art. 2º da Constituição Federal.[55]

O veto parcial, considerando as relações do Presidente com o Poder Legislativo, "é mais poderoso que o veto total, por dois motivos: *a)* impõe aos Deputados levar em conta a preferência do Executivo não apenas em relação a proposições legislativas como um todo, mas também em cada artigo e parágrafo de um projeto; *b)* concede ao Presidente a capacidade de interferir nos acordos intralegislativos de apoio mútuo".[56]

Exemplo de veto por inconstitucionalidade do projeto:

Veto ao art. 5º do projeto de lei que altera o art. 2º da Lei n. 8.352, de 28 de dezembro de 1991, que dispõe sobre as disponibilidades financeiras do Fundo de Amparo ao Trabalhador – FAT, e dá outras providências.

O dispositivo vetado é do seguinte teor:

> Art. 5º Os membros titulares do Conselho Deliberativo do Fundo de Amparo ao Trabalhador – CODEFAT –, em número mínimo de três, têm legitimidade

---

[55] TEMER. *Elementos de direito constitucional*, p. 143-144.

[56] SANTOS. *O poder legislativo no presidencialismo de coalizão*, p. 74.
Manoel Gonçalves Ferreira Filho anota que estabelecido "para eliminar abuso por parte dos parlamentares, o veto parcial, todavia, passou a servir entre nós para abusos por parte do governo", já que "o Executivo veio a colher pelo veto até palavras isoladas dentro do texto, mudando-lhe não raro o sentido, ou o alcance. E essa prática, apesar da repulsa doutrinária, foi aprovada pelos tribunais. Conforme relata Casasanta, Artur Bernardes, em cuja presidência foi adotado o veto parcial, havia feito propor, em 1920, emenda à Constituição mineira onde se dispunha que 'o veto parcial só pode ser parcial, quando a parte vetada e a sancionada não forem mutuamente dependentes e conexas, de maneira que, com a sua supressão, a parte sancionada continue a ser um ato inteligível e completo, correspondendo, em conjunto, com a intenção e propósitos do Congresso'" (*Do processo legislativo*, p. 222-223).

para representá-lo perante o Poder Judiciário para promover as medidas judiciais necessárias à regularidade dos procedimentos adotados em relação à garantia das receitas e do patrimônio do FAT.

Razões do Veto

Com efeito, tal dispositivo é inconstitucional, porque, sendo o Conselho Deliberativo do Fundo de Amparo ao Trabalhador – CODEFAT –, órgão integrante da estrutura administrativa do Ministério do Trabalho e da Administração, falta-lhe personalidade jurídica própria, e a sua capacidade de estar em juízo somente poder ser exercida por intermédio da Advocacia-Geral da União, tal como determina o art. 131 da Constituição Federal.[57]

Exemplo de veto por contrariedade do Projeto ao interesse público:

Veto ao § 2º do art. 231 do Projeto de lei que institui o Regime Único dos Servidores Públicos:

Art. 231. (...)

§ 2º O custeio da aposentadoria é de responsabilidade do Tesouro Nacional.

Razões do Veto

A matéria acha-se adequadamente disciplinada nos arts. 183 e 231, *caput*. Assim, ao estabelecer que o custeio da aposentadoria é de responsabilidade integral do Tesouro, o § 2º do art. 231 revela manifesta incongruência frente aos textos referidos, podendo gerar equívocos indesejáveis.

3.6 Promulgação

Promulgação, do latim *promulgare*, que significa publicar, dar a conhecer uma lei, constitui ato complementar do processo legislativo. José Afonso da Silva, citando Laband, aponta as duas naturezas da promulgação: legislativa e executiva. Como ato de natureza legislativa, entende-se a promulgação como declaração de existência da lei, dizendo-se que sem promulgação não há lei; como ato de natureza executiva, a promulgação não faz a lei, mas certifica a regularidade de seu processo de formação, assegurando-lhe a execução.[58]

Num caso ou noutro, a promulgação não se confunde com a sanção, esta incidindo sobre o projeto e aquela sobre a lei.

---

[57] MENSAGEM n. 587, de 11 de setembro de 1992, publicada no *Diário Oficial da União*, de 14 de setembro de 1992.

[58] SILVA. *Princípios do processo de formação das leis no direito constitucional*, p. 208-209.

Ainda sobre a natureza da promulgação, mencione-se quatro teorias: 1. Teoria declarativa: o Presidente da República, com a promulgação, limita-se a atestar a existência da lei e o seu regular processo de formação. Equipara-se a um notário da lei, atestando a sua regularidade formal e orgânica. 2. Teoria legislativa: o Presidente da República participa, com a promulgação, do exercício da função legislativa. A promulgação constitui elemento necessário para a perfeição da lei e não apenas um requisito de sua eficácia. 3. Teoria da administração: a promulgação é uma espécie de cláusula executiva. É ela que confere à lei o 'crisma da autoridade' e o vigor da 'executoriedade'. 4. Teoria do controle constitucional: a promulgação é um ato a *se stante*, do Presidente da República, pelo qual ele exercita um controle constitucional sobre a regularidade do ato normativo e sobre a sua legitimidade constitucional. Controverte-se, no entanto, sobre se este controle se limita à constitucionalidade formal, ou se estende à conformidade intrínseca do ato com a Constituição. Esta teoria encontra apoio no poder de veto suspensivo.[59]

Para Jorge Miranda, "a estrutura da promulgação deve encontrar-se fora do conceito de executoriedade e da vontade legislativa. Só se compreende à luz de uma função política ou de garantia política atribuída ao Chefe de Estado. Promulgando, ele exerce um poder que se insere no âmbito da sua competência reservada e ao serviço do sistema de governo constitucionalmente acolhido. A existência do processo legislativo será sempre um elemento essencial, mas não constituirá o objecto único nem imediato do acto declarativo; ressaltará para a promulgação na medida em que, antepondo-se-lhe, acarretá-la-á como conseqüência jurídica necessária."[60]

A promulgação acarreta dois efeitos: o primeiro efeito é "tornar conhecidos os fatos e atos geradores da lei; o segundo é indicar, até que os tribunais se pronunciem em contrário, que a lei é válida, executável e obrigatória – válida e eficaz; quer dizer: a comunicação administrativa por intermédio de uma autoridade, investida de altos poderes pela Constituição, carrega, a respeito do ato – lei – objeto da comunicação, uma presunção *iuris tantum* de que a lei é apta a produzir todos os seus efeitos jurídicos próprios".[61]

Os Constituintes de 1988 deixaram passar rara oportunidade para corrigir defeito do texto de 1969, que falava em promulgação do projeto de lei (art. 59, § 3º, parte final), mantendo o mesmo equívoco no art. 66, § 5º, ao declarar que "se o veto não for mantido, será o projeto enviado, para promulgação, ao Presidente da República".

---

[59] CANOTILHO. *Direito constitucional e teoria da constituição*, p. 542.

[60] MIRANDA. *Contributo para uma teoria da inconstitucionalidade*, p. 129.

[61] SILVA. *Princípios do processo de formação das leis no direito constitucional*, p. 223.

A competência para promulgar a lei é do Presidente da República, que dispõe do prazo de 48 horas, contado do término dos 15 dias úteis, sem que tenha sancionado o projeto (sanção tácita), ou da data em que recebeu o projeto aprovado pelo Congresso Nacional, depois de rejeitado o veto (art. 66, § 7º).

Essa competência é sucessiva, pois, de acordo com o mencionado dispositivo constitucional, se o Presidente da República não promulgar a lei no prazo acima referido, caberá ao Presidente do Senado a promulgação, no mesmo prazo de 48 horas, e, finalmente, caso não o faça, a competência recai no Vice-Presidente do Senado, sem sucessão. Tal circunstância impede a recusa, pelo Vice-Presidente do Senado, de promulgar a lei. Assim, caso não o faça, poderá vir a ser responsabilizado.

É que a recusa do Vice-Presidente do Senado em promulgar a lei resulta no não cumprimento da Constituição, já que não se trata de projeto de lei, mas de lei sancionada por decurso de prazo ou porque o Congresso Nacional reafirmou o projeto, rejeitando o veto (art. 66, §§ 3º e 4º). E a própria Constituição diz taxativamente constituir crime de responsabilidade os atos que atentarem contra ela: assim pensam Luiz Bispo e Pontes de Miranda, dizendo este jurisconsulto que, "se o Vice-Presidente do Senado Federal não cumpre o que se lhe atribui o § 5º do art. 59 (da Emenda Constitucional n. 1/69), comete crime de responsabilidade (a lei ordinária pode e tem de apontar os crimes de responsabilidade; porém há casos em que já resulta a figura de alguma regra jurídica constitucional que estabeleça dever)".[62]

Contra a tese da responsabilização do Vice-Presidente do Senado insurge-se Nelson de Sousa Sampaio, ponderando que a norma constitucional que dispõe sobre a competência para a promulgação é uma norma imperfeita, como muitas do Direito Constitucional. Assim, a tese da responsabilização do Vice-Presidente do Senado Federal "somente procederia se a lei sobre os crimes de responsabilidade incluísse tal figura delituosa". E criticando a posição de Pontes de Miranda acima referida, diz ainda que "o nosso comentarista, ao examinar a quebra do dever de promulgar, refere-se apenas a crime de responsabilidade do Vice-Presidente do Senado – o que, se não for um cochilo, será, ao mesmo tempo, uma contradição e uma injustiça. O Vice-Presidente do Senado, então, e hoje também o seu Presidente não estão sujeitos a *impeachment*. Ademais, seria inconcebível que a responsabilidade somente atingisse a última autoridade, na cadeia das encarregadas da promulgação dos projetos".[63] Sem criticar expressamente o ponto

---

[62]   PONTES DE MIRANDA. *Comentários à Constituição de 1967* com a Emenda n. 1, de 1969, p. 191.

[63]   SAMPAIO. *Op. cit.*, p. 87-88.

de vista de Pontes de Miranda, no sentido de se imputar crime de responsabilidade ao Vice-Presidente do Senado Federal, Manoel Gonçalves Ferreira Filho observa, também, como Nelson de Sousa Sampaio, que a lei que define tais crimes ignorou, contudo, essa figura delituosa (Lei n. 1.079, de 10 de abril de 1950), quanto à recusa de promulgação pelo Vice-Presidente do Senado.[64]

Note-se que, nas hipóteses de atos normativos de competência do Congresso Nacional (decreto legislativo ou resolução de cada uma de suas Casas), a promulgação será de competência de seus Presidentes e não do Presidente da República, o mesmo ocorrendo com as emendas à Constituição, que serão promulgadas pelas Mesas da Câmara dos Deputados e do Senado Federal, com o respectivo número de ordem (art. 60, § 3º). Ocorrendo sanção expressa, os atos da sanção e da promulgação se realizam num mesmo momento, embora sejam distintos, o que levou Nelson de Sousa Sampaio a qualificá-los de "atos xifópagos".[65]

Pelo princípio da separação de poderes, "não cabe ao Poder Judiciário interferir no processo legislativo a fim de promulgar texto em lei".[66]

Não haverá referendo ministerial nas leis promulgadas pelo Presidente ou pelo Vice-Presidente do Senado.

Exemplos de atos de promulgação da lei:

1. Promulgação pelo Presidente da República de lei cujo projeto foi por ele sancionado tacitamente:

O PRESIDENTE DA REPÚBLICA

Faço saber que o Congresso Nacional decreta e eu promulgo a seguinte Lei:

(...)

2. Promulgação pelo Presidente do Senado Federal de lei cujo projeto foi sancionado tacitamente pelo Presidente da República:

O PRESIDENTE DO SENADO FEDERAL

Faço saber que o Congresso Nacional aprovou, o Presidente da República, nos termos do § 3º do art. 66 da Constituição, sancionou, e eu, (...), Presidente do Senado Federal, nos termos do § 7º do mesmo artigo, promulgo a seguinte Lei (...).

---

[64]   FERREIRA FILHO. *Do processo legislativo*, p. 265.

[65]   SAMPAIO. *Op. cit.*, p. 87.

[66]   STF, RE 62.683, *RDA* 97/218.

PROCESSO LEGISLATIVO

3. Promulgação pelo Presidente da República de lei resultante de veto total rejeitado pelo Congresso Nacional:

O PRESIDENTE DA REPÚBLICA

Faço saber que o Congresso Nacional manteve e eu promulgo, nos termos do art. 66, § 5º, da Constituição, a seguinte Lei:

(...).

4. Promulgação pelo Presidente do Senado Federal de lei resultante de veto total rejeitado pelo Congresso Nacional:

O PRESIDENTE DO SENADO FEDERAL promulga, nos termos do art. 66, § 7º, da Constituição Federal, a seguinte Lei, resultante de Projeto vetado pelo Presidente da República e mantido pelo congresso Nacional:

(...).

5. Promulgação pelo Presidente da República de parte de projeto de lei por ele vetada e mantida pelo Congresso Nacional:

Lei n. (...), de (dia) de (mês) de (ano).

Parte vetada pelo Presidente da República e mantida pelo Congresso Nacional, do Projeto que se transformou na Lei n. (...), de (dia) de (mês) de (ano), que dispõe sobre (...), na parte referente ao art. (...).

O PRESIDENTE DA REPÚBLICA

Faço saber que o Congresso Nacional manteve e eu promulgo, nos termos do art. 66, § 5º, da Constituição, o seguinte dispositivo (ou seguintes dispositivos) da Lei n. (...), de (dia) de (mês) de (ano). (...)".

6. Promulgação pelo Presidente do Senado Federal de parte de projeto de lei vetada pelo Presidente da República e mantida pelo Congresso Nacional:

Lei n.(...), de (dia) de (mês) de (ano).

Parte vetada pelo Presidente da República e mantida pelo Congresso Nacional, do projeto que se transformou na Lei n.(...), de (dia) de (mês) de (ano), que dispõe sobre (...), na parte referente ao art. (...).

O PRESIDENTE DO SENADO FEDERAL

Faço saber que o Congresso Nacional manteve e eu (...), Presidente do Senado Federal, nos termos do art. 66, § 7º, da Constituição Federal, promulgo a seguinte parte da Lei n. (...), de (dia) de (mês) de (ano).

(...).

7. Promulgação pelo Presidente do Senado Federal de lei resultante de Medida Provisória integralmente aprovada pelo Congresso Nacional:

O PRESIDENTE DO SENADO FEDERAL

Faço saber que o Presidente da República adotou a Medida Provisória n. (...), de (dia) de (mês) de (ano) que o Congresso Nacional aprovou e eu (...), Presidente do Senado Federal, para os efeitos do disposto no § 3º do art. 62 da Constituição Federal, promulgo a seguinte Lei:

(...).

3.7 Publicação

A publicação informa a existência e o conteúdo da lei aos seus destinatários.

Pela publicação, o texto do ato normativo torna-se público, é colocado à disposição dos cidadãos, e se reveste de caráter de autenticidade.

As medidas que devem ser tomadas quanto à publicidade das leis são: *a)* publicação no órgão oficial; *b)* publicação inteligível; *c)* publicação e difusão imediatas; *d)* publicação completa; *e)* publicação exata.

A publicação é feita no órgão oficial que tenha legalmente reconhecida esta função. No Brasil, a publicação das leis federais se faz mediante sua inserção no Diário Oficial da União; nos Estados-Membros também no Diário Oficial, e nos Municípios, também no Diário Oficial, se houver, e, caso não haja, por edital afixado em lugar em que se afixam os papéis públicos.

A publicação inteligível das leis significa que sua apresentação deve-se revestir das características formais típicas de uma norma (denominação, estrutura e conteúdo normativo), e se reproduza na parte do Diário Oficial destinada à publicação de disposições de caráter geral.

A publicação e difusão imediata da lei, uma vez promulgada, é uma exigência de segurança jurídica e da igualdade de todos os cidadãos. A publicação imediata evita a possibilidade de que, entre o momento da promulgação da lei e o momento de sua publicação medeie um prazo gerador de confusão e de possíveis abusos. No direito brasileiro não existe prazo para a publicação, o que pode fazer com que o ato normativo seja publicado com atraso. A demora na publicação não acarreta a invalidade do ato. Pode, contudo, caracterizar fraude, por excesso de poder quando o atraso na publicação visar a destruição ou alteração dos resultados jurídicos da lei.

A publicação completa da lei é requisito para sua entrada em vigor.

A publicação exata exige que o texto publicado coincida com o texto original. Este ponto suscita algumas questões, como o valor do texto publicado em relação ao texto original, o tempo em que se deve conservar o texto original para seu cotejo com o publicado, o acesso ao texto original, quem e com que efeitos pode determinar a correção de erros constantes do texto original ou do texto publicado.

Canotilho distingue publicidade e publicação: "a publicação é a forma de publicidade de actos normativos (os mais importantes, individualizados no art. 119º da CRP) feita através do 'jornal oficial', Diário da República; publicidade em sentido amplo é qualquer forma de comunicação dos actos dos poderes públicos dotados de eficácia externa (através de ordens de serviço, editais, avisos, etc.)."[67]

A competência para publicar recai sobre a autoridade que promulga.

A Constituição não contém normas acerca da publicação, que é tratada na Lei de Introdução às normas do Direito brasileiro (art. 1º). O texto constitucional menciona apenas caber privativamente ao Presidente da República "fazer publicar as leis", o que deve ser entendido naquelas hipóteses em que as promulgou (art. 84, IV).

Constitui crime de responsabilidade do Presidente da República omitir ou retardar dolosamente a publicação das leis e resoluções do Poder Legislativo ou dos atos do Poder Executivo (art. 9º, 1, da Lei n. 1.079, de 10 de abril de 1950). O Decreto n. 4.176, de 28 de março de 2002, que estabelece normas e diretrizes para a elaboração, a redação, a alteração, a consolidação e o encaminhamento ao Presidente da República de projetos de atos normativos de competência dos órgãos do Poder Executivo Federal, prevê a consulta pública: "Art. 34. Compete à Casa Civil da Presidência da República: II. decidir sobre a ampla divulgação de texto básico de projeto de ato normativo de especial significado político ou social, até mesmo por meio da Rede Mundial de Computadores ou mediante a realização de audiência pública, tudo com o objetivo de receber sugestões de órgãos, entidades ou pessoas." A Lei Complementar n. 101, de 4 de maio de 2000 (Lei de Responsabilidade Fiscal) dispõe: "Art. 48. São instrumentos de transparência da gestão fiscal, aos quais será dada ampla divulgação, inclusive por meios eletrônicos de acesso público: os planos, orçamentos e leis de diretrizes orçamentárias, as prestações de contas e o respectivo parecer prévio, o relatório resumido da execução orçamentária e o relatório de gestão fiscal, e as versões simplificadas desses documentos. Parágrafo único. A transparência será assegurada também mediante incentivo à participação popular e realização de audiências públicas, durante os processos de elaboração e de discussão dos planos, leis de diretrizes orçamentárias e orçamentos."

A Lei Complementar n. 95, de 26 de fevereiro de 1998, que dispõe sobre a elaboração, a redação e a consolidação das leis, conforme determina o parágrafo único do art. 59 da Constituição Federal, e fixa normas para a consolidação dos

---

[67] CANOTILHO. *Direito constitucional e teoria da constituição*, p. 771.

atos normativos que menciona, alterada pela Lei Complementar n. 107, de 26 de abril de 2001, estabelece, em seu art. 8° e §§ 1° e 2°, que a vigência da lei será indicada de forma expressa e de modo a contemplar prazo razoável para que dela se tenha amplo conhecimento, reservada a cláusula "entra em vigor na data de sua publicação" para as leis de pequena repercussão; a contagem do prazo para entrada em vigor das leis que estabeleçam período de vacância far-se-á com a inclusão da data da publicação e do último dia do prazo, entrando em vigor no dia subsequente à sua consumação integral, devendo ainda utilizar a cláusula "esta lei entra em vigor após decorridos (o número de) dias de sua publicação oficial".

O veto parcial rejeitado pelo Congresso Nacional acarretará duas datas de vigência da lei: a da parte cujo veto foi rejeitado, esta última começando a vigorar a partir da publicação do ato promulgatório do dispositivo aprovado pelo Congresso Nacional.[68]

No entendimento de Manoel Gonçalves Ferreira Filho, a "imediata entrada em vigor da parte não vetada, que é possível no Direito brasileiro (ao contrário da Constituição da Argentina que prevê, em seu art. 72, que todo o projeto aguarde apreciação do veto, para somente após ser promulgado e publicado), apresenta vantagens, mas também desvantagens graves. Sem dúvida, é vantajoso que as disposições estabelecidas pelo Congresso e aprovadas pelo Presidente possam desde logo ser aplicadas. Todavia, se superado o veto, ocorrerá o inconveniente tantas vezes sentido entre nós de uma mesma lei ter vigorado com um texto (o da publicação sem a parte vetada, até a publicação do texto com a parte que fora vetada incluída) e passar a vigorar com outro texto. Esse inconveniente tem até provocado a prática esdrúxula de a parte vetada ser publicada com outro número como se fosse outra lei. Dessa situação (em vigor a parte não vetada, pendente a parte vetada) resulta sempre incerteza sobre o alcance e o verdadeiro sentido da lei, o que redunda necessariamente em insegurança jurídica".[69]

O defeito na publicação concorre para a ignorância da lei, pelos seus destinatários. Para Fabiana de Menezes Soares, o sistema brasileiro "de direito positivo apresenta as suas dificuldades em conciliar o pressuposto do conhecimento presumido das leis fundamento de segurança e certeza. Analisando o próprio sentido de conhecimento da lei extraído da realidade normativa deduz-se alguns elementos norteadores da nossa reflexão do conceito de conhecimento da lei e

---

[68] "Quando há veto parcial, e a parte vetada vem a ser, por causa da rejeição dele, promulgada e publicada, ela se integra na lei que decorreu do projeto. Em virtude dessa integração, a entrada em vigor da parte vetada segue o mesmo critério estabelecido para a vigência da lei a que ela foi integrada, considerando, porém, o dia da publicação da parte vetada que passou a integrar a lei, e não o desta." (STF, RE 85.950, Rel. Min. Moreira Alves, *DJ*, 31.12.1976).

[69] FERREIRA FILHO. *Curso de direito constitucional*, p. 174.

PROCESSO LEGISLATIVO 221

de sua íntima relação com a sua compreensão: I – Existem certos tipos de lei que reclamam uma publicidade qualificada. II – A publicidade da lei em termos pragmáticos se confunde com a prova de sua vigência em detrimento de seu fim: o seu conhecimento. III – No Estado de modelo federal é exigida a prova de existência de direito municipal e estadual. IV – A redação da lei é que interfere na sua inteligência; de um lado permanece fora do juízo sobre a sua validade formal e de outro (produção da norma e publicidade) utiliza-se da disponibilização universal (publicidade e interesse) e do seu teor (consulta e audiência pública). V – Não só a lei, mas também atos administrativos de efeitos gerais (notadamente aqueles oriundos da administração federal) são objeto de consulta pública. VI – O desconhecimento é uma situação interna do sujeito que a publicidade fato externo tem o escopo de diminuir, sob pena de não justificar toda a limitação das liberdades, subvertendo o sistema normativo regulador de sua ocorrência. Todos os elementos acima expostos refletem a tensão que a presunção do conhecimento da lei possui dentro do estado democrático de direito: o direito de participação popular na produção da lei, a evolução do fenômeno comunicativo (que as normas evidenciam), o conhecimento da lei e a compreensão da norma."[70]

Ainda examinando a publicidade oficial no Brasil, Fabiana de Menezes Soares salienta que o Diário Oficial da União (DOU), que constitui modelo para não ser lido, "revela na sua forma de diagramação (ou disposição gráfica dos atos) um forte senso de hierarquia e a concepção de que a leitura e compreensão destinam-se às fontes emanadoras daqueles atos e não ao cidadão comum. A primeira autoridade a ter seus atos publicados é o Presidente da República abaixo do título 'Poder Executivo', logo após estão dispostos os ministérios, os Atos do Poder Legislativo e os do Poder Judiciário. As deficiências e desafios da publicidade oficial não residem só na sua dimensão simbólica. A leitura do DOU e a busca dos atos objeto de publicação constitui-se numa verdadeira 'odisséia' para os desavisados. Ademais, o DOU é pago. O acesso eletrônico do DOU ainda permanece restrito àqueles que possuem acesso à Internet em casa ou no trabalho, até o momento de implantação da Internet pública".[71] Desse modo, o modelo de publicidade oficial no Brasil deve ser mudado, para considerar o potencial da tecnologia da informação e possibilitar a realização da validade formal das leis, com a eliminação dos obstáculos à cidadania.

---

[70] SOARES. *Teoria da legislação*: formação e conhecimento da lei na idade tecnológica, p. 279, 281, 282.

[71] SOARES. *Teoria da legislação*: formação e conhecimento da lei na idade tecnológica, p. 287, 288, 292.

4. ESPÉCIES NORMATIVAS

O processo legislativo tem por objeto as espécies normativas arroladas nos sete incisos do art. 59, que serão examinadas segundo sua natureza e o processo de sua elaboração.[72]

4.1 Emendas à Constituição

As emendas à Constituição visam promover acréscimo, supressão ou modificação no texto constitucional.

Constituem processos formais de mudança da Constituição, distinguindo-se dos processos informais de mutação constitucional que, segundo ensina Anna Cândida da Cunha Ferraz, são "a interpretação constitucional, em suas várias modalidades, os usos e costumes constitucionais".[73]

É significativo insistir em que as mudanças constitucionais não se restringem às emendas formais, mas, como esclarece a eminente publicista, segundo Biscaretti di Ruffia, embora a letra da Constituição permaneça inalterada, graças a fatores diversos, sofre modificações consideráveis que podem ser agrupadas em dois tipos. No primeiro, reúnem-se modificações operadas em virtude de atos elaborados por órgãos estatais: *a)* de caráter normativo (leis, regulamentos, etc.); *b)* de natureza jurisdicional (decisões judiciais, notadamente em matéria de controle de constitucionalidade das leis). No segundo grupo, as operadas em virtude de fatos: *a)* de caráter jurídico (tais como os costumes); *b)* de natureza político-social (tais como as normas convencionais ou as regras sociais de conduta correta perante a Constituição), ou simplesmente as práticas constitucionais (tais como a inatividade do legislador ordinário que, não elaborando normas de execução, logra, em substância, impedir a realização efetiva de disposições constitucionais).[74]

---

[72] No sistema constitucional português, costuma-se discriminar as seguintes categorias de leis: leis constitucionais; leis (reforçadas) orgânicas; leis (reforçadas) estatutárias; leis (reforçadas) de autorização; leis (reforçadas) de bases; leis (reforçadas) de enquadramento; leis reforçadas; leis de reserva absoluta; leis de reserva relativa; leis de conversão ou de transposição de directivas comunitárias; leis da Assembleia da República (QUEIROZ. *Direito constitucional:* as instituições do estado democrático e constitucional, p. 255). O conceito de leis reforçadas, ou leis de valor reforçado vem de Canotilho, que alude aos seguintes critérios de identificação: 1) o critério da forma e do procedimento; 2. o critério da maioria reforçada exigido para a sua aprovação; 3. o critério da parametricidade específica; 4. o critério da parametricidade geral (CANOTILHO. *Direito constitucional e teoria da constituição,* p. 684-685).

[73] FERRAZ. *Processos informais de mudança da Constituição, mutações constitucionais e mutações inconstitucionais,* p. 13.

[74] FERRAZ. *Op. cit.,* p. 12.

PROCESSO LEGISLATIVO 223

O processo legislativo das emendas à Constituição se acha descrito no art. 60 da Constituição, não se confundindo com o processo de sua revisão, constante do art. 3º do Ato das Disposições Constitucionais Transitórias, prevista para ser realizada após cinco anos, contados da promulgação da Constituição, pelo voto da maioria absoluta dos membros do Congresso Nacional, em sessão unicameral.

Por ter sido o dispositivo de revisão transitório e não o reproduzindo a Constituição revista, houve apenas uma primeira e única revisão, encerrada no dia 31 de maio de 1994.[75]

São titulares do poder de iniciativa do projeto de emenda à Constituição: um terço, no mínimo, dos membros da Câmara dos Deputados ou do Senado Federal, o Presidente da República e mais da metade das Assembleias Legislativas das unidades da Federação, manifestando-se, cada uma delas, pela maioria relativa de seus membros (art. 60, I a III). A titularidade das Assembleias Legislativas constava das Constituições de 1891, art. 90; 1934, art. 178, § 1º, b, e § 2º; 1946, art. 217, § 1º; e 1967, art. 50, III, § 4º. A participação das Assembleias Legislativas no processo de emenda limita-se à iniciativa, pois a Constituição não prevê a ratificação, pelas mesmas, das emendas constitucionais aprovadas pelo Congresso, como exige a Constituição dos Estados Unidos, em seu art. V.

Há entendimento de que a iniciativa popular não se aplica aos projetos de emenda à Constituição.

---

[75] Antes mesmo de se iniciarem os trabalhos da revisão, três correntes disputavam a prevalência de suas ideias. Para a primeira corrente, a revisão estava limitada ao resultado do plebiscito de 7 de setembro de 1993, antecipado para 21 de abril, pela relação existente entre os arts. 2º e 3º do Ato das Disposições Constitucionais Transitórias. Mantidos o presidencialismo e a república, não haveria que falar em revisão do texto constitucional, possível apenas no caso de vitória plebiscitária do parlamentarismo ou da monarquia constitucional, o que não ocorreu, já que 55,45% dos votantes optou pelo presidencialismo contra 24,65% dos votos para o parlamentarismo. A república recebeu 66,06% dos votos, enquanto a monarquia constitucional obteve apenas 10,21% deles. A segunda corrente aceitava a revisão independentemente do resultado do plebiscito, mas limitada pelo cerne imutável da Constituição, as chamadas cláusulas pétreas do art. 60, § 4º, quais sejam: forma federativa de Estado, voto direto, secreto, universal e periódico, separação de Poderes, direitos e garantias individuais. A terceira corrente entendia ser possível que a revisão alterasse toda a Constituição, ultrapassando o seu cerne imutável, eis que, prevista no Ato das Disposições Constitucionais Transitórias, e não na parte permanente da Constituição, dela se achava desvinculada. O Regimento Interno da Assembleia Revisora vedou emendas revisionais que incidissem na proibição do § 4º do art. 60 da Constituição, adotando então o entendimento da segunda corrente acima referida.

É que a proposta de emenda envolve, à luz do procedimento que caracteriza a rigidez constitucional, iniciativa própria e diferenciada de outras espécies normativas. Assinale-se, contudo, posicionamentos em sentido contrário, como o de José Afonso da Silva, para quem não está excluída a iniciativa popular nessa matéria, que tem por base a regra de que todo o poder emana do povo. De qualquer modo, o uso desse instituto, no âmbito da emenda constitucional, vai depender do desenvolvimento e da prática da democracia participativa, um dos princípios fundamentais da Constituição.[76]

Inovação constante do texto constitucional de 1988 refere-se à discussão e votação da proposta de emenda em cada Casa do Congresso Nacional e não em reunião conjunta dessas duas Casas, considerando-se aprovada a emenda que obtiver, em ambas, 3/5 (e não 2/3, como ocorria anteriormente) dos votos dos respectivos membros (art. 60, § 2º), é dizer, 308 votos favoráveis na Câmara dos Deputados e 48 votos favoráveis no Senado Federal.

Houve ampliação das cláusulas pétreas, entendidas assim as irreformáveis por via de emenda. Declara o texto constitucional que não será objeto de deliberação a proposta de emenda tendente a abolir a forma federativa de Estado, o voto direto, secreto, universal e periódico, a separação dos Poderes, e os direitos e garantias individuais.

De se notar que a república não figura como limite material expresso ao poder reformador.

Como, no entanto, realizado o plebiscito previsto no art. 3º do Ato das Disposições Transitórias, que culminou com a confirmação do modelo republicano-presidencial, mostra-se intuitivo não poder o constituinte derivado introduzir qualquer alteração no que se refere à atual forma de governo (república), o que vale também para o atual sistema de governo (presidencialismo), que foram petrificados em razão do plebiscito, a não ser mediante nova consulta popular.

Dispõe ainda a Constituição que a matéria constante de emenda rejeitada ou havida por prejudicada não pode ser objeto de nova proposta na mesma sessão legislativa (art. 60, § 5º), pouco importando que a proposta tenha partido do Presidente da República, que não poderá renová-la na mesma sessão legislativa anual.

A Constituição não poderá ser emendada na vigência de intervenção federal, de estado de defesa ou de estado de sítio (art. 60, § 1º), pois em tais circunstâncias não há clima de liberdade para a plenitude da manifestação do poder de emenda.

---

[76] SILVA. *Curso de direito constitucional positivo*, p. 56. Acha-se em tramitação no Congresso Nacional a PEC n. 3/2011, contemplando a iniciativa popular, inclusive por meio eletrônico, para os projetos de emenda à constituição federal.

A emenda à Constituição será promulgada pelas Mesas da Câmara dos Deputados e do Senado Federal, com o respectivo número de ordem (art. 60, § 3º), inocorrendo, portanto, sanção ou veto presidencial.

Os tratados e convenções internacionais de direitos humanos são equivalentes às emendas constitucionais, se aprovados, em cada Casa do Congresso Nacional, em dois turnos, por três quintos dos votos dos respectivos membros (§ 3º do art. 5º, acrescentado à Constituição pela EC n. 45/2004).

4.2 Leis complementares

A expressão lei complementar, no Brasil, foi utilizada, na vigência da Constituição de 1946, no âmbito do Congresso Nacional, quando se preocupou em criar a Comissão Mista de Leis Complementares. Nas Constituições de 1891 (art. 34, n. 34), e de 1934 (art. 39, 1), aparece como lei orgânica. Em 1961, a Emenda Constitucional n. 4 (Ato Adicional), que instituiu o parlamentarismo, utilizou, em seu art. 22, o termo complementar, permitindo que se complementasse o sistema parlamentar de governo mediante leis votadas nas duas Casas do Congresso, pela maioria absoluta dos seus membros. O Ato Institucional n. 2, de 1965, autorizou o Presidente da República a baixar "atos complementares" com posição hierárquica superior aos decretos-leis. Foi, no entanto, a Emenda Constitucional n. 17, de 1965, que, pela primeira vez, designou a expressão "lei complementar" (art. 6º, § 8º), seguida da Emenda Constitucional n. 18 daquele mesmo ano, que atribuiu à lei complementar a regulamentação do sistema tributário nacional.

As leis complementares não são tipificadas pela Constituição segundo critério ontológico. Caracterizam-se pelos assuntos que a Carta lhes reserva e pelo *quorum* de aprovação. Assim, aquelas matérias indicadas na Constituição como próprias de lei complementar não podem ser tratadas pelas leis ordinárias, que não têm força para modificar preceitos nela contidos, salvo se cuidarem de assuntos de lei ordinária. A Constituição exige, no art. 69, o voto da maioria absoluta dos membros das duas Casas do Congresso Nacional para a aprovação de projeto de lei complementar, resultando daí maior dificuldade para sua elaboração.

Debate-se acerca da hierarquia da lei complementar em relação à lei ordinária. A doutrina que admite a superioridade hierárquica entre a lei complementar e a ordinária utiliza-se de três critérios:

a) a posição topográfica da lei complementar no texto constitucional (art. 59, II), logo abaixo das emendas à Constituição, revelaria sua posição hierárquica entre as regras jurídicas componentes do ordenamento jurídico brasileiro;

b) formalmente, a lei complementar é superior à lei ordinária, pois esta não pode alterá-la, mas, ao contrário, a lei complementar revoga e altera a lei ordinária;

c) o *quorum* especial e qualificado exigido pela Constituição para a aprovação da lei complementar (maioria absoluta dos membros das duas Casas do Congresso Nacional) conferiria à lei complementar uma superioridade formal com relação à lei ordinária.

Examinando a eficácia e a hierarquia da lei complementar, José Souto Maior Borges, em substancioso estudo, mostra o equívoco dos que, com base nos três critérios acima referidos, sustentam a tese da hierarquia daquela espécie normativa, dizendo, em síntese:

a) "concluir pela supremacia hierárquica de lei complementar – porque ela está situada, na enunciação das categorias legislativas pelo art. 46 (referia-se à Emenda Constitucional n. 1/69), logo abaixo das emendas constitucionais – é tão descabido quanto sustentar que as leis delegadas (n. 4) e os decretos-leis (n. 5), porque situados abaixo das leis ordinárias (n. 3) estão hierarquicamente numa posição inferior a estas";

b) a superioridade formal da lei complementar sobre a lei ordinária não significa, contudo, que se admita a possibilidade de que aquela espécie normativa possa revogar lei ordinária. Sustenta então o referido publicista que "os campos da lei complementar e da lei ordinária, em princípio, não se interpenetram, numa decorrência da técnica constitucional de distribuição *ratione materiae* de competência legislativa", para então concluir que "não se coloca o problema da revogação das leis quando estamos diante de campos legislativos distintos. Do mesmo modo, a inobservância do *quorum* especial e qualificado e a extravasão do seu âmbito material de validez não possibilitam sequer o aperfeiçoamento existencial de ato legislativo, como lei complementar";

c) não é o *quorum* especial previsto para a aprovação de lei complementar que lhe confere uma superioridade formal com relação à lei ordinária, pois tal *quorum* é tão somente um requisito de existência e não um requisito de eficácia da lei complementar: situa-se na fase de elaboração da lei e não na sua fase executiva, sendo, portanto, irrelevante para, com base nele, admitir-se a hierarquia formal da lei complementar.[77]

---

[77] BORGES. Eficácia e hierarquia da lei complementar. *RDP* v. 25, p. 93.

PROCESSO LEGISLATIVO

Pela inexistência da hierarquia entre as duas espécies normativas também se posicionam, além de José Souto Maior Borges, eminentes juristas, como Pontes de Miranda, Celso Bastos e Michel Temer.

O entendimento de que inexiste hierarquia entre lei complementar e lei ordinária parece-nos ser o correto, pois, na realidade, ambas as espécies normativas têm idêntica fonte de fundamento, que é a Constituição. O parâmetro de validade da lei ordinária não é a lei complementar, mas a Constituição.

Algumas leis complementares previstas no texto constitucional:

1. Lei que disciplina a proteção contra despedida arbitrária (art. 7º, I);

2. Lei que estabelece casos de inelegibilidade e os prazos de sua cessação (art. 14, § 9º);

3. Lei que regula a criação, transformação em Estado ou reintegração ao Estado dos Territórios Federais e que define a incorporação, subdivisão e desmembramento dos Estados mediante plebiscito e aprovação do Congresso Nacional (art. 18, §§ 2º e 3º);

4. Lei que dispõe sobre os casos em que se pode permitir o trânsito ou a permanência temporária de forças estrangeiras no território nacional (art. 21, IV);

5. Lei que faculta aos Estados legislar sobre questões específicas das matérias relacionadas na competência legislativa privativa da União (art. 22, parágrafo único);

6. Lei que fixa normas para a cooperação entre a União e os Estados, o Distrito Federal e os Municípios, tendo em vista o equilíbrio do desenvolvimento e do bem-estar em âmbito nacional (art. 23, parágrafo único);

7. Lei que define os termos e os limites do exercício do direito de greve pelo servidor público civil (art. 37, VII). Observe-se, no entanto, que a Emenda Constitucional n. 19/1988 deu nova redação a este dispositivo, passando a matéria para a disciplina de lei ordinária;

8. Lei que estabelece exceções aos limites de idade para aposentadoria do servidor público no caso de exercício de atividades consideradas penosas, insalubres ou perigosas (art. 40, § 1º);

9. Lei que dispõe sobre as condições para integração das regiões em desenvolvimento e a composição dos organismos regionais (art. 43, § 1º, I, II);

10. Lei que estabelece o número de Deputados, por Estado e pelo Distrito Federal, proporcionalmente à população (art. 45, § 1º);

11. Lei que dispõe sobre a elaboração, redação, alteração e consolidação das leis (art. 59, parágrafo único);

228   KILDARE GONÇALVES CARVALHO

12. Lei que confere outras atribuições ao Vice-Presidente da República (art. 59, parágrafo único);

13. Lei que dispõe sobre o Estatuto da Magistratura (art. 93);

14. Lei que dispõe sobre a organização e competência dos tribunais eleitorais, dos juízes de direito e das juntas eleitorais (art. 121);

15. Lei que estabelece a organização, as atribuições e o estatuto do Ministério Público da União (art. 128, § 5°);

16. Lei que dispõe sobre a organização e funcionamento da Advocacia-Geral da União (art. 131);

17. Lei que dispõe sobre a organização da Defensoria Pública da União, do Distrito Federal e dos Territórios, e prescreve normas gerais para sua organização nos Estados (art. 134, parágrafo único);

18. Lei que estabelece normas gerais a serem adotadas na organização, no preparo e no emprego das Forças Armadas (art. 142, § 1°);

19. Lei que dispõe sobre conflitos de competência, em matéria tributária, entre a União, Estados, Distrito Federal e Municípios, regula limitações ao poder de tributar e estabelecer normas gerais, em matéria tributária (art. 146, I, II, III, *a, b, c*);

20. Lei que institui empréstimos compulsórios para atender a despesas extraordinárias, decorrentes de calamidade pública, de guerra externa ou sua iminência, ou para possibilitar investimento público de caráter urgente e de relevante interesse nacional (art. 148, I e II);

21. Lei que institui imposto sobre grandes fortunas (art. 153, VII);

22. Lei que institui outros impostos federais não previstos na Constituição (art. 154, I);

23. Lei que estabelece normas sobre distribuição das quotas de receitas tributárias (art. 161, I, II, III, parágrafo único);

24. Lei que regulamenta as finanças públicas; o controle das dívidas externas e interna; a concessão de garantias pelas entidades públicas; emissão e resgate de títulos da dívida pública; a fiscalização das instituições financeiras; as operações de câmbio realizadas por órgãos e entidades da União, do Distrito Federal e dos Municípios; a compatibização das funções das instituições oficiais de crédito da União (art. 163, I a VII);

25. Lei que regulamenta o exercício e a gestão financeira e patrimonial da administração direta e indireta, bem como as condições para a instituição e funcionamento de fundos (art. 165, § 9°, I, II);

26. Lei que estabelece limites para a despesa com pessoal ativo e inativo da União, dos Estados, do Distrito Federal e dos Municípios (art. 169);

PROCESSO LEGISLATIVO

27. Lei que estabelece procedimento contraditório especial para o processo judicial de desapropriação (art. 184, § 3º);

28. Leis que dispõem sobre o sistema financeiro nacional (art. 192);

29. Lei que estabelece os casos de relevante interesse público da União, quanto aos atos que tratam da ocupação, do domínio e da posse das terras indígenas, ou da exploração das riquezas naturais do solo, fluviais e lacustres nelas existentes (art. 231, § 6º).

4.3 Leis ordinárias

O procedimento de elaboração das leis ordinárias é o comum, segundo terminologia de José Afonso da Silva,[78] compreendendo as seguintes fases:

a) introdutória, em que ocorre a apresentação do projeto;

b) exame do projeto pelas Comissões parlamentares permanentes, onde ocorre seu estudo e se abre a possibilidade de emendas;

c) discussões, onde ainda se admitem emendas;

d) decisória, ou seja, aprovação ou rejeição do projeto, observando-se que o *quorum* de aprovação do projeto é o da maioria simples de votos, presente a maioria absoluta dos membros da Casa Legislativa (art. 47);

e) revisória, onde o projeto aprovado será revisto pela outra Casa, passando pelas mesmas fases anteriores, observando-se que haverá, na Casa revisora, apenas um turno de votação.

O campo de abrangência da lei ordinária é o residual, vale dizer, cabe-lhe dispor sobre todas as matérias que, a juízo do legislador, devem ser normatizadas. Há, contudo, algumas matérias vedadas à lei ordinária: a primeira delas consiste naquelas reservadas à lei complementar, vindo depois as de competência exclusiva do Congresso Nacional (art. 49), e as privativas da Câmara dos Deputados e do Senado Federal (arts. 51 e 52), as quais, por serem tratadas em decretos legislativos ou resoluções, excluem a sanção do Presidente da República.

4.4 Leis delegadas

A Constituição cuida, na parte relativa ao processo legislativo, da delegação externa, entendida como a autorização concedida pelo Congresso Nacional ao Presidente da República, para a elaboração de leis delegadas (art. 68). A delegação interna vem prevista no art. 58, § 2º, I, que trata das Comissões, consistindo na discussão e votação, por Comissões permanentes, de projeto de lei que

---

[78] SILVA. *Curso de direito constitucional positivo*, p. 456.

dispensar, na forma do regimento, a competência do plenário, salvo se houver recurso de um décimo dos membros da Casa.

A delegação externa, que a princípio sofreu resistência, por constituir violação ao princípio da separação de Poderes, tem sido hoje aceita como mecanismo necessário para possibilitar a eficiência do Estado, em razão da inércia dos parlamentos. Acentue-se, todavia, que, para preservar a ideia de separação de Poderes do Estado Democrático de Direito, não se deve permitir que a delegação abranja qualquer matéria. A restrição se acha na Constituição de 1988 (art. 68, § 1º), que enumera, como insuscetíveis de delegação, os atos de competência privativa da Câmara dos Deputados ou do Senado Federal, a matéria reservada à lei complementar, a legislação sobre organização do Poder Judiciário e do Ministério Público, a carreira e a garantia de seus membros, nacionalidade, cidadania, direitos políticos e eleitorais, planos plurianuais, diretrizes orçamentárias e orçamentos.

São ainda modalidades de lei delegada: a) delegação própria ou típica, aquela em que o Congresso Nacional autoriza a delegação ao Presidente da República, mediante resolução, a elaborar, promulgar e fazer publicar a lei delegada; b) delegação imprópria ou atípica, aquela em que haverá apreciação pelo Congresso Nacional, em votação única, do projeto, vedada qualquer emenda. Aprovado o projeto de lei delegada, o Presidente da República promulgará a lei; rejeitado o projeto, será ele arquivado.

A lei delegada é ato normativo primário, nada obstante a necessidade de ser aprovada, pelo Congresso Nacional, resolução autorizando o Presidente da República a editá-la. A lei delegada é ato legislativo que deriva imediatamente da Constituição, apesar de condicionado.

No sistema presidencial, não há razão para a delegação legislativa, em especial se considerarmos a previsão, no texto constitucional, das medidas provisórias. Nesse sentido, Manoel Gonçalves Ferreira Filho salienta que "caracterizando-se o parlamentarismo fundamentalmente pela responsabilidade política do Gabinete, sendo este ao mesmo tempo a cúpula da maioria parlamentar e sua expressão, motivo por que a desagregação dessa maioria há de produzir a queda do Gabinete, a delegação do Poder Legislativo pode ser com facilidade justificada. No presidencialismo, a situação é diversa. O Presidente não está na dependência do Congresso nem exprime, necessariamente, a sua maioria. Assim, a delegação em seu favor opera uma concentração de poderes em sua mão (ficando de fora só o Judiciário), que o fortalece sobremodo, sem que isso seja de alguma forma compensado pelo desenvolvimento de qualquer controle novo".[79]

---

[79] FERREIRA FILHO. *Do processo legislativo*, p. 235.

O Congresso Nacional, na resolução, pode ou não fixar prazo para o exercício, pelo Presidente da República, da delegação. Não havendo prazo, a delegação não pode ultrapassar a legislatura, pena de usurpação da função legiferante que é inerente ao Poder Legislativo.

Nada impede que o Congresso Nacional legisle, a qualquer tempo, sobre o tema objeto da delegação, ou que antes de encerrado o prazo fixado na resolução, desfaça a delegação. Por outro lado, editada a lei delegada pelo Presidente da República, desde que nela esgotados os limites materiais da delegação, com a sua utilização integral, exaure-se a delegação, não podendo o Chefe do Executivo editar outra lei delegada no curso do prazo da resolução, ressalvada a hipótese em que são editados vários diplomas legislativos sem que se exceda os limites da delegação. Esse é o posicionamento de Clèmerson Merlin Clève.[80] Em sentido contrário pensa Manoel Gonçalves Ferreira Filho, que admite a possibilidade de ser editado, pelo Presidente da República, mais de uma lei delegada no prazo estabelecido pelo Congresso Nacional, ao acentuar que "se a delegação é por prazo certo, obviamente persiste durante todo ele; desse modo não há por que não possa o Presidente editar mais de uma lei, enquanto este prazo estiver em curso".[81]

Cabe ainda ao Congresso Nacional sustar a lei delegada (art. 49, V, da Constituição Federal), que extrapole os limites da delegação. A medida será tomada por meio de decreto legislativo, que terá efeitos *ex nunc*, já que esse ato normativo não anula a lei delegada, mas apenas susta os seus efeitos que exorbitem da delegação legislativa.

Exemplo de lei delegada:

"LEI DELEGADA N.1, DE 25 DE SETEMBRO DE 1962

Cria cargo de Ministros extraordinários e dá outras providências.

O Presidente da República dos Estados Unidos do Brasil, na forma do art. 36 da Lei Complementar ao Ato Adicional, de 17 de julho de 1962:

Faço saber que, no uso da Delegação constante do Decreto Legislativo n. 8, de 27 de agosto de 1962, decreto a seguinte Lei:

Art. 1º Ficam criados dois cargos de Ministros extraordinários, que integrarão o Conselho de Ministros.

---

[80] CLÈVE. *Atividade legislativa do poder executivo*, p. 259-260.

[81] FERREIRA FILHO. *Do processo legislativo*, p. 239-240.

Art. 2º O Conselho de Ministros deliberará sobre a conveniência do provimento dos cargos de Ministros extraordinários, determinando, mediante decreto, as respectivas atribuições, dentro de uma ou mais das funções seguintes:

I – executar determinada e importante tarefa administrativa, de caráter especial;

II – dar assistência, nos trabalhos políticos e administrativos, ao Presidente do Conselho de Ministros;

III – exercer, em nome do Presidente do Conselho de Ministros, a liderança do Governo na Câmara dos Deputados ou no Senado Federal.

Art. 3º O provimento dos cargos far-se-á na forma do art. 3º, inciso I, da Emenda Constitucional n. 4, de 2 de setembro de 1961, e da Lei Complementar n. 2, de 16 de setembro de 1962.

Art. 4º Os Ministros extraordinários são equiparados aos Ministros de Estado, quanto às condições de investidura, prerrogativas, incompatibilidade, inelegibilidade e remuneração, e dependem da confiança da Câmara dos Deputados, na forma do art. 11 do Ato Adicional.

Art. 5º As despesas decorrentes da aplicação da presente Lei, no corrente exercício, até o limite de Cr$ 5.000.000,00 (cinco milhões de cruzeiros), serão atendidas pelas dotações próprias do Conselho de Ministros.

Art. 6º A presente Lei entrará em vigor na data de sua publicação.

Brasília, 25 de setembro de 1962; 141º da Independência e 74º da República.

JOÃO GOULART
Hermes Lima"

4.5 Medidas provisórias – Emenda Constitucional n. 32, de 11 de setembro de 2001

Pretende-se que as medidas provisórias previstas no art. 62 da Constituição encontrem inspiração no art. 77 da Constituição da Itália de 1947, que assim dispõe:

> quando em casos extraordinários de necessidade e de urgência o Governo adote, sob sua responsabilidade, medidas provisórias (*provvedimenti provvisori*) com força de lei, deverá apresentá-las no mesmo dia para sua conversão às Câmaras, as quais, inclusive achando-se dissolvidas, serão devidamente convocadas e se reunirão dentro dos cinco dias seguintes.

Os decretos perderão todo efeito desde o princípio, se não forem convertidos em leis (*convertiti in legge*) dentro de sessenta dias de sua publicação. As Câmaras poderão, sem embargo, regular mediante lei as relações jurídicas surgidas em virtude dos decretos que não tenham sido convertidos.

O dispositivo constitucional brasileiro está assim redigido, segundo a redação da Emenda Constitucional n. 32/2001, de 11 de setembro de 2001:

Art. 62. Em caso de relevância e urgência,[82] o Presidente da República poderá adotar medidas provisórias, com força de lei, devendo submetê-las de imediato ao Congresso Nacional.

§ 1º É vedada a edição de medidas provisórias sobre matéria:

I – relativa a:

a) nacionalidade, cidadania, direitos políticos, partidos políticos e direito eleitoral;

b) direito penal, processual penal e processual civil;

c) organização do Poder Judiciário e do Ministério Público, a carreira e a garantia de seus membros;

d) planos plurianuais, diretrizes orçamentárias, orçamento e créditos adicionais e suplementares, ressalvado o previsto no art. 167, § 3º;

II – que vise a detenção ou seqüestro de bens, de poupança popular ou qualquer outro ativo financeiro;

III – reservada a lei complementar;

IV – já disciplinada em projeto de lei aprovado pelo Congresso Nacional e pendente de sanção ou veto do Presidente da República.

§ 2º Medida Provisória que implique instituição ou majoração de impostos, exceto os previstos nos arts. 153, I, II, IV, V, e 154, II, só produzirá efeitos no exercício financeiro seguinte se houver sido convertida em lei até o último dia daquele em que foi editada.

§ 3º As medidas provisórias, ressalvado o disposto nos §§ 11 e 12 perderão eficácia, desde a edição, se não forem convertidas em lei no prazo de sessenta dias, prorrogável, nos termos do § 7º, uma vez por igual período, devendo o Congresso Nacional disciplinar, por decreto legislativo, as relações jurídicas delas decorrentes.

§ 4º O prazo a que se refere o § 3º contar-se-á da publicação da medida provisória, suspendendo-se durante os períodos de recesso do Congresso Nacional.

---

[82] Relevante é o proeminente, importante, essencial, exigível, fundamental, indispensável. A urgência qualifica o momento e define o tempo. Só haverá urgência se a eficácia da disposição não puder se materializar, no âmbito do processo legislativo, após o final do procedimento ordinário ou abreviado previsto na Constituição (CLÈVE. *Medidas provisórias*, p. 89; 93. GRECO. *Medidas provisórias*, p. 24).

§ 5º A deliberação de cada uma das Casas do Congresso Nacional sobre o mérito das medidas provisórias dependerá de juízo prévio sobre o atendimento de seus pressupostos constitucionais.

§ 6º Se a medida provisória não for apreciada em até quarenta e cinco dias contados de sua publicação, entrará em regime de urgência, subseqüentemente, em cada uma das Casas do Congresso Nacional, ficando sobrestadas, até que se ultime a votação, todas as demais deliberações legislativas da Casa em que estiver tramitando.

§ 7º Prorrogar-se-á uma única vez por igual período a vigência de medida provisória que, no prazo de sessenta dias, contado de sua publicação, não tiver a sua votação encerrada nas duas Casas do Congresso Nacional.

§ 8º As medidas provisórias terão sua votação iniciada na Câmara dos Deputados.

§ 9º Caberá à comissão mista de Deputados e Senadores examinar as medidas provisórias e sobre elas emitir parecer, antes de serem apreciadas, em sessão separada, pelo plenário de cada uma das Casas do Congresso Nacional.

§ 10. É vedada a reedição, na mesma sessão legislativa, de medida provisória que tenha sido rejeitada ou que tenha perdido sua eficácia por decurso de prazo.

§ 11. Não editado o decreto legislativo a que se refere o § 3º até sessenta dias após a rejeição ou perda de eficácia de medida provisória, as relações jurídicas constituídas e decorrentes de atos praticados durante sua vigência conservar-se-ão por ela regidas.

§ 12. Aprovado projeto de lei de conversão alterando o texto original da medida provisória, esta manter-se-á integralmente em vigor até que seja sancionado ou vetado o projeto. (NR)

Simples comparação dos dois textos revela que, no sistema italiano, a medida provisória será baixada pelo governo, sob sua responsabilidade, o que é natural em se tratando de regime parlamentar, porquanto o governo corre o risco de até ser destituído, caso o Parlamento não aprove os *provvedimenti provvisori*, tendo assim o governo o dever de acertar, sob pena de responsabilidade política. Outro aspecto revelado pelo art. 77 da Constituição italiana reside em que, na hipótese de rejeição das medidas provisórias, o Parlamento *poderá* regular, mediante lei, as relações jurídicas delas decorrentes.

Considere-se ainda o decreto-lei, em nosso Direito, como antecedente da medida provisória, mas que dela se diferencia. O decreto-lei, previsto na Constituição de 1937, que permitia abrangente competência legislativa do Poder Executivo, foi suprimido pela Constituição de 1946. Ressurgiu, contudo, na Constituição de 1967 (art. 58), reforçado pela Emenda Constitucional n. 1/69 (art. 59 e ss), que

PROCESSO LEGISLATIVO

permitia sua utilização em matérias de segurança nacional, finanças públicas, normas tributárias e criação de cargos públicos. O abuso na edição dos decretos-leis quanto aos seus limites materiais acabou por levar forças políticas a postularem sua transição para uma nova ordem democrática, de que resultaram as medidas provisórias no texto constitucional de 1988. De qualquer modo, o decreto-lei mencionado na Constituição de 1967/69, visa atender uma ordem jurídica autoritária, distinta, portanto, daquela instaurada com o advento da Constituição de 1988.

Algumas distinções entre o decreto-lei e a medida provisória: 1. os pressupostos para a edição do decreto-lei eram ou a urgência ou o relevante interesse público, admitindo-se apenas um deles, enquanto que a medida provisória exige o concurso de ambos os pressupostos; 2. pelo decreto-lei permitia-se ao Executivo o aumento da despesa pública, tema sobre o qual a Constituição de 1988 não se pronunciou; 3. o decreto-lei, na ausência de manifestação do Congresso Nacional, durante o prazo de sua vigência (60 dias), era considerado aprovado pelo Parlamento, e, consequentemente, convertido em lei. Já a medida provisória perde sua eficácia *ex tunc*, ou seja, desde a sua edição, em caso de não conversão em lei pelo Congresso Nacional no prazo de sua vigência, prorrogável por mais 60 dias caso a conversão não ocorra nos primeiros (art. 62, § 7º, acrescentado pela EC 32/2001); 4. nos casos em que o Congresso Nacional rejeitasse o decreto-lei durante o prazo de sua vigência, não se anulavam os atos praticados sua égide, nem se exigia que fossem regulados os efeitos desses atos, que permaneciam eficazes. Quanto aos efeitos dos atos praticados em obediência à medida provisória, em caso de sua não conversão em lei dentro de 60 dias, devem ser regulados pelo Congresso Nacional; 5. as matérias suscetíveis de regulamentação pelo decreto-lei eram definidas na Constituição, quais sejam, segurança nacional, criação de cargos públicos e fixação de seus vencimentos, questões de finanças públicas, incluindo matéria tributária. A Constituição de 1988, em sua redação original, não definiu as matérias que poderiam ser regulamentadas pela medida provisória, mas a EC n. 32/2001 definiu aquelas não passíveis de regulamentação, pelo que se depreende ser residual o domínio temático da medida provisória, é dizer, cabe-lhe disciplinar todas as matérias não vedadas pelo texto constitucional.

4.5.1 Natureza jurídica das medidas provisórias

Algumas correntes procuram fixar a natureza jurídica das medidas provisórias, destacando-se as seguintes: a) as medidas provisórias como fatos consentidos pela Constituição, pela qual não passam elas de uma eventualidade disciplinada pela normatividade constitucional, o que faz com que a edição de medida provisória seria intrinsecamente ilícita até o momento de sua conversão em lei, sanatória dos vícios originários; b) as medidas provisórias como poder delegado ao Executivo, notando-se que, neste caso, se a Constituição confere ao Poder Legislativo, com exclusividade, a função de legislar, a edição de medidas provisórias, pelo Governo, não constitui uma potestade autônoma, mas, sim, delegada, de caráter secundário; c) as medidas provisórias como poder próprio outorgado ao Executivo, pelo que se trata de atribuição constitucional direta, e não configurativa de delegação; d) as medidas provisórias como expressão concreta do poder cautelar geral deferido ao Chefe do Poder Executivo, configurando uma antecipação legislativa de natureza cautelar; e) as medidas provisórias como ato administrativo geral editado pelo Presidente da República, em razão da situação constitucionalmente descrita, o que se explica por se tratar de ato do Poder Executivo editado sem a participação do Congresso Nacional, detentor único do Poder Legislativo, seja porque as medidas provisórias são publicadas no Diário Oficial como *atos do Poder Executivo* e não como *atos do Poder Legislativo*, acrescendo-se a observação de que o órgão de que emanam é administrativo, tornando-se irrelevante o fato de estarem arroladas dentre as espécies normativas constantes do processo legislativo.

De todas as teorias acerca da natureza jurídica das medidas provisórias, a que se afigura como mais explicativa é a que as considera como poder próprio outorgado ao Executivo, pois reflete a evolução histórica dos sistemas políticos, a partir de mutações de natureza política, jurídica e econômica, e que levaram à necessidade de se dotar os governos de meios legiferantes próprios para atuar com agilidade e eficácia, em razão da inércia e morosidade dos Parlamentos, em situações de urgência e relevância. Ademais, as medidas provisórias configuram fonte de Direito, como as demais espécies normativas listadas no art. 59 da Constituição Federal.

4.5.2 Efeitos das medidas provisórias

As medidas provisórias na Constituição brasileira são instrumentos que, se têm pressupostos semelhantes aos da Constituição italiana, apresentam diferenças profundas quanto aos efeitos. É que, sendo editadas em regime presidencial de governo, sua rejeição pelo Congresso Nacional não implica a responsabilidade política nem a destituição do Presidente da República que, ao baixá-las, não terá sempre que considerar ou se preocupar com o acerto dessas medidas no plano de governo.

No que respeita aos efeitos da não aprovação das medidas provisórias, enquanto pela Constituição italiana as Câmaras dispõem da faculdade de disciplinar, mediante lei, as relações jurídicas delas decorrentes, a Constituição brasileira estabelece como *dever* essa providência (art. 62, § 3º).

PROCESSO LEGISLATIVO

Se a abrangência das medidas provisórias é mais ampla do que os extintos decretos-leis, previstos na Constituição anterior, por outro lado sua previsão decorre da necessidade de, contemporaneamente, não se desconhecer a participação do Executivo na atividade normativa, seja pela inércia do Legislativo, seja pela circunstância de que a tarefa de governar envolve e depende, hoje mais do que antes, da atividade legislativa.

4.5.3 Regime jurídico-constitucional das medidas provisórias

O abuso na adoção de medidas provisórias, pelo Executivo, e que redundou no comprometimento do princípio da separação de poderes e do próprio Estado Democrático de Direito consagrados no art. 1º, parágrafo único, da Constituição Federal, levou o Congresso Nacional a promulgar a Emenda Constitucional n. 32/2001, acima referida, que deu nova redação ao art. 62 da Constituição Federal, objetivando limitar a atuação normativa do Presidente da República.[83]

Destacam-se, quanto ao novo regime jurídico-constitucional das medidas provisórias, os seguintes pontos:

1 – Enumeração, embora insuficiente, das matérias insuscetíveis de tratamento pela medida provisória, e que são: I – relativas a: nacionalidade, cidadania, direitos políticos, partidos políticos e direito eleitoral; direito penal (a vedação é absoluta, não se admitindo a adoção de medida provisória ainda que benéfica a matéria penal), processual penal e processual civil; organização do

---

[83] A prolífica reedição das medidas provisórias pelos Presidentes Sarney, Collor, Itamar Franco e Fernando Henrique indicaram a ampliação da esfera de atuação unilateral do Executivo e a subordinação do Congresso Nacional ao sistema político. Nos dois últimos anos do governo Sarney, foram apresentadas 125 medidas provisórias, reeditadas 22, perfazendo o total de 147 medidas. No Governo Collor, foram 88 as medidas apresentadas, 69 as reeditadas, no total de 157 medidas provisórias. No governo Itamar Franco, 142 medidas foram apresentadas, 366 reeditadas, no total de 508 medidas provisórias. No primeiro governo de Fernando Henrique, até o final de outubro de 1996, 1.028 foram as medidas provisórias apresentadas, das quais 964 reeditadas. A maior parte dessas medidas foi aprovada pelo Congresso Nacional. No governo Sarney, de 1988 a 1990, a rejeição de medidas provisórias foi de apenas 6,4%, e a aprovação de 85,6%. No governo Collor, de 1990 a 1992, o índice de rejeição foi de 8,0%, enquanto o de aprovação chegou a 76,1%, destacando-se o ano de 1992, no qual a totalidade (100%) das medidas provisórias apresentadas foram convertidas em lei. No governo Itamar, 74% das medidas provisórias foram transformadas em lei e, no ano de 1995, já no governo Fernando Henrique, 18% delas se converteram em lei. (Fontes: Prodasen e jornal Folha de S.Paulo, edição de 21 de dezembro de 1996). Anote-se, finalmente, que até setembro de 2001, quando entrou em vigor a Emenda Constitucional n. 32, foram editadas 6.109 medidas provisórias, uma média que beira a 40 ao mês.

Poder Judiciário e do Ministério Público, a carreira e a garantia de seus membros; planos plurianuais, diretrizes orçamentárias, orçamento e créditos adicionais e suplementares, ressalvado o previsto no art. 167, § 3º, da Constituição; II – que vise a detenção ou sequestro de bens, de poupança popular ou qualquer outro ativo financeiro; III – reservada a lei complementar; IV – já disciplinada em projeto de lei aprovado pelo Congresso Nacional e pendente de sanção ou veto do Presidente da República. Prevê o § 2º do art. 62 que medida provisória que implique instituição ou majoração de impostos, exceto os previstos nos arts. 153, I, II, IV, V, e 154, II, só produzirá efeitos no exercício financeiro seguinte se houver sido convertida em lei até o último dia daquele em que foi editada, o que significa observância do princípio da anterioridade tributária.

2 – Definição expressa de que o prazo de vigência da medida provisória conta-se a partir de sua publicação.

3 – Vedação da reedição, na mesma sessão legislativa, da medida que tenha sido rejeitada ou perdido sua eficácia por decurso de prazo.[84]

4 – Ampliação do prazo de vigência da medida para sessenta dias, prorrogando-se, por igual período, a vigência daquela que, no prazo de sessenta dias, contado de sua publicação, não tiver a sua votação encerrada nas duas Casas do Congresso Nacional. Não sendo as medidas provisórias convertidas em lei no referido prazo, deverá o Congresso Nacional disciplinar, por decreto legislativo, as relações jurídicas delas decorrentes. De se observar que, segundo dispõe o § 12 do art. 62, aprovado o projeto de lei de conversão alterando o texto original da medida provisória, esta manter-se-á integralmente em vigor até que seja sancionado ou vetado o projeto. *A contrario sensu* se o projeto de lei de conversão não alterar o texto da Medida Provisória, dispensa-se a sanção, hipótese em que o Presidente do Congresso Nacional promulgará a lei. Como salientado, as medidas provisórias podem ser aprovadas com alterações de mérito, possibilitando-se aos parlamentares emendá-las. Note-se que, na parte em que foi emendada a medida provisória, as novas normas valerão para o futuro, a partir da vigência da própria lei de conversão, e na parte em que a medida foi confirmada, opera-se a sua ratificação, desde quando editada. Outra discussão é saber se medida provisória que sofra vício de inconstitucionalidade, mas transformada em lei, comunica ou não o vício à lei de conversão. Após discutir amplamente a questão, apontando parte da doutrina que sustenta a não comunicação, Gilmar Mendes conclui pela possibilidade de a lei de conversão ser tida como inconstitucional, já que o pro-

---

[84] Supremo Tribunal Federal: Súmula n. 651 – A medida provisória não apreciada pelo Congresso Nacional podia, até a EC n. 32/2001, ser reeditada dentro do seu prazo de eficácia de trinta dias, mantidos os efeitos de lei desde a primeira edição.

PROCESSO LEGISLATIVO

cesso legislativo se acha maculado na sua origem, por um ato que a Constituição tem como inválido.[85]

5 – Previsão de que o prazo para deliberação do Congresso não ocorre no recesso, o que significa, no entanto, um modo de prorrogação da medida provisória. Acentue-se que o sobrestamento das deliberações previsto no § 6º do art. 62 só aplicaria aos projetos de lei ordinária. Esse entendimento foi formalizado pelo Presidente da Câmara dos Deputados nos seguintes termos: "Responde à questão de ordem (*omissis*) com uma reformulação e ampliação da interpretação sobre quais são as matérias abrangidas pela expressão 'deliberações legislativas' para os fins de sobrestamento da pauta por medida provisória nos termos da Constituição; entende que, sendo a medida provisória um instrumento que só pode dispor sobre temas atinentes às leis ordinárias, apenas os projetos de lei ordinária que tenham por objeto matéria passível de edição de medida provisória estariam por ela sobrestados; desta forma, considera estarem sujeitas às regras de sobrestamento, além das propostas de emenda à Constituição, dos projetos de lei complementar, dos decretos legislativos e das resoluções – estas objeto inicial da questão de ordem – as matérias elencadas no inciso I do art. 62 da Constituição Federal, as quais tampouco podem ser objeto de medidas provisórias; decide, ainda, que as medidas provisórias continuarão sobrestando as sessões deliberativas ordinárias da Câmara dos Deputados, mas não trancarão a pauta das sessões extraordinárias."[86] Desse modo, essas matérias poderão ser votadas em sessões extraordinárias, mesmo com a pauta trancada por MPs nas sessões ordinárias.

Rejeitada a medida provisória, será o fato comunicado imediatamente ao Presidente da República, pelo Presidente da Casa Legislativa em que ocorreu a rejeição, publicando o ato declaratório de rejeição no Diário do Congresso Nacional. No caso de serem vencidos os prazos para a aprovação, sem que a medida provisória tenha sido convertida em lei, cabe ao Presidente do Congresso Nacional o ato declaratório de encerramento do prazo de vigência da medida.[87]

6 – Regime especial de votação, ou seja, as medidas provisórias terão sua votação iniciada na Câmara dos Deputados, cabendo à Comissão Mista de Deputados e Senadores examiná-la e sobre elas emitir parecer, antes de serem apreciadas, em sessão separada, pelo plenário de cada uma das Casas do Congresso Nacional.

---

[85] MENDES; COELHO; BRANCO. *Curso de direito constitucional,* p. 848-849.

[86] Esta decisão foi objeto de mandado de segurança preventivo, cuja liminar foi indeferida para fazer prevalecer a interpretação dada pelo Presidente da Câmara dos Deputados ao § 6º do art. 62 da Constituição (STF, MS 27.931-MC/DF, Rel. Min. Celso de Mello, decisão de 27.3.2009).

[87] MENDES; COELHO; BRANCO. *Curso de direito constitucional,* p. 849.

Pela dicção do § 5° do art. 62, a deliberação de cada uma das Casas do Congresso Nacional sobre o mérito das medidas provisórias dependerá do juízo prévio sobre o atendimento de seus pressupostos constitucionais.[88] E segundo dispõe o § 6° do art. 62, se a medida provisória não for apreciada em até quarenta e cinco dias contados de sua publicação, entrará em regime de urgência, subsequentemente, em cada uma das Casas do Congresso Nacional, ficando sobrestadas, até que se ultime a votação, todas as demais deliberações legislativas da Casa em que estiver tramitando. Desse modo, a urgência constitucional das medidas provisórias significa que a Câmara dos Deputados e o Senado Federal terão o prazo exíguo de quinze dias para apreciarem a medida provisória, caso a votação não tenha sido concluída no prazo de quarenta e cinco dias contados de sua publicação.[89]

7 – Transformação da medida provisória de urgência em ato normativo permanente (§ 11 do art. 62), quando, não editado o decreto legislativo até sessenta dias após a rejeição ou perda de eficácia da medida, as relações jurídicas constituídas

---

[88] O STF decidiu, na sessão de 8.3.2012, acolhendo questão de ordem levantada pela Advocacia-Geral da União, na ADI 4029, julgada em 7.3.2012 (Rel. Min. Luiz Fux), que a partir de agora as medidas provisórias que vierem a ser encaminhadas pelo Poder Executivo ao Congresso Nacional terão de observar, em sua tramitação, o rito previsto pela Constituição Federal em seu art. 62, § 9°, isto é, deverão ser obrigatoriamente apreciadas por uma comissão integrada por deputados e senadores, não podendo mais ser apreciadas pelo Parlamento apenas com parecer do Relator, quando esgotado o prazo para sua apreciação pela comissão mista. A decisão do Supremo Tribunal Federal, entretanto, não alcança as MPs já convertidas em lei e as que estão em tramitação no Legislativo. Com a decisão, o STF modificou a proclamação do resultado da decisão tomada na ADI 4029, em que se questionava o rito de medida provisória que se transformou na Lei n. 11.516/2007, que criou o Instituto Chico Mendes, para julgar a ADI improcedente, declarando, no entanto, a inconstitucionalidade incidente dos arts. 5°, *caput,* e 6°, §§ 1° e 2°, da Resolução n.1/2002, do Congresso Nacional. O STF levou em consideração a impossibilidade de retroação em relação às MPs convertidas em lei sob o rito previsto na Resolução 1/2002, que interferem nos mais diversos setores da vida do país. Além disso, a retroação levaria o Congresso Nacional a iniciar nova tramitação de todas essas medidas provisórias (*Notícias* STF, 8.3. 2012; *Informativo* 657/STF).

[89] A propósito, observam Fernando Limongi e Argelina Figueiredo que: "Ainda que reedições possam ocorrer, há um forte incentivo para que as MPs sejam aprovadas em sua primeira edição, já que se a MP não for apreciada em 'até 45 dias contados de sua publicação, entrará em regime de urgência, subseqüentemente, em cada uma das Casas do Congresso Nacional, ficando sobrestadas, até que se ultime a votação, todas as demais deliberações legislativas da Casa em que estiver tramitando'. Em outras palavras, do 46° ao 60° dia de sua tramitação, uma MP não apreciada tranca a pauta da Casa em que estiver tramitando. Tal conseqüência altera os cálculos do governo ao editar uma MP, dado que o trancamento da pauta pode impedir a apreciação de outras matérias de seu interesse." (BENEVIDES; VANNUCHI; KERCHE. *Reforma política e cidadania*, p. 296).

e decorrentes de atos praticados durante a sua vigência conservar-se-ão por ela regidas. Nesse caso, atribui-se à medida provisória efeito definitivo, tornando permanente o que era provisório, o que se revela incompatível com a natureza dela, apesar da ponderação de que a solução tem por base o princípio da segurança das relações jurídicas.

8 – Perpetuação da vigência das medidas provisórias em vigor, ao dispor o art. 2º da EC n. 32/2001, que as medidas provisórias editadas em data anterior à da publicação da Emenda continuam em vigor até que a medida provisória ulterior as revogue explicitamente ou até deliberação definitiva do Congresso Nacional. Tem-se portanto que, diferentemente do que dispunha o texto constitucional primitivo, embora o § 3º do art. 62 continue a prever que as medidas provisórias não convertidas em lei perderão *ex tunc* a eficácia, os seus efeitos perduram válidos, salvo se o decreto legislativo dispuser em contrário.

Observação importante é feita por Alexandre de Moraes quanto à impossibilidade de o Presidente da República retirar da apreciação do Congresso Nacional medida provisória já editada. Ressalva o constitucionalista a possibilidade de ab-rogação, pelo Chefe de Governo, por meio de nova medida provisória, valendo tal ato pela suspensão dos efeitos da primeira, efeitos esses que, todavia, o Congresso poderá restabelecer, mediante a rejeição da medida provisória, como decidiu o Supremo Tribunal Federal (*RTJ* 157/856). Portanto, a revogação de medida provisória por outra medida provisória suspende a eficácia da norma ab-rogada, que voltará a vigorar pelo tempo que lhe reste para apreciação, na hipótese de caducar ou ser rejeitada a medida provisória ab-rogante.

Desse modo, resta ao Presidente da República a possibilidade, "para suspender os efeitos de uma medida provisória, de editar uma nova, que acabe por suspender os efeitos da primeira. Nessa hipótese, o Congresso Nacional poderá agir de três maneiras: aprova a segunda medida provisória, transformando-a em lei. Com isso, a revogação da primeira medida provisória torna-se definitiva; rejeita a segunda medida provisória e aprova a primeira (que estava com seus efeitos temporariamente suspensos), convertendo-a em lei, quando então retornarão seus efeitos; rejeita ambas as medidas provisórias. Nessa hipótese deverá regulamentar as relações jurídicas resultantes através de Decreto legislativo".[90]

Foi vedada a adoção de medida provisória: *a)* pela Emenda Constitucional n. 8, de 15 de agosto de 1995, para a regulamentação do disposto no inciso XXI do art. 21 da Constituição; e *b)* pela Emenda Constitucional n. 9, de 9 de novembro

---

[90] MORAES. *Direito constitucional*, 17. ed., p. 601.

de 1995, para a regulamentação de matéria prevista nos incisos I a IV e dos §§ 1º e 2º do art. 177 da Constituição.

Da leitura do texto constitucional, pode-se extrair o entendimento de que medida provisória não revoga lei anterior, mas apenas suspende sua eficácia enquanto vigorar; poderá ou não ser convertida em lei e, não o sendo, desaparece, e, enquanto perdure, não é lei, mas apenas tem força de lei, dependendo os efeitos por ela produzidos, de disciplina do Congresso Nacional.

A Emenda Constitucional n. 32/2001 deu nova redação ao art. 246, dispondo ser vedada a adoção de medida provisória na regulamentação de artigo da Constituição cuja redação tenha sido alterada por meio de emenda promulgada entre 1º de janeiro de 1995 até a promulgação daquela emenda, inclusive.

Quanto à numeração sequencial, na vigência do texto originário do art. 62 da Constituição, as medidas provisórias seriam numeradas em continuidade às séries iniciadas em 1988: era o que dispunha o art. 17 do Decreto n. 2.954, de 29 de janeiro de 1999. Esse artigo foi, no entanto, alterado pelo Decreto n. 3.930, de 19 de setembro de 2001, dispondo que as medidas provisórias tenham numeração sequencial iniciada a partir da publicação da EC n. 32/2001, cláusula que restou mantida pelo art. 3º do Decreto n. 4.176, de 28 de março de 2002.

Finalmente, a Emenda Constitucional n. 32/2001, deu nova redação ao art. 246, dispondo ser vedada a adoção de medida provisória na regulamentação de artigo da Constituição cuja redação tenha sido alterada por meio de emenda promulgada entre 1º de janeiro de 1995 até a promulgação daquela emenda, inclusive.

Exemplo de medida provisória:

"MEDIDA PROVISÓRIA N. 148,
DE 15 DE MARÇO DE 1990

Dispõe sobre a alienação de bens imóveis da União situados em Brasília-DF e dá outras providências.

O Presidente da República, no uso da atribuição que lhe confere o art. 62 da Constituição Federal, adota a seguinte Medida Provisória, com força da lei:

Art. 1º Fica o Poder Executivo autorizado a alienar, mediante concorrência pública e com observância do Decreto-Lei n. 2.300, de 21 de novembro de 1986, as unidades residenciais situadas no Distrito Federal e localizadas nos Setores de Habitações Individuais, de Chácaras e de Mansões.

PROCESSO LEGISLATIVO 243

Art. 2° A Caixa Econômica Federal presidirá o processo licitatório que será concluído no prazo de cento e vinte dias a contar da publicação desta Medida Provisória.

Art. 3° A Caixa Econômica Federal procederá perante os órgãos administrativos do Governo do Distrito Federal, os Cartórios de Notas e os Cartórios do Registro Imobiliário de Brasília-DF, a regularização dos títulos dominiais dos imóveis alienados.

Parágrafo único. Os Cartórios de Notas e os Cartórios de Registro de Imóveis darão prioridade de atendimento à Caixa Econômica Federal no procedimento de regularização acima previsto.

Art. 4° O valor apurado em decorrência da alienação de cada imóvel será convertido em renda da União, cujo produto será obrigatoriamente aplicado em programas habitacionais de caráter social.

Art. 5° O Poder Executivo regulamentará esta Medida Provisória no prazo de sessenta dias, contados de sua publicação.

Art. 6° As empresas públicas, sociedades de economia mista, respectivas subsidiárias e entidades controladas direta ou indiretamente pela União, ficam autorizadas a proceder os atos legais e administrativos necessários à alienação de suas unidades residenciais não vinculadas as suas atividades operacionais, com base nos termos desta Medida Provisória.

Art. 7° Revogam-se as disposições em contrário.

Brasília-DF, em 15 de março de 1990; 169° da Independência e 102° da República.

FERNANDO COLLOR
Bernardo Cabral"

4.6 Decretos legislativos

Os decretos legislativos são "as leis a que a Constituição não exige a remessa ao Presidente da República para a sanção (promulgação ou veto)", declara Pontes de Miranda.[91]

---

[91] PONTES DE MIRANDA. *Comentários à constituição de 1967 com a emenda n. 1*, de 1969, p. 142.

Para José Afonso da Silva, decretos legislativos são "atos destinados a regular matérias de competência exclusiva do Congresso Nacional (art. 49) que tenham efeitos externos a ele; independem de sanção e de veto".[92]

A Constituição conferiu ao Congresso Nacional competência exclusiva (a ser exercida sem a sanção ou veto presidencial). Portanto, as matérias que tenham efeitos externos e que se enquadrem no âmbito da competência privativa do Congresso serão disciplinadas por meio de decreto legislativo, promulgado pela Mesa.

Exemplo de decreto legislativo:

"Faço saber que o CONGRESSO NACIONAL aprovou, nos termos do art. 49, I, da Constituição, e eu, Mauro Benevides, Presidente do Senado Federal, promulgo o seguinte

DECRETO LEGISLATIVO N. 11, DE 15 de abril 1992

> Aprova o texto do Acordo sobre Cooperação Cultural celebrado entre o Governo da República Federativa do Brasil e o Governo da República Popular da Bulgária, em Brasília, em 25 de julho de 1990.

O CONGRESSO NACIONAL decreta:

Art. 1º É aprovado o texto do Acordo sobre Cooperação Cultural celebrado entre o Governo da República Federativa do Brasil e o Governo da República Popular da Bulgária, em Brasília, em 25 de julho de 1990.

Parágrafo único. São sujeitos à aprovação do Congresso Nacional quaisquer atos que possam resultar em revisão do referido acordo, bem como quaisquer ajustes complementares que, nos termos do art. 49, I, da Constituição Federal, acarretam encargos ou compromissos gravosos ao patrimônio nacional.

Art. 2º Este decreto legislativo entra em vigor na data de sua publicação.

Senado Federal, 15 de abril de 1992.

SENADOR MAURO BENEVIDES
Presidente."

Observe-se, que no decreto legislativo a autoria e o fundamento da autoridade antecedem o título

---

[92] SILVA. *Curso de direito constitucional positivo*, p. 452.

4.6.1 Tratados internacionais e decretos legislativos

Os tratados internacionais submetem-se a procedimento legislativo próprio para que sejam inseridos no ordenamento jurídico brasileiro.

Para Francisco Rezek, "tratado é todo acordo formal concluído entre sujeitos de direito internacional público, e destinado a produzir efeitos jurídicos".[93]

Nos termos da Convenção de Viena (art. 2º, I, *a*), tratado significa um "acordo internacional celebrado por escrito entre Estados e regido pelo Direito Internacional, quer conste de um instrumento único, quer de dois ou mais instrumentos conexos, qualquer que seja sua denominação particular". Por seu turno, a Convenção de Havana sobre tratados, de 1928, considera, em seu art. 2º, ser a forma escrita condição essencial do tratado.

De acordo com o disposto no art. 84, inciso VIII, cabe privativamente ao Presidente da República celebrar tratados, convenções e atos internacionais, sujeitos a referendo do Congresso Nacional. Trata-se, pois, de ato complexo, porquanto depende da conjugação de vontades de dois poderes distintos o seu aperfeiçoamento. Após sua celebração pelo Presidente da República, o tratado internacional vai à ratificação do Congresso Nacional (art. 49, I), o que se dá por decreto legislativo aprovado por maioria simples de votos e promulgado pelo Presidente do Senado Federal. O decreto legislativo expressa apenas a aprovação do tratado. Uma vez aprovado, e feita a sua ratificação junto ao Estado ou organismo internacional correspondente, é o tratado promulgado por decreto do Presidente da República, bem como publicado, o que lhe dá força executiva.

Portanto, o Brasil adota a teoria dualista para explicar as relações do direito externo com o direito interno, já que o tratado depende de aprovação por norma de direito interno (decreto legislativo e posterior decreto presidencial), embora se dispensa a edição de lei formal.

Anote-se que os tratados internacionais, uma vez incorporados ao ordenamento jurídico nacional, têm hierarquia de lei ordinária, estando, portanto, sujeitos ao controle de constitucionalidade: as normas constitucionais têm supremacia sobre as normas que ingressam no ordenamento jurídico por meio de tratados e atos internacionais.

O Brasil pode ainda aderir ao tratado com ou sem reserva. Neste último caso, é possível que se exclua ou se modifique o efeito jurídico de certas disposições do tratado em relação a ele próprio.

Havendo conflito entre leis e tratados, utiliza-se, em primeiro lugar, como solução, o critério da especialidade, pelo qual normas de natureza especial têm

---

[93] REZEK. *Direito internacional público*: curso elementar, p. 14.

prevalência sobre as normas gerais, incluídas aquelas que lhes são posteriores. Caso o conflito não possa ser solucionado pelo critério da especialidade, observa-se o critério temporal, garantindo-se a prevalência da última manifestação do legislador nacional, levando-se em consideração a data da vigência da lei e do tratado.

Se o tratado envolver matéria tributária, dispõe o art. 98 do Código Tributário Nacional que tem ele força de lei especial e, por isso, prevalece sobre a lei ordinária que lhe é antecedente e não é regrado pela lei geral posterior.

Finalmente, os tratados internacionais de direitos humanos, a despeito de posicionamentos diversos, inclusive jurisprudenciais, devem sujeitar-se a regime jurídico específico quanto à sua incorporação ao direito interno (têm eminência de norma constitucional) e a critérios para solução de conflitos com as leis internas. Vale, a propósito, o registro de que a EC n. 45/2004 acrescentou o § 3º ao art. 5º da Constituição para considerar que os tratados e as convenções internacionais sobre direitos humanos que forem aprovados, em cada Casa do Congresso Nacional, em dois turnos, por três quintos dos votos dos respectivos membros, serão equivalentes a emendas constitucionais.

4.7 Resoluções

Se os decretos legislativos são atos destinados a disciplinar matéria de competência exclusiva do Congresso Nacional com efeitos externos, as resoluções têm a mesma natureza, porém com efeitos internos,[94] acrescentando-se que as matérias de competência exclusiva de cada Casa Legislativa (arts. 51 e 52) serão reguladas por resoluções.

Nada obstante tais posicionamentos doutrinários, o Regimento Interno da Câmara dos Deputados (art. 109) é bem explícito em definir decreto legislativo como o ato que visa regular matérias de exclusiva competência do Poder Legislativo, sem a sanção do Presidente da República, enquanto que as resoluções visam regular, com eficácia de lei ordinária, matérias de competência privativa da Câmara dos Deputados, de caráter político, processual, legislativo ou administrativo, ou quando deva a Câmara pronunciar-se em casos concretos como: *a)* perda de mandato de Deputado; *b)* criação de Comissão Parlamentar de Inquérito; *c)* conclusões de Comissão Parlamentar de Inquérito; *d)* conclusões de Comissão Permanente sobre proposta de fiscalização e controle; *e)* conclusões sobre as petições, representações ou reclamações da sociedade civil; *f)* matéria de natureza regimental; *g)* assuntos de sua economia interna e dos serviços administrativos.

---

[94] SILVA. *Op. cit.*

E segundo o disposto no § 2° do art. 109 do mencionado Regimento Interno, os projetos de decreto legislativo e de resolução podem ser apresentados por qualquer Deputado ou Comissão, quando não sejam de iniciativa privativa da Mesa ou de outro colegiado específico.

As resoluções, considerando os fins a que se destinam, podem concretizar: atos de controle político (resoluções senatoriais que referendam nomeações;) atos deliberativos (fixação de alíquota); atos de coparticipação na função judicial (suspensão de lei declarada inconstitucional pelo Supremo Tribunal Federal), e atos-condição da função legislativa (autorização ao Executivo para elaborar lei delegada: habilitam a produção da lei delegada).[95]

Exemplo de resolução:

"RESOLUÇÃO N. 9, DE 5 DE MAIO DE 1992

Estabelece alíquota máxima para o Imposto sobre Transmissão *Causa Mortis* e Doação, de que trata a alínea *a* inciso I, e § 1°, inciso IV do art. 155 da Constituição Federal.

Faço saber que o Senado Federal aprovou, nos termos do inciso IV, do § 1°, do art. 155, da Constituição, e eu, Mauro Benevides, Presidente, promulgo a seguinte Resolução:

Art. 1° A alíquota máxima do Imposto de que trata a alínea *a*, inciso I, do art. 155 da Constituição Federal será de oito por cento, a partir de 1° de janeiro de 1992.

Art. 2° As alíquotas dos Impostos, fixadas em lei estadual, poderão ser progressivas em função do quinhão que cada herdeiro efetivamente receber, nos termos da Constituição Federal.

Art. 3° Esta Resolução entra em vigor na data de sua publicação.

Art. 4° Revogam-se as disposições em contrário.

SENADOR MAURO BENEVIDES
Presidente."

---

[95] FERRAZ. *Conflito entre poderes*: o poder congressual de sustar atos normativos do Poder Executivo, p. 129.

5. LEIS ORÇAMENTÁRIAS

A Constituição indica, em seu art. 165, as leis orçamentárias: lei do plano plurianual, lei de diretrizes orçamentárias e lei do orçamento anual.

Essas espécies normativas têm formação legislativa especial.

A iniciativa para sua propositura é reservada ao Presidente da República. Trata-se de iniciativa vinculada, impondo à Constituição a apresentação do projeto, pelo Chefe do Executivo, no prazo que vier a ser fixado em lei complementar (art. 84, XXIII e art. 165, § 9º, I). Entende Manoel Gonçalves Ferreira Filho que "essa obrigação é sancionada como crime de responsabilidade, conforme permite o art. 85, VI, da Constituição, segundo o art. 10 da Lei n. 1.079, de 1950, que o define".[96]

A apreciação das leis orçamentárias será feita pelas duas Casas do Congresso Nacional, na forma do regimento comum (art. 166). As emendas serão apresentadas na Comissão mista, que sobre elas emitirá parecer, para apreciação do Plenário da Câmara dos Deputados e do Senado Federal. Se tiverem por objeto modificar a lei do plano anual, não poderão ser com ele incompatíveis (art. 166, § 4º).

A Constituição ampliou o poder de emenda dos parlamentares, que poderão agora alterar a destinação da despesa. Mas, nesse caso, deverão indicar os recursos necessários, admitidos apenas os provenientes de anulação da despesa que não se refiram a dotações de pessoal e seus encargos, serviço da dívida, transferências tributárias constitucionais para os Estados, os Municípios e o Distrito Federal, ou sejam relacionadas com a correção de erros ou omissões, ou com dispositivo do texto do projeto de lei.

A Constituição prevê a hipótese de rejeição ou de veto total ao projeto de lei orçamentária anual, caso em que poderão ser utilizados créditos adicionais (especiais ou suplementares) com prévia e específica autorização legislativa (art. 166, § 8º). O projeto de lei de diretrizes orçamentárias não comporta rejeição, pois o art. 57, § 2º, prescreve que não se interromperá a sessão legislativa anual sem a sua aprovação.[97]

6. PLEBISCITO E REFERENDO

O plebiscito e o referendo constituem institutos da democracia semidireta ou participativa (art. 14, I e II).

---

[96] FERREIRA FILHO. *Curso de direito constitucional*, p. 165.

[97] SILVA. *Curso de direito constitucional positivo*, p. 622.

A Constituição, no art. 49, XV, confere ao Congresso Nacional competência para autorizar referendo ou convocar plebiscito, podendo a lei ordinária estabelecer os critérios e as circunstâncias em que ocorrerão. Note-se, no entanto, que a própria Constituição já previu um plebiscito para o dia 7 de setembro, antecipado para 21 de abril de 1993, quando o eleitorado definiu a forma (república) e o sistema de governo (presidencialismo) que deverão vigorar no País (art. 2º do Ato das Disposições Transitórias), bem como, na parte permanente da Constituição (art. 18, §§ 3º e 4º), há a exigência de plebiscito para a criação de novos Estados e Municípios.[98]

A distinção entre as duas modalidades de consulta direta ao eleitorado está em que, no referendo, a deliberação popular aprova ou rejeita ato legislativo ou lei constitucional, e, no plebiscito, o povo é chamado a se manifestar acerca de questão ou fato político ou institucional, normalmente antes de sua concretização normativa.[99]

O plebiscito "envolve manifestação popular sobre determinados fatos ou eventos, assim a decisão política do Chefe de Estado ou de Governo, a anexação ou desmembramento de território, a consagração de regime político. O *referendum* visa à captação do pronunciamento popular sobre atos normativos, especialmente o ato legislativo e o ato constituinte. O *referendum* e o plebiscito, no quadro do governo representativo, não devem constituir objeto de utilização rotineira.

---

[98] **Plebiscito de 21 de Abril de 1993**

Eleitorado		90.256.629		
Comparecimento	67.010.241	74,24		
Abstenções	23.246.311	25,76		
Forma de governo	**Votos**		**Votantes (%)**	**Eleitorado (%)**
República	44.266.433		66,05	49,04
Monarquia	6.843.159		10,20	7,58
Votos em branco	7.030.852		10,49	7,78
Votos nulos	8.869.797		13,23	9,82
Sistema de Governo				
Presidencialismo	37.156.841		55,44	41,16
Parlamentarismo	16.517.862		24,64	18,30
Votos em branco	3.467.204		5,17	3,84
Votos nulos	9.868.334		14,27	10,93

Fonte: *Dicionário do voto*. Walter Costa Porto: Editora UnB, p. 313.

Foi ainda realizado um segundo plebiscito, de caráter regional, no Estado do Pará, em 11 de dezembro de 2011, envolvendo o desmembramento do Pará, nos Estados de Tapajós e Carajás.

[99] COSTA. *Comentários breves à constituição federal*, p. 62.

São formas extraordinárias de manifestação da vontade popular, buscando conferir coeficiente de maior legitimidade a determinadas decisões políticas, como acontece no plebiscito, ou consolidar a eficácia da lei, no caso do *referendum*, que apura a maior ou menor identidade entre a vontade legislativa do representante e a vontade legislativa do povo."[100]

No dia 23 de outubro de 2005, foi realizado referendo sobre a comercialização de arma de fogo e munição. O "não" recebeu 59.109.265 votos (63,94) e o "sim", 33.333.045 votos. Foram registrados 1.329.207 (1,39%) de votos em branco e 1.604.307 (1,68%) votos nulos. Dos 122.042.825 eleitores, compareceram às urnas 95.375.824 (78,15%). A abstenção foi de 26.666.791 (21,85%).

No plano da prática política, o que o uso do plebiscito e do referendo, como previstos na Constituição da República, tem revelado é que esses instrumentos, combinados com o sistema representativo no Parlamento, permanecem muito vinculados ao funcionamento do Congresso Nacional. Não tem havido uma proporção correta entre participação e representação.

Com efeito, o plebiscito de 1993 surgiu a partir de polêmicas internas à Constituinte, e não de um debate mais expressivo da opinião pública, e o referendo de 2005 sobre o desarmamento teve sua origem em um impasse surgido durante a elaboração do estatuto do desarmamento ao Congresso Nacional, onde a proposta de proibir a comercialização de armas para toda a população civil encontrou oposição de grupos conservadores. O referendo foi então convocado, não no sentido de ratificar uma lei, mas transferir para os eleitores uma decisão que causava impasse no Congresso.

Necessário, portanto, um novo arranjo institucional e normativo, para que a participação popular, nesse contexto, adquira autonomia e independência perante o Congresso Nacional, e tenha um nexo mais societário, pois, somente assim a participação e a representação poderão complementar déficits ou incompletudes uma da outra.

7. PROCESSO LEGISLATIVO NOS ESTADOS E MUNICÍPIOS

A Constituição de 1988 não reproduziu cláusula da anterior, segundo a qual os Estados federados se sujeitavam à observância de princípios relativos ao processo legislativo (art. 13, III, da Emenda Constitucional n. 1/69).

Há, portanto, maior liberdade do constituinte estadual no tocante às regras de elaboração legislativa.

---

[100] HORTA. *Direito constitucional*, p. 538.

PROCESSO LEGISLATIVO

Não obstante, a Constituição em vigor determinou que "a lei disporá sobre a iniciativa popular no processo legislativo estadual" (art. 27, § 4º), o mesmo ocorrendo com relação aos Municípios, ao impor-lhes a obrigação de instituir iniciativa popular de projetos de lei de interesse específico do Município, da cidade ou de bairros, por meio de manifestação de, pelo menos, 5% do eleitorado (art. 29, XIII).

É, contudo, de todo conveniente a adoção, pelos Estados federados, de um processo legislativo harmônico com o da Constituição Federal, a fim de que se preserve o equilíbrio federativo.

O Supremo Tribunal Federal já se manifestou no sentido da necessidade da observância, pelos Estados-Membros, de padrões jurídicos inscritos na Constituição Federal, relativos à iniciativa das leis, decidindo que "não obstante a ausência de regra explícita na Constituição de 1988, impõe-se aos Estados-Membros a observância das linhas básicas do correspondente modelo federal, particularmente as de reserva de iniciativa, na medida em que configuram elas prisma relevante do perfil do regime positivo de separação e independência dos poderes, que é princípio fundamental ao qual se vinculam compulsoriamente os ordenamentos das unidades federadas" (ADIn 872-RS).

Nada impede a adoção, pelos Estados federados ou pelos Municípios, das medidas provisórias, embora a rigor não haja motivos de ordem local que justifiquem sua introdução nas Constituições estaduais ou nas leis orgânicas municipais.

O Supremo Tribunal Federal tem decidido caber ao Chefe do Poder Executivo Estadual editar medida provisória: "É que o § 1º do art. 25 da Carta Federal reservou aos Estados 'as competências que não lhes sejam vedadas por esta Constituição', Quis o constituinte que as unidades federadas pudessem adotar o modelo do processo legislativo admitido para a União, uma vez que nada está disposto, no ponto, que lhes seja vedado.Ora, se a Constituição Federal foi silente em relação às espécies normativas, que poderiam ser editadas pelos Estados, não cabe colocar a questão em termos de interpretação restritiva ou ampliativa de preceito inexistente."[101]

Anote-se que o § 2º do art. 25 da Constituição Federal ao vedar aos Estados a adoção de medida provisória para regulamentar matérias envolvendo a exploração

---

[101] *STF – ADI 425/TO*, Rel. Min. Maurício Corrêa, *DJ* 19.12.2003. A orientação fixada pelo STF no sentido da constitucionalidade da adoção de medida provisória pelos Estados-Membros, desde que prevista expressamente na Constituição Estadual e observados os princípios e as limitações estabelecidos pela Constituição Federal, foi adotada no julgamento da ADI 2391/SC, de que foi Relatora a Ministra Ellen Gracie: j. 16.8.2006.

de serviços sociais de gás canalizado, está a admitir a competência dos Estados para a sua prática.

8. DEVIDO PROCESSO LEGISLATIVO E CONTROLE DE CONSTITUCIONALIDADE

O controle preventivo se efetiva antes da lei promulgada e é praticado especialmente na França, onde cabe ao Conselho Constitucional pronunciar-se sobre a constitucionalidade de texto legislativo, o qual, sendo inconstitucional, inviabiliza a promulgação da lei sem que haja revisão constitucional.[102]

Nessa perspectiva, o controle preventivo é mais abrangente, por alcançar a adequação das leis em vias de promulgação aos preceitos constitucionais, quer sob o ponto de vista material, quer sob o ponto de vista formal. No controle preventivo, a Constituição, portanto, define o órgão competente para apreciar a constitucionalidade da lei preventivamente, indica os titulares da iniciativa de deflagrar o processo de controle, estabelece os prazos da ação e delimita seus efeitos.

O controle formal de constitucionalidade da lei baseia-se nos princípios da democracia, da separação de poderes e da supremacia das normas constitucionais.

Há inconstitucionalidade formal ou nomodinâmica quando a lei foi elaborada em desacordo com as normas previstas para sua criação, incluindo-se a incompetência do órgão que a emitiu. A inconstitucionalidade material decorre da incompatibilidade do conteúdo da norma com o texto constitucional.

A inconstitucionalidade formal abrange, portanto, a inconstitucionalidade orgânica e a inconstitucionalidade formal propriamente dita.

A inconstitucionalidade orgânica decorre da inobservância da regra de competência para a edição do ato, ou do vício de competência do órgão de que promana o ato normativo, como, por exemplo, a edição, pelo Estado-Membro, de lei em matéria penal, que viola a regra de competência privativa da União (art. 22, I, da Constituição Federal), ou a apresentação de projeto de lei de iniciativa reservada, por outro proponente, que acarreta a usurpação de iniciativa, no âmbito do processo legislativo (exemplo: parlamentar apresenta projeto de lei de iniciativa reservada do Presidente da República, nos termos do art. 61, § 1º, da Constituição Federal).

---

[102] O controle de constitucionalidade realizado pelo Conselho Constitucional, segundo o texto original da Constituição Francesa de 1958, era de natureza essencialmente preventiva: após a promulgação do ato normativo não havia mais lugar para o controle de constitucionalidade na França. A reforma constitucional de 23 de julho de 2008, ao acrescentar o art. 61-1 na Constituição Francesa, alterou, no entanto, o modelo de controle, que era essencialmente preventivo, para autorizar o controle sucessivo ou repressivo de constitucionalidade, ampliando a competência do Conselho Constitucional.

A inconstitucionalidade formal propriamente dita decorre da inobservância do procedimento legislativo fixado na Constituição. Um dos exemplos de inconstitucionalidade formal, nesse caso, ocorre quando matérias que são reservadas pela Constituição, para serem tratadas por via de uma espécie normativa, são veiculadas por outra.

No âmbito do processo legislativo, o vício formal de inconstitucionalidade é também conhecido como vício subjetivo se ocorrer na fase de iniciativa, e como vício objetivo se ocorrer nas demais fases do processo legislativo.

Tem-se então que o controle de constitucionalidade, no processo legislativo, envolve apenas aspectos formais de constitucionalidade das leis em gestação, e examina a regularidade ou não de cada ato autonomamente isolado, que compõe o processo legislativo, na maioria das vezes qualificado como ato interno das Casas Legislativas. Podem, portanto, ser impugnados a iniciativa, a discussão, a emenda, a votação, a sanção, o veto, a promulgação e a publicação das leis.[103]

Segundo Canotilho, "na hipótese de inconstitucionalidade formal, viciado é o acto, nos pressupostos, no seu procedimento de formação, na sua forma final".[104]

A inconstitucionalidade formal, portanto, caracteriza-se como vício do ato e não das normas constantes do ato.

A inconstitucionalidade formal pode interferir no equilíbrio entre os poderes, ao violar a reserva de lei ou de regimento.

É que a Constituição Federal, ao prever a reserva da lei, direciona-se não somente ao legislador federal, mas ao legislador estadual e até mesmo ao municipal, cometendo-lhes a edição de lei complementar, ordinária ou orgânica, como se vê do disposto no § 4° do art. 18, no § 3° do art. 25, e no art. 29 da Constituição Federal.

8.1 Controle preventivo e comissões parlamentares

No Brasil, o controle preventivo, de caráter político, inicia-se no âmbito do próprio Poder Legislativo.

Cabe ao Presidente da Casa Legislativa e às Comissões Parlamentares, em especial as denominadas de "Constituição e Justiça", que examinam e emitem parecer sobre a constitucionalidade ou não do projeto. A Comissão encarregada de

---

[103] O controle preventivo de constitucionalidade, em especial dos vícios regimentais, à luz do devido processo legislativo, será examinado adiante.

[104] CANOTILHO. *Direito constitucional e teoria da constituição*, p. 844.

apreciar os aspectos constitucionais de projetos, propostas de emendas à Constituição, entre outras matérias, na Câmara dos Deputados, tem o nome de *Comissão de Constituição e Justiça e de Cidadania* (art. 32, IV, do Regimento Interno da Câmara), e, no Senado Federal, de *Comissão de Constituição, Justiça e Cidadania* (art. 72, III, do Regimento Interno do Senado).

Efetivamente, no âmbito da Câmara dos Deputados, o controle preventivo de constitucionalidade inicia-se por um juízo unipessoal de seu Presidente, que pode considerar que a matéria apresentada contém vício de inconstitucionalidade e devolvê-la ao Autor, podendo, para tanto, basear-se em Súmula de entendimentos da Comissão de Constituição e Justiça e de Cidadania – CCJC. Dispõe, com efeito, o art. 137 do Regimento Interno da Câmara dos Deputados: "Art. 137. Toda proposição recebida pela Mesa será numerada, datada, despachada às Comissões competentes e publicada no Diário do Congresso Nacional e em avulsos, para serem distribuídos aos Deputados, às Lideranças e Comissões. § 1º Além do que estabelece o art. 125, a Presidência devolverá ao Autor qualquer proposição que: I – não estiver devidamente formalizada e em termos; II – versar matéria: a) alheia à competência da Câmara; b) evidentemente inconstitucional; c) anti-regimental. § 2º Na hipótese do parágrafo anterior, poderá o Autor da proposição recorrer ao Plenário, no prazo de cinco sessões da publicação do despacho, ouvindo-se a Comissão de Constituição e Justiça e de Cidadania, em igual prazo. Caso seja provido o recurso, a proposição voltará à Presidência para o devido trâmite."

Note-se ainda que, de acordo com o seu conteúdo, determinadas proposições não serão examinadas pelo Plenário, mas por Comissões técnicas da Câmara dos Deputados, em caráter conclusivo, por inspiração nos Direitos espanhol e italiano. Segundo o Regimento Interno: "Art. 24. Às Comissões Permanentes, em razão da matéria de sua competência, e às demais Comissões, no que lhes for aplicável, cabe: I – discutir e votar as proposições sujeitas à deliberação do Plenário que lhes forem distribuídas; II – discutir e votar projetos de lei, dispensada a competência do Plenário, salvo o disposto no § 2º do art. 132 e excetuados os projetos: *a)* de lei complementar; *b)* de código; *c)* de iniciativa popular; *d)* de Comissão; *e)* relativos a matéria que não possa ser objeto de delegação, consoante o § 1º do art. 68 da Constituição Federal; *f)* oriundos do Senado, ou por ele emendados, que tenham sido aprovados pelo Plenário de qualquer das Casas; *g)* que tenham recebido pareceres divergentes; *h)* em regime de urgência."

A competência da Comissão de Constituição e Justiça e de Cidadania vem elencada no art. 32, inciso IV, do Regimento Interno da Câmara dos Deputados, e envolve as seguintes matérias: "*a)* aspectos constitucional, legal, jurídico, regimental e de técnica legislativa de projetos, emendas ou substitutivos sujeitos à apreciação da Câmara ou de suas Comissões; *b)* admissibilidade de proposta

PROCESSO LEGISLATIVO

de emenda à Constituição; *c)* assunto de natureza jurídica ou constitucional que lhe seja submetido, em consulta, pelo Presidente da Câmara, pelo Plenário ou por outra Comissão, ou em razão de recurso previsto neste regimento; *d)* assuntos atinentes aos direitos e garantias fundamentais, à organização Estado, à organização dos Poderes e às funções essenciais da Justiça; *e)* matérias relativas a direito constitucional, eleitoral, civil, penal, penitenciário, processual, notarial; *f)* partidos políticos, mandato e representação política, sistemas eleitorais e eleições; *g)* registros públicos; *h)* desapropriações; *i)* nacionalidade, cidadania, naturalização, regime jurídico dos estrangeiros, emigração e imigração; *j)* intervenção federal; *l)* uso dos símbolos nacionais; *m)* criação de novos Estados e Territórios; incorporação, subdivisão ou desmembramento de áreas de Estados ou de Territórios; *n)* transferência temporária da sede do Governo; *o)* anistia; *p)* direitos e deveres do mandato; perda de mandato de Deputado, nas hipóteses dos incisos I, II e VI do art. 55 da Constituição Federal; pedidos de licença para incorporação de Deputados às Forças Armadas; *q)* redação do vencido em Plenário e redação final das proposições em geral".

O parecer da Comissão, na Câmara dos Deputados, é terminativo quanto à constitucionalidade ou juridicidade da matéria, podendo, no entanto, haver recurso, para o plenário, dessa deliberação (arts. 54, I, 132, § 2º, e 137, II, *b*, do Regimento Interno).

Com a Resolução n. 10, de 1991, houve inversão do fluxo de tramitação das proposições, passando a Comissão de Constituição e Justiça e de Cidadania a ser ouvida em último lugar. Antes da alteração regimental, a proposição era encaminhada, inicialmente, para a CCJC, mas, como frequentemente as Comissões subsequentes incluíam dispositivos inconstitucionais, caso em que a matéria não mais era levada à apreciação da CCJC, salvo quando havia questão de ordem levantada em Plenário, cuidou-se de inverter a tramitação, de modo a propiciar um controle final de constitucionalidade e juridicidade da proposta. É o que dispõe o art. 139, II, do Regimento Interno da Câmara dos Deputados: "Art. 139. A distribuição de matérias às Comissões será feita por despacho do Presidente, dentro em duas sessões depois de recebida na Mesa, observadas as seguintes normas: II – excetuadas as hipóteses contidas no art. 34, a proposição será distribuída: a) às Comissões a cuja competência estiver relacionado o mérito da proposição; b) quando envolver aspectos financeiro ou orçamentário públicos, à Comissão de Finanças e Tributação, para o exame da compatibilidade ou adequação orçamentária; c) obrigatoriamente à Comissão de Constituição e Justiça e de Cidadania, para o exame dos aspectos de constitucionalidade, legalidade, juridicidade, regimentalidade e de técnica legislativa, e, juntamente com as Comissões técnicas, para pronunciar-se sobre o seu mérito, quando for o caso."

No Senado, segundo o disposto no § 1º do art. 101, do Regimento Interno, quando a Comissão emitir parecer pela inconstitucionalidade e injuridicidade de qualquer proposição, será esta considerada rejeitada e arquivada definitivamente, por despacho do Presidente do Senado, salvo, não sendo unânime o parecer, recurso interposto nos termos do art. 254.

8.2 Súmulas da Comissão de Constituição e Justiça e de Cidadania

Com base no art. 54, IX, do Regimento Interno da Câmara dos Deputados, que prevê a inclusão, nos serviços de secretarias de apoio administrativo, a organização de súmula da jurisprudência dominante da Comissão, quanto aos assuntos mais relevantes, a Comissão de Constituição e Justiça e de Cidadania elaborou os seguintes enunciados:

– Verbete n. 1, de 1º de dezembro de 1994: a) Projeto de lei, de autoria de Deputado ou Senador, que autoriza o Poder Executivo a tomar determinada providência, que é de sua competência exclusiva, é inconstitucional. b) Projeto de lei, de autoria de Deputado ou Senador, que dispõe sobre a criação de estabelecimento de ensino é inconstitucional.

– Verbete n. 2, de 1º de dezembro de 1994: Projeto de lei que declara utilidade pública de associação, sociedade, entidade, fundação ou instituição é inconstitucional e injurídico.

– Verbete n. 3: Projeto de lei que dá denominação a rodovia ou logradouro público é inconstitucional e injurídico.

– Verbete n. 4: Projeto de lei que institui dia nacional de determinada classe profissional é injurídico.

8.3 Controle jurisdicional preventivo, devido processo legislativo e vícios regimentais

Pode haver controle de constitucionalidade, pelo Poder Judiciário, no âmbito do *processo legislativo*, incidente sobre o projeto de lei, uma vez que as normas que disciplinam a tramitação legislativa vinculam a atividade do legislador e devem, portanto, ser respeitadas. Trata-se de controle difuso ou pela via de exceção, já que incabível o controle concentrado ou pela via de ação direta de inconstitucionalidade, uma vez que esta última pressupõe a existência da lei promulgada, o que não ocorre no processo legislativo, cujo cenário é o da tramitação legislativa visando a elaboração das diversas espécies normativas, nelas incluídas as emendas à Constituição (art. 59 da Constituição).

Assim, os atos praticados pelo seu Presidente ou pela Mesa Diretora da Casa Legislativa ensejam correção por meio do ajuizamento de mandado de segurança,

PROCESSO LEGISLATIVO

cuja legitimação ativa, segundo jurisprudência do Supremo Tribunal Federal, vem sendo reconhecida apenas aos parlamentares que se sentirem prejudicados durante o processo legislativo.[105]

---

[105] O STF, ao julgar mandado de segurança preventivo em que Senador alegava ofensa ao devido processo legislativo na tramitação do Projeto de Lei – PL 4.470/2012 (Câmara dos Deputados), convertido no Senado no Projeto de Lei da Câmara – PLC 14/2013, que estabelece novas regras para a distribuição de recursos do fundo partidário e de horário de propaganda eleitoral no rádio e na televisão, nas hipóteses de migração partidária, denegou a ordem, por maioria. O Min. Gilmar Mendes, relator, concedeu, em parte, a segurança para declarar a inconstitucionalidade da deliberação legislativa sobre o PLC 14/2013, nos termos atuais, isto é, se aprovado para reger a legislatura e, portanto, as eleições que ocorrerão em 2014. De início, assentou a possibilidade de mandado de segurança ser impetrado para suspender a tramitação não apenas de proposta de emenda à Constituição, mas, também, de projeto de lei alegadamente violador de cláusula pétrea. Assinalou ser percebível a inconstitucionalidade do PLC 14/2013 ao se verificar o seu conteúdo e a circunstância a envolver a sua deliberação, ao revelar ser ofensivo aos direitos fundamentais como a isonomia, a igualdade de chances, a proporcionalidade, a segurança jurídica e a liberdade de criação de legendas, cláusulas pétreas da Constituição. Rememorou que o projeto de lei em exame pretenderia impor interpretação constitucional diametralmente oposta à exarada pelo STF no julgamento da ADI 4430/DF. por se tratar de coisa julgada dotada de eficácia *erga omnes*. Asseverou que a sua não observância afrontaria a segurança jurídica em sua expressão concernente à proteção da confiança legítima, uma vez que todo o sistema político confiaria que, nas próximas eleições gerais, a regra seria aquela fixada naquele julgado. Observou que, caso aprovado, o mencionado projeto transgrediria o princípio da igualdade de chances e, por consequência, o direito das minorias políticas de livremente mobilizarem-se para a criação de novas legendas. Aduziu que, no processo democrático eleitoral, as regras deveriam ser previsíveis e justas, sob pena de minarem as condições de legitimidade do regime democrático. Apontou que os direitos políticos, neles contidos a livre criação de partidos em situação isonômica à dos demais, o pluripartidarismo e o direito à participação política, também seriam cláusulas pétreas da Constituição. Enfatizou não se tratar de "judicialização da política", quando as questões políticas estiverem configuradas como verdadeiras questões de direitos. Já o Min. Teori Zavascki, em seu voto, que abriu a divergência, reputou evidente que o direito líquido e certo afirmado na impetração, de o parlamentar não ser obrigado a participar do processo legislativo em comento, não traduziria a verdadeira questão debatida, pois ele teria o direito de, espontaneamente, abster-se de votar. Buscar-se-ia, a pretexto de tutelar direito individual, provimento no sentido de inibir a própria tramitação do projeto de lei. Considerou que as eventuais inconstitucionalidades do texto impugnado poderiam ser resolvidas se e quando o projeto se transformasse em lei. Ademais, a discussão sobre a legitimidade do controle constitucional preventivo de proposta legislativa teria consequências transcendentais, com reflexos para além do caso em pauta, pois tocaria o cerne da autonomia dos poderes. Reputou que o sistema constitucional pátrio não autorizaria o controle de constitucionalidade prévio de atos normativos, e que a jurisprudência da

São três, em nosso Direito, os vícios formais de procedimento legislativo: 1) vícios constitucionais por violação às normas constitucionais sobre procedimento legislativo; 2) vícios de legalidade, por infração à lei complementar que dispõe sobre a elaboração, redação, alteração e consolidação das leis – Lei Complementar n. 95/98; 3) vícios regimentais, por inobservância das normas dos regimentos internos parlamentares.

Acentue-se que os vícios por infração às regras de técnica legislativa contidas na Lei Complementar n. 95/98, segundo o disposto em seu art. 18, não acarretam a invalidade da lei, já que a "eventual inexatidão formal de norma elaborada mediante processo legislativo regular não constitui escusa válida para o seu descumprimento".

Note-se que os vícios regimentais, por si sós, não invalidam a lei, dada a facilidade com que podem ser alteradas as disposições regimentais, para as quais não se exige *quorum* qualificado, a não ser que resultem em inobservância das normas da Constituição acerca do processo legislativo. A posição majoritária do Supremo Tribunal, a propósito deste tema, é no sentido de que "matéria

---

Corte estaria consolidada no sentido de deverem ser, em regra, rechaçadas as demandas judiciais com essa finalidade. Delimitou haver duas exceções a essa regra: a) proposta de emenda à Constituição manifestamente ofensiva a cláusula pétrea; e b) projeto de lei ou de emenda em cuja tramitação se verificasse manifesta ofensa a cláusula constitucional que disciplinasse o correspondente processo legislativo. Aduziu que, em ambas as hipóteses, a justificativa para excepcionar a regra estaria claramente definida na jurisprudência do STF. O vício de inconstitucionalidade estaria diretamente relacionado aos aspectos formais e procedimentais da atuação legislativa. Nessas hipóteses, a impetração de segurança seria admissível porque buscaria corrigir vício efetivamente concretizado, antes e independentemente da final aprovação da norma. Ressaltou que a mais notória consequência de eventual concessão da ordem seria a universalização do controle preventivo de constitucionalidade, em descompasso com a Constituição e com a jurisprudência já consolidada. Esse modelo de controle prévio não teria similar no direito comparado e ultrapassaria os limites constitucionais da intervenção do Judiciário no processo de formação das leis. Asseverou que as discussões políticas, nesse âmbito, pertenceriam ao Legislativo e não ao Judiciário, cujas decisões somente seriam consideradas políticas quando tivessem por substrato interpretação e aplicação de leis de conteúdo político. Sublinhou o distanciamento que as Cortes constitucionais deveriam ter dos processos políticos, inclusive pela sua inaptidão para resolver, por via de ação, os conflitos carregados de paixões dessa natureza. Salientou não fazer sentido, ademais, atribuir a parlamentar, a quem a Constituição não habilitaria para provocar o controle abstrato de constitucionalidade normativa, prerrogativa muito mais abrangente e eficiente de provocar esse controle sobre os próprios projetos legislativos. Além disso, subtrair-se-ia dos outros Poderes a prerrogativa de exercerem o controle constitucional preventivo de leis. (STF, MS 32033/DF, Rel. Min. Gilmar Mendes, j. 12 e 13.6.2013); *Informativos* 709 e 710/STF.

relativa à interpretação, pelo Congresso Nacional, de normas do regimento legislativo, é imune à crítica judiciária, circunscrevendo-se no domínio *interna corporis*".[106]

É preciso considerar, no entanto, que o controle jurisdicional preventivo de constitucionalidade se acha relacionado com a concepção de devido processo legislativo, a reclamar que o tema seja examinado numa perspectiva *reconstrutiva*, é dizer, que permita romper tanto com abordagens excessivamente normativas, tanto quanto cépticas, evitando, portanto, que a norma não perca seu contato com a realidade, nem que se exclua qualquer aspecto normativo. Marcelo Cattoni examina, nesse ângulo, o controle da constitucionalidade do processo legislativo, para questionar o posicionamento do Supremo Tribunal quanto à inviabilidade do controle das normas regimentais. Acentua que esse entendimento jurisprudencial se revela inadequado ao paradigma do Estado Democrático de Direito, levando ao surgimento de ilhas corporativas de discricionariedade. Afirma que colocada, nesses termos, a questão acerca da irregularidade e da inconstitucionalidade da tramitação de um projeto de lei ou de uma proposta de emenda constitucional, ela "acabaria sendo reduzida a um interesse particular e exclusivo dos deputados e senadores, e jamais referida à produção da lei como afeta à cidadania em geral". Assim, o que está "em questão é a própria cidadania em geral e não o direito de minorias parlamentares ou as devidas condições para a atividade legislativa de um parlamentar 'X' ou 'Y'. Não se deve, inclusive, tratar o exercício de um mandato representativo como questão privada, ainda que sob o rótulo de 'direito público subjetivo' do parlamentar individualmente considerado, já que os parlamentares, na verdade, exercem função pública de representação política; e é precisamente o exercício necessariamente público, no mínimo coletivo ou partidário, dessa função que se encontra em risco. Trata-se da defesa da garantia do pluralismo no processo de produção legislativa, da defesa da própria democracia enquanto respeito às regras do jogo, da possibilidade de que a minoria de hoje possa vir a se tornar a maioria de amanhã".[107]

Por isso mesmo é que o Regimento Interno e sua matéria *interna corporis*, regras apenas subsidiárias das normas constitucionais de elaboração legislativa, não são invulneráveis, sendo passíveis de irrestrito controle de constitucionalidade, para que se conformem com o devido processo legislativo, e se dê cumprimento aos princípios constitucionais que fundamentam e legitimam o processo constitucional. A abertura do processo constitucional irá ainda permitir a participação do próprio povo nas correições dos projetos de lei, por ser ele agente proce-

---

[106] *RTJ* 112/1023.

[107] CATTONI DE OLIVEIRA. *Devido processo legislativo*, p. 16, 25-26.

dimental legitimado para desencadear o controle difuso de constitucionalidade, que não pode ser reservado aos parlamentares.

Nessa linha, acentua Menelick de Carvalho Netto que "apenas a institucionalização de espaços públicos, mediatizados pelo reconhecimento da igualdade e da liberdade de todos os partícipes, pode contribuir para a formação dessa identidade constitucional, a um só tempo, abstrata e solidária. Abstrata posto que universal, aberta, pois ela deve ser capaz de permanentemente incorporar as diferenças existentes e que venham a se tornar visíveis a partir das lutas por reconhecimento dos mais distintos grupos, reconhecendo-as como expressões constitucionalmente garantidas de liberdade na igualdade solidária da cidadania". E para o resgate de nossas melhores tradições constitucionais, um "Supremo Tribunal Federal que não continue a permitir, por exemplo, a privatização do processo legislativo tomado como prerrogativa pessoal do parlamentar e não como garantia do próprio regime democrático. Imagine, qual o significado do seu voto nessa eleição que acabou de passar (...) se as normas regimentais não impedem a ditadura da maioria, se são apenas normas *interna corporis*, ou seja, da eventual maioria? O preço é o da redução da constituição a uma simples fachada, o da sua incapacidade de produzir legitimidade, gerando, ao contrário, descrédito institucional e anomia".[108]

De remarcar que atos *interna corporis* são aqueles praticados por quem detém competência, nos limites definidos pela Constituição ou pelas leis, e se referem à economia interna do órgão ou Poder de onde emanam, sem violarem direito subjetivo individual de terceiro ou de seus próprios membros. No domínio do Poder Legislativo, atos *interna corporis* são aqueles relacionados com o mérito das deliberações ou decisões da Mesa, das Comissões Parlamentares ou do Plenário, que envolvem a sua organização e o seu funcionamento, a eleição dos membros das Mesas e Comissões, a elaboração do Regimento Interno, a organização das atividades parlamentares e dos serviços auxiliares, o exame de prerrogativas, poderes, direitos e incompatibilidades dos congressistas.

José Adércio Leite Sampaio faz amplo estudo sobre o que denomina de "espaços jurisdicionais vazios", indenes à apreciação judicial, neles incluídos os atos *interna corporis*. Após enfatizar que a definição dos espaços jurisdicionais vazios não é tarefa das mais fáceis, sobretudo se se levar em consideração a crescente tendência de controle judicial em todo o mundo e em campo antes reservado apenas aos atores políticos, nomeadamente ao Executivo e ao Legislativo, o eminente constitucionalista, ressalvando que a baliza da constitucionalidade e da legalidade não pode ser relegada no exame de tais atos, pelo Poder Judiciário, apresenta-nos uma tipologia dos atos *interna corporis*, em sede legislativa, no

---

[108] CARVALHO NETTO. *In*: SAMPAIO (Coord.). *Crise e desafios da constituição*, p. 288-289.

sistema brasileiro, a partir de decisões do Supremo Tribunal Federal: "atos legislativos *interna corporis* podem dizer respeito, por exemplo, à continuidade e disciplina dos trabalhos parlamentares, como as deliberações do Presidente da Câmara dos Deputados, relativas à composição de comissões e à distribuição de tempo para comunicações em plenário, atendendo a parlamentares fundadores de partido político ainda não registrado; ou à organização e funcionamento de comissão parlamentar de inquérito, à nomeação, afastamento ou substituição de seus membros; ao arquivamento de requerimento e sua instauração, sob alegação de ter descumprido ato regimental que exigia indicação do limite das despesas a serem realizadas pela comissão; pode ser visto no processo de perda de mandato, normalmente regido por normas *interna corporis*, contanto que não firam as garantias e direitos constitucionalmente consagrados; reiterando-se posição de que o Judiciário não pode substituir a deliberação do plenário, a ponderação dos fatos e a valoração das provas ali apresentadas; assim como se referir à atividade legislativa, notadamente à tramitação de projeto de lei, *e.g.*, deliberação do Presidente da Casa, em torno do instante em que um projeto de lei deva ser submetido à votação, colocada sob seu juízo de oportunidade ou segundo acordo de lideranças, nos termos regimentais, não podendo, por isso, ser compelido a colher requerimento de urgência-urgentíssima ou a submetê-lo incontinenti a discussão e votação; ato do Presidente do Congresso que indefere requerimento de anexação de projeto de emenda constitucional por entender inexistir, no caso, analogia ou conexão entre o que seria submetido a plenário e o objeto do requerimento; ato do Presidente da Câmara dos Deputados que submete à discussão e votação emenda aglutinativa, impugnado por ofender o Regimento Interno da Casa em sua exigência de expressa indicação das emendas que foram fundidas, da distinção entre autoria e relatoria do projeto, supostamente lesivo ao direito de terem os Deputados assegurados os princípios da legalidade e moralidade durante o processo de elaboração legislativa, se as informações do Presidente da Casa apresentarem a interpretação dada ao Regimento para cada ponto questionado e negarem a coincidência o autor e o relator do projeto; ou interpretação do Presidente da Câmara de que para obtenção do *quorum*, exigido para determinada votação, poderiam também somar-se as presenças notórias em plenários, que não haviam acionado o mecanismo de registro eletrônico, em que pesem os protestos no sentido de que teria de ser verificado exclusivamente pelo painel eletrônico da Câmara; descumprimento de norma regimental que impunha, durante a tramitação de certos projetos de lei, a passagem obrigatória por uma comissão temática. Enfim, examinar a interpretação dispensada pelo Regimento Interno pela respectiva Casa, especialmente por seu Presidente."[109]

---

[109] SAMPAIO. *A constituição reinventada pela jurisdição constitucional*, p. 247- 339.

8.4 Controle preventivo e lei delegada

O controle preventivo é exercido ainda pelo Poder Legislativo, na hipótese de que trata o § 3º do art. 68 da Constituição, relativamente à lei delegada, quando a resolução que autoriza o Presidente da República a editar lei delegada determinar a apreciação do projeto do Executivo, pelo Congresso Nacional. Nesse caso, o Congresso poderá impedir a entrada em vigor da lei delegada, ao rejeitar o projeto por inconstitucionalidade. Nessa modalidade de delegação, evidencia-se uma inversão do processo de elaboração da lei ordinária, pois é o Congresso que "ratifica" o projeto estabelecido pelo Executivo, em votação única, vedada qualquer emenda.

8.5 Controle preventivo e veto presidencial

Ao Presidente da República cabe, pelo veto que se qualifica de jurídico (art. 66, § 1º, da Constituição), exercer o controle preventivo de constitucionalidade, impedindo o ingresso de lei inconstitucional no ordenamento jurídico. A concepção de que o controle preventivo se realiza à luz do devido processo legislativo tem levado à indagação se caberia o controle jurisdicional do veto oposto pelo Presidente da República, fundado em inconstitucionalidade do projeto de lei, para que se aferisse do acerto das razões do veto. Ao considerar o veto como ato de competência política discricionária do Presidente da República, inviável seria o seu controle pelo Judiciário, que não poderia adentrar o mérito do ato, mesmo em se tratando de veto jurídico, em que a sua motivação seria a inconstitucionalidade da lei projetada. De outro norte, a ideia de que o Presidente da República estaria vinculado à Constituição e à realidade, quando da prática de qualquer ato, as razões do veto poderiam ser impugnadas por meio de mandado de segurança, cuja impetração seria garantida, pelo menos, aos parlamentares representantes da maioria que aprovou o projeto.[110]

Na doutrina, a insindicabilidade do veto, paralelamente à sua apreciação pelo Congresso Nacional, é destacada por José Alfredo de Oliveira Baracho.[111]

Posição contrária é sustentada por Gustavo Binenbojm: ao ressalvar que o veto oposto pelo Presidente da República, por contrariedade do projeto de lei ao interesse público, reveste-se de caráter político, dado o seu conceito vago, sendo, pois, insuscetível de controle judicial, entende que o mesmo não se verifica quan-

---

[110] Sobre o veto, cf. CASASANTA. *O poder de veto*; BARACHO. Teoria geral do veto, *in Revista de Informação Legislativa*, n. 83, jul./set. 1984; RODRIGUES. *O veto no direito comparado*. CARVALHO NETTO. *A sanção no procedimento legislativo*.

[111] BARACHO. As atribuições constitucionais do poder executivo. *In: Revista de Direito Administrativo*, n. 31, p. 3-4.

PROCESSO LEGISLATIVO

to ao veto motivado pela desconformidade entre o projeto de lei e a Constituição. Nesse caso, a sindicabilidade é possível, sobretudo porque o Chefe do Executivo, ao explicitar as razões do veto, vincula o seu ato a determinados motivos, que devem ser verdadeiros e consistentes. Cabe, pois, à maioria parlamentar, que aprovou o projeto de lei e que entenda que o veto por inconstitucionalidade não é fundado, o direito de instaurar a controvérsia perante o Poder Judiciário.[112]

O Supremo Tribunal Federal, no julgamento da ADFF n. 1, Rel. Min. Moreira Alves, decidiu ser o veto ato político, que não se enquadra no conceito de ato do Poder Público, para fins de arguição. No julgamento da ADPF n. 45, a despeito de ser dada por prejudicada, o STF admitiu o controle judicial de constitucionalidade do veto, como se extrai da decisão do Relator, Min. Celso de Mello: "Trata-se de argüição de descumprimento de preceito fundamental promovida contra veto, que, emanado do Senhor Presidente da República, incidiu sobre o § 2º do art. 55 (posteriormente renumerado para art. 59), de proposição legislativa que se converteu na Lei n. 10.707/2003 (LDO), destinada a fixar as diretrizes pertinentes à elaboração da lei orçamentária anual de 2004 (*omissis*). Não obstante a superveniência desse fato juridicamente relevante, capaz de fazer instaurar situação de prejudicialidade da presente argüição de descumprimento de preceito fundamental, não posso deixar de reconhecer que a ação constitucional em referência, considerado o contexto em exame, qualifica-se como instrumento idôneo e apto a viabilizar a concretização de políticas públicas, quando, previstas no texto da Carta Política, tal como sucede no caso (EC 29/2000), venham a ser descumpridas, total ou parcialmente, pelas instâncias governamentais destinatárias do comando inscrito na própria Constituição da República (*omissis*). Essa eminente atribuição conferida ao Supremo Tribunal Federal põe em evidência, de modo particularmente expressivo, a dimensão política da jurisdição constitucional conferida a esta Corte, que não pode demitir-se do gravíssimo encargo de tornar efetivos os direitos econômicos, sociais e culturais – que se identificam, enquanto direitos de segunda geração, com as liberdades positivas, reais ou concretas.[113] (*RTJ* 164/158-161, Rel. Min. Celso de Mello) –, sob pena de o Poder Público, por violação positiva ou negativa da Constituição, comprometer, de modo inaceitável, a integridade da própria ordem constitucional."

8.6 Observações gerais sobre o controle preventivo

O controle político-preventivo tem-se revelado frágil e ineficaz, porquanto nele os controlados se confundem com os controladores, e a apreciação da maté-

---

[112] BINENBOJM. *A nova jurisdição constitucional brasileira*: legitimidade democrática e instrumentos de realização, p. 225-232.

[113] ADPF n. 45 MC/DF, Informativo 345/STF.

ria constitucional se faz à luz de aspectos concernentes a conveniência ou oportunidade.

Apesar da fragilidade do controle político-preventivo de constitucionalidade, não se deve perder de vista que o legislador deve estar atento à adequação constitucional das proposições parlamentares, em razão da vinculação de seus atos à Constituição.

Desse modo, o controle legislativo de constitucionalidade acaba por se transformar em mecanismo que se soma ao controle judicial preventivo, orientado pelo devido processo legislativo, e pelo controle judicial sucessivo ou repressivo, passando a ter importância fora do espaço congressual e, mesmo que não expressamente vinculante, deve ser visto como mais um instrumento na busca do aperfeiçoamento dos atos legislativos.[114]

Sobre o tema, expressivo é o pensamento de Canotilho: "A liberdade de conformação política do legislador e o âmbito de previsão não são incompatíveis com uma vinculação jurídico-constitucional, a apurar através de princípios constitucionais constitutivos (ex.: princípio democrático) e de direitos fundamentais; por outro lado, se as previsões ou prognoses são actos políticos, também isso não significa que esses actos não possam ser medidos pela constituição. O problema não reside aqui em, através do controlo constitucional se fazer política, mas em apreciar a constitucionalidade da política."[115]

9. CONSIDERAÇÕES FINAIS

A Constituição de 1988, seguindo terminologia da Carta anterior, estruturou o processo legislativo em Seção própria do Capítulo dedicado ao Poder Legislativo.

Houve, no entanto, supressão do decurso de prazo (aprovação presumida de projeto de lei sem manifestação do Congresso Nacional), preservando o texto de 1988 o procedimento legislativo sumário (art. 64, §§ 1º e 2º) para os projetos de iniciativa do Presidente da República, que poderá solicitar urgência para sua apreciação. Caso o projeto não seja apreciado, sucessivamente, no prazo de 45 dias pelas duas Casas Legislativas, será incluído na ordem do dia, sobrestando-se a deliberação quanto aos demais assuntos, até que se ultime a votação.

A iniciativa geral das leis fora ampliada com o surgimento da iniciativa popular (art. 62, § 2º) e a inclusão do Procurador-Geral da República como titular do poder de iniciativa para os projetos de lei relativos à criação e extinção de cargos

---

[114] AZEVEDO. *O controle legislativo de constitucionalidade*, p. 123.

[115] CANOTILHO. *Constituição dirigente e vinculação do legislador*, p. 275.

e serviços auxiliares do Ministério Público, bem como de lei complementar de organização, atribuições e estatuto da Instituição (art. 127, § 2º, e art. 128, § 5º).

Ampliou-se, também, a matéria de iniciativa exclusiva dos Tribunais, sendo do Supremo Tribunal Federal a iniciativa da lei complementar que estabelecerá o estatuto da magistratura (art. 93), das leis de criação e extinção de cargos e a remuneração dos seus serviços auxiliares, de fixação do subsídio de seus membros, cabendo aos Tribunais Superiores e aos Tribunais de Justiça a iniciativa das leis de alteração do número de membros dos tribunais inferiores, a criação e extinção de cargos, e a remuneração dos seus serviços auxiliares e dos juízos que lhes forem vinculados, bem como a fixação do subsídio de seus membros e dos juízes, inclusive dos tribunais inferiores, onde houver, da criação ou extinção dos tribunais inferiores (art. 96, II, *a*, *b* e *c*, com a redação da EC n. 41/2003). Aos Tribunais de Justiça compete ainda, privativamente, propor às Assembleias Legislativas a alteração da organização e da divisão judiciárias (art. 96, II, *d*).

A Constituição também restabeleceu a iniciativa da proposta de emenda à Constituição Federal pelas Assembleias Legislativas dos Estados, eliminou a irreformabilidade da República, ampliou os casos de irreformabilidade constitucional, instituiu a adoção de medidas provisórias com força de lei, reduziu o *quorum* na deliberação sobre o veto presidencial e incluiu a matéria reservada à lei complementar no elenco da indelegabilidade.

O exame do texto constitucional revela, ainda, o fortalecimento das Comissões permanentes, que terão a faculdade de realizar audiências públicas com entidades da sociedade civil (art. 58, § 2º, II), possibilitando-lhes, assim, no âmbito do processo legislativo, instruírem de maneira adequada os estudos legislativos. Ao valorizar as Comissões, a Constituição valoriza o próprio Poder Legislativo que não se reduz apenas ao Plenário, mas tem nas Comissões uma das suas principais bases de autoridade perante a opinião pública.

Por último, deve-se considerar que a agilização da tramitação legislativa, sem o comprometimento, como é óbvio, da qualidade das leis, depende, sobretudo, de uma estrutura administrativa e de apoio no âmbito das Casas Legislativas, e de um regimento interno flexível que concorra para a eficiência da produção normativa, tarefa nuclear do Poder Legislativo.

7

CAPÍTULO

PROCEDIMENTO LEGISLATIVO

> **Sumário:** 1. Noção de procedimento legislativo. 2. Tipologia do procedimento legislativo. 3. Procedimento legislativo normal ou comum. 4. Procedimento legislativo abreviado. 5. Procedimento legislativo sumário. 6. Procedimento legislativo sumaríssimo. 7. Procedimento legislativo concentrado. 8. Procedimento legislativo especial.

1. NOÇÃO DE PROCEDIMENTO LEGISLATIVO

Costuma-se distinguir processo de procedimento legislativo. Este último tem sido entendido como cada um dos ritos do processo legislativo.

Para José Afonso da Silva,

> o procedimento legislativo é parte do processo de formação das leis. Este constitui os princípios abstratos, estáticos de que o procedimento é o fator concreto e dinâmico; é, por assim dizer, o processo em movimento para atingir o fim a que se propõe: a formação da lei.[1]

O procedimento legislativo consiste numa "sequência ordenada de atos parlamentares individualizados que, dando aplicação às normas constitucionais e regimentais, conformam a vontade das Câmaras, expressa em normas de aplicação geral. As leis são, portanto, o fruto de uma série de passos concretos que devem sua origem a regras formais de diversos níveis. É evidente que a característica principal do procedimento legislativo é a sua complexidade, que resulta tanto da duplicidade inerente, em nosso caso, ao caráter bicameral do Parlamento, quanto ao trabalho próprio de cada uma das Câmaras. Essa complexidade também fica patente, por exemplo, na diferente interpretação doutrinária das fases concretas que se podem identificar em toda essa tramitação por essência complexa, ainda

---

[1] SILVA. *Princípios de processo de formação das leis no direito constitucional*, p. 239.

que seja consenso aceitar que, em grande parte, ela reside no trabalho parlamentar propriamente dito, que, combinado com outras atuações, quer sejam prévias – o Governo por meio da apresentação de projetos de lei –, quer sejam posteriores – sanção e promulgação –, dá forma à lei como instrumento jurídico expresso. Tendo-se admitido o papel central do Parlamento na criação de normas, o passo seguinte é a interpretação dos princípios regimentais que disciplinam esta matéria."[2]

Na perspectiva reconstrutiva da Teoria Discursiva do Direito e da Democracia o procedimento não é tido apenas como a forma pela qual os atos e as fases processuais se sucedem, mas procedimento é gênero de que o processo é espécie. Em outras palavras: procedimento é a atividade de preparação de provimentos estatais, que são atos de caráter vinculante do Estado a gerarem efeitos sobre a esfera jurídica dos cidadãos, e o processo se caracteriza como espécie de procedimento pela participação na atividade de preparação do provimento dos interessados, com o autor do próprio provimento (processo jurisdicional), ou dos seus representantes, como no caso do processo legislativo. Esse posicionamento se deve ao processualista italiano Elio Fazzalari, cuja teoria foi divulgada no Brasil por Aroldo Plínio Gonçalves em sua *Técnica processual e teoria do processo*.[3]

O estudo do procedimento, na moderna Teoria da Constituição, torna-se, desse modo, imprescindível: em primeiro lugar "porque a dinamização de um programa normativo-constitucional – a sua 'entrada no tempo' – implica a transformação da lei constitucional em *law in public action*, isto é, o processo de realização das normas constitucionais aponta para a necessidade de se 'trazer para a rua' (Häberle) a própria Constituição. Um instrumento considerado adequado para a conversão da constituição (considerada, tradicionalmente, de uma forma estática, como uma ordem jurídica fundamental do Estado) em ordem dinâmica de uma comunidade é o procedimento. Em segundo lugar, a democratização do exercício do poder através da participação pressupõe que esta participação se traduza, mediante a sua canalização por meio de 'procedimentos justos', numa influência qualitativa no resultado das decisões".[4] O procedimento constitucional envolve, desse modo, as atividades de produção de atos normativos (arts. 59 a 69 da Constituição brasileira de 1988), como as de execução de normas constitucionais, em especial as que se referem aos direitos fundamentais, por meio de procedimentos legislativos e administrativos.

---

[2] DE ANTONIO. *As relatorias no procedimento legislativo. In: Cadernos da Escola do Legislativo*, n. 4 – jul./dez. 95, p. 126.

[3] GONÇALVES. Técnica processual e teoria do processo. Rio de Janeiro: AIDE, 1992.

[4] CANOTILHO. *Direito constitucional e teoria da constituição*, p. 854.

PROCEDIMENTO LEGISLATIVO   269

Importante assinalar que o projeto de lei, depois de apresentado, passa a pertencer, não mais ao seu autor, mas à sociedade, e envolve a sua negociação por meio de emendas; a reciprocidade de favores entre os parlamentares (*log-rolling*, ou seja, propensão que um parlamentar tem em colaborar nos projetos de seus colegas em troca de colaboração em seus próprios projetos); a mobilização política e social para dar suporte ao projeto; envolvimento da mídia; início da construção da denominada *supermaioria* (conceito usado para garantir a durabilidade de uma lei e a credibilidade perante o eleitorado, após aprovação do projeto com folga de votos favoráveis, ou seja, muito acima da maioria exigida).

2. TIPOLOGIA DO PROCEDIMENTO LEGISLATIVO

Levando em conta o Regimento Interno da Câmara dos Deputados e do Senado Federal, são identificados seis tipos de procedimento legislativo:

1. procedimento legislativo normal ou comum;

2. procedimento legislativo abreviado;

3. procedimento legislativo sumário;

4. procedimento legislativo sumaríssimo;

5. procedimento legislativo concentrado;

6. procedimento legislativo especial.

É importante esclarecer que a matéria que se submete ao processo legislativo tem a forma de proposição. E, segundo dispõe o art. 100 do Regimento Interno da Câmara dos Deputados, proposição é toda matéria sujeita a sua deliberação, podendo consistir em proposta de emenda à Constituição, projeto, emenda, indicação, requerimento, recurso, parecer e proposta de fiscalização e controle.

3. PROCEDIMENTO LEGISLATIVO NORMAL OU COMUM

O *procedimento legislativo normal* ou *comum* aplica-se à elaboração das leis ordinárias e complementares. Dele são, no entanto, excluídas as leis financeiras (plano plurianual, diretrizes orçamentárias, orçamentos anuais e projetos de abertura de crédito adicional) e os códigos.

O procedimento se verifica nas Comissões Permanentes e no Plenário de cada uma das Casas Legislativas. É iniciado com a apresentação e a leitura do projeto, realizada em Plenário; prossegue nas Comissões Permanentes, as quais, depois de estudá-lo e debatê-lo, emitem parecer, com o pronunciamento de todas as Comissões a que tenha sido distribuído, o projeto vai a Plenário (fase de discussão e votação).

Parecer é a proposição com que uma Comissão se pronuncia sobre qualquer matéria sujeita ao seu estudo. O parecer traduz a opinião fundamentada da Comissão sobre a matéria em exame. O parecer é, pois, o ato pelo qual o Colegiado se manifesta sobre proposição ou documento apresentados de acordo com as normas regimentais. O parecer é geralmente escrito, mas pode ser oral nas hipóteses previstas nos Regimentos Internos das Casas legislativas. Na realidade, é o Relatório aprovado na Comissão que deve ser conclusivo relativamente à matéria a que se referir, podendo a conclusão ser: pela aprovação, total ou parcial; pela rejeição; pelo arquivamento; pelo destaque, para proposição em separado, de parte da proposição principal, quando originária do Senado, ou de emenda; pela apresentação de projeto, requerimento, emenda ou subemenda, etc.

O parecer escrito tem a seguinte estrutura: *epígrafe* (ou *título*), *relatório, fundamentação, conclusão* e *fecho. A epígrafe* é utilizada para identificar a proposição. O *relatório* consiste na exposição da matéria e no histórico sucinto da tramitação do projeto até o momento do parecer. A *fundamentação* consiste na análise dos aspectos da matéria compreendidos no âmbito de competência da comissão. Em se tratando de parecer de comissão de mérito, "a fundamentação, destacando os pontos relevantes da matéria, fará uma analise crítica que poderá explorar aspectos conceituais e doutrinários; dados estatísticos e informações históricas; normas legais existentes sobre a matéria; política de ação governamental estabelecida para a área; avaliação de experiências assemelhadas; adequação da proposta ao cenário do nível de governo correspondente ao da Casa Legislativa competente para legislar; impacto da proposta sobre a realidade; repercussão da introdução da norma no ordenamento jurídico; benefícios esperados e efeitos secundários; condições de aplicabilidade; oportunidade da aprovação: circunstâncias político-administrativas; adequação da linguagem técnica; propriedade de articulação do texto com o ordenamento existente; posicionamento da comissão sobre a matéria".[5] Na *conclusão* do parecer, a comissão apresenta sua posição relativamente à matéria: a Comissão de Constituição e Justiça e de Redação conclui pela constitucionalidade, legalidade e juridicidade do projeto, ou por sua inconstitucionalidade, ilegalidade e antijuridicidade. A comissão de mérito opina pela aprovação do projeto (com as emendas que apresenta, se for o caso), ou pela sua rejeição. O texto da conclusão, "no parecer de mérito, deve conter ainda: a opinião da comissão (pela aprovação ou pela rejeição) sobre cada uma das emendas anteriormente propostas, dentro do mesmo turno; a indicação, em face de cada uma das emendas da comissão que

---

5   MINAS GERAIS. Assembléia Legislativa. *Manual de redação parlamentar*, p. 63.

elabora o parecer, da situação de prejudicialidade das emendas anteriores, se for o caso".[6]

À exceção das proposições apresentadas por Senador ou Comissão do Senado, e das que se sujeitam à reunião conjunta do Congresso Nacional, todos os projetos de lei têm seu procedimento legislativo iniciado na Câmara dos Deputados (Constituição Federal, art. 61, § 2°, e 64).

Haverá antecipação do término do procedimento legislativo, nas hipóteses de declaração de prejudicialidade ou arquivamento. São consideradas prejudicadas: a proposição idêntica a outra aprovada ou rejeitada na mesma sessão legislativa; aquela que tiver substitutivo aprovado ou for semelhante a outra considerada inconstitucional; aquela cujo objeto perdeu a oportunidade, entre outras (Regimento Interno da Câmara, arts. 163 e 164). Dá-se o arquivamento, entre outras hipóteses, por sugestão da Comissão (art. 57, IV, do RICD), quando todas as Comissões de mérito dão parecer contrário (art. 133 do RICD e art. 254 do Senado)[7] e ao fim da legislatura (art. 105, *caput*,do RICD). Na Câmara dos Deputados, o parecer da Comissão de Constituição e Justiça e de Cidadania, ou de Comissão Especial, é terminativo quanto à constitucionalidade ou juridicidade da matéria, ressalvado recurso ao Plenário (arts. 54 e 144 do RICD). Haverá o arquivamento definitivo da proposição que receber parecer da Comissão de Finanças e Tributação pela inadequação financeira ou orçamentária, salvo recurso ao Plenário (arts. 54, II, e 144 do RICD). Note-se que, pela dicção do art. 139, II, do Regimento Interno da Câmara dos Deputados, com a redação que lhe fora dada pela Resolução n. 10, de 1991, inverteu-se o fluxo de tramitação das proposições, no âmbito das Comissões, passando a Comissão de Constituição e Justiça e de Cidadania a ser ouvida em último lugar.

As emendas à proposição são oferecidas tanto na Comissão quanto no Plenário (fase de discussão), hipótese em que retorna às Comissões Técnicas.

Os projetos de lei ordinária sujeitam-se, de regra, a turno único de discussão e votação; os de lei complementar, a dois turnos, salvo na Casa revisora. Note-se que, no âmbito das Assembleias Legislativas dos Estados-Membros, a regra geral tem sido a de dois turnos de tramitação dos projetos de lei ordinária, como é o caso de Minas Gerais.[8]

---

[6] MINAS GERAIS. Assembléia Legislativa. *Manual de redação parlamentar*, p. 64.

[7] A Constituição de 1988, diferentemente do texto constitucional anterior, não mais determina o arquivamento do projeto que receber parecer contrário de todas as Comissões, passando este assunto a ser tratado no Regimento Interno das Casas Legislativas.

[8] Cf. *Regimento Interno da Assembléia Legislativa de Minas Gerais*, art. 181.

Com o encerramento da discussão, os projetos são votados. O *quorum* para aprovação é o da maioria simples de votos, presente a maioria absoluta dos membros da Casa Legislativa. No caso de lei complementar, o *quorum* para aprovação é o da maioria absoluta dos membros de cada Casa Legislativa (Constituição Federal, art. 69).

Aprovada a redação final, o projeto é encaminhado à Casa revisora, onde se repete todo o procedimento. Se receber novas emendas, voltará à Casa iniciadora, que se limitará a aprovar ou rejeitar as emendas, proibida a subemenda. Rejeitadas ou aprovadas as emendas, a Casa de origem envia o projeto para a sanção. Se não houver emenda ao projeto, caberá à Casa revisora remeter o projeto para a sanção.

4. PROCEDIMENTO LEGISLATIVO ABREVIADO

O *procedimento legislativo abreviado* dispensa a competência do Plenário, já que a deliberação terminativa ocorre nas próprias Comissões permanentes (art. 58, § 2º, I, da Constituição Federal).

Consta dos Regimentos Internos da Câmara dos Deputados (art. 24, II) e do Senado Federal (art. 91) que esse procedimento não se aplica aos projetos de lei complementar; projetos de códigos; projetos de lei de iniciativa popular, matéria não delegável, mencionada no § 1º do art. 68 da Constituição Federal: projetos de lei de Comissões; projetos de lei oriundos da outra Casa do Congresso, onde tenham ido a Plenário; projetos de lei com pareceres divergentes; projetos em regime de urgência. E segundo o § 1º do art. 24 do Regimento Interno da Câmara dos Deputados, e art. 92 do Regimento Interno do Senado, aplicam-se à tramitação dos projetos de lei submetidos à deliberação conclusiva das Comissões as disposições regimentais previstas para as matérias submetidas à apreciação do plenário.

Apesar de conferir celeridade ao processo, as Casas Legislativas, como se observa, reduziram sobremaneira a utilização do procedimento abreviado. Note-se ainda que a Constituição Federal contribuiu para a redução da utilização do rito abreviado, ao prever que um décimo dos membros da Casa Legislativa correspondente possa recorrer da decisão das Comissões, para o Plenário (art. 58, § 2º, I, parte final).

5. PROCEDIMENTO LEGISLATIVO SUMÁRIO

O *procedimento legislativo sumário* é o que se aplica aos projetos de lei de iniciativa do Presidente da República (excluídos os códigos), cuja mensagem de encaminhamento traga a solicitação presidencial no sentido de urgência (art. 64, §§ 1º a 4º, da Constituição Federal).

PROCEDIMENTO LEGISLATIVO 273

O prazo de 45 dias solicitado pelo Presidente da República refere-se a cada uma das Casas Legislativas, em razão, sobretudo, de que a apreciação dos projetos de lei se realiza separadamente em cada uma delas, como é da essência do bicameralismo.

O art. 204 do Regimento Interno da Câmara dos Deputados estabelece que a apreciação do projeto de lei de iniciativa do Presidente da República, para o qual tenha solicitado urgência, obedecerá ao seguinte: I – findo o prazo de 45 dias de seu recebimento pela Câmara, sem a manifestação definitiva do Plenário, o projeto será incluído na Ordem do Dia, sobrestando-se a deliberação quanto aos demais assuntos, para que se ultime sua votação; II – a apreciação das emendas do Senado pela Câmara, em função revisora, far-se-á no prazo de 10 dias, ao término do qual se procederá na forma acima mencionada.

A solicitação do regime de urgência poderá ser feita pelo Presidente da República depois da remessa do projeto e em qualquer fase de seu andamento, aplicando-se a partir daí as normas regimentais da Câmara dos Deputados.

O prazo de urgência não corre nos períodos de recesso do Congresso Nacional.

6. PROCEDIMENTO LEGISLATIVO SUMARÍSSIMO

O *procedimento legislativo sumaríssimo* decorre de mecanismo regimental que assegura deliberação instantânea sobre matérias submetidas à apreciação das Casas do Congresso Nacional.

É o regime conhecido informalmente por "urgência urgentíssima", previsto no art. 155 do Regimento Interno da Câmara dos Deputados, e art. 336, alíneas *a* e *b*, do Regimento Interno do Senado Federal.

Nele, todas as formalidades regimentais, entre elas os prazos, mas excluídas as exigências de *quorum*, pareceres e publicações, são dispensadas.

Em se tratando de matéria de relevante e inadiável interesse nacional, é suficiente que, na Câmara dos Deputados, líderes com representação de metade mais um dos Deputados, ou a maioria absoluta desses, requeiram a urgência urgentíssima para a proposição entrar automaticamente na ordem do dia, em discussão e votação imediata (art. 155 do Regimento Interno).

No Senado Federal, da mesma forma, quando se tratar de matéria que envolva perigo para a segurança nacional ou calamidade pública, ou simplesmente quando se pretende incluir a matéria na mesma sessão, aplica-se o procedimento sumaríssimo.

7. PROCEDIMENTO LEGISLATIVO CONCENTRADO

O *procedimento legislativo concentrado* é o que envolve a apreciação de matérias sujeitas à reunião conjunta de Deputados e Senadores (leis financeiras e leis delegadas). Cada uma dessas matérias se sujeita a um procedimento próprio.

7.1 Leis orçamentárias

O procedimento legislativo das leis orçamentárias refere-se ao plano plurianual, diretrizes orçamentárias, orçamentos anuais e projetos de abertura de crédito adicional.

A deliberação sobre tais projetos ocorrerá em sessão conjunta do Congresso Nacional, depois de parecer emitido por uma Comissão mista, que os poderá emendar, na forma do art. 166, §§ 3° e 4°, da Constituição Federal.

O Presidente da República, se pretender modificar as proposições orçamentárias, poderá enviar ao Congresso Nacional mensagem aditiva, desde que a Comissão mista não tenha ainda votado a parte cuja alteração é proposta (arts. 166, § 5°, da Constituição Federal).

Os projetos de leis orçamentárias têm a sua tramitação regulada no Regimento Comum (art. 89 e ss.), que passamos a examinar.

A Mensagem do Presidente da República, encaminhando projeto de lei orçamentária, será recebida e lida em sessão conjunta, especialmente convocada para esse fim, que se realizará dentro de 48 horas de sua entrega ao Presidente do Senado. O projeto será distribuído em avulsos nos cinco dias seguintes à sua leitura. O projeto de lei orçamentária será apreciado por uma Comissão Mista que contará com a colaboração das Comissões Permanentes da Câmara dos Deputados e do Senado Federal. As deliberações da Comissão Mista iniciar-se-ão pelos representantes da Câmara dos Deputados, sendo que o voto contrário da maioria dos representantes de uma das Casas importará na rejeição da matéria. As emendas pendentes de decisão do Plenário serão discutidas e votadas em grupos, conforme tenham parecer favorável ou contrário, ressalvados os destaques. Se a Comissão, no prazo fixado, não apresentar o seu parecer, o Presidente do Senado, feita a publicação das emendas, convocará sessão conjunta para a apreciação da matéria, quando designará Relator que proferirá parecer oral. Aplicam-se, na tramitação do projeto de lei orçamentária anual, além dessas disposições, as normas estabelecidas para os demais projetos de lei. Os projetos de orçamento plurianual de investimentos terão a sua tramitação regulada segundo as normas previstas no Regimento Comum para os projetos de lei orçamentária.

As emendas aos projetos de lei orçamentárias obedecerão às normas fixadas no art. 166, §§ 2° a 4°, da Constituição. Tratando-se de emendas ao projeto de lei do orçamento anual, ou a projetos que o modifiquem, somente podem ser aprovadas caso: *a)* sejam compatíveis com o plano plurianual e com a lei de diretrizes orçamentárias; *b)* indiquem os recursos necessários, admitidos apenas os provenientes de anulação de despesa, excluídas as que incidam sobre dotações para pessoal e seus encargos, serviço da dívida e transferências tributárias constitucionais para Estados, Municípios e Distrito Federal; c) sejam relacionadas com a correção de erros materiais, omissões ou com os dispositivos do texto do projeto de lei. As emendas que se destinarem ao projeto de lei de diretrizes orçamentárias somente poderão ser aprovadas se compatíveis com o plano plurianual. Relativamente ao projeto de lei do plano plurianual, não serão admitidas emendas de que resultar aumento de despesa, porquanto este projeto de lei financeira não se acha mencionado na exceção do inciso I do art. 63 da Constituição Federal.

As emendas serão apresentadas na Comissão mista, que sobre elas emitirá parecer, e apreciadas, na forma regimental, pelo Plenário das duas Casas do Congresso Nacional. Segundo a Resolução n. 1, de 2001/CN, o parecer da Comissão mista permanente sobre as emendas será conclusivo e final, salvo requerimento, para que a emenda seja submetida a votos, assinado por um décimo dos Congressistas, apresentado à Mesa do Congresso Nacional até o dia anterior ao estabelecido para a discussão da matéria em Plenário.

Além do texto constitucional, as emendas encontram disciplina na Resolução n. 1, de 2001-CN:

> Art. 20. As emendas às proposições em tramitação na Comissão serão inadmitidas quando contrariarem as normas constitucionais, legais e regimentais. Parágrafo único. O relator indicará, em demonstrativo específico, as emendas que, no seu entender, deverão ser declaradas inadmitidas pelo Presidente da Comissão, cabendo recurso da decisão ao Plenário da Comissão. Art. 21. As emendas ao projeto de lei orçamentária anual e aos projetos de lei de créditos adicionais que proponham inclusão ou acréscimo de valor somente poderão ser aprovadas pela Comissão caso: I – sejam compatíveis com o plano plurianual e com a lei de diretrizes orçamentárias; II – indiquem os recursos necessários, admitidos apenas os provenientes de anulação de despesa, excluídas as que incidam sobre: a) dotações para pessoal e seus encargos; b) serviço da dívida; c) transferências tributárias constitucionais para Estados, Municípios e Distrito Federal; III – não sejam constituídas de várias ações que devam ser objeto de emendas distintas; e IV – não contrariem as normas desta Resolução, bem como as previamente aprovadas pela Comissão. Parágrafo único. Somente serão apreciadas emendas que proponham anulações de despesa mencionadas nas alíneas do inciso II deste artigo quando se referirem a correção de erros ou omissões. Art. 22. Na apreciação do projeto de lei orçamentária anual poderão ser apresentadas, no âmbito do parecer preliminar, emendas que objetivem à correção de erros ou omissões de ordem técnica ou legal nas estimativas de receita. Parágrafo único. Os valores acrescidos por reestimativa da receita, nos termos do *caput* deste artigo ou do § 4º do art. 18, poderão ser utilizados para aprovação de emendas à despesa. Art. 23. As emendas aos projetos de lei de que trata o art. 2º, inciso I, desta Resolução, serão apresen-

tadas, sempre que possível, em meio magnético e terão a assinatura do autor substituída por autenticação eletrônica, segundo as normas e procedimentos fixados pela Comissão. Art. 24. Cada parlamentar poderá apresentar até vinte emendas individuais aos projetos de lei do plano plurianual, de diretrizes orçamentárias, quanto ao seu anexo de metas e prioridades, do orçamento anual e de seus créditos adicionais, excluídas deste limite aquelas destinadas à receita, ao texto da lei e ao cancelamento parcial ou total de dotação. Parágrafo único. O parecer preliminar estabelecerá limite global de valor para apresentação e aprovação de emendas individuais por mandato parlamentar. Art. 25. Aos projetos de lei do plano plurianual, das diretrizes orçamentárias e do orçamento anual poderão ser apresentadas emendas coletivas cuja iniciativa caberá: I – às comissões permanentes do Senado Federal e da Câmara dos Deputados, relativas às matérias que lhes sejam afetas regimentalmente e de caráter institucional ou nacional, acompanhadas da ata da reunião deliberativa, até o limite de cinco emendas por Comissão Permanente; II – às bancadas estaduais no Congresso Nacional, relativas a matérias de interesse de cada Estado ou Distrito Federal, aprovadas por dois terços dos deputados e dois terços dos senadores da respectiva unidade da Federação, acompanhadas da ata da reunião da bancada, respeitados simultaneamente os seguintes limites: a) mínimo de quinze e máximo de vinte emendas; b) as bancadas com mais de onze parlamentares poderão apresentar além do mínimo de quinze emendas, uma emenda adicional para cada grupo completo de dez parlamentares da bancada que excederem a onze parlamentares; III – às bancadas regionais no Congresso Nacional, até o limite de duas emendas, de interesse de cada região macroeconômica definida pelo IBGE, por votação da maioria absoluta dos deputados e maioria absoluta dos senadores que compõem a respectiva região, devendo cada Estado ou Distrito Federal estar representado por no mínimo vinte por cento de sua bancada. § 1º A emenda coletiva e prioritária incluirá na sua justificação elementos necessários para subsidiar a avaliação da ação por ela proposta, apresentando informações sobre a viabilidade econômico-social e a relação custo-benefício, esclarecendo sobre o estágio de execução dos investimentos já realizados e a realizar, com a definição das demais fontes de financiamento e eventuais contrapartidas, quando houver, e definindo o cronograma de execução, além de outros dados relevantes para sua análise. Art. 26. As modificações introduzidas pelas relatorias aos projetos de lei em tramitação na Comissão dependerão da apresentação e publicação da respectiva emenda. § 1º A Comissão não apreciará emenda à despesa, com parecer pela aprovação, cujas fontes de custeio, incluindo-se as condicionadas, não estejam previamente definidas. § 2º Nenhuma emenda poderá ser atendida em valor superior ao da proposição original, ressalvados os casos de remanejamento entre emendas individuais de mesmo autor, preservado o limite global previsto no parágrafo único do art. 24. Art. 27. Os relatores somente poderão apresentar emendas à despesa e à receita com a finalidade de: I – corrigir erros e omissões de ordem técnica ou legal; II – agregar proposições com o mesmo objetivo ou viabilizar o alcance de resultados pretendidos por um conjunto de emendas. § 1º É vedada a apresentação de emendas de relator tendo por objetivo a inclusão de subtítulos novos, bem como o acréscimo de valores a dotações constantes no projeto de lei orçamentária, ressalvado o disposto no inciso I do *caput* e no parecer preliminar. § 2º As emendas de relator serão classificadas de acordo com a finalidade, nos termos do parecer preliminar. Art. 28. Na apreciação do relatório final ao projeto de lei orçamentária anual, serão votadas, inicialmente, as emendas apresentadas à receita, seguidas pelas emendas que proponham cancelamento parcial ou total de dotações e as destinadas a alterar o texto do projeto de lei, ressalvados os destaques. Art. 29. As emendas a projeto de lei de crédito adicional não serão admitidas quando: I – contemplarem subtítulos em unidade orçamentária não prevista no projeto de lei; II – oferecerem como fonte de cancelamento categoria de programação não constante do projeto de lei; III – se destinarem a contrapartida a empréstimos externos, exceto para a correção de erro ou omissão devidamente comprovado. § 1º Fica vedada, em projetos de lei de crédito suplementar, a criação de subtítulos novos. § 2º Aplicam-se aos projetos de lei de crédito adicional, quanto às receitas e cancelamentos, as restrições existentes na apreciação do projeto de lei orçamentária anual.

A Comissão mista permanente, prevista no art. 166, § 1º, da Constituição Federal, denominada de Comissão Mista de Planos, Orçamentos Públicos e Fiscalização – CMPOF – tem a sua organização e funcionamento regulados pela Resolução n. 1, de 2001-CN, que integra o Regimento Comum, cabendo-lhe: I – examinar e emitir parecer sobre: *a)* projetos de plano plurianual, de lei de diretrizes orçamentárias, de orçamento anual e de créditos adicionais; *b)* as contas apresentadas anualmente pelo Presidente da República; *c)* os planos e programas nacionais, regionais e setoriais previstos na Constituição, e exercer o acompanhamento e a fiscalização orçamentária, sem prejuízo da atuação das demais Comissões do Congresso Nacional e de suas Casas; *d)* propostas de emendas aos projetos referidos acima, na letra *a*; II – solicitar às autoridades governamentais responsáveis que, no prazo de cinco dias, prestem esclarecimentos necessários acerca de despesas não autorizadas, solicitando ao Tribunal de Contas pronunciamento conclusivo sobre a matéria, no prazo de trinta dias. Entendendo o Tribunal irregular a despesa, a Comissão, se julgar que o gasto possa causar dano irreparável ou grave lesão à economia pública, proporá ao Congresso Nacional a sua sustação (art. 72, §§ 1º e 2º, da Constituição Federal).

A composição e a direção da Comissão vêm tratadas nos arts. 3º a 8º da Resolução n. 1, de 2001-CN:

Art. 3º A Comissão compõe-se de oitenta e quatro membros titulares, sendo sessenta e três deputados e vinte e um Senadores, com igual número de suplentes. Art. 4º Na segunda quinzena do mês de fevereiro de cada sessão legislativa, a Mesa do Congresso Nacional fixará as representações dos partidos ou blocos parlamentares na Comissão, observado o critério da proporcionalidade partidária. § 1º Aplicado o critério do *caput* deste artigo e verificada a existência de vagas, estas serão destinadas aos partidos ou blocos parlamentares, levando-se em conta as frações do quociente partidário, da maior para a menor. § 2º As vagas que eventualmente sobrarem, após aplicado o critério do parágrafo anterior, serão distribuídas, preferentemente, às bancadas ainda não representadas na Comissão, segundo a precedência no cálculo da proporcionalidade partidária. § 3º A proporcionalidade partidária estabelecida na forma deste artigo prevalecerá por toda a sessão legislativa. Art. 5º Estabelecidas as representações previstas no artigo anterior, os líderes indicarão ao Presidente do Senado Federal, até o quinto dia útil de março, os nomes que integrarão as respectivas bancadas na Comissão, como titulares e suplentes. § 1º Esgotado o prazo referido neste artigo, não havendo eventualmente a indicação das Lideranças, o Presidente do Senado Federal fará a designação dos integrantes das respectivas bancadas. § 2º A instalação da Comissão ocorrerá até o último dia útil de março. Art. 6º A representação, na Comissão, é do partido ou do bloco parlamentar, competindo ao respectivo líder solicitar, por escrito, ao Presidente do Senado Federal, em qualquer oportunidade, a substituição de titular ou suplente por ele indicado ou designado pelo Presidente, na forma do disposto no art. 5º, § 1º, desta Resolução. § 1º Será desligado da Comissão o membro titular que não comparecer, durante a sessão legislativa, sem justificativa, a três reuniões consecutivas ou seis alternadas, convocadas para votação nos termos do art. 39 desta Resolução. § 2º Para efeito do disposto no parágrafo anterior, o Presidente da Comissão comunicará, imediatamente, ao respectivo líder do partido ou bloco parlamentar para que seja providenciada a substituição nos termos do *caput* deste artigo. Art. 7º A Comissão terá um Presidente e três Vice-Presidentes, eleitos por seus pares, em reunião a ser realizada nos cinco dias úteis que se seguirem à sua constituição, com mandato anual, encerrando-se com a instalação da Comissão subseqüente, vedada a reeleição. § 1º As funções de Presidente, Vice-Presidente, Relator-Geral do projeto de lei orçamentária anual e Relator do projeto de lei de diretrizes orçamentárias, serão exercidas, a cada ano, alternadamente, por representantes do Senado Federal e da Câmara dos Deputados, conforme o disposto nos §§ 3º e 4º deste artigo. § 2º O Relator do projeto de lei do plano plurianual será designado, alternadamente, dentre representantes do Senado Federal e da Câmara dos Deputados, não podendo o mesmo pertencer ao partido ou bloco parlamentar a que pertença o Presidente da Comissão. § 3º A primeira eleição, no início de cada legislatura, para Presidente e 2º Vice-Presidente, recairá em representantes do Senado Federal e a de 1º e 3º Vice-Presidentes em representantes da Câmara dos Deputados, alternado-se anualmente conforme disposto no parágrafo anterior. § 4º O Relator do projeto de lei de diretrizes orçamentárias, bem como o Relator-Geral do projeto de lei orçamentária anual, não poderão ser designados entre os membros da Casa ou do partido ou bloco parlamentar a que pertença o Presidente da Comissão. § 5º O suplente da Comissão não poderá ser eleito para funções previstas neste artigo, nem ser designado relator. Art. 8º O Presidente será, nos seus impedimentos, ou ausências substituído por Vice-Presidente, na seqüência ordinal, e na ausência deles, pelo membro titular mais idoso da Comissão, dentre os de maior número de legislaturas. Parágrafo único. Se vagar o cargo de Presidente ou de Vice-Presidente, proceder-se-á a nova eleição para escolha do sucessor, que deverá recair em representante da mesma Casa, salvo se faltarem menos de três meses para o término do mandato, caso em que será provido na forma indicada no *caput* deste artigo. Art. 9º Compete ao Presidente, designar: I – o Relator-Geral e os Relatores-Setoriais do projeto de lei orçamentária anual; II – os Relatores dos projetos de lei do plano plurianual e das diretrizes orçamentárias; III – o Relator das contas de que trata o art. 56 da Lei Complementar n. 101, de 2000; IV – o Relator das contas do Tribunal de Contas da União, nos termos do art. 56, § 2º, da Lei Complementar n. 101, 2000; V – os Relatores das matérias atinentes ao acompanhamento e à fiscalização da execução orçamentária e financeira, estabelecidas no art. 2º, inciso II, desta Resolução; VI – os Relatores de projetos de lei de créditos adicionais e demais relatores que se fizerem necessários aos trabalhos da Comissão. § 1º A designação dos relatores mencionados nos incisos I a IV do *caput* observará o disposto nos §§ 1º, 3º e 4º do art. 7º e no § 3º deste artigo e será procedida de acordo com a indicação das lideranças partidárias ou dos blocos parlamentares, observado o critério da proporcionalidade partidária. § 2º As designações dos relatores obedecerão ao critério de rodízio dentre os membros titulares da Comissão. § 3º Na designação dos Relatores-Setoriais, será adotado o critério de rodízio de forma que não seja repetido, no ano subseqüente, o mesmo relator para a mesma área temática. § 4º O relator que, no prazo regimental, não apresentar o seu parecer, será obrigatoriamente substituído. § 5º Ocorrendo o previsto no § 4º deste artigo, quanto aos Relatores-Setoriais do projeto de lei orçamentária anual, a programação da respectiva área temática e as emendas a ela apresentadas serão remetidas à apreciação exclusivamente na fase do Relator-Geral.

As Comissões Permanentes poderão participar do estudo da matéria orçamentária, consoante as seguintes normas: *a)* as Comissões Permanentes interessadas, uma vez constituída a Comissão Mista, deverão solicitar ao Presidente desta, lhe seja remetido o texto do projeto de lei orçamentária; *b)* a Comissão Mista, ao encaminhar o projeto à solicitante, estabelecerá prazos e normas a serem obedecidos na elaboração de seu parecer, o qual deverá abranger, exclusivamente, as partes que versarem sobre matéria de sua competência específica; *c)* a Comissão Permanente emitirá parecer circunstanciado sobre o anexo que lhe for distribuído e elaborará estudo comparativo dos programas e dotações propostas com a prestação de contas do exercício anterior e, sempre que possível, com a execução da lei orçamentária em vigor; *d)* o parecer da Comissão Permanente será encaminhado, pelo Presidente da Comissão Mista, ao relator respectivo para que sirva como subsídio ao estudo da matéria; *e)* o parecer do relator da Comissão Mista deverá fazer referência expressa ao ponto de vista expendido pela Comissão Permanente; *f)* por deliberação da maioria de seus membros, as Comissões Permanentes do Senado e da Câmara dos Deputados, que tiverem competência coincidente, poderão realizar reuniões conjuntas sob a direção alternada dos respectivos Presidentes, podendo concluir pela apresentação de parecer único.

Aprovado, o projeto de lei financeira vai à sanção presidencial.

Como vimos, não há a possibilidade de rejeição do projeto de lei de diretrizes orçamentárias, em virtude do disposto no art. 57, § 2º, da Constituição Federal, que declara, expressamente, que a sessão legislativa ordinária não será interrompida sem a aprovação deste projeto de lei. O mesmo não ocorre com o projeto de lei de orçamento anual, que poderá ser rejeitado, ou vetado totalmente pelo Presidente da República, pois o art. 166, § 8º, da Constituição, prescreve que os recursos que, em decorrência de veto, emenda ou rejeição do projeto de lei de orçamento anual, ficarem sem despesas correspondentes poderão ser utilizados, conforme o caso, mediante créditos especiais ou suplementares, com prévia e específica autorização legislativa.

7.2 Leis delegadas

As leis delegadas estão previstas no art. 68 da Constituição Federal.

A delegação legislativa vem tratada nos arts. 116 a 127 do Regimento Comum.

A proposta de delegação será encaminhada pelo Presidente da República ao Presidente do Senado Federal, que convocará sessão conjunta para, dentro de 72 horas, dela tomar conhecimento (art. 119 do Regimento Comum). Na sessão conjunta, com a distribuição da matéria em avulsos, será constituída Comissão mista para emitir parecer sobre a proposta.

O parecer concluirá pela apresentação de projeto de resolução, em que se especificará o conteúdo da delegação, os termos de seu exercício e a fixação de prazo, não superior a 45 dias, para a remessa do projeto de lei delegada à apreciação do Congresso Nacional (Regimento Comum, art. 119, § 2º, e Constituição Federal, art. 68).

O parecer será discutido em sessão a realizar-se cinco dias após a distribuição de avulsos com o seu texto. Encerrada a discussão, havendo emendas, a matéria retorna à Comissão mista.

Em caso contrário, vai o parecer à votação. Proferido parecer sobre as emendas, convoca-se a sessão de votação.

Aprovado o projeto de resolução, este será promulgado em vinte e quatro horas, comunicando-se o fato ao Presidente da República.

Determinando a resolução do Congresso Nacional que a votação do projeto se faça pelo Plenário, este, ao recebê-lo, examinará sua conformidade com o conteúdo da delegação, e votará o projeto em bloco, admitido o destaque de partes que, segundo a Comissão, haja extrapolado o ato de delegação. Não poderá, nesta fase, haver emendas (art. 68, § 3º, da Constituição Federal).

A delegação será considerada insubsistente, caso o Presidente da República não remeta o projeto de lei delegada à apreciação do Congresso Nacional no prazo assinalado pelo parecer da Comissão mista (arts. 119, § 2º, e 127, do Regimento Comum).

8. PROCEDIMENTO LEGISLATIVO ESPECIAL

O *procedimento legislativo especial* aplica-se, com ritos distintos, à elaboração de emendas à Constituição, à de códigos e às medidas provisórias.

8.1 Emendas à Constituição

As emendas à Constituição podem ser propostas a qualquer tempo (não há limitação temporal, que foi prevista apenas para a revisão constitucional; neste caso, após cinco anos contados da promulgação da Constituição, conforme consta do art. 3º do ADCT).

Não cabe, todavia, emenda durante intervenção federal, estado de defesa ou de sítio, nem será objeto de deliberação a proposta de emenda tendente a abolir a forma federativa de Estado, o voto direto, secreto, universal e periódico, a separação de Poderes e os direitos e garantias individuais.

É necessário, ainda, que o objeto da emenda não constitua matéria rejeitada ou prejudicada na mesma sessão legislativa (art. 60, § 5º da Constituição Federal).

A iniciativa da proposta de emenda compete a um terço dos membros da Câmara dos Deputados ou do Senado Federal, ao Presidente da República e às Assembleias Legislativas (mais da metade delas com o voto da maioria relativa de seus membros – art. 60, I a III).

Pelo art. 212 do Regimento Interno do Senado Federal, a tramitação da emenda constitucional só não se iniciará na Câmara dos Deputados quando proposta por um terço dos Senadores ou por mais da metade das Assembleias Legislativas das unidades da Federação, hipóteses em que o Senado atuará como Casa iniciadora da proposta de emenda constitucional.

Haverá dois turnos em cada uma das Casas do Congresso. Uma vez aprovada, a emenda será promulgada pelas Mesas da Câmara dos Deputados e do Senado Federal, inexistindo, assim, sanção presidencial.

O Regimento Interno da Câmara dos Deputados prevê o rito da emenda constitucional no art. 202, §§ 1º a 8º, aplicável também à emenda originária do Senado Federal ou quando este subemendou aquela iniciada na Câmara (art. 203), nos seguintes termos:

> Art. 202. A proposta de emenda à Constituição será despachada pelo Presidente da Câmara à Comissão de Constituição e Justiça e de Cidadania, que se pronunciará sobre sua admissibilidade, no prazo de cinco sessões, devolvendo-a à Mesa com o respectivo parecer. § 1º Se inadmitida a proposta, poderá o Autor, com o apoiamento de Líderes que representem, no mínimo, um terço dos Deputados, requerer a apreciação preliminar em Plenário. § 2º Admitida a proposta, o Presidente designará Comissão Especial para o exame do mérito da proposição, a qual terá o prazo de quarenta sessões a partir de sua constituição para proferir parecer. § 3º Somente perante a Comissão Especial poderão ser apresentadas emendas, com o mesmo *quorum* mínimo de assinaturas de Deputados e nas condições referidas no inciso II do artigo anterior (ou seja, desde que não se esteja na vigência de estado de defesa ou de estado de sítio e que não proponha a abolição da Federação, do voto direto, secreto, universal e periódico, da separação dos Poderes e dos direitos e garantias individuais), nas dez primeiras sessões do prazo que lhe está destinado para emitir parecer. § 4º O Relator ou a Comissão, em seu parecer, só poderá oferecer emenda ou substitutivo à proposta nas mesmas condições estabelecidas no inciso II do artigo precedente (acima explicitadas). § 5º Após a publicação do parecer e interstício de duas sessões, a proposta será incluída na Ordem do Dia. § 6º A proposta será submetida a dois turnos de discussão e votação, com interstício de cinco sessões. § 7º Será aprovada a proposta que obtiver, em ambos os turnos, três quintos dos votos dos membros da Câmara dos Deputados, em votação nominal. § 8º Aplicam-se à proposta de emenda à Constituição, no que não colidir com o estatuído neste artigo, as disposições regimentais relativas ao trâmite e apreciação dos projetos de lei.

A proposta de emenda à Constituição pode ser aprovada nos termos de emenda parlamentar ou de substitutivo. Aprovada, na Câmara dos Deputados, a proposta de emenda à Constituição do Senado, a matéria retorna ao Senado. Nesse caso, a redação final faz-se somente das emendas, consoante dispõe o § 4º do art. 195 do Regimento Interno da Câmara: "Nas propostas de emenda à Constituição e nos projetos do Senado emendados pela Câmara, a redação final limitar-se-á à emendas, destacadamente, não as incorporando ao texto da proposição, salvo quando apenas corrijam defeitos evidentes de forma sem atingir de qualquer maneira a substância do projeto."

PROCEDIMENTO LEGISLATIVO

Se, entretanto, a aprovação, na Câmara, da proposta de emenda à Constituição de iniciativa do Senado, se der na forma de substitutivo, passa ele a tramitar no Senado como proposta nova. E caso seja aprovado substitutivo do Senado à proposta nova, oriunda da Câmara à proposta de iniciativa do Senado, a matéria vai à Casa Revisora, tramitando em revisão. Assim ocorre sucessivamente até que se obtenha consenso de ambas as Casas para a aprovação da matéria

O Regimento Interno do Senado trata do assunto nos arts. 354 a 373.

8.2 Elaboração de códigos

A elaboração de códigos, dada a complexidade e extensão de que se reveste a matéria, condiciona-se a rito extremamente lento, o que possibilita amplo e profundo debate.

Dispõe, com efeito, o art. 374, XVI, do Regimento Interno do Senado Federal, que este rito se aplica exclusivamente "aos projetos de códigos elaborados por juristas, comissão de juristas, comissão ou subcomissão especialmente criada com esta finalidade, e que tenham sido antes amplamente divulgados".

A Câmara dos Deputados, por sua vez, só receberá projetos de lei com o procedimento de que se trata, quando a matéria, pela sua complexidade e abrangência, deva ser apreciada como código (art. 212, parágrafo único, do Regimento Interno).

A tramitação do projeto de código inicia-se com a instalação de órgão específico para cuidar da matéria. Na Câmara dos Deputados, trata-se de Comissão temporária. Haverá a designação de um relator-geral e de tantos relatores parciais quantos sejam necessários para as diversas partes do código.

Os prazos de tramitação do projeto podem ser quadruplicados e mesmo suspensos por até 120 sessões, desde que haja necessidade de análise mais aprofundada do assunto.

Enfim, em virtude da relevância do tema, o Regimento Interno da Câmara dos Deputados (art. 212) admite a tramitação simultânea de apenas dois projetos de código.

8.3 Medidas provisórias

As medidas provisórias, previstas no art. 62 da Constituição Federal, têm o seu procedimento tipificado na Resolução n. 1, de 8 de maio de 2002,[9] do Congresso

---

9   "Art. 1º Esta Resolução é parte integrante do Regimento Comum e dispõe sobre a apreciação, pelo Congresso Nacional, de Medidas Provisórias adotadas pelo Presidente da República, com força de lei, nos termos do art. 62 da Constituição Federal. Art. 2º Nas 48 (quarenta e oito) horas que se seguirem à publicação, no Diário Oficial da União, de

Medida Provisória adotada pelo Presidente da República, a Presidência da Mesa do Congresso Nacional fará publicar e distribuir avulsos da matéria e designará Comissão Mista para emitir parecer sobre ela. § 1º No dia da publicação da Medida Provisória no Diário Oficial da União, o seu texto será enviado ao Congresso Nacional, acompanhado da respectiva Mensagem e de documento expondo a motivação do ato. § 2º A Comissão Mista será integrada por 12 (doze) Senadores e 12 (doze) Deputados e igual número de suplentes, indicados pelos respectivos Líderes, obedecida, tanto quanto possível, a proporcionalidade dos partidos ou blocos parlamentares em cada Casa. § 3º O número de membros da Comissão Mista estabelecido no § 2º é acrescido de mais uma vaga na composição destinada a cada uma das Casas do Congresso Nacional, que será preenchida em rodízio, exclusivamente, pelas bancadas minoritárias que não alcancem, no cálculo da proporcionalidade partidária, número suficiente para participar da Comissão (Res. n. 2, de 2000-CN). § 4º A indicação pelos Líderes deverá ser encaminhada à Presidência da Mesa do Congresso Nacional até as 12 (doze) horas do dia seguinte ao da publicação da Medida Provisória no Diário Oficial da União. § 5º Esgotado o prazo estabelecido no § 4º, sem a indicação, o Presidente da Mesa do Congresso Nacional fará a designação dos integrantes do respectivo partido ou bloco, recaindo essa sobre o Líder e, se for o caso, os Vice-Líderes. § 6º Quando se tratar de Medida Provisória que abra crédito extraordinário à lei orçamentária anual, conforme os arts. 62 e 167, § 3º, da Constituição Federal, o exame e o parecer serão realizados pela Comissão Mista prevista no art. 166, § 1º, da Constituição, observando-se os prazos e o rito estabelecidos nesta Resolução. § 7º A constituição da Comissão Mista e a fixação do calendário de tramitação da matéria poderão ser comunicadas em sessão do Senado Federal ou conjunta do Congresso Nacional, sendo, no primeiro caso, dado conhecimento à Câmara dos Deputados, por ofício, ao seu Presidente. Art. 3º Uma vez designada, a Comissão terá o prazo de 24 (vinte e quatro) horas para sua instalação, quando serão eleitos o seu Presidente e o Vice-Presidente, bem como designados os Relatores para a matéria. § 1º Observar-se-á o critério de alternância entre as Casas para a Presidência das Comissões Mistas constituídas para apreciar Medidas Provisórias, devendo, em cada caso, o Relator ser designado pelo Presidente dentre os membros da Comissão pertencentes à Casa diversa da sua. § 2º O Presidente e o Vice-Presidente deverão pertencer a Casas diferentes. § 3º O Presidente designará também um Relator Revisor, pertencente à Casa diversa da do Relator e integrante, preferencialmente, do mesmo Partido deste. § 4º Compete ao Relator Revisor exercer as funções de relatoria na Casa diversa da do Relator da Medida Provisória. § 5º O Presidente designará outro membro da Comissão Mista para exercer a relatoria na hipótese de o Relator não oferecer o relatório no prazo estabelecido ou se ele não estiver presente à reunião programada para a discussão e votação do parecer, devendo a escolha recair sobre Parlamentar pertencente à mesma Casa do Relator e também ao mesmo Partido deste, se houver presente na reunião da Comissão outro integrante da mesma bancada partidária. § 6º Quando a Medida Provisória estiver tramitando na Câmara dos Deputados ou no Senado Federal, a substituição de Relator ou Relator Revisor, na hipótese de ausência, ou a designação desses, no caso de a Comissão Mista não haver exercido a prerrogativa de fazê-lo, será efetuada de acordo com as normas regimentais de cada Casa. Art. 4º Nos 6 (seis) primeiros dias que se seguirem à publicação da Medida Provisória no Diário Oficial da União, poderão a ela ser oferecidas emendas, que deverão ser protocolizadas na Secretaria-Geral da Mesa do Senado Federal. § 1º Somente poderão ser oferecidas emendas às Medidas Provisórias perante a Comissão Mista, na forma deste artigo. § 2º No prazo de oferecimento de emendas, o autor de projeto sob exame de qualquer das Casas do Congresso Nacional poderá solicitar à Comissão que ele tramite, sob a forma de emenda, em conjunto com a Medida Provisória. § 3º O projeto que, nos termos do § 2º, tramitar na forma de emenda à Medida Provisória, ao final da apreciação desta, será declarado prejudicado e arquivado, exceto se a Medida Provisória for rejeitada por ser inconstitucional, hipótese em que o projeto retornará ao seu curso normal. § 4º É vedada a apresentação de emendas que versem sobre matéria estranha àquela tratada na Medida Provisória, cabendo ao Presidente da Comissão o seu indeferimento liminar. § 5º O autor da emenda não aceita poderá recorrer, com o apoio de 3 (três) membros da Comissão, da decisão da Presidência para o Plenário desta, que decidirá, definitivamente, por maioria simples, sem discussão ou encaminhamento de votação. § 6º Os trabalhos da Comissão Mista serão iniciados com a presença, no mínimo, de 1/3 (um terço) dos membros de cada uma das Casas, aferida mediante assinatura no livro de presenças, e as deliberações serão tomadas por maioria de votos, presente a maioria absoluta dos membros de cada uma das Casas. Art. 5º A Comissão terá o prazo improrrogável de 14 (quatorze) dias, contado da publicação da Medida Provisória no Diário Oficial da União para emitir parecer único, manifestando-se sobre a matéria, em itens separados, quanto aos aspectos constitucional, inclusive sobre os pressupostos de relevância e urgência, de mérito, de adequação financeira e orçamentária e sobre o cumprimento da exigência prevista no § 1º do art. 2º (O art. 5º, *caput*, foi declarado incidentalmente inconstitucional pelo STF (ADI 4029, Rel. Min. Luiz Fux, j. 7.3.2012, e 8.3.2012; Notícias STF, 8.3.2012; Informativo 657/STF)). § 1º O exame de compatibilidade e adequação orçamentária e financeira das Medidas Provisórias abrange a análise da repercussão sobre a receita ou a despesa pública da União e da implicação quanto ao atendimento das normas orçamentárias e financeiras vigentes, em especial a conformidade com a Lei Complementar n. 101, de 4 de maio de 2000, a lei do plano plurianual, a lei de diretrizes orçamentárias e a lei orçamentária da União. § 2º Ainda que se manifeste pelo não atendimento dos requisitos constitucionais ou pela inadequação financeira ou orçamentária, a Comissão deverá pronunciar-se sobre o mérito da Medida Provisória. § 3º Havendo emenda saneadora da inconstitucionalidade ou injuridicidade e da inadequação ou incompatibilidade orçamentária ou financeira, a votação far-se-á primeiro sobre ela. § 4º Quanto ao mérito, a Comissão poderá emitir parecer pela aprovação total ou parcial ou alteração da Medida Provisória ou pela sua rejeição; e, ainda, pela aprovação ou rejeição de emenda a ela apresentada, devendo concluir, quando resolver por qualquer alteração de seu texto: I – pela apresentação de projeto de lei de conversão relativo à matéria; e II – pela apresentação de projeto de decreto legislativo, disciplinando as relações jurídicas decorrentes da vigência dos textos suprimidos ou alterados, o qual terá sua tramitação iniciada pela Câmara dos Deputados. § 5º Aprovado o parecer, será este encaminhado à Câmara dos Deputados, acompanhado do processo e, se for o caso, do projeto de lei de conversão e do projeto de decreto legislativo mencionados no § 4º. Art. 6º A Câmara dos Deputados fará publicar em avulsos e no Diário da Câmara dos Deputados o parecer da Comissão Mista e, a seguir, dispensado o interstício de publicação, a Medida Provisória será examinada por aquela Casa, que, para concluir os seus trabalhos, terá até o 28º (vigésimo oitavo) dia de vigência da Medida Provisória, contado da sua publicação no Diário Oficial da União. § 1º Esgotado o prazo previsto no *caput* do art. 5º, o processo será encaminhado à Câmara dos Deputados, que passará a examinar a Medida Provisória. § 2º Na hipótese do § 1º, a Comissão Mista, se for o caso, proferirá, pelo Relator ou Relator Revisor designados, o parecer no Plenário da Câmara dos Deputados, podendo estes, se necessário, solicitar para isso prazo até a sessão ordinária seguinte (O art. 6º, §§ 1º e 2º foram declarados incidentalmente inconstitucionais pelo STF (ADI 4029, Rel. Min. Luiz Fux, j. 7.3.2012, e 8.3.2012; Notícias STF, 8.3.2012; Informativo 657/ STF)). § 3º Na hipótese do § 2º, se o parecer de Plenário concluir pela apresentação de Projeto de Lei de Conversão, poderá, mediante requerimento de Líder e independentemente de deliberação do Plenário, ser concedido prazo até a sessão ordinária seguinte para a votação da matéria. Art. 7º Aprovada na Câmara dos Deputados, a matéria será encaminhada ao Senado Federal, que, para apreciá-la, terá até o 42º (quadragésimo segundo) dia de vigência da Medida Provisória, contado da sua publicação no Diário Oficial da União. § 1º O texto aprovado pela Câmara dos Deputados será encaminhado ao Senado Federal em autógrafos, acompanhado do respectivo processo, que incluirá matéria eventualmente rejeitada naquela Casa. § 2º Esgotado o prazo previsto no *caput* do art. 6º, sem que a Câmara dos Deputados haja concluído a votação da matéria, o Senado Federal poderá iniciar a discussão dessa, devendo votá-la somente após finalizada a sua deliberação naquela Casa (CF, art. 62, § 8º). § 3º Havendo modificação no Senado Federal, ainda que decorrente de restabelecimento de matéria ou emenda rejeitada na Câmara dos Deputados, ou de destaque supressivo, será esta encaminhada para exame na Casa iniciadora, sob a forma de emenda, a ser apreciada em turno único, vedadas quaisquer novas alterações. § 4º O prazo para que a Câmara dos Deputados aprecie as modificações do Senado Federal é de 3 (três) dias. § 5º Aprovada pelo Senado Federal Medida Provisória, em decorrência de preferência sobre projeto de lei de conversão aprovado pela Câmara dos Deputados, o processo retornará à esta Casa, que deliberará, exclusivamente, sobre a Medida Provisória ou o projeto de lei de conversão oferecido a esta pelo Senado Federal. § 6º Aprovado pelo Senado Federal, com emendas, projeto de lei de conversão oferecido pela Câmara dos Deputados, o processo retornará à Câmara dos Deputados, que deliberará sobre as emendas, vedada, neste caso, a apresentação, pelo Senado Federal, de projeto de lei de conversão. § 7º Aplicam-se, no que couber, os demais procedimentos de votação previstos nos Regimentos Internos de cada Casa. Art. 8º O Plenário de cada uma das Casas do Congresso Nacional decidirá, em apreciação preliminar, o atendimento ou não dos pressupostos constitucionais de relevância e urgência de Medida Provisória ou de sua inadequação financeira ou orçamentária, antes do exame de mérito, sem a necessidade de interposição de recurso, para, ato contínuo, se for o caso, deliberar sobre o mérito. Parágrafo único. Se o Plenário da Câmara dos Deputados ou do Senado Federal decidir no sentido do não atendimento dos pressupostos constitucionais ou da inadequação financeira ou orçamentária da Medida Provisória, esta será arquivada. Art. 9º Se a Medida Provisória não for apreciada em até 45 (quarenta e cinco) dias contados de sua publicação no Diário Oficial da União, entrará em regime de urgência, subseqüentemente, em cada uma das Casas do Congresso Nacional, ficando sobrestadas, até que se ultime a votação, todas as demais

PROCEDIMENTO LEGISLATIVO 287

deliberações legislativas do Plenário da Casa em que estiver tramitando. Art. 10. Se a Medida Provisória não tiver sua votação encerrada nas 2 (duas) Casas do Congresso Nacional, no prazo de 60 (sessenta) dias de sua publicação no Diário Oficial da União, estará automaticamente prorrogada uma única vez a sua vigência por igual período.
§ 1º A prorrogação do prazo de vigência de Medida Provisória será comunicada em Ato do Presidente da Mesa do Congresso Nacional publicado no Diário Oficial da União.
§ 2º A prorrogação do prazo de vigência de Medida Provisória não restaura os prazos da Casa do Congresso Nacional que estiver em atraso, prevalecendo a seqüência e os prazos estabelecidos nos arts. 5º, 6º e 7º. Art. 11. Finalizado o prazo de vigência da Medida Provisória, inclusive o seu prazo de prorrogação, sem a conclusão da votação pelas 2 (duas) Casas do Congresso Nacional, ou aprovado projeto de lei de conversão com redação diferente da proposta pela Comissão Mista em seu parecer, ou ainda se a Medida Provisória for rejeitada, a Comissão Mista reunir-se-á para elaborar projeto de decreto legislativo que discipline as relações jurídicas decorrentes da vigência de Medida Provisória. § 1º Caso a Comissão Mista ou o relator designado não apresente projeto de decreto legislativo regulando as relações jurídicas decorrentes de Medida Provisória não apreciada, modificada ou rejeitada no prazo de 15 (quinze) dias, contado da decisão ou perda de sua vigência, poderá qualquer Deputado ou Senador oferecê-lo perante sua Casa respectiva, que o submeterá à Comissão Mista, para que esta apresente o parecer correspondente. § 2º Não editado o decreto legislativo até 60 (sessenta) dias após a rejeição ou a perda de eficácia de Medida Provisória, as relações jurídicas constituídas e decorrentes de atos praticados durante sua vigência conservar-se-ão por ela regidas. § 3º A Comissão Mista somente será extinta após a publicação do decreto legislativo ou do transcurso do prazo de que trata o § 2º. Art. 12. Aprovada Medida Provisória, sem alteração de mérito, será o seu texto promulgado pelo Presidente da Mesa do Congresso Nacional para publicação, como Lei, no Diário Oficial da União. Art. 13. Aprovado projeto de lei de conversão será ele enviado, pela Casa onde houver sido concluída a votação, à sanção do Presidente da República. Art. 14. Rejeitada Medida Provisória por qualquer das Casas, o Presidente da Casa que assim se pronunciar comunicará o fato imediatamente ao Presidente da República, fazendo publicar no Diário Oficial da União ato declaratório de rejeição de Medida Provisória. Parágrafo único. Quando expirar o prazo integral de vigência de Medida Provisória, incluída a prorrogação de que tratam os §§ 3º e 7º do art. 62 da Constituição Federal, com a redação dada pela Emenda Constitucional n. 32, de 2001, o Presidente da Mesa do Congresso Nacional comunicará o fato ao Presidente da República, fazendo publicar no Diário Oficial da União ato declaratório de encerramento do prazo de vigência de Medida Provisória. Art. 15. A alternância prevista no § 1º do art. 3º terá início, na primeira Comissão a ser constituída, após a publicação desta Resolução, com a Presidência de Senador e Relatoria de Deputado. Art. 16. A Câmara dos Deputados e o Senado Federal adaptarão os seus Regimentos Internos com vistas à apreciação de Medidas Provisórias pelos respectivos Plenários de acordo com as disposições e os prazos previstos nesta Resolução. Art. 17. Norma específica disporá sobre o funcionamento das Comissões Mistas de que tratam os arts. 2º a 5º desta Resolução. Art. 18. Os prazos previstos nesta Resolução serão suspensos durante o recesso do Congresso Nacional, sem prejuízo da plena eficácia de Medida Provisória. Parágrafo único. Se for editada Medida Provisória durante o período de

Nacional, aplicando-se, no entanto, as disposições da Resolução n. 1, de 1989 –
CN, alterada pela Resolução n. 2, de 1989 – CN, às medidas provisórias em vigor
na data da publicação da Emenda Constitucional n. 32/2001.

No dia da publicação da medida provisória, no Diário Oficial da União, cabe
ao Presidente da República enviar o seu texto ao Congresso Nacional, acompanhado da respectiva mensagem e de documento expondo a motivação do ato.
Observe-se que, uma vez encaminhada ao Congresso Nacional, o Presidente da
República não pode retirá-la de sua apreciação, "podendo, no entanto, ab-rogá-la
por meio de nova medida provisória, valendo tal ato pela simples suspensão dos
efeitos da primeira, efeitos esses que, todavia, o Congresso poderá restabelecer,
mediante a rejeição da medida ab-rogatória".[10]

Nas quarenta e oito horas que se seguirem à publicação, o Presidente do Congresso Nacional fará publicar e distribuir avulsos da matéria e designará Comissão Mista para emitir parecer.

E nos 6 (seis) primeiros dias que se seguirem à publicação da medida provisória no Diário Oficial da União, poderão a ela ser oferecidas emendas, desde
que sobre a mesma matéria, que deverão ser protocolizadas na Secretaria-Geral
da Mesa do Senado Federal. Somente poderão ser oferecidas emendas perante a
Comissão Mista

Depois de analisada pela Comissão Mista, incluindo os aspectos de constitucionalidade, pressupostos de relevância e urgência, de mérito, de adequação
financeira, a medida provisória será encaminhada à Câmara dos Deputados, que,

---

recesso do Congresso Nacional, a contagem dos prazos ficará suspensa, iniciando-se no
primeiro dia de sessão legislativa ordinária ou extraordinária que se seguir à publicação
de Medida Provisória. Art. 19. O órgão de consultoria e assessoramento orçamentário
da Casa a que pertencer o Relator de Medida Provisória encaminhará aos Relatores e
à Comissão, no prazo de 5 (cinco) dias de sua publicação, nota técnica com subsídios
acerca da adequação financeira e orçamentária de Medida Provisória. Art. 20. Às Medidas Provisórias em vigor na data da publicação da Emenda Constitucional n. 32, de
2001, aplicar-se-ão os procedimentos previstos na Resolução n. 1, de 1989-CN. § 1º
São mantidas em pleno funcionamento as Comissões Mistas já constituídas, preserva-
dos os seus respectivos Presidentes, Vice-Presidentes e Relatores, e designados Relatores Revisores, resguardada aos Líderes a prerrogativa prevista no art. 5º do Regimento
Comum. § 2º São convalidadas todas as emendas apresentadas às edições anteriores
de Medida Provisória. § 3º São convalidados os pareceres já aprovados por Comissão
Mista. Art. 21. Ao disposto nesta Resolução não se aplica o art. 142 do Regimento Comum. Art. 22. Revoga-se a Resolução n. 1, de 1989-CN, prorrogando-se a sua vigência
apenas para os efeitos de que trata o art. 20."

[10] ADIn 1.315-7-DF – medida liminar – Rel. Min. Ilmar Galvão, Diário da Justiça de
22.9.1995, p. 30590.

antes de analisar o seu mérito, deverá efetivar juízo sobre a presença dos requisitos constitucionais exigidos.

Aprovada na Câmara dos Deputados, por maioria simples, será a medida provisória encaminhada ao Senado Federal, cabendo-lhe, igualmente, analisar a presença dos requisitos constitucionais para a sua edição, antes da análise do mérito.

Pelo novo regime constitucional, as medidas provisórias não mais se submetem à votação conjunta das duas Casas Legislativas, mas têm votação em sessão separada, iniciando-se na Câmara dos Deputados.

Não se admite a aprovação de medida provisória por comissão temática, porquanto o § 9º do art. 62 da Constituição Federal estabelece que a sua aprovação depende do Plenário de cada uma das Casas do Congresso Nacional.

Se em quarenta e cinco dias, contados de sua publicação, a medida provisória não for apreciada pela Câmara dos Deputados e pelo Senado Federal, entrará em regime de urgência, sobrestando-se, até que se ultime a votação, todas as demais deliberações legislativas da Casa em que estiver tramitando.

A medida provisória, depois de aprovada, será convertida em lei, devendo ser promulgada pelo Presidente do Congresso Nacional.

Como se verificou anteriormente, se a medida provisória for alterada, o projeto de lei de conversão deverá ser encaminhado ao Presidente da República, para sanção (podendo ser vetado total ou parcialmente), dispensando-se a sanção se o texto da medida provisória não sofrer modificação pela conversão.

Ocorrendo o veto, a medida provisória deverá ser tida por rejeitada.

No processo de conversão, há a absorção de um ato normativo precário, editado pelo Poder Executivo, pela lei, ato normativo estável editado pelo Poder Legislativo. Nesta perspectiva, é que se deve estabelecer, segundo sustentam Wadih Damous e Flávio Dino, "a relação que possa existir entre a medida provisória e a lei em que se converteu, quanto aos vícios que maculem a primeira. Caso se nomine de inconstitucional uma medida provisória, exclusivamente por ausência dos pressupostos de urgência e relevância, entendemos que a conversão em lei tem o condão de superar a invalidade existente, *ex nunc*. Aqui, o Poder Legislativo julgou atendidos ditos pressupostos e converteu a medida em lei, substituindo aquela na ordem jurídica. O vício não migra para a lei, pois ela não está submetida ao regime estrito da relevância e da urgência. Entretanto, se o vício for de natureza material, evidentemente a lei resultante da conversão não o absorve, tornando-a passível de censura judicial".[11]

---

[11] DAMOUS; DINO. *Medidas provisórias no Brasil*: origem, evolução e novo regime constitucional, p. 115.

BIBLIOGRAFIA

ACADEMIA Brasileira de Letras Jurídicas. DICIONÁRIO Jurídico. Rio de Janeiro: Forense, 1990.

ACADEMIA Brasileira de Letras. VOCABULÁRIO Ortográfico da Língua Portuguesa. São Paulo: Global, 2009.

ALMEIDA, Marta Tavares de. A contribuição da Legística para uma política de legislação: concepções, métodos e técnicas. *In: Legística: qualidade da lei e desenvolvimento.* Belo Horizonte: Assembleia Legislativa do Estado de Minas Gerais, 2009.

ALMEIDA, Napoleão Mendes de. *Dicionário de questões vernáculas.* São Paulo: Caminho Suave, 1981.

AMES, Barry. *Os entraves da democracia no Brasil.* Trad. Vera Pereira. Rio de Janeiro: Ed. FGV, 2003.

ALMEIDA, Napoleão Mendes de. *Gramática metódica da língua portuguesa.* São Paulo: Saraiva, 1983.

ANDRADE, Almir de. A evolução política dos parlamentos e a maturidade democrática. *In: Revista de Informação Legislativa.* Brasília: Senado Federal, ano 21, n. 81, jan./mar. 1984.

ARISTÓTELES. *A política.* Trad. Roberto Leal Ferreira. São Paulo: Martins Fontes, 1991.

BANDEIRA DE MELLO, Celso Antônio. *Apontamentos sobre os agentes e órgãos públicos.* São Paulo: RT, 1975.

ATIENZA, Manuel. *As razões do direito:* teorias da argumentação jurídica. Trad. Maria Cristina Guimarães Cupertino. São Paulo: Landy, 2006.

BANDEIRA DE MELLO, Celso Antônio. *Curso de direito administrativo.* São Paulo: Malheiros, 1994.

BANKOWSKI, Z. *et al. La science de la legislation*. Paris: Presses Universitaires de France, 1988.

BARACHO, José Alfredo de Oliveira. Teoria geral dos atos parlamentares. *Revista de Informação Legislativa*, n. 81, p. 259-322.

BARACHO, José Alfredo de Oliveira. Teoria geral dos atos parlamentares. *Revista de Informação Legislativa*, n. 81, p. 270.

BARACHO, José Alfredo de Oliveira. *Teoria geral das comissões parlamentares*. Rio de Janeiro: Forense, 1988.

BARBOSA, Leonardo Augusto de Andrade. *Processo legislativo e democracia*. Belo Horizonte: Del Rey, 2010.

BARROSO, Luís Roberto. *Curso de direito constitucional contemporâneo*: os conceitos fundamentais e a construção do novo modelo. São Paulo: Saraiva, 2009.

BASTIT, Michel. *Nascimento da lei moderna*: o pensamento da lei de Santo Tomás a Suarez. Trad. Maria Ermantina de Almeida Prado Galvão. São Paulo: Martins Fontes, 2010.

BECHARA, Evanildo. *Moderna gramática portuguesa*. Rio de Janeiro: Lucerna, 1999.

BEVILÁQUA, Clóvis. *Teoria geral do direito civil*. Rio de Janeiro: Imprensa Nacional, 1966.

BIELSA, Rafael. *Metodologia jurídica*. Santa Fé: Libreria y Editorial Castellvi, 1961.

BONAVIDES, Paulo. *Ciência política*. Rio de Janeiro: Forense, 1988.

BORGES, José Souto Maior. Eficácia e hierarquia da lei complementar. *RDP*, v. 25.

BULOS, Uadi Lammêgo. CPI: requerimento nulo e arquivamento. *In*: *Revista Latino-Americana de Estudos Constitucionais*. n. 4, jul./dez. 2004.

BULOS, Uadi Lammêgo. *Curso de direito constitucional*. São Paulo: Saraiva, 2007.

BURDEAU, Georges. Remarques sur la classification des fonctions étatiques. *In: Revue du droit public*, 1945.

CAETANO, Marcelo. *Direito constitucional*. Rio de Janeiro: Forense, v. 1, 1977.

CAGGIANO, Monica Herman Salem. *Direito parlamentar e direito eleitoral*. Barueri-SP: Manole, 2004.

CAETANO, Marcelo. *Direito constitucional*. Rio de Janeiro: Forense, v. 2, 1978.

CAMPOS, José de Queiroz. *A arte de elaborar a lei*. Rio de Janeiro: Verbete, 1972.

CANOTILHO, José Joaquim Gomes. *Estado de direito*. Lisboa: Gradiva, 1999.

CANOTILHO, José Joaquim Gomes. *Direito constitucional e teoria da constituição*. Coimbra: Almedina, 1998.

CANOTILHO, José Joaquim Gomes. Relatório sobre programa, conteúdos e métodos de um curso de teoria da legislação. *In: Boletim da Faculdade de Direito*. Coimbra, v. LXIII, 1987.

CARVALHO, Cristiano Viveiros de. *Controle judicial e processo legislativo*: a observância dos regimentos internos das casas legislativas como garantia do estado democrático de direito. Porto Alegre: Fabris, 2002.

CARVALHO, Kildare Gonçalves. *Direito constitucional:* teoria do estado e da constituição/direito constitucional positivo. Belo Horizonte: Del Rey, 2010.

CARVALHO FILHO, José dos Santos. *Manual de direito administrativo*. Rio de Janeiro: Lumen Juris, 2007.

CARVALHO NETTO, Menelick de. *A sanção no procedimento legislativo*. Belo Horizonte: Del Rey, 1992 (tese).

CARVALHO, Orlando Magalhães. *O mecanismo do governo britânico*. Belo Horizonte: Os Amigos do Livro, 1943.

CASASANTA, Mário. *O poder de veto*. Belo Horizonte: Os amigos do livro, s./d.

CASTORIADIS, Cornelius. *A democracia como procedimento e como regime. In*: Encruzilhadas do labirinto IV: a ascensão da insignificância. Trad. Regina Vasconcelos. São Paulo: Paz e Terra, 2002.

CATTONI DE OLIVEIRA, Marcelo Andrade. *Devido processo legislativo*. Belo Horizonte: Mandamentos, 2002.

CATTONI DE OLIVEIRA, Marcelo Andrade. *Direito constitucional*. Belo Horizonte: Mandamentos, 2002.

CAVALCANTE FILHO, João Trindade. *Processo legislativo constitucional*. Salvador: JusPODIVM, 2012.

CEGALLA, Domingos Paschoal. *Novíssima gramática da língua portuguesa*. São Paulo: Ed. Nacional, 1985.

CLÈVE, Clèmerson Merlin. *Atividade legislativa do poder executivo*. São Paulo: Revista dos Tribunais, 2000.

CLÈVE, Clèmerson Merlin. *Medidas provisórias*. São Paulo: Revista dos Tribunais, 2011.

CODERCH, Pablo Salvador. Las remisiones. *In*: *La forma de las leyes*. Barcelona: Bosch, 1986.

COLMO, Alfredo. *Técnica legislativa del Código Civil argentino*. Buenos Aires: Abeledo Perrot, 1961.

COSTA, Elcias Ferreira da. *Comentários breves à Constituição Federal*. Porto Alegre: Sérgio Antônio Fabris, 1989.

COSTA, Jorge José da. *Técnica legislativa* (Procedimento e Normas). Rio de Janeiro: Destaque, 1994.

CRETELLA JÚNIOR, J. *Comentários à Constituição de 1988*. Rio de Janeiro: Forense, v. V, 1991.

CUNHA, Antônio Geraldo da. *Dicionário etimológico Nova Fronteira da língua portuguesa*. Rio de Janeiro: Nova Fronteira, 1982.

CUNHA, Celso Ferreira da. *Gramática da língua portuguesa*. Rio de Janeiro: Fename, 1980.

DAMOUS, Wadih; DINO, Flávio. *Medidas provisórias no Brasil*: origem, evolução e novo regime constitucional. Rio de Janeiro: Lumen Juris, 2005.

DE ANTONIO, Angel Luis Alonso. As relatorias no procedimento legislativo. *In*: *Cadernos da Escola do Legislativo*, n. 4 – jul./dez. 95.

DICKERSON, Reed. *A arte de redigir leis*. Trad. Paulo de Castro Moreira da Silva. Rio de Janeiro: Forense, 1965.

DICKERSON, Reed. *Legislative drafting*. Boston: Little, Brown and Company, 1954.

DIMOULIS, Dimitri. *Manual de introdução ao estudo do direito*: definição e conceitos básicos; norma jurídica; fontes, interpretação e ramos do direito; sujeito de direito e fatos jurídicos; relações entre direito, justiça, moral e política; direito e linguagem. São Paulo: Revista dos Tribunais, 2003.

DUGUIT. *Traité de droit constitutionnel*. Paris: Ancienne Librairie & Cie, v. I, 1924.

ELSTER, Jon; RUNE, Slagstal. *Constitutionalism and democracy*. Cambridge: Cambridge University, 1993.

ELSTER, Jon. *Ulisses liberto:* estudos sobre racionalidade, pré-compromisso e restrições. Trad.Cláudia Sant'Ana Martins. São Paulo: Editora UNESP, 2009.

ESMEIN, A. *Éléments de droit constitutionnel, français et comparé*. Paris: Sirey, 1928, 2 vols.

FABREGUETTES, M. P. *A lógica jurídica e a arte de julgar*. Trad. de Henrique de Carvalho. São Paulo: C. Teixeira & Cia, 1914.

FAGUNDES, M. Seabra. *O controle e dos atos administrativos pelo Poder Judiciário*. Rio de Janeiro: Forense, 1979.

FERNANDES, Francisco. *Dicionário de simônimos e antônimos da língua portuguesa*. Rev. e amp. por Celso Pedro Luft. São Paulo: Globo, 1990.

FERNANDES, Francisco. *Dicionário de verbos e regimes*. Rio de Janeiro: Globo, 1965.

FERRAZ, Anna Cândida da Cunha. *Processos informais de mudanças da Constituição, mutações constitucionais e mutações inconstitucionais*. São Paulo: Max Limonad, 1986.

FERRAZ, Anna Cândida da Cunha. *Conflito entre poderes*: o poder congressual dde sustar atos normativos do poder executivo. São Paulo: RT, 1994.

FERRAZ JUNIOR, Tercio Sampaio. *Introdução ao estudo do direito:* técnica, decisão, dominação. São Paulo: Atlas, 2003.

FERREIRA, Aurélio Buarque de Holanda. *Novo dicionário da língua portuguesa*. Rio de Janeiro: Nova Fronteira, 1986.

FERREIRA, Sergio de Andréa. *Direito administrativo didático*. Rio de Janeiro: Forense, 1981.

FERREIRA FILHO, Manoel Gonçalves. *Curso de direito constitucional*. São Paulo: Saraiva, 1989.

FERREIRA FILHO, Manoel Gonçalves. *Estado de direito e constituição*. São Paulo: Saraiva, 1988.

FERRERO, Jesús M. Corona; VALL, Francesco Paul; ARANHA, José Tudela (Coords.). *La Técnica Legislativa a Debate*. Madrid: Tecnos, 1994.

FIUZA, Ricardo Arnaldo Malheiros. *Direito constitucional comparado*. Belo Horizonte: Del Rey, 2004

FRANÇA, Limongi. *Enciclopédia Saraiva do direito*. Verbete: Vigência. São Paulo: Saraiva, v. 77.

FRANCO, Afonso Arinos de Melo. *Evolução da crise brasileira*. Rio de Janeiro: Topbooks, 2005.

FREIRE, Natália de Miranda. *Técnica legislativa*. Belo Horizonte: Assembléia, 1987.

FREIRE, Natália de Miranda. *Técnica e processo legislativo*. Belo Horizonte: Del Rey, 2002.

GALEOTTI, Serio. *Contributo alla teoria del procedimento legislativo*. Milano: Giuffrè, 1957.

GARCÍA-PELAYO, Manuel. *As transformações do estado contemporâneo*. Trad. Agassiz Almeida Filho. Rio de Janeiro: Forense, 2009.

GODOY, Mayr. *Técnica constituinte e técnica legislativa*. São Paulo: Editora Universitária de Direito, 1987.

GONÇALVES, Aroldo Plínio. *Técnica processual e teoria do processo*. Rio de Janeiro: AIDE, 1992.

GRECO, Marco Aurélio. *Medidas provisórias*. São Paulo: Revista dos Tribunais, 1991.

GRUPO de Estudios de Técnica Legislativa. *La forma de las leyes*. Barcelona: Bosch, Casa Editorial, 1986.

GÜNTHER, Klaus. *Teoria da argumentação no direito e na moral*: justificação e aplicação. Trad. Claudio Molz. São Paulo: Landy, 2004.

GUSMÃO, Paulo Dourado de. *Introdução ao estudo do direito*. Rio de Janeiro: Forense, 2001.

HABERMAS, Jürgen. *Direito e democracia:* entre facticidade e validade. Trad. Flávio Beno Siebeneichler. Rio de Janeiro: Tempo Brasileiro, 1997, 2v.

HORTA, Raul Machado. Limitações constitucionais dos poderes de investigação. *In: Revista de Direito Público*, n. 5/1968.

HORTA, Raul Machado. O processo legislativo nas constituições federais brasileiras. *Revista de Informação Legislativa*, n. 101.

HORTA, Raul Machado. *Direito Constitucional*. Belo Horizonte: Del Rey, 2002.

INÁCIO, Magna; RENNÓ, Lucio (Orgs.). *Legislativo brasileiro em perspectiva comparada*. Belo Horizonte: Editora UFMG, 2009

JELLINEK. *Teoría general del Estado*. Trad. Fernando de los Rios. Buenos Aires: Albatros, 1978.

KELSEN, Hans. *Teoría general del Estado*. Trad. Luiz Legaz Lacambra. México, DF: Ed. Nacional, 1979.

KLEIN, Odacir. C*omissões parlamentares de inquérito*: a sociedade e o cidadão. Porto Alegre: Fabris, 1999.

LABAND. *Apud* SILVA, José Afonso da. *Princípios do processo de formação das leis no direito constitucional*. São Paulo: RT, 1964.

LEAL, Victor Nunes. *Problemas de direito público*. Rio de Janeiro: Forense, 1960.

LEAL, Victor Nunes. Técnica legislativa. *In: Problemas de direito público*. Rio de Janeiro: Forense, 1960.

LEAL, Aurelino. *Teoria e prática da constituição federal brasileira*. Rio de Janeiro: F. Briguiet e Cia. Editores, 1925.

LEGAZ Y LACAMBRA. *Filosofia del derecho*. Barcelona: Bosch, 1953.

LEMOS, Leany Barreiro. O controle legislativo no Brasil pós-1988. *In: Instituições representativas no Brasil: balanço e reforma* (Orgs.). NICOLAU, Jairo; POWER, Timothy J. Belo Horizonte, Editora UFMG, 2007.

LIMA, Carlos Henrique Rocha. *Gramática normativa da língua portuguesa.* São Paulo: Ed. Nacional.

LLOYD OF HAMPSTEAD, Dennis Lloyd, Baron. *A ideia de lei.* Trad. Álvaro Cabral. São Paulo: Martins Fontes, 1998.

LOEWENSTEIN, Karl. *Teoría de la constitución.* Trad. Alfredo Galego Anabitarte. Barcelona: Ariel, 1979.

LUDWIG, Marcos. Direito público e direito privado: a superação da dicotomia. *In:* COSTA, Martins J. (Org.). *A reconstrução do direito privado.* São Paulo: Revista dos Tribunais, 2002.

LUFT, Celso Pedro. *Moderna gramática brasileira.* Rio de Janeiro: Globo, 1989.

MACHADO, Santiago Muñoz. *Cinco estudios sobre el poder y la técnica de legislar.* Madrid: Editorial Civitas, 1986.

MADER, Luzius. Legística: história e objeto, fronteiras e perspectivas. *In: Legística: qualidade da lei e desenvolvimento. Belo Horizonte:* Assembleia Legislativa do Estado de Minas Gerais, 2009.

MAGALHÃES FILHO, Glauco Barreira. *Hermenêutica e unidade axiológica da constituição.* Belo Horizonte: Mandamentos, 2004.

MALTA, Cristóvão Piragibe Tostes. *Dicionário jurídico.* Rio de Janeiro: Edições Trabalhistas, 1991.

MARTINEZ, Esteban Mestre. *Dicionário de ciências sociais.* Rio de Janeiro: Editora FGV, 1987.

MATTIETTO, Leonardo. O direito civil constitucional e a nova teoria dos contratos. *In:* TEPEDINO, Gustavo (Coord.). *Problemas de direito civil constitucional.* Rio de Janeiro: Renovar, 2000.

MAYNES, E. García. *Introducción al estudio del derecho.* México: Porrúa, 1949.

MEEHAN, José Héctor. *Teoría y técnica legislativas.* Buenos Aires: Depalma, 1976.

MEIRELLES, Hely Lopes. *Direito administrativo brasileiro.* São Paulo: RT, 1975.

MELO, Carlos Ranulfo. *Retirando as cadeiras do luga*r: migração partidária na Câmara dos Deputados (1985-2002). Belo Horizonte: Editora UFMG, 2004.

MENDES, Gilmar Ferreira. Questões fundamentais de técnica legislativa. *Revista Ajuris,* v. 53, nov. 1991.

MENDES, Gilmar Ferreira. As decisões no controle de constitucionalidade de normas e seus efeitos. *In: Revista da Escola Nacional da Magistratura,* ano II, n. 3.

MENDES, Gilmar Ferreira. *Direitos fundamentais e controle de constitucionalidade:* estudos de direito constitucional. São Paulo: Saraiva, 2004.

MENDES, Gilmar Ferreira; COELHO, Inocêncio Mártires; BRANCO, Paulo Gustavo Gonet. *Curso de direito constitucional.* São Paulo: Saraiva, 2007.

MENSAGEM n. 587, de 11 de setembro de 1992, publicada no *Diário Oficial da União,* de 14 de setembro de 1992.

MIRANDA, Jorge; SOUSA, Marcelo Rebelo de. *A feitura das leis.* Oeiras: Instituto Nacional de Administração, 2 vol. 1986.

MIRANDA, Jorge. *Contributo para uma teoria da inconstitucionalidade.* Coimbra: Coimbra Editora, 1996.

MIRANDA, Jorge. *Manual de direito constitucional.* Coimbra: Coimbra Editora, 1997, t. 5.

MODENA, Cesar Augusto. *Medida provisória e lei de conversão:* horizonte estreito para aplicação em matéria tributária e ambiental. Caxias do Sul, RS: Educs, 2011.

MONCADA, Luís S. Cabral de. *Ensaio sobre a lei.* Coimbra: Coimbra Editora, 2002.

MONTESQUIEU, Charles Louis de Secondat. *Do espírito das leis.* Trad. Fernando Henrique Cardoso e Leôncio Martins Rodrigues. São Paulo: Abril Cultural, 1979.

MORAES, Alexandre de. *Direito constitucional.* 17. ed. São Paulo: Atlas, 2005.

MORAES, Germana de Oliveira. *O controle jurisdicional da constitucionalidade do processo legislativo.* São Paulo: Dialética, 1998.

MORAIS, Carlos Blanco de. *Manual de legística:* critérios científicos e técnicos para legislar melhor. Lisboa: Verbo, 2007.

NICOLAU, Jairo Marconi. *Sistemas eleitorais:* uma introdução. Rio de Janeiro: Editora FGV, 1999.

NUNES, Pedro. *Dicionário de tecnologia jurídica.* Rio de Janeiro: Freitas Bastos, 1990.

PEREIRA, Caio Mário da Silva. *Instituições de direito civil.* Rio de Janeiro: Forense, 1978, v. I.

PEREIRA, Osny Duarte. *Quem faz as leis no Brasil?* Rio de Janeiro: Civilização Brasileira, 1963.

PIÇARRA, Nuno. *A separação dos poderes como doutrina e princípio constitucional* – um contributo para o estudo das suas origens e evolução. Coimbra: Coimbra Editora, 1989.

PINHEIRO, Hésio Fernandes. *Técnica legislativa e as constituições e leis constitucionais do Brasil:* A Noite. Rio de Janeiro, 1945.

PINTO FERREIRA, Luiz. Técnica legislativa como a arte de redigir leis. *Revista de Informação Legislativa,* n. 89, 1986.

PINTO FERREIRA, Luiz. *Enciclopédia Saraiva do direito.* Verbete: Eficácia. São Paulo: Saraiva, v. 30.

PONTES DE MIRANDA, Francisco Cavalcanti. *Comentários à constituição de 1967 com a emenda n. 1 de 1969.* São Paulo: RT, t. III, 1970.

PORTO, Walter Costa. *O voto no Brasil.* Rio de Janeiro: Topbooks, 2002.

QUEIROZ, Cristina. *Direito constitucional:* as instituições do Estado democrático e constitucional. São Paulo: Revista dos Tribunais; Coimbra: Coimbra Editora, 2009.

R. GALVÃO e outros. *Elementos de técnica legislativa:* teoria e prática. Porto Alegre: Sérgio Antônio Fabris.

RÁO, Vicente. *O direito e a vida dos direitos.* São Paulo: Resenha Universitária, t. II, 1976.

RAMOS, João. *A iniciativa legislativa parlamentar* (a decisão de legislar). Coimbra: Almedina, 2005.

RAMÍREZ, Felipe Tena. *Derecho constitucional mexicano.* México – DF: Editorial Porrúa, 2003.

RIPERT, Georges. *Les forces créatrices du droit.* Paris: LGDJ, 1955.

RICCI, Paolo. A produção legislativa de iniciativa parlamentar no Congresso: diferenças e similaridades entre a Câmara dos Deputados e o Senado Federal. *In:* O Senado Federal no pós-constituinte (Leany Barreiro, Org.) Brasília: Senado Federal, Unilegis, 2008.

REZEK, José Francisco. *Direito internacional público* (curso elementar). São Paulo: Saraiva, 1989.

ROSSET, Patrícia. Breves reflexões sobre a legística, seus aspectos políticos e consolidação de leis. *In: Revista do Instituto do Advogado de São Paulo* – IASP, Ano 11, n. 22, p. 181 – 201.

SÁ FILHO, Francisco. *Relações entre os poderes do estado.* Rio de Janeiro: Borsoi, 1959.

SAMPAIO, Nelson de Sousa. *O processo legislativo.* São Paulo: Saraiva, 1968.

SAMPAIO, José Adércio Leite. *A constituição reinventada pela jurisdição constitucional.* Belo Horizonte: Del Rey, 2002.

SANTI, Romano. *Princípios de direito constitucional geral.* Trad. de Maria Helena Diniz. São Paulo: RT, 1977.

SANTOS, Fabiano. *O poder legislativo no presidencialismo de coalizão.* Belo Horizonte: Ed. UFMG; Rio de Janeiro; IUPERJ, 2003.

SANTOS, Wanderley Guilherme dos. *O cálculo do conflito – estabilidade e crise da política brasileira.* Belo Horizonte: Editora UFMG, Rio de Janeiro; IUPERJ, 2003.

SANTOS, Wanderley Guilherme dos. *Horizonte do desejo:* instabilidade, fracasso coletivo e inércia social. Rio de Janeiro: Editora FGV, 2006.

SILVA, José Afonso da. *Comentário contextual à constituição.* São Paulo: Malheiros, 2005.

SOARES, Fabiana de Menezes. *Teoria da legislação:* formação e conhecimento da lei na idade tecnológica. Porto Alegre: Sergio Antonio Fabris Editor, 2004.

SOARES, Fabiana Menezes. *Legística e desenvolvimento:* a qualidade da lei no quadro da otimização de uma melhor legislação. *In: Revista da Faculdade de Direito da UFMG – Nova Fase,* n. 50, jan./jun. 2007.

SOARES, Marcílio França. A técnica legislativa além da regra. *In: Cadernos da Escola do Legislativo,* n. 7 – jan./jun. 98.

SOUZA JUNIOR, Cezar Saldanha. *Consenso e democracia constitucional.* Porto Alegre: Sagra Luzzatto, 2002.

SOUZA, Hilda de. *Processo legislativo: linhas jurídicas essenciais.* Porto Alegre: Sulina, 1998.

SILVA, Carlos Medeiros. Técnica legislativa. *Revista Forense,* v. 110.

SILVA, Carlos Medeiros. Técnica legislativa. *Revista Forense,* v. 165.

SILVA, Carlos Medeiros. Seis meses de aplicação do ato institucional. *Revista dos Tribunais,* v. 238.

SILVA, Carlos Medeiros. O ato institucional e a elaboração legislativa. *Revista dos Tribunais,* v. 207.

SILVA, De Plácido e. *Vocabulário jurídico.* Rio de Janeiro: Forense, 4 v., 1991.

SILVA, José Afonso da. *Princípios do processo de formação das leis no direito constitucional.* São Paulo: Revista dos Tribunais, 1964.

SILVA, José Afonso da. *Curso de direito constitucional positivo.* 5. ed. São Paulo: RT, 1989.

SILVA, José Afonso da. *Processo constitucional de formação das leis.* São Paulo: Malheiros, 2006.

SILVEIRA NETO. *Técnica legislativa.* Belo Horizonte, mimeo, 1987.

SOARES, Rogério. Sentido e limites da função legislativa. *In: A feitura das leis.* Oeiras, INA, 1986.

SOUSA, Marcelo Rebelo de. *Direito constitucional.* Braga: Livraria Cruz, 1979.

SUNDFELD, Carlos Ari. *Fundamentos de direito público.* São Paulo: Malheiros, 1992.

TEMER, Michel. *Elementos de direito constitucional.* São Paulo: RT, 1989.

VELOSO, ZENO. *Controle jurisdicional de constitucionalidade.* Belo Horizonte: Del Rey, 2000.

WALDRON, Jeremy. *A dignidade da legislação.* Trad. Luís Carlos Borges. São Paulo: Martins Fontes, 2003.

APÊNDICE

LEI COMPLEMENTAR N. 95, DE 26 DE FEVEREIRO DE 1998

Dispõe sobre a elaboração, a redação, a alteração e a consolidação das leis, conforme determina o parágrafo único do art. 59 da Constituição Federal, e estabelece normas para a consolidação dos atos normativos que menciona.

O PRESIDENTE DA REPÚBLICA

Faço saber que o Congresso Nacional decreta e eu sanciono a seguinte Lei Complementar:

CAPÍTULO I
DISPOSIÇÕES PRELIMINARES

Art. 1º A elaboração, a redação, a alteração e a consolidação das leis obedecerão ao disposto nesta Lei Complementar.

Parágrafo único. As disposições desta Lei Complementar aplicam-se, ainda, às medidas provisórias e demais atos normativos referidos no art. 59 da Constituição Federal, bem como, no que couber, aos decretos e aos demais atos de regulamentação expedidos por órgãos do Poder Executivo.

Art. 2º (VETADO)

§ 1º (VETADO)

§ 2º Na numeração das leis serão observados, ainda, os seguintes critérios:

I – as emendas à Constituição Federal terão sua numeração iniciada a partir da promulgação da Constituição;

II – as leis complementares, as leis ordinárias e as leis delegadas terão numeração sequencial em continuidade às séries iniciadas em 1946.

CAPÍTULO II
DAS TÉCNICAS DE ELABORAÇÃO, REDAÇÃO E ALTERAÇÃO DAS LEIS

Seção I
Da Estruturação das Leis

Art. 3º A lei será estruturada em três partes básicas:

I – parte preliminar, compreendendo a epígrafe, a ementa, o preâmbulo, o enunciado do objeto e a indicação do âmbito de aplicação das disposições normativas;

II – parte normativa, compreendendo o texto das normas de conteúdo substantivo relacionadas com a matéria regulada;

III – parte final, compreendendo as disposições pertinentes às medidas necessárias à implementação das normas de conteúdo substantivo, às disposições transitórias, se for o caso, a cláusula de vigência e a cláusula de revogação, quando couber.

Art. 4º A epígrafe, grafada em caracteres maiúsculos, propiciará identificação numérica singular à lei e será formada pelo título designativo da espécie normativa, pelo número respectivo e pelo ano de promulgação.

Art. 5º A ementa será grafada por meio de caracteres que a realcem e explicitará, de modo conciso e sob a forma de título, o objeto da lei.

Art. 6º O preâmbulo indicará o órgão ou instituição competente para a prática do ato e sua base legal.

Art. 7º O primeiro artigo do texto indicará o objeto da lei e o respectivo âmbito de aplicação, observados os seguintes princípios:

I – excetuadas as codificações, cada lei tratará de um único objeto;

II – a lei não conterá matéria estranha a seu objeto ou a este não vinculada por afinidade, pertinência ou conexão;

III – o âmbito de aplicação da lei será estabelecido de forma tão específica quanto o possibilite o conhecimento técnico ou científico da área respectiva;

IV – o mesmo assunto não poderá ser disciplinado por mais de uma lei, exceto quando a subsequente se destine a complementar lei considerada básica, vinculando-se a esta por remissão expressa.

Art. 8º A vigência da lei será indicada de forma expressa e de modo a contemplar prazo razoável para que dela se tenha amplo conhecimento, reservada a cláusula "entra em vigor na data de sua publicação" para as leis de pequena repercussão.

APÊNDICE 303

§ 1º A contagem do prazo para entrada em vigor das leis que estabeleçam período de vacância far-se-á com a inclusão da data da publicação e do último dia do prazo, entrando em vigor no dia subsequente à sua consumação integral. *(Parágrafo incluído pela Lei Complementar n. 107, de 26.04.2001)*

§ 2º As leis que estabeleçam período de vacância deverão utilizar a cláusula "esta lei entra em vigor após decorridos (o número de) dias de sua publicação oficial". *(Parágrafo incluído pela Lei Complementar n. 107, de 26.04.2001)*

Art. 9º A cláusula de revogação deverá enumerar, expressamente, as leis ou disposições legais revogadas. *(Redação dada pela Lei Complementar n. 107, de 26.04.2001)*

Seção II
Da Articulação e da Redação das Leis

Art. 10. Os textos legais serão articulados com observância dos seguintes princípios:

I – a unidade básica de articulação será o artigo, indicado pela abreviatura "Art.", seguida de numeração ordinal até o nono e cardinal a partir deste;

II – os artigos desdobrar-se-ão em parágrafos ou em incisos; os parágrafos em incisos, os incisos em alíneas e as alíneas em itens;

III – os parágrafos serão representados pelo sinal gráfico "§", seguido de numeração ordinal até o nono e cardinal a partir deste, utilizando-se, quando existente apenas um, a expressão "parágrafo único" por extenso;

IV – os incisos serão representados por algarismos romanos, as alíneas por letras minúsculas e os itens por algarismos arábicos;

V – o agrupamento de artigos poderá constituir Subseções; o de Subseções, a Seção; o de Seções, o Capítulo; o de Capítulos, o Título; o de Títulos, o Livro e o de Livros, a Parte;

VI – os Capítulos, Títulos, Livros e Partes serão grafados em letras maiúsculas e identificados por algarismos romanos, podendo estas últimas desdobrar-se em Parte Geral e Parte Especial ou ser subdivididas em partes expressas em numeral ordinal, por extenso;

VII – as Subseções e Seções serão identificadas em algarismos romanos, grafadas em letras minúsculas e postas em negrito ou caracteres que as coloquem em realce;

VIII – a composição prevista no inciso V poderá também compreender agrupamentos em Disposições Preliminares, Gerais, Finais ou Transitórias, conforme necessário.

Art. 11. As disposições normativas serão redigidas com clareza, precisão e ordem lógica, observadas, para esse propósito, as seguintes normas:

I – para a obtenção de clareza:

a) usar as palavras e as expressões em seu sentido comum, salvo quando a norma versar sobre assunto técnico, hipótese em que se empregará a nomenclatura própria da área em que se esteja legislando;

b) usar frases curtas e concisas;

c) construir as orações na ordem direta, evitando preciosismo, neologismo e adjetivações dispensáveis;

d) buscar a uniformidade do tempo verbal em todo o texto das normas legais, dando preferência ao tempo presente ou ao futuro simples do presente;

e) usar os recursos de pontuação de forma judiciosa, evitando os abusos de caráter estilístico;

II – para a obtenção de precisão:

a) articular a linguagem, técnica ou comum, de modo a ensejar perfeita compreensão do objetivo da lei e a permitir que seu texto evidencie com clareza o conteúdo e o alcance que o legislador pretende dar à norma;

b) expressar a ideia, quando repetida no texto, por meio das mesmas palavras, evitando o emprego de sinonímia com propósito meramente estilístico;

c) evitar o emprego de expressão ou palavra que confira duplo sentido ao texto;

d) escolher termos que tenham o mesmo sentido e significado na maior parte do território nacional, evitando o uso de expressões locais ou regionais;

e) usar apenas siglas consagradas pelo uso, observado o princípio de que a primeira referência no texto seja acompanhada de explicitação de seu significado;

f) grafar por extenso quaisquer referências a números e percentuais, exceto data, número de lei e nos casos em que houver prejuízo para a compreensão do texto; *(Redação dada pela Lei Complementar n. 107, de 26.04.2001)*

g) indicar, expressamente o dispositivo objeto de remissão, em vez de usar as expressões 'anterior', 'seguinte' ou equivalentes; *(Alínea incluída pela Lei Complementar n. 107, de 26.04.2001)*

III – para a obtenção de ordem lógica:

a) reunir sob as categorias de agregação – subseção, seção, capítulo, título e livro – apenas as disposições relacionadas com o objeto da lei;

b) restringir o conteúdo de cada artigo da lei a um único assunto ou princípio;

APÊNDICE 305

c) expressar por meio dos parágrafos os aspectos complementares à norma enunciada no *caput* do artigo e as exceções à regra por este estabelecida;

d) promover as discriminações e enumerações por meio dos incisos, alíneas e itens.

Seção III
Da Alteração das Leis

Art. 12. A alteração da lei será feita:

I – mediante reprodução integral em novo texto, quando se tratar de alteração considerável;

II – mediante revogação parcial; *(Redação dada pela Lei Complementar n. 107, de 26.04.2001)*

III – nos demais casos, por meio de substituição, no próprio texto, do dispositivo alterado, ou acréscimo de dispositivo novo, observadas as seguintes regras:

a) *(Revogado pela Lei Complementar n. 107, de 26.04.2001)*

b) é vedada, mesmo quando recomendável, qualquer renumeração de artigos e de unidades superiores ao artigo, referidas no inciso V do art. 10, devendo ser utilizado o mesmo número do artigo ou unidade imediatamente anterior, seguido de letras maiúsculas, em ordem alfabética, tantas quantas forem suficientes para identificar os acréscimos; *(Redação dada pela Lei Complementar n. 107, de 26.04.2001)*

c) é vedado o aproveitamento do número de dispositivo revogado, vetado, declarado inconstitucional pelo Supremo Tribunal Federal ou de execução suspensa pelo Senado Federal em face de decisão do Supremo Tribunal Federal, devendo a lei alterada manter essa indicação, seguida da expressão "revogado", "vetado", "declarado inconstitucional, em controle concentrado, pelo Supremo Tribunal Federal", ou "execução suspensa pelo Senado Federal, na forma do art. 52, X, da Constituição Federal"; *(Redação dada pela Lei Complementar n. 107, de 26.04.2001)*

d) é admissível a reordenação interna das unidades em que se desdobra o artigo, identificando-se o artigo assim modificado por alteração de redação, supressão ou acréscimo com as letras "NR" maiúsculas, entre parênteses, uma única vez ao seu final, obedecidas, quando for o caso, as prescrições da alínea *c. (Redação dada pela Lei Complementar n. 107, de 26.04.2001)*

Parágrafo único. O termo "dispositivo" mencionado nesta Lei refere-se a artigos, parágrafos, incisos, alíneas ou itens. *(Parágrafo incluído pela Lei Complementar n. 107, de 26.04.2001)*

CAPÍTULO III
DA CONSOLIDAÇÃO DAS LEIS E OUTROS ATOS NORMATIVOS

Seção I
Da Consolidação das Leis

Art. 13. As leis federais serão reunidas em codificações e consolidações, integradas por volumes contendo matérias conexas ou afins, constituindo em seu todo a Consolidação da Legislação Federal. *(Redação dada pela Lei Complementar n. 107, de 26.04.2001)*

§ 1º A consolidação consistirá na integração de todas as leis pertinentes a determinada matéria num único diploma legal, revogando-se formalmente as leis incorporadas à consolidação, sem modificação do alcance nem interrupção da força normativa dos dispositivos consolidados. *(Parágrafo incluído pela Lei Complementar n. 107, de 26.04.2001)*

§ 2º Preservando-se o conteúdo normativo original dos dispositivos consolidados, poderão ser feitas as seguintes alterações nos projetos de lei de consolidação: *(Parágrafo incluído pela Lei Complementar n. 107, de 26.04.2001)*

I – introdução de novas divisões do texto legal base; *(Inciso incluído pela Lei Complementar n. 107, de 26.04.2001)*

II – diferente colocação e numeração dos artigos consolidados; *(Inciso incluído pela Lei Complementar n. 107, de 26.04.2001)*

III – fusão de disposições repetitivas ou de valor normativo idêntico; *(Inciso incluído pela Lei Complementar n. 107, de 26.04.2001)*

IV – atualização da denominação de órgãos e entidades da administração pública; *(Inciso incluído pela Lei Complementar n. 107, de 26.04.2001)*

V – atualização de termos antiquados e modos de escrita ultrapassados; *(Inciso incluído pela Lei Complementar n. 107, de 26.04.2001)*

VI – atualização do valor de penas pecuniárias, com base em indexação padrão; *(Inciso incluído pela Lei Complementar n. 107, de 26.04.2001)*

VII – eliminação de ambiguidades decorrentes do mau uso do vernáculo; *(Inciso incluído pela Lei Complementar n. 107, de 26.04.2001)*

VIII – homogeneização terminológica do texto; *(Inciso incluído pela Lei Complementar n. 107, de 26.04.2001)*

IX – supressão de dispositivos declarados inconstitucionais pelo Supremo Tribunal Federal, observada, no que couber, a suspensão pelo Senado Federal de

APÊNDICE   307

execução de dispositivos, na forma do art. 52, X, da Constituição Federal; *(Inciso incluído pela Lei Complementar n. 107, de 26.04.2001)*

X – indicação de dispositivos não recepcionados pela Constituição Federal; *(Inciso incluído pela Lei Complementar n. 107, de 26.04.2001)*

XI – declaração expressa de revogação de dispositivos implicitamente revogados por leis posteriores. *(Inciso incluído pela Lei Complementar n. 107, de 26.04.2001)*

§ 3º As providências a que se referem os incisos IX, X e XI do § 2º deverão ser expressa e fundadamente justificadas, com indicação precisa das fontes de informação que lhes serviram de base. *(Parágrafo incluído pela Lei Complementar n. 107, de 26.04.2001)*

Art. 14. Para a consolidação de que trata o art. 13 serão observados os seguintes procedimentos: *(Redação dada pela Lei Complementar n. 107, de 26.04.2001)*

I – O Poder Executivo ou o Poder Legislativo procederá ao levantamento da legislação federal em vigor e formulará projeto de lei de consolidação de normas que tratem da mesma matéria ou de assuntos a ela vinculados, com a indicação precisa dos diplomas legais expressa ou implicitamente revogados; *(Redação dada pela Lei Complementar n. 107, de 26.04.2001)*

II – a apreciação dos projetos de lei de consolidação pelo Poder Legislativo será feita na forma do Regimento Interno de cada uma de suas Casas, em procedimento simplificado, visando a dar celeridade aos trabalhos; *(Redação dada pela Lei Complementar n. 107, de 26.04.2001)*

III – *(Revogado pela Lei Complementar n. 107, de 26.04.2001)*

§ 1º Não serão objeto de consolidação as medidas provisórias ainda não convertidas em lei. (Parágrafo incluído pela Lei Complementar n. 107, de 26.04.2001)

§ 2º A Mesa Diretora do Congresso Nacional, de qualquer de suas Casas e qualquer membro ou Comissão da Câmara dos Deputados, do Senado Federal ou do Congresso Nacional poderá formular projeto de lei de consolidação. *(Parágrafo incluído pela Lei Complementar n. 107, de 26.04.2001)*

§ 3º Observado o disposto no inciso II do *caput*, será também admitido projeto de lei de consolidação destinado exclusivamente à: *(Parágrafo incluído pela Lei Complementar n. 107, de 26.04.2001)*

I – declaração de revogação de leis e dispositivos implicitamente revogados ou cuja eficácia ou validade encontre-se completamente prejudicada; *(Inciso incluído pela Lei Complementar n. 107, de 26.04.2001)*

II – inclusão de dispositivos ou diplomas esparsos em leis preexistentes, revogando-se as disposições assim consolidadas nos mesmos termos do § 1º do art. 13. *(Inciso incluído pela Lei Complementar n. 107, de 26.04.2001)*

Art. 15. Na primeira sessão legislativa de cada legislatura, a Mesa do Congresso Nacional promoverá a atualização da Consolidação das Leis Federais Brasileiras, incorporando às coletâneas que a integram as emendas constitucionais, leis, decretos legislativos e resoluções promulgadas durante a legislatura imediatamente anterior, ordenados e indexados sistematicamente.

Seção II
Da Consolidação de Outros Atos Normativos

Art. 16. Os órgãos diretamente subordinados à Presidência da República e os Ministérios, assim como as entidades da administração indireta, adotarão, em prazo estabelecido em decreto, as providências necessárias para, observado, no que couber, o procedimento a que se refere o art. 14, ser efetuada a triagem, o exame e a consolidação dos decretos de conteúdo normativo e geral e demais atos normativos inferiores em vigor, vinculados às respectivas áreas de competência, remetendo os textos consolidados à Presidência da República, que os examinará e reunirá em coletâneas, para posterior publicação.

Art. 17. O Poder Executivo, até cento e oitenta dias do início do primeiro ano do mandato presidencial, promoverá a atualização das coletâneas a que se refere o artigo anterior, incorporando aos textos que as integram os decretos e atos de conteúdo normativo e geral editados no último quadriênio.

CAPÍTULO IV
DISPOSIÇÕES FINAIS

Art. 18. Eventual inexatidão formal de norma elaborada mediante processo legislativo regular não constitui escusa válida para o seu descumprimento.

Art. 19. Esta Lei Complementar entra em vigor no prazo de noventa dias, a partir da data de sua publicação.

Brasília, 26 de fevereiro de 1998; 177º da Independência e 110º da República.

FERNANDO HENRIQUE CARDOSO

DECRETO N. 4.176, DE 28 DE MARÇO DE 2002

Estabelece normas e diretrizes para a elaboração, a redação, a alteração, a consolidação e o encaminhamento ao Presidente da República de projetos de atos normativos de competência dos órgãos do Poder Executivo Federal, e dá outras providências.

O PRESIDENTE DA REPÚBLICA, no uso das atribuições que lhe confere o art. 84, incisos IV e VI, alínea *a*, da Constituição, e tendo em vista o disposto na Lei Complementar n. 95, de 26 de fevereiro de 1998,

DECRETA:

OBJETO E ÂMBITO DE APLICAÇÃO

Art. 1º Este Decreto estabelece normas e diretrizes para a elaboração, a redação, a alteração e a consolidação de atos normativos a serem encaminhados ao Presidente da República pelos Ministérios e órgãos da estrutura da Presidência da República.

Parágrafo único. Consideram-se atos normativos para efeitos deste Decreto as leis, as medidas provisórias e os decretos.

TÍTULO I
DAS DISPOSIÇÕES REGULAMENTARES

CAPÍTULO I
DA NUMERAÇÃO DOS ATOS NORMATIVOS

Leis

Art. 2º As leis complementares, ordinárias e delegadas terão numeração sequencial em continuidade às séries iniciadas em 1946.

Medidas Provisórias

Art. 3º As medidas provisórias terão numeração sequencial, iniciada a partir da publicação da Emenda Constitucional n. 32, de 11 de setembro de 2001.

Decretos

Art. 4º Somente os decretos de caráter normativo terão numeração, que se dará sequencialmente em continuidade às séries iniciadas em 1991.

§ 1º Os decretos pessoais e os de provimento ou de vacância de cargo público serão identificados apenas pela data.

§ 2º Os demais decretos serão identificados pela data e pela ementa, elaborada na forma do art. 6º.

CAPÍTULO II
DA ELABORAÇÃO, DA ARTICULAÇÃO, DA REDAÇÃO E DA ALTERAÇÃO DOS ATOS NORMATIVOS

Seção I
Das Regras Gerais de Elaboração

Estrutura

Art. 5º O projeto de ato normativo será estruturado em três partes básicas:

I – parte preliminar, com a epígrafe, a ementa, o preâmbulo, o enunciado do objeto e a indicação do âmbito de aplicação das disposições normativas;

II – parte normativa, com as normas que regulam o objeto definido na parte preliminar; e

III – parte final, com as disposições sobre medidas necessárias à implementação das normas constantes da parte normativa, as disposições transitórias, se for o caso, a cláusula de vigência e a cláusula de revogação, quando couber.

Art. 6º A ementa explicitará, de modo conciso e sob a forma de título, o objeto do ato normativo.

Objeto e Assunto

Art. 7º O primeiro artigo do texto do projeto indicará o objeto e o âmbito de aplicação do ato normativo a ser editado.

§ 1º O âmbito de aplicação do ato normativo será estabelecido de forma específica, em conformidade com o conhecimento técnico ou científico da área respectiva.

§ 2º O projeto de ato normativo terá um único objeto, exceto quando se tratar de projeto de codificação.

APÊNDICE 311

§ 3° Os projetos de atos normativos não conterão matéria estranha ao objeto a que visa disciplinar, ou a este não vinculado por afinidade, pertinência ou conexão.

Art. 8° Idêntico assunto não será disciplinado por mais de um projeto de ato normativo da mesma espécie, salvo quando um se destinar, por remissão expressa, a complementar o outro, considerado básico.

Art. 9° Evitar-se-á projeto de ato normativo de caráter independente quando existir em vigor ato normativo que trate do mesmo assunto.

Parágrafo único. Na hipótese do *caput* será preferível a inclusão dos novos dispositivos no texto do ato normativo em vigor.

Autorização Legislativa

Art. 10. O projeto de lei não estabelecerá autorização legislativa pura ou incondicionada.

Lei Penal

Art. 11. O projeto de lei penal manterá a harmonia da legislação em vigor sobre a matéria, mediante:

I – a compatibilização das novas penas com aquelas já existentes, tendo em vista os bens jurídicos protegidos e a semelhança dos tipos penais descritos; e

II – a definição clara e objetiva de crimes.

Parágrafo único. A formulação de normas penais em branco deverá ser evitada.

Lei Tributária

Art. 12. No projeto de lei ou de medida provisória que institua ou majore tributo, serão observados os princípios da irretroatividade e da anterioridade tributárias, estabelecidos, respectivamente, nas alíneas *a* e *b* do inciso III do art. 150 da Constituição.

Parágrafo único. O disposto no *caput*, quanto ao princípio da anterioridade tributária, não se aplicará aos projetos que visem à majoração dos impostos previstos nos arts. 153, incisos I, II, IV e V, e 154, inciso II, da Constituição.

Art. 13. No projeto de lei ou de medida provisória que institua ou majore contribuição social, incluir-se-á dispositivo com a previsão de cobrança do tributo somente após noventa dias da data da publicação do ato normativo.

Art. 14. No projeto de lei ou de medida provisória que institua ou majore taxa, o valor do tributo deverá ser proporcional ao custo do serviço público prestado ao contribuinte ou posto à sua disposição.

Lei Processual

Art. 15. As manifestações da Advocacia-Geral da União serão obrigatórias quando se tratar de projeto de lei processual.

Regulamentação de Lei ou de Medida Provisória

Art. 16. Os projetos de atos normativos regulamentares não estabelecerão normas que ampliem ou reduzam o âmbito de aplicação da lei ou da medida provisória a ser regulamentada ou que sejam estranhas ao seu objeto.

Decreto Autônomo

Art. 17. Serão disciplinadas exclusivamente por decretos as matérias sobre:

I – extinção de funções ou cargos públicos, quando vagos; e

II – organização e funcionamento da administração federal, quando não implicar aumento de despesa nem criação ou extinção de órgãos públicos.

§ 1º O projeto de decreto que dispuser sobre extinção de funções ou cargos públicos, quando vagos, não disciplinará nenhuma outra matéria.

§ 2º O projeto de decreto que tratar da matéria referida no inciso II do *caput* não deverá regulamentar disposições de lei ou de medida provisória.

§ 3º Quando impossível ou inconveniente a observância do disposto no § 2º, os dispositivos que tratam da matéria referida no inciso II do *caput* serão separados daqueles que têm natureza regulamentar e agrupados por meio de especificação temática do seu conteúdo.

Remissão a Normas

Art. 18. A remissão a normas de outros atos normativos far-se-á, de preferência, mediante explicitação mínima de seu conteúdo e não apenas por meio da citação do dispositivo.

Vigência e Contagem de Prazo

Art. 19. O texto do projeto indicará de forma expressa a vigência do ato normativo.

§ 1º A cláusula "entra em vigor na data de sua publicação" somente será utilizada nos projetos de ato normativo de menor repercussão.

§ 2º Nos projetos de ato normativo de maior repercussão, será:

APÊNDICE 313

I – estabelecido período de vacância razoável para que deles se tenha amplo conhecimento; e

II – utilizada a cláusula "esta lei entra em vigor após decorridos (o número de) dias de sua publicação oficial".

Art. 20. A contagem do prazo para entrada em vigor dos atos normativos que estabeleçam período de vacância far-se-á incluindo a data da publicação e o último dia do prazo, entrando em vigor no dia subsequente à sua consumação integral.

Cláusula de Revogação

Art. 21. A cláusula de revogação relacionará, de forma expressa, todas as disposições que serão revogadas com a entrada em vigor do ato normativo proposto.

**Seção II
Da Articulação**

Art. 22. Os textos dos projetos de ato normativo observarão as seguintes regras:

I – a unidade básica de articulação é o artigo, indicado pela abreviatura "Art.", seguida de numeração ordinal até o nono e cardinal, acompanhada de ponto, a partir do décimo;

II – a numeração do artigo é separada do texto por dois espaços em branco, sem traços ou outros sinais;

III – o texto do artigo inicia-se com letra maiúscula e termina com ponto ou, nos casos em que se desdobrar em incisos, com dois-pontos;

IV – o artigo desdobra-se em parágrafos ou em incisos e o parágrafo, em incisos;

V – o parágrafo único de artigo é indicado pela expressão "Parágrafo único", seguida de ponto e separada do texto normativo por dois espaços em branco;

VI – os parágrafos de artigo são indicados pelo símbolo "§", seguido de numeração ordinal até o nono e cardinal, acompanhada de ponto, a partir do décimo;

VII – a numeração do parágrafo é separada do texto por dois espaços em branco, sem traços ou outros sinais;

VIII – o texto do parágrafo único e dos parágrafos inicia-se com letra maiúscula e termina com ponto ou, nos casos em que se desdobrar em incisos, com dois-pontos;

IX – os incisos são indicados por algarismos romanos seguidos de hífen, o qual é separado do algarismo e do texto por um espaço em branco;

X – o texto do inciso inicia-se com letra minúscula, salvo quando se tratar de nome próprio, e termina com:

a) ponto-e-vírgula;

b) dois pontos, quando se desdobrar em alíneas; ou

c) ponto, caso seja o último;

XI – o inciso desdobra-se em alíneas, indicadas com letra minúscula seguindo o alfabeto e acompanhada de parêntese, separado do texto por um espaço em branco;

XII – o texto da alínea inicia-se com letra minúscula, salvo quando se tratar de nome próprio, e mina com:

a) ponto-e-vírgula;

b) dois pontos, quando se desdobrar em itens; ou

c) ponto, caso seja a última e anteceda artigo ou parágrafo;

XIII – a alínea desdobra-se em itens, indicados por algarismos arábicos, seguidos de ponto e separados do texto por um espaço em branco;

XIV – o texto do item inicia-se com letra minúscula, salvo quando se tratar de nome próprio, e termina com:

a) ponto-e-vírgula; ou

b) ponto, caso seja o último e anteceda artigo ou parágrafo;

XV – o agrupamento de artigos pode constituir subseção; o de subseções, seção; o de seções, capítulo; o de capítulos, título; o de títulos, livro; e o de livros, parte;

XVI – os capítulos, os títulos, os livros e as partes são grafados em letras maiúsculas e identificados por algarismos romanos;

XVII – a parte pode subdividir-se em parte geral e parte especial, ou em partes expressas em numeral ordinal, por extenso;

XVIII – as subseções e seções são indicadas por algarismos romanos, grafadas em letras minúsculas e postas em negrito;

XIX – os agrupamentos referidos no inciso XV podem também ser subdivididos em "Disposições Preliminares", "Disposições Gerais", "Disposições Finais" e "Disposições Transitórias";

XX – utiliza-se um espaço simples entre capítulos, seções, artigos, parágrafos, incisos, alíneas e itens;

APÊNDICE 315

XXI – o texto deve ter dezoito centímetros de largura, com margem esquerda de dois centímetros e direita de um, ser digitado em "Times New Roman", corpo 12, em papel de tamanho A4 (vinte e nove centímetros e quatro milímetros por vinte e um centímetros);

XXII – as palavras e as expressões em latim ou em outras línguas estrangeiras são grafadas em negrito;

XXIII – a epígrafe, formada pelo título designativo da espécie normativa e pela data de promulgação, é grafada em letras maiúsculas, sem negrito, de forma centralizada; e

XXIV – a ementa é alinhada à direita, com nove centímetros de largura.

Seção III
Da Redação

Art. 23. As disposições normativas serão redigidas com clareza, precisão e ordem lógica, observado o seguinte:

I – para a obtenção da clareza:

a) usar as palavras e as expressões em seu sentido comum, salvo quando a norma versar sobre assunto técnico, hipótese em que se pode empregar a nomenclatura própria da área em que se está legislando;

b) usar frases curtas e concisas;

c) construir as orações na ordem direta, evitando preciosismo, neologismo e adjetivações dispensáveis;

d) buscar a uniformidade do tempo verbal em todo o texto das normas legais, de preferência o tempo presente ou o futuro simples do presente; e

e) usar os recursos de pontuação de forma judiciosa, evitando os abusos de caráter estilístico;

II – para a obtenção da precisão:

a) articular a linguagem, técnica ou comum, com clareza, de modo que permita perfeita compreensão do objetivo, do conteúdo e do alcance do ato normativo;

b) expressar a ideia, quando repetida no texto, por meio das mesmas palavras, evitando o emprego de sinonímia com propósito meramente estilístico;

c) evitar o emprego de expressão ou palavra que confira duplo sentido ao texto;

d) escolher termos que tenham o mesmo sentido e significado na maior parte do território nacional, evitando o uso de expressões locais ou regionais;

e) usar apenas siglas consagradas pelo uso, observado o princípio de que a primeira referência no texto seja acompanhada de explicitação de seu significado;

f) indicar, expressamente, o dispositivo objeto de remissão, por meio do emprego da abreviatura "art." seguida do correspondente número, ordinal ou cardinal;

g) utilizar as conjunções "e" ou "ou" no penúltimo inciso, alínea ou item, conforme a sequência de dispositivos seja, respectivamente, cumulativa ou disjuntiva;

h) grafar por extenso quaisquer referências a números e percentuais, exceto data, número de ato normativo e casos em que houver prejuízo para a compreensão do texto;

i) expressar valores monetários em algarismos arábicos, seguidos de sua indicação por extenso, entre parênteses;

j) empregar nas datas as seguintes formas:

1. 4 de março de 1998 e não 04 de março de 1998; e

2. 1º de maio de 1998 e não 1° de maio de 1998;

l) grafar a remissão aos atos normativos das seguintes formas:

1. Lei n. 8.112, de 11 de dezembro de 1990, na ementa, no preâmbulo, na primeira remissão e na cláusula de revogação; e

2. Lei n. 8.112, de 1990, nos demais casos; e

m) grafar a indicação do ano sem o ponto entre as casas do milhar e da centena;

III – para a obtenção da ordem lógica:

a) reunir sob as categorias de agregação – subseção, seção, capítulo, título e livro – apenas as disposições relacionadas com a matéria nelas especificada;

b) restringir o conteúdo de cada artigo a um único assunto ou princípio;

c) expressar por meio dos parágrafos os aspectos complementares à norma enunciada no *caput* do artigo e as exceções à regra por este estabelecida; e

d) promover as discriminações e enumerações por meio dos incisos, das alíneas e dos itens.

Seção IV
Da Alteração

Art. 24. A alteração de atos normativos far-se-á mediante:

I – reprodução integral em um só texto, quando se tratar de alteração considerável;

II – revogação parcial; ou

III – substituição, supressão ou acréscimo de dispositivo.

APÊNDICE   317

Parágrafo único. Nas hipóteses do inciso III, serão observadas as seguintes regras:

I – a numeração dos dispositivos alterados não pode ser modificada;

II – é vedada toda renumeração de artigos e de unidades superiores a artigo, referidas no inciso XV do art. 22, devendo ser utilizados, separados por hífen, o número do artigo ou da unidade imediatamente anterior e as letras maiúsculas, em ordem alfabética, tantas quantas forem necessárias para identificar os acréscimos;

III – é permitida a renumeração de parágrafos, incisos, alíneas e itens, desde que seja inconveniente o acréscimo da nova unidade ao final da sequência;

IV – é vedado o aproveitamento de número ou de letra de dispositivo revogado, vetado, declarado inconstitucional pelo Supremo Tribunal Federal ou cuja execução tenha sido suspensa pelo Senado Federal com fundamento no art. 52, inciso X, da Constituição;

V – nas publicações subsequentes do texto integral do ato normativo, o número ou a letra de dispositivo revogado, vetado, declarado inconstitucional ou cuja execução tenha sido suspensa devem ser acompanhados tão-somente das expressões "revogado", "vetado", "declarado inconstitucional, em controle concentrado, pelo Supremo Tribunal Federal", ou "execução suspensa pelo Senado Federal, na forma do art. 52, X, da Constituição Federal";

VI – nas hipóteses do inciso V, devem ser inseridas na publicação notas de rodapé explicitando o dispositivo e a lei de revogação, a mensagem de veto do Presidente da República, a decisão declaratória de inconstitucionalidade proferida pelo Supremo Tribunal Federal ou a resolução de suspensão da execução do dispositivo editada pelo Senado Federal; e

VII – o artigo com alteração de redação, supressão ou acréscimo no *caput* ou em seus desdobramentos deve ser identificado, somente ao final da última unidade, com as letras "NR" maiúsculas, entre parênteses.

Art. 25. O projeto que alterar significativamente ato normativo existente conterá, ao final de seu texto, artigo determinando a republicação do ato normativo alterado, com as modificações nele realizadas desde a sua entrada em vigor.

CAPÍTULO III
DA CONSOLIDAÇÃO DOS ATOS NORMATIVOS

Definição de Consolidação da Legislação Federal

Art. 26. As leis federais serão reunidas em codificações e consolidações, compostas por volumes com as matérias conexas ou afins, constituindo em seu todo a Consolidação da Legislação Federal.

Parágrafo único. A consolidação consistirá na reunião de todas as leis pertinentes a determinada matéria em um único diploma legal, com a revogação formal das leis incorporadas à consolidação e sem modificação do alcance nem interrupção da força normativa dos dispositivos consolidados.

Alterações Admitidas

Art. 27. Preservado o conteúdo normativo original dos dispositivos consolidados, os projetos de lei de consolidação conterão apenas as seguintes alterações:

I – introdução de novas divisões do texto legal básico;

II – diferente colocação e numeração dos artigos consolidados;

III – fusão de dispositivos repetitivos ou de valor normativo idêntico;

IV – atualização da denominação de órgãos e de entidades da Administração Pública Federal;

V – atualização de termos e de modos de escrita antiquados;

VI – atualização do valor de multas e de penas pecuniárias, com base em indexador padrão;

VII – eliminação de ambiguidades decorrentes do mau uso do vernáculo;

VIII – homogeneização terminológica do texto;

IX – supressão de dispositivos declarados inconstitucionais pelo Supremo Tribunal Federal, observada, no que couber, a suspensão pelo Senado Federal de execução de dispositivos, na forma do art. 52, inciso X, da Constituição;

X – supressão de dispositivos não recepcionados pela Constituição em vigor;

XI – declaração expressa de revogação de dispositivos implicitamente revogados por leis posteriores; e

XII – declaração expressa de revogação de dispositivos de leis temporárias cuja vigência tenha expirado.

§ 1º As providências a que se referem os incisos IX, X, XI e XII serão expressamente fundamentadas, com a indicação precisa das fontes de informação que lhes serviram de base.

§ 2º Os dispositivos de leis temporárias ainda em vigor à época da consolidação serão incluídos na parte das disposições transitórias.

Art. 28. Admitir-se-á projeto de lei de consolidação destinado exclusivamente à:

I – declaração de revogação de leis e de dispositivos implicitamente revogados ou cuja eficácia ou validade encontre-se completamente prejudicada; ou

APÊNDICE 319

II – inclusão de dispositivos ou diplomas esparsos em leis preexistentes, revogando-se as disposições assim consolidadas nos termos do parágrafo único do art. 26.

Matriz de Consolidação

Art. 29. Considera-se matriz de consolidação a lei geral básica, à qual se integrarão os demais atos normativos de caráter extravagante que disponham sobre matérias conexas ou afins àquela disciplinada na matriz.

Art. 30. Leis complementares e leis ordinárias não poderão ser consolidadas em uma mesma matriz.

Medida Provisória

Art. 31. Não serão objeto de consolidação as medidas provisórias ainda não convertidas em lei.

Decretos

Art. 32. Na consolidação dos decretos observar-se-á o disposto nos arts. 27 e 28.

TÍTULO II
DAS DISPOSIÇÕES AUTÔNOMAS

CAPÍTULO I
DA COMPETÊNCIA PARA PROPOR E PARA EXAMINAR
OS PROJETOS DE ATOS NORMATIVOS

Órgãos Proponentes

Art. 33. Compete aos Ministérios e aos órgãos da estrutura da Presidência da República a proposição de atos normativos, observadas as suas respectivas áreas de competências.

Casa Civil da Presidência da República

Art. 34. Compete à Casa Civil da Presidência da República:

I – examinar a constitucionalidade, a legalidade, o mérito, a oportunidade e a conveniência política das propostas de projeto de ato normativo;

II – decidir sobre a ampla divulgação de texto básico de projeto de ato normativo de especial significado político ou social, até mesmo por meio da Rede Mundial de Computadores ou mediante a realização de audiência pública, tudo com o objetivo de receber sugestões de órgãos, entidades ou pessoas;

III – supervisionar a elaboração dos projetos de atos normativos e, no tocante à iniciativa do Poder Executivo, solicitar a participação dos órgãos competentes nos casos de:

a) declaração de inconstitucionalidade, pelo Supremo Tribunal Federal, em ação direta de inconstitucionalidade por omissão; e

b) deferimento de mandado de injunção pelo Supremo Tribunal Federal;

IV – na hipótese de regulamentação exigida por lei, instar os Ministérios e os órgãos da estrutura da Presidência da República ao cumprimento dessa determinação; e

V – zelar pela fiel observância dos preceitos deste Decreto, podendo devolver aos órgãos de origem os atos em desacordo com as suas normas.

Análise de Mérito

Art. 35. Compete à Subchefia de Coordenação da Ação Governamental da Casa Civil:

I – examinar os projetos quanto ao mérito, à oportunidade e à conveniência política, mesmo no tocante à compatibilização da matéria neles tratada com as políticas e diretrizes estabelecidas pelas Câmaras do Conselho de Governo;

II – articular com os órgãos interessados para os ajustes necessários nos projetos de atos normativos; e

III – solicitar informações, quando julgar conveniente, a outros Ministérios e a órgãos da Administração Pública Federal, para instruir o exame dos atos normativos sujeitos à apreciação do Presidente da República.

Parágrafo único. No caso do inciso III, os Ministérios e os órgãos da Administração Pública Federal que não participaram da elaboração do projeto deverão examinar a matéria objeto da consulta, impreterivelmente, no prazo fixado pela Subchefia de Coordenação da Ação Governamental da Casa Civil, sob pena de concordância tácita com a proposta de ato normativo.

Análise Jurídica

Art. 36. Compete à Subchefia para Assuntos Jurídicos da Casa Civil emitir parecer final sobre a constitucionalidade e legalidade dos projetos de ato normativo,

APÊNDICE   321

observadas as atribuições do Advogado-Geral da União previstas no art. 4º da
Lei Complementar n. 73, de 10 de fevereiro de 1993.

CAPÍTULO II
DO ENCAMINHAMENTO E DO EXAME DOS
PROJETOS DE ATO NORMATIVO

Encaminhamento de Projetos

Art. 37. As propostas de projetos de ato normativo serão encaminhadas
à Casa Civil por meio eletrônico, com observância do disposto no Anexo
I, mediante exposição de motivos do titular do órgão proponente, à qual se
anexarão:

I – as notas explicativas e justificativas da proposição, em consonância com o
Anexo II;

II – o projeto do ato normativo; e

III – o parecer conclusivo sobre a constitucionalidade, a legalidade e a regularidade formal do ato normativo proposto, elaborado pela Consultoria Jurídica ou
pelo órgão de assessoramento jurídico do proponente.

§ 1º A exposição de motivos e o parecer jurídico conclusivo serão assinados
eletronicamente.

§ 2º A proposta que tratar de assunto relacionado a dois ou mais órgãos será
elaborada conjuntamente.

§ 3º Na hipótese do § 2º e sem prejuízo do disposto no *caput*, os titulares dos
órgãos envolvidos assinarão a exposição de motivos, à qual se anexarão os pareceres conclusivos das Consultorias Jurídicas e dos órgãos de assessoramento
jurídico de todos os proponentes.

§ 4º As Consultorias Jurídicas dos Ministérios manterão permanente interlocução com a Consultoria-Geral da União na elaboração de projetos de atos normativos, inclusive enviando-lhe cópia dos projetos encaminhados à Casa Civil.

Exposições de Motivos

Art. 38. A exposição de motivos deverá:

I – justificar e fundamentar a edição do ato normativo, de tal forma que possibilite a sua utilização como defesa prévia em eventual arguição de inconstitucionalidade;

II – explicitar a razão de o ato proposto ser o melhor instrumento normativo para disciplinar a matéria;

III – apontar as normas que serão afetadas ou revogadas pela proposição;

IV – indicar a existência de prévia dotação orçamentária, quando a proposta demandar despesas; e

V – demonstrar, objetivamente, a relevância e a urgência no caso de projeto de medida provisória.

Projeto de Medida Provisória

Art. 39. Os projetos de medida provisória somente serão apreciados pela Presidência da República quando devidamente demonstradas a relevância e a urgência da matéria objeto da proposta.

Art. 40. Não será disciplinada por medida provisória matéria:

I – relativa a:

a) nacionalidade, cidadania, direitos políticos, partidos políticos e direito eleitoral;

b) direito penal, processual penal e processual civil;

c) organização do Poder Judiciário e do Ministério Público, a carreira e a garantia de seus membros; e

d) planos plurianuais, diretrizes orçamentárias, orçamento e créditos adicionais e suplementares, ressalvada a hipótese de abertura de crédito extraordinário, prevista no art. 167, § 3º, da Constituição;

II – que vise a detenção ou sequestro de bens, de poupança popular ou qualquer outro ativo financeiro;

III – reservada a lei complementar;

IV – já disciplinada em projeto de lei aprovado pelo Congresso Nacional e pendente de sanção ou veto do Presidente da República; e

V – que possa ser aprovada dentro dos prazos estabelecidos pelo procedimento legislativo de urgência previsto na Constituição.

§ 1º Caso se verifique demora na apreciação de projetos de lei de iniciativa do Poder Executivo, poderá o órgão competente, configuradas a relevância e a urgência, propor a edição de medida provisória.

§ 2º É vedada a adoção de medida provisória na regulamentação de artigo da Constituição cuja redação tenha sido alterada por meio de emenda promulgada a partir de 1º de janeiro de 1995 até 11 de setembro de 2001.

APÊNDICE   323

Rejeição de Proposta

Art. 41. O ato normativo, objeto de parecer contrário da Casa Civil quanto à legalidade, à constitucionalidade ou ao mérito, será devolvido ao órgão de origem com a justificativa do não-seguimento da proposta.

CAPÍTULO III
DAS COMISSÕES E DO PROCEDIMENTO
DE CONSOLIDAÇÃO DOS ATOS NORMATIVOS

Coordenação das Consolidações

Art. 42. Até o prazo de trinta dias a contar da publicação deste Decreto, o Chefe da Casa Civil instituirá Grupo Executivo de Consolidação dos Atos Normativos, com a atribuição de coordenar e implementar os trabalhos de consolidação dos atos normativos no âmbito do Poder Executivo.

§ 1º O Grupo Executivo de que trata o *caput*:

I – terá como supervisor o Subchefe para Assuntos Jurídicos da Casa Civil; e

II – será composto por, no mínimo, cinco membros.

§ 2º O Grupo Executivo terá como coordenador-executivo um bacharel em Direito em exercício na Subchefia para Assuntos Jurídicos da Casa Civil e um de seus membros será integrante de carreira jurídica da Advocacia-Geral da União.

§ 3º Os membros do Grupo Executivo terão dedicação exclusiva à coordenação e à implementação dos trabalhos de consolidação dos atos normativos, sendo-lhes assegurado pela Casa Civil o apoio técnico e administrativo necessário para o cumprimento de suas atribuições.

Comissões Permanentes de Consolidação e Revisão de Atos Normativos

Art. 43. Até o prazo de trinta dias a contar da publicação deste Decreto, os Ministérios e os órgãos da estrutura da Presidência da República instituirão Comissões Permanentes de Consolidação e Revisão de Atos Normativos, com a atribuição de proceder ao levantamento dos atos normativos pertinentes à sua esfera de atuação e das entidades a eles vinculadas, com vistas a consolidar os textos legais.

§ 1º As Comissões Permanentes de Consolidação e Revisão de Atos Normativos serão compostas por, no mínimo, quatro membros, terão como coordenador um bacharel em Direito e um de seus membros será integrante de carreira jurídica da Advocacia-Geral da União.

§ 2º Nos Ministérios, o coordenador será escolhido entre os bacharéis em Direito em exercício na respectiva Consultoria Jurídica.

§ 3º A Comissão Permanente de Consolidação e Revisão de Atos Normativos do Ministério da Justiça, além das matérias que lhe são diretamente afetas, terá competência residual para todas as matérias legais não incluídas na esfera específica dos demais Ministérios e dos órgãos da estrutura da Presidência da República.

§ 4º Observado o disposto no *caput* e no § 1º, as autarquias, fundações e empresas públicas instituirão Subcomissões Permanentes de Consolidação e Revisão de Atos Normativos, cujos trabalhos serão submetidos às Comissões Permanentes de Consolidação e Revisão de Atos Normativos dos Ministérios e dos órgãos da estrutura da Presidência da República aos quais estão vinculadas.

§ 5º Os membros das Comissões e das Subcomissões de que trata este artigo deverão dedicar-se exclusivamente aos trabalhos de consolidação dos atos normativos.

§ 6º Constatada a necessidade de alteração de mérito na legislação vigente, a Comissão Permanente de Consolidação e Revisão de Atos Normativos do respectivo Ministério ou órgão da estrutura da Presidência da República proporá o encaminhamento de projeto de lei específico e independente do projeto de consolidação.

Comissões de Especialistas

Art. 44. Poderá ser instituída comissão de especialistas, escolhidos entre juristas de notável conhecimento sobre determinada área, para elaborar projetos de consolidação em matérias que exijam maior nível de especialização.

Comissões Mistas

Art. 45. Para a consolidação de leis que estejam na esfera de atuação de dois ou mais Ministérios ou órgãos da estrutura da Presidência da República, o Grupo Executivo de Consolidação dos Atos Normativos da Casa Civil definirá a competência para a realização do trabalho de consolidação ou a instituição de grupo de trabalho misto, podendo ser desmembrada a lei de uso interministerial, para aglutinação em diferentes matrizes de consolidação, conforme a matéria específica a ser tratada.

Encaminhamento dos Projetos de Lei de Consolidação

Art. 46. As Comissões e as Subcomissões Permanentes de Consolidação e Revisão de Atos Normativos realizarão os trabalhos de consolidação de acordo

APÊNDICE

com os parâmetros, os prazos e a apresentação gráfica definidos pelo Grupo Executivo de Consolidação dos Atos Normativos da Casa Civil.

§ 1º Após a conclusão dos trabalhos de consolidação, serão eles encaminhados, com a respectiva exposição de motivos, ao Grupo Executivo de Consolidação dos Atos Normativos da Casa Civil, para revisão final.

§ 2º Realizada a revisão final, o Grupo Executivo de Consolidação dos Atos Normativos submeterá o trabalho de consolidação à Subchefia para Assuntos Jurídicos da Casa Civil, para emissão de parecer final sobre a matéria.

Fundamentação dos Projetos de Consolidação

Art. 47. Ao projeto de consolidação será anexada a fundamentação de todas as supressões ou alterações realizadas nos textos dos atos normativos consolidados.

Art. 48. A justificação básica das alterações indicará:

I – o dispositivo da lei posterior que revogou expressamente a lei anterior;

II – o dispositivo da lei posterior que estaria em conflito com a lei anterior, revogando-a implicitamente;

III – o dispositivo da Constituição em vigor que estaria em conflito com a lei anterior, revogando-a implicitamente;

IV – a decisão do Supremo Tribunal Federal que declarou a inconstitucionalidade ou a revogação de dispositivo de lei;

V – a resolução do Senado Federal que suspendeu a execução de lei na forma do art. 52, inciso X, da Constituição; e

VI – as medidas provisórias ainda não convertidas que tratam da matéria consolidada.

Solução de Controvérsias pela Advocacia-Geral da União

Art. 49. As controvérsias existentes sobre a constitucionalidade ou a revogação tácita de dispositivos legais objeto de consolidação serão submetidas à Advocacia-Geral da União.

Consulta Pública e Encaminhamento dos Projetos de Consolidação

Art. 50. A critério do Chefe da Casa Civil, as matrizes de consolidação de leis federais já concluídas poderão ser divulgadas para consulta pública, por meio da Rede Mundial de Computadores, pelo prazo máximo de trinta dias.

Parágrafo único. Findo o prazo da consulta pública e após a análise das sugestões recebidas, a versão final do projeto de consolidação será encaminhada ao Congresso Nacional.

Consolidação de Decretos

Art. 51. Concluída a consolidação dos decretos, a Casa Civil fará publicar no Diário Oficial da União a relação dos decretos em vigor.

CAPÍTULO IV
DA SANÇÃO E DO VETO DE PROJETO DE LEI

Art. 52. Na apreciação de projetos de lei, enviados pelo Congresso Nacional ao Presidente da República para sanção, compete à Secretaria de Assuntos Parlamentares da Secretaria-Geral da Presidência da República solicitar aos Ministérios e aos demais órgãos da Administração Pública Federal as informações que julgar convenientes, para instruir o exame do projeto.

§ 1º Salvo determinação em contrário, os Ministérios e demais órgãos da Administração Pública Federal examinarão o pedido de informações no prazo máximo de dez dias.

§ 2º Quando necessárias informações do Poder Judiciário e do Ministério Público, compete ao Chefe da Casa Civil da Presidência da República solicitá-las, com indicação da data em que a proposta de sanção ou veto deve ser apresentada ao Presidente da República.

§ 3º A proposição de veto por inconstitucionalidade será fundamentada em afronta flagrante e inequívoca à Constituição.

§ 4º A Secretaria de Assuntos Parlamentares da Secretaria-Geral da Presidência da República encaminhará à Advocacia-Geral da União cópia dos projetos de lei referidos no *caput*.

CAPÍTULO V
DAS DISPOSIÇÕES FINAIS

Comissões Autorizadas pelo Presidente da República

Art. 53. A criação de delegações, comissões, comitês ou grupos de trabalho, que dependa de autorização ou aprovação do Presidente da República, far-se-á:

I – mediante exposição de motivos; ou

APÊNDICE   327

II – por decreto, nos casos de a criação ter sido determinada em lei ou em despacho do Presidente da República.

§ 1º A exposição de motivos, devidamente fundamentada e instruída com os anexos, indicará:

I – a autoridade encarregada de presidir ou de coordenar os trabalhos;

II – a composição do colegiado; e

III – quando for o caso, os membros, o órgão encarregado de prestar apoio administrativo, a autoridade encarregada de estabelecer o regimento interno ou as normas de funcionamento, o custeio das despesas e o prazo de duração dos trabalhos.

§ 2º Terminado o prazo para a conclusão dos trabalhos, será obrigatória a apresentação de relatório circunstanciado das atividades desenvolvidas à Casa Civil ou à Câmara do Conselho de Governo de que trata o § 4º.

§ 3º O decreto de criação dos colegiados referidos no *caput* não será numerado e conterá as indicações referidas no § 1º.

§ 4º As comissões, comitês ou grupos de trabalho serão vinculados a uma Câmara do Conselho de Governo sempre que tiverem por finalidade a elaboração de proposta de diretrizes e políticas públicas, ou a ação integrada de órgãos do governo.

§ 5º É vedada a divulgação, pelos membros dos colegiados criados na forma deste artigo, das discussões em curso ou dos resultados finais dos trabalhos, sem a prévia anuência das autoridades que propuseram a sua criação.

§ 6º Será obrigatória a participação da Advocacia-Geral da União nas delegações, comissões, comitês ou grupos de trabalho criados com a finalidade de elaborar sugestões ou propostas de atos normativos da competência ou iniciativa do Presidente da República.

§ 7º A participação de delegações, comissões, comitês ou grupos de trabalho na elaboração de propostas de atos normativos terminará com a apresentação dos trabalhos à autoridade que os tenha criado, os quais serão recebidos como sugestões, podendo ser aceitos, no todo ou em parte, alterados ou não considerados pela respectiva autoridade ou seus superiores, independentemente de notificação ou consulta aos seus autores.

§ 8º Serão considerados relevantes os serviços prestados pelos membros dos colegiados referidos neste artigo.

Comissões para Elaboração de Projetos de Lei

Art. 54. É facultada aos Ministérios e aos órgãos da estrutura da Presidência da República a criação de comissões de especialistas para elaboração de projetos de atos normativos.

§ 1º O trabalho das comissões poderá ser acolhido, no todo ou em parte, ou alterado pela autoridade que os criou.

§ 2º Às comissões aplica-se o disposto nos §§ 5º e 6º do art. 53.

Divulgação de Projetos

Art. 55. Compete à Subchefia para Assuntos Jurídicos da Casa Civil divulgar, por meio da Rede Mundial de Computadores, os textos das medidas provisórias em vigor, da legislação básica e dos projetos de consolidação elaborados.

Art. 56. Compete à Secretaria de Assuntos Parlamentares da Secretaria-Geral da Presidência da República divulgar, por intermédio da Rede Mundial de Computadores, os projetos de lei de iniciativa do Poder Executivo em tramitação no Congresso Nacional.

Republicação de Decretos

Art. 57. O Chefe da Casa Civil fica autorizado a ordenar a republicação de decretos:

I – que tenham sofrido sucessivas alterações de comandos normativos, com o fim de facilitar o conhecimento de seu conteúdo integral; ou

II – regulamentadores de medidas provisórias que tenham sido convertidas em lei, para atualizar a sua fundamentação e as suas remissões.

Retificação

Art. 58. A correção de erro material que não afete a substância do ato singular de caráter pessoal far-se-á mediante apostila.

Elaboração dos Demais Atos Normativos do Poder Executivo

Art. 59. As disposições deste Decreto aplicam-se, no que couber, à elaboração dos demais atos normativos de competência dos órgãos do Poder Executivo.

Manual de Redação da Presidência da República

Art. 60. As regras do Manual de Redação da Presidência da República aplicam-se, no que couber, à elaboração dos atos normativos de que trata este Decreto.

APÊNDICE

Disposições Transitórias

Art. 61. Enquanto não constituído o Grupo Executivo de Consolidação dos Atos Normativos de que trata o art. 42, as suas atribuições serão exercidas pela Subchefia para Assuntos Jurídicos da Casa Civil.

Art. 62. Enquanto não constituídas as Comissões e as Subcomissões Permanentes de Consolidação e Revisão de Atos Normativos de que trata o art. 43, as suas atribuições serão exercidas pelas Comissões de Consolidação e Revisão de Atos Normativos criadas pelos Ministérios e pelos órgãos da estrutura da Presidência da República.

Vigência

Art. 63. Este Decreto entra em vigor na data de sua publicação.

Revogações

Art. 64. Ficam revogados os Decretos n. 2.954, de 29 de janeiro de 1999, n. 3.495, de 30 de maio de 2000, n. 3.585, de 5 de setembro de 2000, n. 3.723, de 10 de janeiro de 2001, e n. 3.930, de 19 de setembro de 2001.

Brasília, 28 de março de 2002; 181º da Independência e 114º da República.

FERNANDO HENRIQUE CARDOSO
Pedro Parente

ANEXO I

QUESTÕES QUE DEVEM SER ANALISADAS NA ELABORAÇÃO DE ATOS NORMATIVOS NO ÂMBITO DO PODER EXECUTIVO

1. Deve ser tomada alguma providência?

1.1. Qual o objetivo pretendido?

1.2. Quais as razões que determinaram a iniciativa?

1.3. Neste momento, como se apresenta a situação no plano fático e no plano jurídico?

1.4. Que falhas ou distorções foram identificadas?

1.5. Que repercussões tem o problema que se apresenta no âmbito da economia, da ciência, da técnica e da jurisprudência?

1.6. Qual é o conjunto de destinatários alcançados pelo problema, e qual o número de casos a resolver?

1.7. O que poderá acontecer se nada for feito? (Exemplo: o problema tornar-se-á mais grave? Permanecerá estável? Poderá ser superado pela própria dinâmica social, sem a intervenção do Estado? Com que consequências?)

2. Quais as alternativas disponíveis?

2.1. Qual foi o resultado da análise do problema? Onde se situam as causas do problema? Sobre quais causas pode incidir a ação que se pretende executar?

2.2. Quais os instrumentos da ação que parecem adequados para alcançar os objetivos pretendidos, no todo ou em parte? (Exemplo: medidas destinadas à aplicação e execução de dispositivos já existentes; trabalhos junto à opinião pública; amplo entendimento; acordos; investimentos; programas de incentivo; auxílio para que os próprios destinatários alcançados pelo problema envidem esforços que contribuam para sua resolução; instauração de processo judicial com vistas à resolução do problema.)

2.3. Quais os instrumentos de ação que parecem adequados, considerando-se os seguintes aspectos:

• desgaste e encargos para os cidadãos e a economia;

APÊNDICE   331

- eficácia (precisão, grau de probabilidade de consecução do objetivo pretendido);
- custos e despesas para o orçamento público;
- efeitos sobre o ordenamento jurídico e sobre metas já estabelecidas;
- efeitos colaterais e outras consequências;
- entendimento e aceitação por parte dos interessados e dos responsáveis pela execução;
- possibilidade de impugnação no Judiciário.

3. Deve a União tomar alguma providência? Dispõe ela de competência constitucional ou legal para fazê-lo?

3.1. Trata-se de competência privativa?

3.2. Tem-se caso de competência concorrente?

3.3. Na hipótese de competência concorrente, está a proposta formulada de modo que assegure a competência substancial do Estado-membro?

3.4. A proposta não apresenta formulação extremamente detalhada que acaba por exaurir a competência estadual?

3.5. A matéria é de fato de iniciativa do Poder Executivo? Ou estaria ela afeta à iniciativa exclusiva do Supremo Tribunal Federal, dos Tribunais Superiores ou do Procurador-Geral da República?

4. Deve ser proposta edição de lei?

4.1. A matéria a ser regulada está submetida ao princípio da reserva legal?

4.2. Por que deve a matéria ser regulada pelo Congresso Nacional?

4.3. Se não for o caso de se propor edição de lei, deve a matéria ser disciplinada por decreto? Por que não seria suficiente portaria?

4.4. Existe fundamento legal suficiente para a edição de ato normativo secundário? Qual?

4.5. Destina-se a regra a atingir objetivo previsto na Constituição?

4.6. A disciplina proposta é adequada para consecução dos fins pretendidos?

4.7. A regra proposta é necessária ou seria suficiente fórmula menos gravosa?

4.8. A disciplina proposta não produz resultados intoleráveis ou insuportáveis para o destinatário?

5. Deve a lei ter prazo de vigência limitado?

5.1. É a lei necessária apenas por período limitado?

5.2. Não seria o caso de editar-se lei temporária?

6. Deve ser editada medida provisória?

6.1. Em se tratando de proposta de medida provisória, há justificativas plausíveis para a sua edição?

6.2. O que acontecerá se nada for feito? A proposta não poderia ser submetida ao Congresso em regime de urgência?

6.3. Trata-se de matéria que pode ser objeto de medida provisória, tendo em vista as vedações do § 1º do art. 62 da Constituição?

6.4. A medida provisória estaria regulamentando artigo da Constituição cuja redação tenha sido alterada por meio de emenda constitucional promulgada a partir de 1º de janeiro de 1995 e até 11 de setembro de 2001 (art. 246 da Constituição)?

6.5. Estão caracterizadas a relevância e a urgência necessárias para ser editada medida provisória?

7. Deve ser tomada alguma providência neste momento?

7.1. Quais as situações-problema e os outros contextos correlatos que devem ainda ser considerados e pesquisados? Por que, então, deve ser tomada alguma providência neste momento?

7.2. Por que não podem ser aguardadas outras alterações necessárias, que se possam prever, para que sejam contempladas em um mesmo ato normativo?

8. A densidade que se pretende conferir ao ato normativo é a apropriada?

8.1. O projeto de ato normativo está isento de disposições programáticas?

8.2. É possível e conveniente que a densidade da norma (diferenciação e detalhamento) seja flexibilizada por fórmulas genéricas (tipificação e utilização de conceitos jurídicos indeterminados ou atribuição de competência discricionária)?

8.3. Podem os detalhes ou eventuais alterações ser confiados ao poder regulamentador do Estado ou da União?

8.4. A matéria já não teria sido regulada em outras disposições de hierarquia superior (regras redundantes que poderiam ser evitadas)? Por exemplo, em:

APÊNDICE 333

- tratado aprovado pelo Congresso Nacional;
- lei federal (em relação a regulamento);
- regulamento (em relação a portaria).

8.5. Quais as regras já existentes que serão afetadas pela disposição pretendida? São regras dispensáveis?

9. **As regras propostas afetam direitos fundamentais? As regras propostas afetam garantias constitucionais?**

9.1. Os direitos de liberdade podem ser afetados?

- Direitos fundamentais especiais podem ser afetados?
- Qual é o âmbito de proteção do direito fundamental afetado?
- O âmbito de proteção sofre restrição?
- A proposta preserva o núcleo essencial dos direitos fundamentais afetados?
- Cuida-se de direito individual submetido a simples reserva legal?
- Cuida-se de direito individual submetido a reserva legal qualificada?
- Qual seria o outro fundamento constitucional para a aprovação da lei (exemplo: regulação de colisão de direitos)?
- A proposta não abusa de formulações genéricas (conceitos jurídicos indeterminados)?
- A fórmula proposta não se afigura extremamente casuística?
- Observou-se o princípio da proporcionalidade ou do devido processo legal substantivo?
- Pode o cidadão prever e aferir as limitações ou encargos que lhe poderão advir?
- As normas previstas preservam o direito ao contraditório e à ampla defesa no processo judicial e administrativo?

9.2. Os direitos de igualdade foram afetados?

- Observaram-se os direitos de igualdade especiais (proibição absoluta de diferenciação)?
- O princípio geral de igualdade foi observado?
- Quais são os pares de comparação?
- Os iguais foram tratados de forma igual e os desiguais de forma desigual?
- Existem razões que justifiquem as diferenças decorrentes ou da natureza das coisas ou de outros fundamentos de índole objetiva?

- As diferenças existentes justificam o tratamento diferenciado? Os pontos em comum legitimam o tratamento igualitário?

9.3. A proposta pode afetar situações consolidadas? Há ameaça de ruptura ao princípio de segurança jurídica?

- Observou-se o princípio que determina a preservação de direito adquirido?

- A proposta pode afetar o ato jurídico perfeito?

- A proposta contém possível afronta à coisa julgada?

- Trata-se de situação jurídica suscetível de mudança (institutos jurídicos, situações estatutárias, garantias institucionais)?

- Não seria recomendável a adoção de cláusula de transição entre o regime vigente e o regime proposto?

9.4. Trata-se de norma de caráter penal?

- A pena proposta é compatível com outras figuras penais existentes no ordenamento jurídico?

- Tem-se agravamento ou melhoria da situação do destinatário da norma?

- Trata-se de pena mais grave?

- Trata-se de norma que propicia a despenalização da conduta?

- Eleva-se o prazo de prescrição do crime?

- A proposta ressalva expressamente a aplicação da lei nova somente aos fatos supervenientes a partir de sua entrada em vigor?

9.5. Pretende-se instituir ou aumentar tributo? Qual é o fundamento constitucional?

- A lei não afeta fatos geradores ocorridos antes de sua vigência (lei retroativa)?

- A cobrança de tributos vai-se realizar no mesmo exercício financeiro da publicação da lei?

- O princípio da imunidade recíproca está sendo observado?

- As demais imunidades tributárias foram observadas?

- O projeto que institui contribuição social contém disposição que assegura o princípio da anterioridade especial (cobrança apenas após noventa dias a contar da publicação)?

- O tributo que se pretende instituir não tem caráter confiscatório?

- Em se tratando de taxa, cuida-se de exação a ser cobrada em razão do exercício de poder de polícia ou da prestação de serviço público espe-

APÊNDICE   335

cífico e divisível prestados ou postos à disposição do contribuinte? Há
equivalência razoável entre o custo da atividade estatal e a prestação
cobrada?

**10. O ato normativo corresponde às expectativas dos cidadãos e é inteligível
para todos?**

10.1. O ato normativo proposto será entendido e aceito pelos cidadãos?

10.2. As limitações à liberdade individual e demais restrições impostas são
indispensáveis? Por exemplo:

• proibições, necessidades de autorizações;

• comparecimento obrigatório perante autoridade;

• indispensabilidade de requerimento;

• dever de prestar informações;

• imposição de multas e penas;

• outras sanções.

10.3. Podem as medidas restritivas ser substituídas por outras?

10.4. Em que medida os requisitos necessários à formulação de pedidos perante autoridades poderia ser reduzido a um mínimo aceitável?

10.5. Podem os destinatários da norma entender o vocabulário utilizado, a
organização e a extensão das frases e das disposições, a sistemática, a
lógica e a abstração?

11. O ato normativo é exequível?

11.1. Por que não se renuncia a um novo sistema de controle por parte da administração?

11.2. As disposições podem ser aplicadas diretamente?

11.3. Podem as disposições administrativas que estabelecem normas de conduta ou proíbem determinadas práticas ser aplicadas com os meios existentes?

11.4. É necessário incluir disposições sobre proteção jurídica? Por que as disposições gerais não são suficientes?

11.5. Por que não podem ser dispensadas:

• as regras sobre competência e organização?

• a criação de novos órgãos e comissões consultivas?

• a intervenção da autoridade?

- exigências relativas à elaboração de relatórios?
- outras exigências burocráticas?

11.6. Quais órgãos ou instituições que devem assumir a responsabilidade pela execução das medidas?

11.7. Com que conflitos de interesse pode-se prever que o executor das medidas ver-se-á confrontado?

11.8. Dispõe o executor das medidas da necessária discricionariedade?

11.9. Qual é a opinião das autoridades incumbidas de executar as medidas quanto à clareza dos objetivos pretendidos e à possibilidade de sua execução?

11.10. A regra pretendida foi submetida a testes sobre a possibilidade de sua execução com a participação das autoridades encarregadas de aplicá-la? Por que não? A que conclusão se chegou?

12. Existe uma relação equilibrada entre custos e benefícios?

12.1. Qual o ônus a ser imposto aos destinatários da norma (calcular ou, ao menos, avaliar a dimensão desses custos)?

12.2. Podem os destinatários da norma, em particular as pequenas e médias empresas, suportar esses custos adicionais?

12.3. As medidas pretendidas impõem despesas adicionais ao orçamento da União, dos Estados e dos Municípios? Quais as possibilidades existentes para enfrentarem esses custos adicionais?

12.4. Procedeu-se à análise da relação custo-benefício? A que conclusão se chegou?

12.5. De que forma serão avaliados a eficácia, o desgaste e os eventuais efeitos colaterais do novo ato normativo após sua entrada em vigor?

RETIFICAÇÃO

DECRETO N. 4.176, DE 28 DE MARÇO DE 2002

Publica-se o Anexo II, por ter sido omitido no Diário Oficial de 1º de abril de 2002 – Seção 1.

ANEXO II

ANEXO À EXPOSIÇÃO DE MOTIVOS DO (INDICAR NOME DO MINISTÉRIO OU SECRETARIA DA PRESIDÊNCIA DA REPÚBLICA) N.___, DE___DE 20___

1. Síntese do problema ou da situação que reclama providências.

2. Soluções e providências contidas no ato normativo ou na medida proposta.

3. Alternativas existentes às medidas propostas.

Mencionar: se há outro projeto do Executivo sobre a matéria; se há projetos sobre a matéria no Legislativo; outras possibilidades de resolução do problema.

4. Custos.

Mencionar: se a despesa decorrente da medida está prevista na lei orçamentária anual; se não, quais as alternativas para custeá-la; se é o caso de solicitar-se abertura de crédito extraordinário, especial ou suplementar; valor a ser despendido em moeda corrente;

5. Razões que justificam a urgência (a ser preenchido somente se o ato proposto for medida provisória ou projeto de lei que deva tramitar em regime de urgência).

Mencionar: se o problema configura calamidade pública; por que é indispensável a vigência imediata; se se trata de problema cuja causa ou agravamento não tenham sido previstos; se se trata de desenvolvimento extraordinário de situação já prevista.

6. Impacto sobre o meio ambiente (sempre que o ato ou medida proposta possa vir a tê-lo).

7. Alterações propostas.

Texto atual	Texto proposto

8. Síntese do parecer do órgão jurídico.

Com base em avaliação do ato normativo ou da medida proposta à luz das questões levantadas no Anexo I.

Observação:

A falta ou insuficiência das informações prestadas poderá acarretar, a critério da Subchefia para Assuntos Jurídicos da Casa Civil, a devolução do projeto de ato normativo para que se complete o exame ou se reformule a proposta.

MANUAL DE REDAÇÃO DA CÂMARA DOS DEPUTADOS

1 A LINGUAGEM NA COMUNICAÇÃO OFICIAL

1.1 Impessoalidade

A impessoalidade decorre de princípio constitucional (CF, art. 37), cujo significado remete a dois aspectos: o primeiro prende-se à obrigatoriedade de que a administração proceda de modo a não privilegiar ou prejudicar a ninguém, individualmente, já que o seu norte é, sempre, o interesse público; o segundo sentido é o da abstração da pessoalidade dos atos administrativos, pois que a ação administrativa, em que pese ser exercida por intermédio de seus servidores, é resultado tão-somente da vontade estatal.

De acordo com o jurista Hely Lopes Meirelles, o princípio da *impessoalidade* nada mais é que o clássico princípio da *finalidade*, o qual impõe ao administrador público que só pratique o ato para o seu *fim legal*. E o *fim legal* é unicamente aquele que a norma de direito indica expressa ou virtualmente como objetivo do ato, de forma *impessoal*.[1]

Desde que o *princípio da finalidade* exige que o ato seja praticado sempre com finalidade pública, o administrador fica impedido de buscar outro objetivo ou de praticá-lo no interesse próprio ou de terceiros.

Em outras palavras, a redação oficial é elaborada sempre em nome do serviço público e sempre em atendimento ao interesse geral dos cidadãos. Sendo assim, é inconcebível que os assuntos objetos dos expedientes oficiais sejam tratados de outra forma que não a estritamente impessoal.

Certos cuidados concorrem para que o redator alcance a impessoalidade:

- jamais usar de linguagem irônica, pomposa ou rebuscada;
- não se incluir na comunicação;
- evitar o emprego de verbo na primeira pessoa do singular e mesmo do plural (essa recomendação não se aplica a certos tipos de ofícios, em geral de caráter pessoal, assinados por deputados);
- dar ao texto um mínimo de elegância e de harmonia.

---

[1]   MEIRELLES, 1990, p. 81.

Uso do padrão culto da língua, clareza, concisão e, especialmente, formalidade, objetividade e uniformidade são outros importantes fatores que contribuem para a necessária impessoalidade dos textos oficiais.

1.2 Formalidade e uniformidade

Para bem compreender o significado da formalidade, vale atentar para algumas das acepções do adjetivo *formal*. Formal é aquilo que obedece a formalidades, etiquetas e padrões de tratamento cerimonioso; que é evidente, claro, manifesto, patente; que se atém a formas e fórmulas estabelecidas; que é convencional.

Todos esses atributos se aplicam aos textos oficiais, que, assim, devem ser:

*   estritos na observância das formalidades ditadas pela civilidade – como a polidez, a cortesia, o respeito – e das formas de tratamento utilizadas tradicionalmente na correspondência.

*   claros, explícitos, o seu conteúdo cabal e inequivocamente evidenciado, de maneira que o entendimento seja fácil, completo e imediato;

*   rigorosamente conformes aos ditames da língua culta formal e vazados sempre na forma documental (memorando, ofício, etc.) que for a mais apropriada ao caso concreto.

Já a uniformidade é obtida quando se estabelecem e se seguem determinados procedimentos, normas e padrões, o que concorre também para facilitar o trabalho de elaboração de textos e dar-lhe celeridade. Com esse intuito, são apresentados no Capítulo III – Documentos Administrativos, modelos dos principais documentos a serem adotados. A observância do estilo de linguagem, formatos e demais especificações ali apresentados assegurará em grande medida a uniformidade dos textos.

1.3 Clareza e precisão

*   Deve-se, no texto, dar preferência a palavras e expressões simples, em seu sentido comum: *atual* é sempre melhor que *hodierno*; *gélido* é preferível a *álgido;* convém usar *afável* em vez de *lhano; abraço* em lugar de *amplexo*.[2]

---

[2]   Nos pronunciamentos parlamentares, resguardadas a clareza e a precisão, admite-se uma linguagem mais pessoal, adequada ao propósito específico e ao estilo do orador. Mas mesmo neles há de se evitar linguagem por demais solene e empolada, que na maioria das vezes desfavorece a compreensão dos ouvintes.

APÊNDICE 341

- É importante construir as frases na ordem direta (sujeito – verbo – complemento), evitando-se inversões e preciosismos sintáticos.

- A pontuação deve ser empregada de forma judiciosa, evitando-se abusos de caráter estilístico.

- As frases devem ser objetivas, nunca demasiado longas. É recomendável evitar intercalações excessivas e o emprego de recursos que as alonguem desnecessariamente – tais como vírgulas, conjunções e verbos no gerúndio. O período a seguir é um exemplo de como **não se deve** escrever:

O Sistema Único de Saúde (SUS) poderá ser obrigado a oferecer atendimento integral para prevenir e tratar a obesidade, conforme projeto de lei dispondo sobre essa exigência, apresentado nesta semana à Mesa da Câmara, que decidiu encaminhá-lo imediatamente às comissões técnicas para exame em caráter urgência da matéria, já que ela foi considerada de relevante interesse social.

Reconstruído como se segue, o período ganha em clareza e estilo:

O Sistema Único de Saúde (SUS) poderá ser obrigado a oferecer atendimento integral para prevenção e tratamento de obesidade. A exigência está prevista em projeto de lei apresentado nesta semana à Mesa, que o encaminhou imediatamente às comissões técnicas para exame em caráter de urgência, dado o relevante interesse social da matéria.

- O texto deve ser construído de forma a evitar expressões ou palavras que lhe confiram duplo sentido. O redator deve ter cuidado especial com as chamadas ambiguidades – construções frasais que, embora corretas gramaticalmente, induzem a interpretações dúbias. É o que se verifica no exemplo *O Relator disse ao Deputado que ele está liberado para defender a matéria*, em que não se sabe quem, afinal, está liberado. Nesse caso, a solução é reconstruir a sentença: *Liberado para defender a matéria, o Relator comunicou o fato ao Deputado;* ou, se o entendimento for o inverso: *O Relator liberou o Deputado para defender a matéria.*

- Devem ser escolhidos termos que tenham o mesmo sentido e significado na maior parte do território nacional, evitando-se o uso de expressões locais ou regionais.

- Quando necessário empregar sigla, a primeira referência a ela deve ser acompanhada da explicitação de seu significado.

1.4 Concisão e harmonia

- O texto deve ser conciso, observada a preocupação de se utilizarem as palavras estritamente necessárias: tudo que puder ser transmitido em uma frase não deve ser dito em duas; a conceituação sintética de uma ideia é preferível à analítica; para cada ideia, o idioma reserva pelo menos uma palavra que a representa com precisão. Cabe ao redator encontrá-la.

- Detalhes irrelevantes são dispensáveis: o texto deve ir direto ao que interessa, sem rodeios ou redundâncias, sem caracterizações e comentários supérfluos, livre de adjetivos e advérbios inúteis, sem o recurso à subordinação excessiva. A seguir, um exemplo de período mal construído, prolixo:

O assassínio do Presidente Kennedy, naquela triste tarde de novembro, quando percorria a cidade de Dallas, aclamado por numerosa multidão, cercado pela simpatia do povo do grande Estado do Texas, terra natal, aliás, do seu sucessor, o Presidente Johnson, chocou a humanidade inteira não só pelo impacto emocional provocado pelo sacrifício do jovem estadista americano, tão cedo roubado à vida, mas também por uma espécie de sentimento de culpa coletiva, que nos fazia, por assim dizer, como que responsáveis por esse crime estúpido, que a História, sem dúvida, gravará como o mais abominável do século.[3]

Nesse texto, há vários detalhamentos desnecessários, abusou-se no emprego de adjetivos (*triste, numerosa, grande, jovem,* etc.), o que lhe confere carga afetiva injustificável, sobretudo em texto oficial, que deve primar pela impessoalidade.

Eliminados os excessos, o período ganha em concisão, harmonia e unidade:

O assassínio do Presidente Kennedy chocou a humanidade inteira, não só pelo impacto emocional, mas também por um sentimento de culpa coletiva por um crime que a História gravará como o mais abominável do século.

- Em certas ocasiões, por necessidade de entendimento, aconselha-se a adoção da ordem inversa. Essa necessidade é evidente no seguinte exemplo: *Foi iniciado o debate sobre drogas na Câmara.* A ordem direta confere sentido ambíguo à frase, pois permite a interpretação de que a circulação de drogas na Câmara é que está em debate. Para evitar a confusão, opte-se pela ordem inversa: *Na Câmara, foi iniciado o debate sobre drogas.*

- A linguagem, técnica ou comum, deve ser articulada de modo a ensejar perfeita compreensão do conteúdo da comunicação: é importante que as ideias sejam ordenadas e interligadas de modo claro, lógico, harmônico. Períodos em sequência devem ser iniciados com estruturas diversas, umas em relação às outras; isso significa que os períodos e parágrafos não se iniciam com as mesmas palavras ou com estruturas semelhantes:

---

[3] Frase e respectiva reformulação (parágrafo seguinte) colhidas em GARCIA, 1997, p. 256.

APÊNDICE 343

a simplicidade do texto não deve servir de pretexto para, por exemplo, a repetição de formas e frases desgastadas, a pobreza vocabular ou o uso exagerado da voz passiva, por exemplo (*será iniciado, será realizado, serão discutidos*, etc.). A repetição, seja de palavras, seja de estruturas, no entanto, pode ser usada como recurso estilístico, mais comum no caso de pronunciamentos.

- É indispensável que as construções frasais tenham coerência e coesão. Para isso, devem ser empregados, correta e convenientemente, os conectivos de transição (conjunções, preposições, pronomes, advérbios, locuções adverbiais e algumas palavras denotativas, que servem para interligar, num plano menor, as frases e, num plano mais abrangente, os parágrafos).

2 A LINGUAGEM NO PRONUNCIAMENTO PARLAMENTAR

Em se tratando de pronunciamento parlamentar, não há como definir um estilo mais adequado ou menos adequado, muito menos considerar determinado estilo certo ou errado, visto que ele é próprio de cada orador, de cada redator, de cada produtor de texto, enfim.

Apesar disso, em nome do bom-senso, é importante que, mesmo respeitadas as características próprias de cada orador ou redator, o discurso parlamentar se paute pelas regras de estilo da redação oficial, excetuadas, é claro, a impessoalidade e a padronização, visto que aqui se trata de um texto de autor.

Valem, no entanto, os conceitos de clareza e de concisão, expressos anteriormente, por se aplicarem a qualquer tipo de texto que pretenda alcançar o objetivo da comunicação. Nesse sentido, é sempre bom ter em mente que o discurso, por mais solene que seja a ocasião, deverá se adequar à linguagem atual.

Desse modo, são de evitar os preciosismos, os rebuscamentos, os arcaísmos sintáticos ou lexicais, para que a mensagem não se perca no trajeto emissor-receptor. Igualmente nocivo é o estilo prolixo: formulação de períodos longos demais, muitas vezes ocupando um único e extenso parágrafo, por meio de orações que se subordinam e intercalam sucessivamente, fazendo com que, no final, já não se tenha ideia do que foi dito no início.

Tenha-se em mente, também, que o texto de um discurso parlamentar tem a finalidade de ser proferido, devendo, portanto, subordinar-se às características da oralidade. Esta, no entanto, não se confunde com a informalidade que vige no registro distenso da língua, registro esse que dá muita, se não total, liberdade ao falante de usar a língua como instrumento elementar de comunicação, sem a necessidade do comprometimento com a formalidade gramatical. Assim, para atingir a oralidade exigida no discurso, o redator deverá evitar inversões exageradas na ordem lógica dos termos da oração e intercalações longas demais ou excessivas, bem como truncamentos do desenvolvimento natural da frase, como, por exemplo, o anacoluto, que é a quebra da ordem sintática.

Devem ser evitados, a menos que aprovados pelo próprio orador, recursos que funcionam no texto escrito, mas que, na leitura, dependem do perfeito domínio da arte da oratória.

Exemplos são as aspas indicativas de ironia, as exclamações, os negritos, grifos e assemelhados, os parênteses, as notas e remissões, que perdem a força expressiva se não forem devidamente interpretados pela correta entoação do orador. A evitar, também, citações em línguas estrangeiras, a não ser que essenciais.

Em suma, a obrigação do redator de discursos parlamentares deve ser, basicamente, transmitir mensagens, expor ideias, debater temas; para que isso se realize, é preciso que o orador atinja o ouvinte de imediato, ou seja, que se comunique sem problemas. Para tanto, cabe-lhe usar linguagem que seja facilmente compreensível.

2.1 Pronunciamentos na câmara dos deputados

Tradicionalmente, o discurso se divide em três partes: introdução, desenvolvimento e conclusão. Na primeira, apresenta-se o tema sobre o qual se pretende falar; na segunda, é apresentado o desenvolvimento, que inclui a argumentação desse tema; e na última apresentam-se as conclusões do desenvolvimento e da argumentação.

Os discursos parlamentares da Câmara dos Deputados são redigidos para o Pequeno Expediente, o Grande Expediente, as Comunicações de Lideranças e as Comunicações Parlamentares, abrangendo também a Fala do Presidente nas sessões solenes e os discursos de homenagem. Formalmente, todos se assemelham, sendo as diferenças apenas de extensão.

Para o Pequeno Expediente, o discurso, a ser pronunciado em cinco minutos, deve ter a extensão de quatro ou no máximo cinco laudas padrão, assim como o discurso nas sessões de homenagem, com exceção daquele do requerente, ao qual tem sido concedido maior tempo.

Para o Grande Expediente, a ser lido em 25 minutos, aí incluídos os apartes, o discurso deve ter a extensão de 12 a 15 laudas padrão (para que haja tempo para apartes).

O discurso de Comunicações de Lideranças dependerá do tempo destinado, que varia, para cada partido, entre três e dez minutos, assim como o de Comunicações Parlamentares, cujo tempo máximo é de dez minutos. A Fala do

APÊNDICE 345

Presidente das sessões solenes não tem extensão definida, sendo praxe, contudo, formatá-la nos moldes de um discurso para o Pequeno Expediente.

Os padrões desses pronunciamentos encontram-se definidos em formulários próprios (Máscaras).

3 A REDAÇÃO DO TEXTO DE LEI

A redação dos textos legais deve seguir, basicamente, as recomendações expostas na Lei Complementar n. 95, de 26 de fevereiro de 1998, alterada pela Lei Complementar n. 107, de 26 de abril de 2001, em cumprimento ao disposto no parágrafo único do art. 59 da Constituição Federal. No âmbito do Executivo, foi publicado o Decreto n. 4.176, de 28 de março de 2002, cujas disposições gerais de redação (Seção II – Da Articulação; e Seção III – Da Redação) podem-se aplicar, genericamente, a qualquer instrumento legal.

3.1 Estrutura do Texto Legal

As recomendações da LC 95/98 começam pela estruturação das leis, nas quais se deverão distinguir três partes básicas, a seguir descritas.

3.1.1 Parte preliminar

Nesta parte estão compreendidos a epígrafe, a ementa, o preâmbulo, o enunciado do objeto e o âmbito de aplicação da norma.

A **epígrafe** é grafada em maiúsculas, centralizada, indicando a espécie normativa, o número e a data de promulgação.[4]

Exemplos:

LEI COMPLEMENTAR N. 95, DE 26 DE FEVEREIRO DE 1998

LEI N. 10.406, DE 10 DE JANEIRO DE 2002

A **ementa**, nos termos da LC 95/98, é "grafada por meio de caracteres que a realcem", o que, na prática, realiza-se com o corpo menor e a sua disposição à direita, não necessitando de outros recursos gráficos, como itálico, negrito ou outra formatação da fonte. Deve explicitar, de modo conciso e, o quanto possível, o mais abrangente, o objeto da lei. Exemplos (LC n. 95/98 e Lei n. 10.406/2002):

Dispõe sobre a elaboração, a redação, a alteração e a consolidação das leis, conforme determina o parágrafo único do art. 59 da Constituição Federal, e estabelece normas para a consolidação dos atos normativos que menciona.

---

4   Embora o art. 4º da LC n. 95/98 determine apenas a inclusão do ano da promulgação, a praxe consolidou incluir a data completa (dia, mês e ano).

Institui o Código Civil.

O **preâmbulo** indica a autoridade ou instituição competente para a prática do ato, a sua base constitucional ou legal e a ordem de execução ou mandado de cumprimento ("decreta", "promulga", etc.). Exemplos:

O PRESIDENTE DA REPÚBLICA Faço saber que o Congresso Nacional decreta e eu sanciono a seguinte Lei Complementar:

As Mesas da Câmara dos Deputados e do Senado Federal, nos termos do § 3º do art. 60 da Constituição Federal, promulgam a seguinte emenda ao texto constitucional:

O **enunciado do objeto e o âmbito de aplicação da norma** devem ser indicados no artigo inicial, mantendo, assim, estrita relação com a ementa, nas leis mais sucintas e menos abrangentes, com a indicação do objeto da lei e o respectivo âmbito de aplicação. Exemplos (LC n. 95/98 e Lei n. 10.678/2003):

Art. 1º A elaboração, a redação, a alteração e a consolidação das leis obedecerão ao disposto nesta Lei Complementar.

Art. 1º Fica criada, como órgão de assessoramento imediato ao Presidente da República, a Secretaria Especial de Políticas de Promoção da Igualdade Racial.

3.1.2 Parte normativa

Compreende o texto das normas de conteúdo substantivo relacionadas com a matéria regulada, ou seja, o corpo do texto legal em si. Os seguintes princípios, expostos nos incisos I-IV do art. 7º da LC n. 95/98, deverão ser observados:

I – excetuadas as codificações, cada lei tratará de um único objeto;

II – a lei não conterá matéria estranha a seu objeto ou a este não vinculada por afinidade, pertinência ou conexão;

III – o âmbito de aplicação da lei será estabelecido de forma tão específica quanto o possibilite o conhecimento técnico ou científico da área respectiva;

IV – o mesmo assunto não poderá ser disciplinado por mais de uma lei, exceto quando a subsequente se destine a complementar lei considerada básica, vinculando-se a esta por remissão expressa.

3.1.3 Parte final

Inclui as disposições pertinentes às medidas necessárias à implementação das normas, as disposições transitórias, a cláusula de vigência, a cláusula de revogação e o fecho.

APÊNDICE 347

Exemplo de disposições pertinentes às **medidas necessárias à implementação** das normas de conteúdo substantivo (Lei n. 10.711/2003):

Art. 49. O Mapa estabelecerá os mecanismos de coordenação e execução das atividades previstas nesta Lei.

Art. 50. O Poder Executivo regulamentará esta Lei no prazo de 90 (noventa) dias, a contar da data de sua publicação.

Quanto à **cláusula de vigência**, tenha-se em mente o disposto no art. 8º da LC 95/98:

Art. 8º A vigência da lei será indicada de forma expressa e de modo a contemplar prazo razoável para que dela se tenha amplo conhecimento, reservada a cláusula "Entra em vigor na data de sua publicação" para as leis de pequena repercussão.

§ 1º A contagem do prazo para entrada em vigor das leis que estabeleçam período de vacância far-se-á com a inclusão da data da publicação e do último dia do prazo, entrando em vigor no dia subsequente à sua consumação integral.

§ 2º As leis que estabeleçam período de vacância deverão utilizar a cláusula "Esta lei entra em vigor após decorridos (o número de) dias de sua publicação oficial".

Exemplo de cláusula de vigência (Lei n. 10.711/2003):

Art. 51. Esta Lei entra em vigor 90 (noventa) dias após a data de sua publicação.

A **cláusula de revogação** deverá enumerar, expressamente, as disposições legais a serem revogadas, não se admitindo, como no passado, a fórmula fixa "Revogam-se as disposições em contrário". Note-se que as datas das disposições a serem revogadas deverão vir por inteiro, mesmo que já tenham sido expressas desta forma, em artigos anteriores (contrariamente, portanto, ao disposto em 7.2.1.2,h), para evitar dúvidas quanto à revogação e facilitar sua indexação. Exemplos (Leis n. 10.406/2002 e n. 10.711/2003):

Art. 2.045. Revogam-se a Lei n. 3.071, de 1º de janeiro de 1916 – Código Civil e a Parte Primeira do Código Comercial, Lei n. 25 de junho de 1850.

Art. 52. Fica revogada a Lei n. 6.507, de 19 de dezembro de 1977.

Por fim, o **fecho** inclui a data, a relação do ano, exposta em ordinais escritos em algarismos arábicos, em referência à Independência e à Proclamação da República, e a assinatura e a referenda. Exemplo (Lei n. 10.711/2003):

Brasília, 5 de agosto de 2003; 182º da Independência
e 115º da República.

LUIZ INÁCIO LULA DA SILVA
Roberto Rodrigues

3.2 Redação e organização do texto legal

A LC n. 95/1998, no art. 11, *caput*, determina que a redação do texto legal se paute pela "clareza, precisão e ordem lógica".

3.2.1 Qualidades do texto legal

3.2.1.1 Clareza

No que se refere à clareza, o redator deve (LC n. 95/98, art. 11, I):

a) usar as palavras e as expressões em seu sentido comum, salvo quando a norma versar sobre assunto técnico, hipótese em que se empregará a nomenclatura própria da área em que se esteja legislando;

b) usar frases curtas e concisas;

c) construir as orações na ordem direta, evitando preciosismo, neologismo e adjetivações dispensáveis;

d) buscar a uniformidade do tempo verbal em todo o texto das normas legais, dando preferência ao tempo presente ou ao futuro simples do presente.

Nesse ponto, há que se notar que o presente é usado para indicar situações assentadas, definitivas, ou fatos acabados, enquanto o futuro se refere a previsão de atos ou fatos que poderão ocorrer.

Exemplos com o verbo no tempo presente (Lei n. 10.406/2002):

Art. 1º Toda pessoa é capaz de direitos e deveres na ordem civil.

Art. 11. Com exceção dos casos previstos em lei, os direitos da personalidade são intransmissíveis e irrenunciáveis, não podendo o seu exercício sofrer limitação voluntária.

Exemplos com o verbo no futuro (Lei n. 10.406/2002):

Art. 9º Serão registrados em registro público:

Art. 10. Far-se-á averbação em registro público:

Ainda no tocante à clareza, a LC n. 95/98, art. 11, I, *e*, recomenda que os **recursos de pontuação** sejam usados evitando-se abusos de caráter estilístico.

Quanto a esse ponto, há de se notar que o *caput* e os parágrafos iniciam-se com maiúscula e terminam por ponto final, a não ser que a eles sigam incisos ou alíneas, quando então terminarão com dois pontos; ao final de cada inciso ou alínea cabe o ponto e vírgula, com exceção do último, que será encerrado com ponto-final; incisos, alíneas e itens iniciam-se com minúscula. Exemplos (Lei n. 10.406/2002):

APÊNDICE   349

Art. 53. Constituem-se as associações pela união de pessoas que se organizem para fins não econômicos.

Parágrafo único. Não há, entre os associados, direitos e obrigações recíprocos.

Art. 54. Sob pena de nulidade, o estatuto das associações conterá:

I – a denominação, os fins e a sede da associação;

II – os requisitos para a admissão, demissão e exclusão dos associados;

III – os direitos e deveres dos associados;

IV – as fontes de recursos para sua manutenção;

V – o modo de constituição e funcionamento dos órgãos deliberativos e administrativos;

VI – as condições para a alteração das disposições estatutárias e para a dissolução.

3.2.1.2 Precisão

No que se refere à precisão, a LC n. 95/98, art. 11, II, instrui que se deve:

a) articular a linguagem, técnica ou comum, de modo a ensejar perfeita compreensão do objetivo da lei e a permitir que seu texto evidencie com clareza o conteúdo e o alcance que o legislador pretende dar à norma;

b) expressar a ideia, quando repetida no texto, por meio das mesmas palavras, evitando o emprego de sinonímia com propósito meramente estilístico.

Assim, a repetição, que em outro tipo de texto (pronunciamentos, por exemplo) pode constituir falha ou pobreza estilística, no texto de lei torna-se imperativa em favor da clareza, uniformidade e objetividade. É o que mostra o exemplo a seguir (extraído da Lei n. 10.406/2002), em relação à palavra *associado*.

Art. 55. Os *associados* devem ter iguais direitos, mas o estatuto poderá instituir categorias com vantagens especiais.

Art. 56. A qualidade de *associado* é intransmissível, se o estatuto não dispuser o contrário.

Parágrafo único. Se o *associado* for titular de quota ou fração ideal do patrimônio da associação, a transferência daquela não importará, *de per si*, na atribuição da qualidade de *associado* ao adquirente ou ao herdeiro, salvo disposição diversa do estatuto.

Outras recomendações da LC n. 95/98 (art. 11, II) visando à obtenção de precisão:

c) evitar o emprego de expressão ou palavra que confira duplo sentido ao texto;

d) escolher termos que tenham o mesmo sentido e significado na maior parte do território nacional, evitando o uso de expressões locais ou regionais;

e) usar apenas siglas consagradas pelo uso, observado o princípio de que a primeira referência no texto seja acompanhada de explicitação de seu significado.

Exemplo de **emprego de siglas**[5] (Lei n. 10.637/2002):

Dispõe sobre a não cumulatividade na cobrança da contribuição para os Programas de Integração Social (PIS) e de Formação do Patrimônio do Servidor Público (Pasep), nos casos que especifica; [...].

Art. 1º A contribuição para o PIS/Pasep tem como fato gerador o faturamento mensal, assim entendido o total das receitas auferidas pela pessoa jurídica, independentemente de sua denominação ou classificação contábil.

Ainda com referência à precisão, o art. 11, II, da LC n. 95/98, com redação dada pela LC n. 107/2001, prescreve:

f) grafar por extenso quaisquer referências a números e percentuais, exceto data, número de lei e nos casos em que houver prejuízo para a compreensão do texto[6];

g) indicar, expressamente, o dispositivo objeto de remissão, em vez de usar as expressões "anterior", "seguinte" ou equivalentes.

Exemplos da grafia de números:

Art. 31. A falta de apresentação dos elementos a que se refere o art. 6º da Lei Complementar n. 105, de 10 de janeiro de 2001, ou sua apresentação de forma inexata ou incompleta, sujeita a pessoa jurídica à multa equivalente a 2% (dois por cento) do valor das operações objeto da requisição, apurado por meio de procedimento fiscal junto à própria pessoa jurídica ou ao titular da conta de depósito ou da aplicação financeira, bem como a terceiros, por mês-calendário

---

[5] No âmbito oficial, verifica-se um certo desregramento na apresentação das siglas, grafadas, quando acompanhando o nome por extenso, ora com hífen, ora com travessão, ora entre parênteses. Para uniformização, prefira-se, como no exemplo dado, o emprego dos parênteses.

[6] Este dispositivo, ao determinar, por um lado, que se grafe por extenso os números e percentuais, por outro, não proíbe a grafia dupla (em algarismos e por extenso), o que a praxe vem consagrando, sobretudo em textos de lei de matérias econômica, financeira, tributária e afins, ficando a grafia exclusiva em algarismos para os casos de datas, números de lei, números que indiquem alguma codificação e assemelhados.

ou fração de atraso, limitada a 10% (dez por cento), observado o valor mínimo de R$ 50.000,00 (cinquenta mil reais). (Lei n. 10.637/2002)

§ 3º A base de cálculo fica reduzida:

I – em 30,2% (trinta inteiros e dois décimos por cento), no caso de importação, para revenda, de caminhões chassi com carga útil igual ou superior a 1.800kg (mil e oitocentos quilogramas) e caminhão monobloco com carga útil igual ou superior a 1.500kg (mil e quinhentos quilogramas), classificados na posição 87.04 da Tabela de Incidência do Imposto sobre Produtos Industrializados – TIPI, observadas as especificações estabelecidas pela Secretaria da Receita Federal; e

II – em 48,1% (quarenta e oito inteiros e um décimo por cento), no caso de importação, para revenda, de máquinas e veículos classificados nos seguintes códigos e posições da TIPI: 84.29, 8432.40.00, 8432.80.00, 8433.20, 8433.30.00, 8433.40.00, 8433.5, 87.01, 8702.10.00 Ex 02, 8702.90.90 Ex 02, 8704.10.00, 87.05 e 8706.00.10 Ex 01 (somente os destinados aos produtos classificados nos Ex 02 dos códigos 8702.10.00 e 8702.90.90). (Lei n. 10.865/2004, art. 7º)

3.2.2 Ordenação do texto legal: do artigo aos itens, das partes aos artigos

No que se refere à ordem lógica, há de se considerar que a "unidade básica de articulação" (LC n. 95/98, art. 10, I) da norma legal é o artigo, que se desdobra, hierarquicamente, em parágrafos, incisos, alíneas e itens.

Cada **artigo** deve restringir-se a um único assunto ou princípio. O *caput* do artigo deve conter a enunciação básica, a definição da ideia apresentada, sendo função dos **parágrafos** expandir, restringir ou detalhar a ideia nele exposta.

Quanto à grafia, ambos obedecem às mesmas convenções: começam sempre com letra maiúscula e terminam ou com ponto final ou, quando segue inciso, com dois pontos; a numeração se faz com números arábicos, empregando-se números ordinais do 1º ao 9º e cardinais, seguidos de ponto, de 10 em diante: *10.*, *11.*, etc. O número do artigo deve ser precedido da abreviação

"Art." e o do parágrafo, do sinal "§", dando-se espaço entre um e outro. No caso de o parágrafo ser único, usa-se a expressão "Parágrafo único." (sempre por extenso e seguida de ponto final).

Exemplo na LC n. 95/98:

Art. 1º A elaboração, a redação, a alteração e a consolidação das leis obedecerão ao disposto nesta Lei Complementar.

Parágrafo único. As disposições desta Lei Complementar aplicam-se, ainda, às medidas provisórias e demais atos normativos referidos no art. 59 da Constituição Federal, bem como, no que couber, aos decretos e aos demais atos de regulamentação expedidos por órgãos do Poder Executivo.

Exemplo na Lei n. 10.406/2002:

Art. 25. O cônjuge do ausente, sempre que não esteja separado judicialmente, ou de fato por mais de dois anos antes da declaração da ausência, será o seu legítimo curador.

§ 1º Em falta do cônjuge, a curadoria dos bens do ausente incumbe aos pais ou aos descendentes, nesta ordem, não havendo impedimento que os iniba de exercer o cargo.

§ 2º Entre os descendentes, os mais próximos precedem os mais remotos.

§ 3º Na falta das pessoas mencionadas, compete ao juiz a escolha do curador.

Os **incisos** são usados para exprimir enumerações relacionadas ao *caput* do artigo ou ao parágrafo. Podem constituir, junto com eles, uma oração única, caso em que cumprem a função sintática de sujeito, objeto, etc., ou também formar orações autônomas. São indicados por algarismos romanos seguidos, após espaço, de traço pequeno (hífen); iniciam-se com letra minúscula e terminam com ponto e vírgula, não devendo, em seu interior, apresentar ponto final, ficando este apenas ao final do último inciso.

Exemplo de incisos como sujeito (Lei n. 10.406/2002):

Art. 3º São absolutamente incapazes de exercer pessoalmente os atos da vida civil:

I – os menores de dezesseis anos;

II – os que, por enfermidade ou deficiência mental, não tiverem o necessário discernimento para a prática desses atos;

III – os que, mesmo por causa transitória, não puderem exprimir sua vontade.

Exemplo de incisos como objeto direto (Lei n. 10.406/2002):

Art. 104. A validade do negócio jurídico requer:

I – agente capaz;

II – objeto lícito, possível, determinado ou determinável;

III – forma prescrita ou não defesa em lei.

Exemplo de incisos como adjunto adverbial (Lei n. 10.406/2002):

Art. 5º A menoridade cessa aos dezoito anos completos, quando a pessoa fica habilitada à prática de todos os atos da vida civil.

Parágrafo único. Cessará, para os menores, a incapacidade:

I – pela concessão dos pais, ou de um deles na falta do outro, mediante instrumento público, independentemente de homologação judicial, ou por sentença do juiz, ouvido o tutor, se o menor tiver dezesseis anos completos;

APÊNDICE

II – pelo casamento;

III – pelo exercício de emprego público efetivo;

IV – pela colação de grau em curso de ensino superior;

V – pelo estabelecimento civil ou comercial, ou pela existência de relação de emprego, desde que, em função deles, o menor com dezesseis anos completos tenha economia própria.

Exemplo de incisos como orações autônomas (LC n. 95/98):

Art. 10. Os textos legais serão articulados com observância dos seguintes princípios:

I – a unidade básica de articulação será o artigo, indicado pela abreviatura "Art.", seguida de numeração ordinal até o nono e cardinal a partir deste;

II – os artigos desdobrar-se-ão em parágrafos ou em incisos; os parágrafos em incisos, os incisos em alíneas e as alíneas em itens;

III – os parágrafos serão representados pelo sinal gráfico "§", seguido de numeração ordinal até o nono e cardinal a partir deste, utilizando-se, quando existente apenas um, a expressão "parágrafo único" por extenso;

IV – [...]

Como os incisos, as **alíneas** e os **itens** são usados para enumerações. A hierarquia é a seguinte: os incisos desdobram-se em alíneas e estas em itens. A sequência das alíneas é dada por letras minúsculas seguidas de parêntese; a dos itens, por algarismos arábicos cardinais seguidos, após espaço, de traço pequeno (hífen). Aqui também começa-se com minúscula e termina-se com ponto e vírgula, devendo o ponto final ser usado somente quando a alínea ou o item coincidir com o fim do artigo.

Exemplo no Regimento Interno da Câmara dos Deputados:

Art. 32. São as seguintes as Comissões Permanentes e respectivos campos temáticos ou áreas de atividade:

I – Comissão de Agricultura, Pecuária, Abastecimento e Desenvolvimento Rural:

a) política agrícola e assuntos atinentes à agricultura e à pesca profissional, destacadamente:

1 – organização do setor rural; política nacional de cooperativismo; condições sociais no meio rural; migrações rural-urbanas;

2 – estímulos fiscais, financeiros e creditícios à agricultura, à pesquisa e experimentação agrícolas;

3 – [...]

Exemplo no Regimento Interno do Senado Federal:

Art. 235. A apresentação de proposição será feita:

[...]

III – em plenário, nos seguintes casos:

a) na Hora do Expediente:

1 – emenda a matéria a ser votada nessa fase da sessão;

2 – indicação;

3 – projeto;

4 – [...]

Leis mais extensas e complexas, como por exemplo a n. 10.406/2002 (Código Civil), organizam-se de conformidade com o seguinte esquema básico: Partes, Livros, Títulos, Capítulos, Seções, Subseções e Artigos, em que os artigos se agrupam em seções (estas podem dividir-se em subseções), que se agrupam em capítulos e assim por diante até constituírem-se em partes.

Quanto à grafia, observe-se que capítulos, títulos, livros e partes são grafados em maiúsculas e sequenciados por algarismos romanos, podendo as partes se dividir em Parte Geral e Parte Especial ou em partes expressas em numeral ordinal, grafado por extenso (*Parte Primeira, Parte Segunda*, etc.). As seções e subseções são numeradas em algarismos romanos e grafadas com iniciais maiúsculas, sendo postas em negrito ou em caracteres específicos que lhes deem realce.

Muitas são as leis cuja unidade maior é o Capítulo. Tome-se como exemplo a estrutura da Lei Complementar 95/98:

CAPÍTULO I
DISPOSIÇÕES PRELIMINARES

CAPÍTULO II
DAS TÉCNICAS DE ELABORAÇÃO, REDAÇÃO E ALTERAÇÃO DAS LEIS

Seção I
Da Estruturação das Leis

Seção II
Da Articulação e da Redação das Leis

Seção III
Da Alteração das Leis

CAPÍTULO III
DA CONSOLIDAÇÃO DAS LEIS E OUTROS ATOS NORMATIVOS
Seção I
Da Consolidação das Leis

Seção II
Da Consolidação de Outros Atos Normativos

CAPÍTULO IV
DISPOSIÇÕES FINAIS

LEI COMPLEMENTAR N. 78, DE 9 DE JULHO DE 2004

Dispõe sobre a elaboração, a alteração e a consolidação das leis do Estado, conforme o previsto no parágrafo único do art. 63 da Constituição do Estado.

O Governador do Estado de Minas Gerais

O Povo do Estado de Minas Gerais, por seus representantes,

decretou e eu, em seu nome, sanciono a seguinte Lei:

CAPÍTULO I
DISPOSIÇÕES PRELIMINARES

Art. 1º A elaboração, a alteração e a consolidação das leis do Estado obedecerão ao disposto nesta lei complementar.

Parágrafo único. As disposições desta lei complementar aplicam-se ainda, no que couber, às resoluções da Assembléia Legislativa, bem como aos decretos e aos demais atos normativos expedidos por órgão de qualquer dos Poderes do Estado.

Art. 2º As leis, ordinárias, complementares ou delegadas, terão numeração sequencial, correspondente à respectiva série iniciada no ano de 1947.

CAPÍTULO II
DA ELABORAÇÃO DAS LEIS

Seção I
Disposições Gerais

Art. 3º Na elaboração da lei, serão observados os seguintes princípios:

I – cada lei tratará de um único objeto, não sendo admitida matéria a ele não vinculada por afinidade, pertinência ou conexão;

II – a lei tratará de seu objeto de forma completa, de modo a evitar lacunas que dificultem a sua aplicação, ressalvada a disciplina própria de decreto;

III – o âmbito de aplicação da lei será estabelecido de forma tão específica quanto o possibilite o conhecimento técnico ou científico da área respectiva;

IV – o mesmo objeto não poderá ser disciplinado por mais de uma lei, exceto quando a subsequente se destine a complementar lei considerada básica, vinculando-se a ela por remissão expressa;

V – o início da vigência da lei será indicado de forma expressa, garantindo-se, quando se fizer necessário, prazo para que dela se tenha amplo conhecimento;

VI – a cláusula de revogação só será usada para indicar revogação expressa de lei ou dispositivo determinado.

Seção II
Da Estruturação

Art. 4º São partes constitutivas da lei o cabeçalho, o texto normativo e o fecho.

§ 1º O cabeçalho, destinado à identificação da lei, conterá:

I – a epígrafe, que indicará a espécie normativa, o respectivo número e a data de promulgação da lei;

II – a ementa, que descreverá sucintamente o objeto da lei;

III – o preâmbulo, que enunciará a promulgação da lei pela autoridade competente e, quando necessário, o fundamento legal do ato, adotando-se como fórmula básica a seguinte: "O povo do Estado de Minas Gerais, por seus representantes, decretou, e eu, em seu nome, promulgo a seguinte Lei:".

§ 2º O texto normativo conterá os artigos da lei, os quais serão ordenados com a observância dos seguintes preceitos:

I – os artigos iniciais fixarão o objeto e o âmbito de aplicação da lei e, quando for o caso, os princípios e as diretrizes reguladoras da matéria;

II – na sequência dos artigos iniciais, serão estabelecidas as disposições permanentes correspondentes ao objeto da lei;

III – os artigos finais conterão as normas relativas à implementação das disposições permanentes, as de caráter transitório e as de vigência e revogação, quando houver.

§ 3º O fecho conterá o local e a data da lei, bem como a indicação do número de anos decorridos desde a Inconfidência Mineira e desde a Independência do Brasil, contados a partir de 1789 e de 1822, respectivamente, seguida da assinatura da autoridade competente. (Parágrafo com redação dada pelo art. 1º da Lei Complementar n. 82, de 30 de dezembro de 2004).

APÊNDICE   359

Seção III
Da Articulação

Art. 5º A articulação e a divisão do texto normativo se farão de acordo com a natureza, a extensão e a complexidade da matéria, observadas a unidade do critério adotado e a compatibilidade entre os preceitos instituídos.

Art. 6º O artigo é a unidade básica de estruturação do texto legal.

Parágrafo único. Cada artigo tratará de um único assunto, podendo desdobrar-se em parágrafos, incisos, alíneas e itens, observado o seguinte:

I – o parágrafo constitui dispositivo próprio para ressalva, extensão ou complemento de preceito enunciado no "caput" do artigo;

II – os incisos, as alíneas e os itens constituem dispositivos de enumeração, articulados da seguinte forma:

a) os incisos se vinculam ao "caput" do artigo ou a parágrafo;

b) as alíneas se vinculam a inciso;

c) os itens se vinculam a alínea.

Art. 7º A articulação do texto normativo se fará com a observância do seguinte:

I – o agrupamento de artigos constituirá o capítulo, o capítulo poderá dividir-se em seções, e estas, em subseções;

II – o agrupamento de capítulos constituirá o título, o de títulos, o livro, e o de livros, a parte.

Parágrafo único. Os agrupamentos previstos nos incisos deste artigo poderão constituir Disposições Preliminares, Gerais, Transitórias ou Finais, conforme necessário.

Seção IV
Da Redação

Art. 8º A redação do texto legal buscará a clareza e a precisão.

Art. 9º São atributos do texto legal a concisão, a simplicidade, a uniformidade e a imperatividade, devendo-se observar, para sua obtenção, as seguintes diretrizes:

I – no que se refere à concisão:

a) usar frases e períodos sucintos, evitando construções explicativas, justificativas ou exemplificativas;

b) evitar o emprego de adjetivos e advérbios dispensáveis;

II – no que se refere à simplicidade:

a) dar preferência às orações na ordem direta;

b) dar preferência às orações e expressões na forma positiva;

c) usar as palavras e as expressões em seu sentido comum, salvo quando for necessário o emprego de nomenclatura técnica própria da área em que se esteja legislando;

III – no que se refere à uniformidade:

a) expressar a mesma ideia, quando repetida no texto, por meio das mesmas palavras, evitando o emprego de sinônimos;

b) empregar palavras e expressões que tenham o mesmo sentido na maior parte do território estadual, evitando o uso de termos locais ou regionais;

c) buscar a uniformidade do tempo e do modo verbais;

d) buscar o paralelismo entre as disposições dos incisos, das alíneas e dos itens constantes da mesma enumeração;

e) evitar o emprego de palavra, expressão ou construção que confira ambiguidade ao texto;

IV – no que se refere à imperatividade:

a) dar preferência ao futuro do presente do indicativo e ao presente do indicativo;

b) evitar o uso meramente enfático de expressão que denote obrigatoriedade.

Art. 10. A reprodução de dispositivo da Constituição da República ou da Constituição do Estado em lei estadual somente se fará para garantir a coesão do texto legal e a sua integração ao ordenamento.

Art. 11. A remissão, na lei, a dispositivo de outro ato normativo incluirá, sempre que possível, a explicitação do conteúdo do preceito referido.

Seção V
Da Padronização

Art. 12. Serão adotados no texto legal os seguintes padrões gráficos:

I – a epígrafe da lei será grafada em caracteres maiúsculos;

II – a ementa será alinhada à direita;

III – os artigos serão indicados pela abreviatura "Art.", seguida de numeração ordinal até o nono e cardinal a partir deste;

IV – os parágrafos serão indicados pelo sinal "§", seguido de numeração ordinal até o nono e cardinal a partir deste, utilizando-se, no caso de haver apenas um parágrafo, a expressão "Parágrafo único";

APÊNDICE 361

V – os incisos serão representados por algarismos romanos, as alíneas, por letras minúsculas, e os itens, por algarismos arábicos;

VI – os capítulos, os títulos, os livros e as partes serão epigrafados em caracteres maiúsculos e identificados por algarismos romanos, sendo que as partes serão expressas em numeral ordinal, por extenso;

VII – as subseções e as seções serão epigrafadas em caracteres minúsculos, com iniciais maiúsculas e recurso de realce, e identificadas por algarismos romanos;

VIII – os numerais serão grafados por extenso, sendo que as unidades de medida e as monetárias serão grafadas na forma numérica, seguida da forma por extenso entre parênteses;

IX – a primeira referência a sigla será antecedida do nome que ela designa.

CAPÍTULO III
DA ALTERAÇÃO DAS LEIS

Art. 13. A alteração de lei poderá ser feita mediante:

I – atribuição de nova redação a dispositivos;

II – acréscimo de dispositivos;

III – revogação de dispositivos.

Parágrafo único. Na publicação de texto atualizado de lei alterada, os dispositivos que tenham sido objeto de alteração serão seguidos da identificação da lei que os alterou e do tipo de alteração realizada, conforme os incisos do *caput* deste artigo.

Art. 14. Quando a complexidade da alteração o exigir, será dada nova redação a todo o texto, revogando-se integralmente a lei original.

Art. 15. É vedado modificar a numeração de artigos de lei a ser alterada, bem como a de suas seções, subseções, capítulos, títulos, livros e partes.

§ 1º No caso de acréscimo entre dois artigos, será utilizado o número do artigo anterior, seguido de letra maiúscula, observada a ordem alfabética dos acréscimos em sequência ao mesmo artigo.

§ 2º Quando o acréscimo for feito antes do artigo inicial da lei, será utilizado o número desse artigo, seguido da letra, na ordem prevista no parágrafo anterior.

Art. 16. É vedado o aproveitamento de número ou de letra de dispositivo revogado, vetado, declarado inconstitucional pelo Supremo Tribunal Federal ou pelo Tribunal de Justiça do Estado ou cuja execução tenha sido suspensa pela Assembléia Legislativa, nos termos do inciso XXIX do art. 62 da Constituição do Estado.

Parágrafo único. Nas publicações das leis, o número de dispositivo que se encontre em uma das situações previstas no *caput* será seguido de expressão que designe o caso correspondente.

CAPÍTULO IV
DA CONSOLIDAÇÃO DAS LEIS

Art. 17. Os Poderes Executivo e Legislativo promoverão, mediante cooperação mútua, a consolidação das leis estaduais, com o objetivo de facilitar a sua consulta, leitura e interpretação.

Parágrafo único. A consolidação será feita por meio dos seguintes procedimentos:

I – atualização de leis, mediante a manutenção de banco atualizado da legislação estadual;

II – sistematização de leis, que consistirá na unificação de leis esparsas versando sobre a mesma matéria, podendo resultar em codificação.

Art. 18. Para os fins da atualização a que se refere o inciso I do parágrafo único do art. 17, a Assembleia Legislativa e o Poder Executivo manterão, mediante convênio, banco informatizado das leis estaduais, acessível à população por meio da internet.

§ 1º O banco conterá, nos termos definidos em regulamento próprio:

I – o texto atualizado da Constituição do Estado e das leis estaduais;

II – o texto original das leis alteradas;

III – as notas, remissões e informações úteis ao entendimento da legislação, observado o disposto no parágrafo único do art. 13;

IV – a organização temática da legislação estadual.

§ 2º A atualização dos textos das leis estaduais no banco de que trata este artigo se fará mediante a incorporação de alterações expressas determinadas por lei nova ou em função de decisão definitiva do Tribunal de Justiça ou do Supremo Tribunal Federal relativa a ação direta de inconstitucionalidade.

Art. 19. As ações destinadas à sistematização das leis, a que se refere o inciso II do parágrafo único do art. 17, ficarão a cargo de Grupo Coordenador a ser constituído conjuntamente pelos Poderes Legislativo e Executivo e integrado por um representante de cada um desses Poderes, e igual número de suplentes, ao qual caberá:

I – selecionar matérias a serem objeto de sistematização;

APÊNDICE 363

II – constituir, em função das matérias selecionadas, grupos de trabalho para proceder a estudo técnico preliminar e, se for o caso, elaborar anteprojeto de lei de sistematização ou de codificação.

§ 1º Quando a matéria a ser consolidada for da competência do Poder Judiciário, do Ministério Público ou do Tribunal de Contas, os respectivos titulares indicarão representantes para participar dos grupos de trabalho previstos no inciso II do *caput* deste artigo, assegurada a paridade na representação.

§ 2º O anteprojeto de lei de sistematização ou de codificação a que se refere o inciso II do *caput* deste artigo será encaminhado, por intermédio do Grupo Coordenador, ao Chefe do Poder que detenha a prerrogativa de iniciativa da matéria, ou, atendida a mesma condição, ao Procurador-Geral de Justiça ou ao Presidente do Tribunal de Contas.

CAPÍTULO V
DISPOSIÇÕES FINAIS

(Capítulo com denominação dada pelo art. 2º da Lei Complementar n. 82, de 30 de dezembro de 2004).

Art. 20. Para facilitar a aplicação desta lei, os Poderes Legislativo e Executivo promoverão a aproximação, o intercâmbio e a cooperação técnica entre servidores dos dois Poderes.

Art. 21. (Vetado).

Art. 22. (Vetado).

Art. 23. Esta Lei Complementar entra em vigor sessenta dias após a data de sua publicação.

Palácio da Liberdade, em Belo Horizonte,
aos 9 de julho de 2004.

Aécio Neves – Governador do Estado.

Impresso em março de 2014